사회화와 이행의 경제 전략

컬리지언총서 15

사회화와 이행의 경제 전략

김성구 편저

E
2000

ⓒ 김성구 장석준 심용보 송유나 선지현 이황현아 정상준, 2000

컬리지언총서 15
사회화와 이행의 경제 전략
지은이 김성구 외
펴낸이 이일규 / 펴낸곳 도서출판 이후
편집 김정한 정철수 / 마케팅 김현종
첫번째 찍은 날 2000년 8월 12일 / 등록 1998. 2. 18(제13-828호)
주소 121-816 서울시 마포구 동교동 113-82 기평빌딩 2층
영업 02-3143-0905 편집 02-3143-0915 팩스 02-3143-0906 전자우편 YIKLMR@hitel.net
ISBN 89-88105-19-2 04300 ISBN 89-88105-00-1(세트)
값 12,000원

차례

노동형제들을 위해 짧은 시간을 불같이 살다간
故 김종배 동지에게 이 책을 바칩니다.

머리말

　　　　　　　　　　　　　　내가 사회진보연대 '공공부문 연구팀'
에 결합하여 세미나를 시작했던 것이 아마 1999년 3~4월경으로 기억된다.
이 연구팀은 공공연맹의 일부 활동가와 노동사회단체의 연구원 또는 활동가
그리고 대학원생들로 구성되었는데 막 세미나를 조직해서 시작하던 상황이
었다. 경제위기를 배경으로 공공부문에서 민영화와 시장주의 원리의 도입
그리고 고용조정을 추진하는 신자유주의 정책의 회오리가 한창 몰아치는
시기에 노동자들과 진보진영은 어떤 대안과 전술로써 이에 대처할 수 있는가?
이에 대한 연구와 토론을 위해 이 연구팀이 조직되었다. 그것은 시급한 과제
에 답해야 하는 것이었지만, 그러나 쉽게 나올 수 있는 답은 아니었다.

　　그럼에도 한 가지는 분명했는데 공공부문에 대한 시장주의적 해법은 노
동자들의 대안이 결코 될 수 없는, 독점자본가들의 대안이라는 점이었다.
공공부문의 폐해와 비효율성을 시장과 경쟁을 통해 극복한다는 신자유주의
논리는 공공부문의 개혁 현실 속에서 사기와 기만임을 명백히 드러내고 있었
던 것이다. 신자유주의 개혁에도 불구하고 공공부문은 예나 지금이나 정부의
관료주의적 통제와 부정부패, 정경유착 그리고 낙하산 인사와 같은 폐해들로
멍들어 있었다. 민영화와 시장원리의 도입이란 노동자들을 잘라내고 재벌들
과 초국적 자본에게 공기업을 팔아먹기 위한 정책이었을 뿐이다.

　　그래서 더욱 분명해진 것이지만, 문제는 공공부문의 민영화와 시장원리
의 강화만이 아니라 독점자본이 지배하는 시장경제 자체였고 초국적 금융자
본이 추동하는 세계적 자유화였다. 시장경제와 무한경쟁이 가져오는 자본주

의의 위기와 통제불가능성의 증대가 문제의 핵심이었던 것이다. 공공부문에서는 공공성의 원리가, 사적 재벌경제에서는 수익성의 원리가, 세계시장에서는 자유경쟁의 원리가 지배하는 그런 관계를 이념적 지향으로 설정해서는 안 되는 이유가 바로 여기에 있다.

경제위기와 신자유주의적 세계화에 대한 대안은 사적 독점자본의 이윤원리를 제한, 지양하고 공공부문을 확장하며 이에 대한 사회적, 민중적 통제를 강화하는 데 있다는 것이 우리 세미나 팀의 이론적 입장이었다. 시장주의 정책에 대항하여 사회화 정책을 도입하고 국가기구와 재벌기업에 대한 노동자·민중의 통제권을 확보하는 것, 그 위에서 초국적 금융자본의 세계적 운동을 통제하는 것, 이러한 대안은 이제는 실현할 수 없는, 잃어버린 꿈이 아니라 자본주의의 현실의 모순이 그 해결을 위해 추동하는 불가피한 경향이 아닐 수 없다. 재벌그룹의 수준에서 진행되는 계획화와 사회화, 방대한 국가부문을 통한 사회적 조절과 계획화, 이런 것이 다름 아닌 그러한 경향의 부정할 수 없는 증거들인 셈이다.

이 책은 이러한 이론적 입장으로부터 지난 1년여에 걸친 세미나의 결과들을 집필 형식으로 간행한 것이다. 물론 그것은 세미나 팀이 처음 조직될 때 제기된 당면한 과제들에 답하기에는 아직 추상적이지만, 그러나 그 문제에 접근하기 위한 좋은 출발은 될 수 있다고 생각한다. 경제위기에 대한 하나의 대안으로서 사회화 정책에 대해서는 여러 입장으로부터 비판들이 제기된 상태이다. 우리는 이 책에서 이와 관련된 논쟁들을 비판적으로 검토하면서 사회화 정책의 이해를 높이고 우리의 입장을 변호하였다. 뿐만 아니라 사회화 정책을 왜곡하는 사이비 진보정책들에 대해 가차없는 비판을 가했으며 사회화 정책의 여러 방안과 흐름을 소개하여 사회화 정책을 국유화 정책으로 축약하여 비판하는 악의에 대항하고자 하였다. 공공부문 구조조정과 민간재벌 구조조정에 대한 분석은 사회화 정책의 실제적 의의를 높여준다는 점에서 특별한 의미를 두고 싶다.

집필 과정이 늦어지면서 이제야 책을 내게 된 것은 무엇보다도 나의 개인
적인 사정 때문이었다. 마지막 글을 끝내면서 마치 긴 악몽에서 벗어나는
기분이 드는 것도 이 때문이리라. 우리는 다시 새로운 세미나를 시작하겠지
만, 당장은 세미나 팀과 집필자 모두와 함께 출간의 기쁨을 나누고자 한다.
어려운 출판 조건에서도 이렇게 무거운 책의 출판을 맡아준 <이후>에도
감사의 인사를 드린다.

2000년 7월 18일
김성구

사회화와 구조개혁
그리고 이행의 쟁점에 대하여

김성구

1. 경제위기와 대안 논쟁

1997~98년 외환 경제위기의 표출 이후 그 원인과 위기 극복책을 둘러싼 논쟁은 불가피하게 한국 자본주의의 평가와 대안 논쟁으로 발전하지 않을 수 없었다. 경제위기가 재벌지배로 특징지어지는 특수한 한국 자본주의 발전으로부터 비롯된 것인가 아니면 자본주의 일반의 고유한 모순으로부터 비롯된 것인가 또는 신식민지 국가독점자본주의(이하 신식민지 국독자로 약칭함)에 고유한 축적의 모순으로부터 비롯된 것인가라는 위기 논쟁으로부터, 대안 논쟁은 크게 보면 근본적 대립전선, 즉 자본주의적 시장경제의 합리화 대안인가 아니면 제국주의와 자본주의를 넘어가는 사회화 대안인가라는 축을 따라 형성되었다.[1] 그러나 지배계급과 진보진영 간의 정치적, 이데올로기적 힘 관계는 매우 불균등하여 대안 논쟁은 전자로

---

1. 이와 관련한 논쟁에 대해서는 김성구, 『경제위기와 신자유주의』, 문화과학사 1998. 특히 「경제위기와 노동자운동의 대응 방향에 관한 몇 가지 쟁점에 대하여」 및 「다시 한번 경제위기와 대안 논쟁에 대하여」 를 참조

경사될 수밖에 없있다. 이러한 논쟁 구도가 지배적이게 된 데에는 진보진영을 대변한다고 하면서도 자본주의적 대안을 모색하고자 하는, 진보진영 내의 신자유주의 흐름도 크게 기여했음을 부정할 수 없다.

자본주의적 대안 논쟁 내에서는 '자본주의 대 자본주의'(M. 알베르)로 표현되는 바처럼 어떤 자본주의적 대안이냐는 쟁점을 둘러싸고 영미형 자본주의 모델(주주자본주의 모델)과 유럽형 또는 독일형 자본주의 모델(이해관계자 모델)이 경쟁하고 있는데 그것은 곧 신자유주의의 두 개의 유형을 표현하는 것이다. <참여연대>가 독일형 신자유주의 모델 위에서 영미형 신자유주의를 가미한 것이라면 <경실련>은 영미형 신자유주의의 모델 위에서 독일형 신자유주의를 가미한 것이고 김대중정부의 정책은 영미형 신자유주의의 변종이라 할 수 있다. 독일형 신자유주의 모델은 <참여연대> 주변의 비판적 경제학자들을 중심으로 중도의 대안론으로서 크게 힘을 얻어가고 있는 실정이다.[2]

반면 사회화 대안은 전체의 논쟁 구도에서는 현실적인 대안으로 자리잡지 못하고 있지만, 진보진영 내의 논쟁에서는 한편에서 실용주의적인 신자유주의 경향과 대립하고 다른 한편에서는 전통적인 좌편향적 경향과 대치하면서 하나의 명백한 흐름으로 성장하였다. 사회화 대안은 이처럼 진보진영 내의 하나의 흐름이지만, 실용주의적 신자유주의 경향이 독자적인 대안사회를 모색한다기보다는 독일형 자본주의 지향으로 경사되어 있고 또 전통적인 좌편향적 경향은 경제위기 하의 수세적인 정세에서 대안 논쟁이 특별한 의미가

---

2. 김대환·김균 공편, 『한국재벌개혁론』, 나남 1999; 이병천·백영현 엮음, 『한국사회에 주는 충고』, 삼인 1998 등 참조. 이병천은 한국 자본주의의 발전 모델을 A. 암스덴이나 R. 웨이드 또는 J. 크로티 등 케인지안의 견해에 따라 국가동원형 발전자본주의 모델로 규정하고, 이 모델을 찬양하는 이들과 달리 이 모델과 신자유주의 패러다임 양자를 넘어가는 대안적 발전 모델을 모색하는데, 이를 라인형 협력자본주의의 한국에의 적용, 즉 한국형 제3의 길이라고 한다. 그것은 곧 (우파)케인지안과 독일형 신자유주의의 타협의 길이다.

없다고 판단하면서 생존권투쟁에 집중하였던 관계로 대안 논쟁에 대한 진보 진영의 개입은 사회화 대안론으로 대표될 수밖에 없었다.[3]

물론 이 시기의 대안 논쟁은 탈위기의 정책대안을 둘러싸고 진행된 것이기 때문에 1980년대 중반 이후의 한국 자본주의의 성격 논쟁처럼 한국 자본주의의 대안에 대한 본격적인 논쟁이라고 할 수는 없다. 그러나 변화된 정세와 쟁점의 이동, 전략적 대안의 변화에도 불구하고 논쟁의 계승 측면을 주목할 필요가 있다. 신식민지 국독자론 진영은 80년대 중반 이후 한국 자본주의의 논쟁에서 레닌주의의 이론과 정치를 한국 자본주의의 발전과 이행의 분석에 적용하여 반제반독점 PDR 노선을 정립하고 파시즘의 지배하에서 이를 반NL 정파운동을 통한 노동자계급의 정치적 통일 및 조직화라는 변혁지향적 실천 운동과 결합하고자 시도하였던 바, 90년대 후반에 우리는 대외적으로는 현실 사회주의의 몰락 및 개방과 세계화의 급진전 하에서 대내적으로는 정치적 민주주의의 일정한 진전과 변혁지향적 정파운동의 소진 그리고 시민운동의 자립화에 대응하여, 무엇보다 민주노총이라는 대중조직의 수준에서 김대중

---

3. 사회화 대안은 신식민지 국독자론의 관점에서 필자로부터 제출되었다. 우리가 <사회진보연대>의 '공공부문연구팀' 내에서 신식민지 국독자론의 이론 지반을 이의 없이 공유하는 것은 아니지만, 사회화 대안은 점차 <노동조합기업경영연구소>와 <사회진보연대>의 연구원 및 활동가들과 공유할 수 있게 되었고 나아가 노동조합의 적지 않은 활동가들에게도 수용되기에 이르렀다. <한국노동이론정책연구소>는 '대안 논쟁에 관한 한' 전통적인 좌파행적 경향을 띠고 있었다 하더라도 한국 자본주의의 위기와 대안 논쟁에서 어느 누구보다도 필자와 많은 토론을 주고받았는데, 이 연구소의 입장은, 물론 연구소 내에서 그때나 지금이나 서로 다른 견해가 있기는 하지만, 그 사이 주목할 만하게 변화하였다. 그것은 위기 속에서 독점자본의 사회화를 대안으로서 수용하기에 이르렀다는 점, 초국적 자본의 지배 확대와 국민자본의 종속 문제를 이전보다 심각하게 인식하게 되었다는 점과 관련된다. 김세균, 「김대중정권 1년과 노동자·민중운동」,『김대중정권 1년, 자본을 위한 개혁을 비판한다』, 한국노동이론정책연구소·산업노동학회·사회진보를 위한 민주연대 외 공동주최 토론회 자료집 1999. 2. 26.; 김세균, 「공공부문 구조조정과 노동운동의 과제」,『공공부문 구조조정 반대투쟁의 방향』, 한국노동이론정책연구소 제6차 정기총회 토론회 자료집 2000. 3. 11.; 채만수, 「대우사태와 노동자계급의 대응」,『현장에서 미래를』(1999 9월) 참조 말하자면 이 연구소와 필자 사이에는 중요한 문제에서 상당한 접근이 이루어진 셈이다. 이 연구소의 손호철 교수는 절충론적이라는 비판에도 불구하고 위기 논쟁 초부터 우리와 근접한 견해를 개진하였다. 손호철,『신자유주의시대의 한국정치』, 푸른숲 1999 참조

정부의 신자유주의에 대항하는 탈위기 정책으로서 사회화 정책을 핵심으로 하는 구조개혁과 민주대안을 제시함으로써 80년대의 반독점 반제국주의 이행전략을 비판적으로 계승하고자 하였다.4) 말하자면 변화된 정세, 주관적 객관적 조건 변화 하에서 구조개혁과 민주대안이라는 전략대안을 갖고 신식민지 국독자론의 쟁점을 견지하였고 새로운 이행전략을 모색했던 것인데, 그러나 진보진영의 전반적 퇴조와 논쟁의 부재 또는 청산이라는 상황에서 그리고 대중조직을 둘러싼 논쟁이었다는 점에서 이런 이론적이고 정치적인 연관은 명시적으로 토론될 수 없었다.5)

그럼에도 구조개혁과 민주대안 그리고 사회화 정책에 대해서는 진보진영

---

4. 오해를 피하기 위해 우리가 제시한 탈위기 정책의 내용에 대해서는 다시 한번 확인시켜 둘 필요가 있다. 우리의 사회화 정책에 대해 생존권투쟁을 대치시켜 우리를 왜곡, 비판하곤 하는 논자들과 달리 사회화 정책을 진보적인 반공황 정책으로서 제출했을 때 우리는 무엇보다도 생존권투쟁에 기초해서 그로부터 보다 높은 투쟁으로의 전화, 즉 생존권투쟁과 사회화 정책의 결합을 주장하였고 또한 국가개입과 관련하여 재정, 금융상의 확장정책과 사회화 정책의 결합을 주장하였다. 아래에서 논의하겠지만, 이행요구 투쟁은 이렇게 일상적 개량요구투쟁 그리고 사회개혁투쟁과의 결합 속에서, 그것의 보다 높은 투쟁으로의 발전 속에서 비로소 실현될 수 있는 계급적 지반을 획득하는 것이며 그렇지 못할 경우 그것은 혁명적인 공문구에 지나지 않는다.

5. 논쟁 구도를 보더라도 경제위기와 대안 논쟁은 한국 자본주의 논쟁의 쟁점을 변화된 정세 하에서 유지하고 있었고 이는 90년대 초반 민간정권의 수립과 변혁운동의 소진 속에서 진행된 한국 자본주의의 자립/개량논쟁 그리고 개방과 세계화의 급진전을 통해 자연스럽게 매개되었다. 선진 자본주의로의 진입과 개량을 선전하던 중진자본주의론적 경향(안병직 교수 등)이나 국독자론 우파(이병천 교수)의 경향은 경제위기와 대안 논쟁에서 (선진) 자본주의적 대안으로서 강화되었는데, 그러나 이번에는 부르주아 경제학적 기반 위에서, 즉 신자유주의 경제학의 토대 위에서 강화되었고, 그 밖의 비판적인 경제학자들이 여기에 정책론적으로 결합함으로써 지배적 분파로 자리잡았다. 또 <민주노조운동연구소>를 중심으로 초국적 자본 음모론/반IMF 전면투쟁론으로서 NL론도 계승되었는가 하면, 국독자론 좌파라 할 수 있는 <한국노동이론정책연구소>에서는 PD론을 계승하였다. 경제위기와 대안 논쟁에서 신식민지 국독자론은 이런 구도 속에서 논쟁했던 것이다. 물론 신식민지 국독자론 진영도 그 동안 크게 변화하였다. 그것은 변화라기보다는 청산과정이었는데, 예컨대 윤소영 교수 그룹은 신식민지 국독자론으로부터 I. 월러스틴과 G. 아리기 등의 세계체계론으로 정치경제학적 입장을 근본적으로 전환하였고, 서관모 교수는 E. 발리바르에게로 돌아갔으며, <서울사회과학연구소>는 포스트모던의 연구소로 남게 되었다. 따라서 경제위기와 대안 논쟁에서 우리의 사회화 대안은 정세와 쟁점의 변화, 그리고 전략의 변화 속에서 신식민지 국독자론을 복원한다는 의미를 갖는 것이었다.

내에서 제한적이지만 여러 입장으로부터 상이한 비판이 제기된 바 있다. 여기
에는 이 대안이 반제반독점 PDR로부터 후퇴한 개량주의적 대안 또는 좌파
케인즈주의적 대안이라는 PD적 비판(김세균 교수), 반독점 민주변혁이든 반
독점 구조개혁이든 반독점 사회화 정책은 제국주의 또는 세계자본주의의
변혁적 이행의 길을 개량주의적으로 왜곡시키는 스탈린주의적 일국사회주의
론에 기초한다는 극좌파적 비판(정성진 교수), 그것과는 반대로 독점자본주의
의 지배체제 하에서 사회화 대안은 현실화될 수 없기 때문에 이는 노동자투쟁
을 왜곡하는 사이비 사회화론이라는 좌편향적 비판(<선진노동자의 길>) 등
좌파적 비판뿐 아니라 사회화 정책을 스탈린주의적 국가사회주의론과 등치
시켜 비판하는 우파적 경향(<경제민주모임>)도 볼 수 있다.[6] 이러한 비판들
은 물론 새로운 것이 아니라 이론사적 논쟁으로부터 이미 제기되었던 것들이
다. 우리는 차제에 사회화 정책의 논쟁사에서 제기된 쟁점들을 비판적으로
검토함으로써 사회화 정책과 구조개혁을 이행론의 관점에서 올바르게 위치
짓고 아울러 사회화 대안에 대한 이상의 곡해를 정정할 것이다. 그것은 또한
80년대의 반제반독점 PDR과 오늘날의 구조개혁대안의 관련을 밝히는 것이
기도 하다.

---

6. 관련 문헌을 열거해 보면, 김세균, 「경제위기와 신자유주의 그리고 노동운동」, 『경제위기와 신자유주의
그리고 노동운동』, 한국노동이론정책연구소 창립 3주년 기념 심포지엄 자료집 1998. 9. 18-19.; 정성진,
「경제위기 논쟁과 맑스주의 공황론」, 한국사회경제학회 제41회 연구발표회 발제문 1998. 5. 23.; <선진노
동자의 길> 편집국, 「'대우사태'와 노동자계급의 투쟁 방향」 1999. 10. 9.;『노동해방의 빛』편집국, 「'대우
사태'와 노동자계급의 대응」 1999. 10. 2.; 백철현, 「공기업·사회화, 부르주아의 힘에 굴복한 자들의
수줍은 고백!」, 전국현장조직대표자회의,『한라, 대우투쟁 속보』(제4호) 1999. 11. 8. (백철현 씨는 이 글에
서 사회화 정책을 사민주의 정책으로 규정한다. 이에 대한 반론으로서 「'사회화' 주장은 부르주아 힘에
굴복한 자들의 수줍은 고백인가?」, 『사회화와 노동』(제12호) 1999. 11. 9.) <경제민주모임>과 관련된
논쟁 및 우리의 비판에 대해서는 이 책의 4장 「사회주의의 공상과 자본주의의 승인 그리고 우리사주사회
주의론」 참조

2. 현대 금융자본과 국가독점자본주의론

국제적인 외환금융위기의 전개 속에서 발생한 한국의 외환 경제위기의 분석과 그 대안 모색에 있어 신식민지 국독자론을 복원시키고 사회화 정책을 제기함에 있어서는 위와 같은 신식민지 국독자론 외부로부터의 비판만이 아니라 신식민지 국독자론 진영 자체에서 이 이론을 청산하는 자기비판 논거도 당연히 검토하지 않으면 안 된다.[7] 신식민지 국독자론을 청산하는 논거의 핵심은 다음과 같다. 첫째, 기본적으로 일국자본주의의 조절에 입각한 국독자론은 1990년대 이후 급진적으로 진행되는 자본주의의 신자유주의적 세계화, 특히 금융자본의 세계화를 분석하기에는 이론적 한계를 가질 수밖에 없고, 그에 따라 신식민지 국독자론은 신자유주의적 금융세계화에 포섭되는 한국 자본주의의 변화를 분석하기 어렵다는 것이다. 둘째, 국독자론의 이런 한계는 다른 한편에서 국독자론이 기반하고 있는 레닌(과 힐퍼딩)의 전통적인 금융자본론에서 비롯된다는 것이다. 즉 레닌의 금융자본론은 산업의 독점자본과 은행 독점자본의 융합이 지배적인, 독일 자본주의의 국민적 금융자본을 이념적 평균으로 하여 구성된 것으로서 산업자본과 금융자본의 분리 및 산업자본으로부터 자립적인 금융세계화를 특징으로 하는 현대의 초국적 금융자본의 분석에는 적합치 않고, 이를 위해서는 아메리카 금융자본을 이념적 평균으로 하는 새로운 금융자본론을 구성해야 한다고 한다. 이러한 문제제기는 현대 제국주의 분석의 일반론적 토대로서 금융자본론과 국독자론을 부정하는 것만이 아니라 자본주의와 제국주의 분석에서 일반론 자체를 부정하고 이를 유형론적 헤게모니 자본주의론으로 대체하는 것이어서 맑스의 정치경제학

---

7. 한국에서 신식민지 국독자론의 이론 토대가 알튀세르의 레닌주의와 레닌주의 정치경제학(국독자론)의 결합에 있었음을 생각하면, 맑스주의와 레닌주의의 모든 영역에 걸쳐 자기비판이 전개되었음은 당연한 것인데, 여기서는 (신식민지) 국독자론과 관련된 부분에 한정해서 살펴본다.

비판의 방법론까지 부정하는 것이 아닐 수 없다.[8]

첫번째 문제에 대해 필자는 이미 다른 글에서,[9] 1980년대 이후의 신자유주의적 지구화, 초국적 금융자본의 새로운 운동형태와 그 모순들 그리고 구조불황을 국독자론의 비판적 재구성의 관점에서 개관한 바 있으므로 여기서 자세히 부연하지는 않겠다. 그로부터 이해할 수 있는 바처럼, 1980년대 이후 초국적 금융자본의 분석은 맑스주의의 다른 분파들과 마찬가지로 국독자론

---

8. 이와 관련하여 한국의 외환위기에 대한 신식민지 국독자론에 입각한 필자의 분석에서 초국적 금융자본의 현대적 운동형태에 대한 분석이 결여되지 않았는가 하는 의문을 제기하고 이것이 현대의 초국적 금융자본의 운동을 분석할 수 없는 신식민지 국독자론의 이론적 한계의 결과가 아니냐는 일부의 비판에 대해 해명할 필요가 있다. 앞에서 인용한 『경제위기와 신자유주의』에서 필자는 초국적 금융자본의 운동과 관련한 국제적 측면보다는 주로 신식민지 국독자적 축적의 내적 위기메커니즘에 주목하여 외환위기를 분석하고 대안을 모색하였지만, 그것은 한국의 외환위기에서 초국적 금융자본의 운동, 특히 투기적 금융자본이 가져온 효과를 무시한 것도 아니었고, 또한 신식민지 국독자론이 그 분석을 수행할 수 없는 이론적 한계 때문도 아니었다. 필자의 생각으로는 한국의 외환위기를 분석할 때, 한편으로는 신식민지 국독자의 축적메커니즘 및 그 위기적 경향, 다른 한편으로는 신자유주의적 세계화, 특히 금융자본의 자유화 및 투기화가 가져온 90년대 자본주의의 변화된 조건을 통일적으로 파악하지 않으면 안 된다. 신식민지 국독자의 위기적 축적메커니즘이 외환위기의 내재적 요인이라면, 90년대 자본주의의 변화된 조건은 그 외재적 요인이라고 할 수 있다. 외환금융위기라는 위기의 현상적 형태에 매몰되어 신식민지 국독자론을 청산하고 위기의 내재적 요인을 부차화시키면 이 위기를 한국 자본주의의 역사에서 그 축적의 필연적 귀결로서 위치지을 수 없게 된다. 반면 신식민지 국독자의 축적위기가 표출되는 세계자본주의의 구체적 조건을 추상하면 그 위기 분석은 구체성을 상실하게 된다. 신식민지 국독자론에 입각한 이러한 통일적인 분석으로부터 우리는 예컨대 97년의 외환위기의 본질이 신식민지 국독자의 축적위기로서 70년대 중반과 79~80년의 그것과 본질적으로 동일하면서도, 이 두 개의 위기와 달리 97년의 위기는 왜 외환금융위기의 형태로 그렇게 폭발적으로 발생했는가를 설명할 수 있게 된다. 초국적 금융자본에 대한 분석이 결여되었다는 비판과는 달리 필자는 외환위기의 분석에서 이러한 두 개의 요인에 대한 통일적 사고를 언제나 견지하였다. 그럼에도 불구하고 신식민지 국독자의 위기적 축적메커니즘을 보다 강조했던 것은 무엇보다도 위기 분석과 관련하여 신식민지 국독자론의 이론적 유효성을 다시 복원한다는 문제의식에서 비롯된 것이었다. 첨언한다면, 현대 자본주의에서 국제 금융자본의 자립적 운동에도 불구하고, 또한 화폐자본 사이의 순전한 머니게임에도 불구하고, 그 운동의 가치적 토대는 궁극적으로 실물자본의 잉여가치 생산에 있기 때문에 금융자본의 자립성이란 어디까지나 상대적 자립성에 지나지 않고, 따라서 실물자본의 운동과의 통일적인 분석 없이는 금융자본의 분석은 제한적일 수밖에 없다. 이러한 인식으로 인해 신식민지 국독자의 위기적 축적메커니즘을 보다 강조하는 결과를 가져오지 않았나 생각한다.

9. 김성구, 「자본의 세계화와 신자유주의적 공세」, 김성구·김세균 외, 『자본의 세계화와 신자유주의』, 문화과학사 1998.

의 주요 주제 중의 하나였고, 국독자론은 맑스와 레닌의 이론에 기초하여 그리고 국독자론의 비판적 재구성 위에서 신자유주의적 지구화와 금융세계화를 특징으로 하는 현대 자본주의에 대한 과학적 분석을 정초할 수 있었으며, 그래서 이 새로운 현상을 근거로 맑스의 이론과 국독자론을 청산해야 한다는 주장은 사실 논거가 빈약했던 것이다. 그것은 한국의 신식민지 국독자론자들의 국독자론에 대한 이해와 수용이 불충분하거나 또는 일정하게 왜곡되었던 것의 결과이기도 했다. 어쨌든 현대 자본주의의 새로운 현상을 배경으로 하여 국독자론이 이들 현상을 그 이론적 토대 위에서 일관되게 분석할 수 있는지의 여부를 진지하게 검토하지 않은 채, 그 분석을 위한 이론적 패러다임 자체에 문제를 제기했던 것인데, 이는 곧 두 번째 문제인 금융자본론의 이론 구성과도 관련되는 것이다.10)

레닌적 금융자본론에 대해서는 먼저 개념적 오해를 피하도록 하자. (독점) 은행에 의한 (독점) 산업의 지배 또는 (독점적) 산업자본화되는 은행자본이라는 힐퍼딩의 정의와 달리, 레닌은 금융자본을 독자적인 자본분파로서가 아니

---

10. 말하자면 문제는 초국적 금융자본의 운동을 설명하느냐 못하느냐가 아니라, 이를 어떠한 이론적 토대 위에서 어떠한 관련에 따라 설명하는가 하는 것이다. 즉 국녹자본의 토대 위에서 설명하는가 아니면 세계체계론의 토대 위에서 설명하는가이다. 독점과 종속의 문제에서도 마찬가지이다. 신식민지 국독자론을 청산하고도 이들은 독점과 종속을 말하고 있고 그것을 근거로 해서 자신들이 신식민지 국독자론을 청산한 것이 아니라 비판적으로 계승했다고 강변하는 것인데, 문제는 바로 독점과 종속을 주장하는 것이 아니라 그것을 어떠한 이론적 틀에서 설명하는가 하는 것이다. 즉 신식민지 국독자론의 토대 위에서 정식화하는가 아니면 세계체계론의 관점에서 정식화하는가의 문제이다. 1980년대 신식민지 국독자론이 종속이론과 논쟁했던 것은 다름아니라 종속의 승인 여하가 아니라 제3세계 자본주의의 종속이라는 현상을 어떻게 정치경제학적으로 설명할 수 있는가라는 것이었음을 상기할 필요가 있다. 그 이론적 관계의 설명 여하에 따라 상이한 정치적 결론, 상이한 전략과 전술이 나오기 때문에 이 논쟁은 그렇게 첨예할 수밖에 없었던 것이다. 세계체계론의 관점에서 독점과 종속을 설명하면서 신식민지 국독자론을 계승하고 있다면 세계체계론과 국독자론이 도대체 동일한 이론체계란 말인가? 맑스에 입각한 국독자론의 세계경제론과 세계체계론간의 방법론적 차이, 세계체계론의 방법에 대한 맑스적 비판을 위해서는 김성구, 「『자본』과 현대자본주의: 세계경제론의 방법에 대하여」, 『이론』(제16호/1996 겨울·1997 봄) 합본호를 참조. 또한 트로츠키주의로부터의 비판이긴 하지만 정성진, 「세계체계론: 맑스주의적 비판」, 『진보평론』(제2호/1999 가을)도 참조

라 독점적 산업자본(분파)과 독점적 은행자본(분파)[나아가 후에 레닌 추종자
들은 여기에 독점적 상업자본과 비은행 금융자본까지 포괄하였다]의 융합형
태로서 파악하고 이에 근거하여 금융과두제를 설명한 것이어서 금융자본은
산업을 직접 지배하는 은행자본이라기보다는 그 안에 은행자본과 산업자본
의 독자적인 이윤증식 활동과 그 통일을 상정하는 것이었다. 따라서 이러한
넓은 의미의 금융자본은 은행자본 또는 화폐자본이라는 좁은 의미의 금융자
본의 운동을 독자적인 메커니즘으로서 포괄하는 것이며, 넓은 의미의 금융자
본이란 결국 독점적인 은행자본의 고유한 이윤증식운동과 독점적인 산업자
본의 고유한 이윤증식운동이 금융자본적 이윤증식운동으로 융합되는 메커니
즘에서 정의될 뿐이다. 즉 은행자본은 자신의 고유한 이윤증식운동을 하면서
도 금융자본이라는 융합형태에서 산업자본의 이윤증식운동과 결합하는 측면
도 갖게 된다.[11]

한편 좁은 의미의 금융자본은 다름 아닌 맑스가 분석한 은행자본, 화폐자
본, 또는 대부자본의 범주에 속하는 것이고 넓은 의미의 금융자본에 포괄되는
것이기 때문에, 좁은 의미의 금융자본과 넓은 의미의 금융자본을 맑스의 이론
과 레닌의 이론으로서 서로 대치시키는 것은, 그래서 레닌의 이론을 기각하고
맑스의 이론으로 돌아가는 것은 이론적으로 타당하지 않다.[12] 뿐만 아니라

---

11. 금융자본 내부의 자립성과 경쟁보다는 오히려 통일성을 보다 강조한 느낌이지만, 금융자본으로서의
    통일성 그리고 은행자본 및 산업자본의 자립성과 경쟁에 대해서는 上野俊樹·鈴木健 편, 『現代の 國家
    獨占資本主義』(上), 大月書店 1989, 서장과 제1장을 참조. 앞에서 언급한 첫번째 문제와 관련된 것이지만,
    이 책의 제3장에서는 국독자론에 입각하여 자본주의 일반에서의 화폐와 신용제도, 그 국내적·국제적
    관련으로부터 현대의 통화신용제도와 불환지폐의 분석뿐 아니라 IMF 체제에서의 아메리카 금융자본의
    축적과 위기, 나아가 금융자유화 속에서의 투기적 금융자본으로의 발전 전망까지 모범적으로 분석하고
    있는데, 이것은 현대 자본주의의 새로운 경향들의 분석에서 국독자론이 이론적으로 파산했다는 혐의는
    전혀 근거가 없음을 보여준다.
12. 예컨대 프랑스와 셰네, 「세기말 자본주의의 전망을 둘러싼 토론에 부쳐」, 김석진·박민수 엮음, 『세계화
    와 신자유주의 비판을 위하여』, 공감 1997; 프랑스와 셰네, 「금융지배적인 세계적 축적체계의 출현」,
    이병천·백영현 엮음, 『한국사회에 주는 충고』, 앞의 책; 요아힘 비숍, 「카지노자본주의」, 『이론』(제12호)

좁은 의미의 금융자본이라 해도 그것은 맑스의 화폐자본 또는 대부자본에
이론적 근거를 가질지언정, 맑스의 분석과는 다르게 경쟁적인 화폐자본이
아니라 독점적인 화폐자본임을 이해해야 한다. 따라서 맑스로 돌아가는 것만
으로 해결될 문제가 아니다. 우리가 레닌에 따라 넓은 의미의 금융자본을
이론화하는 것은 바로 이 때문이다.

따라서 현대 금융자본의 새로운 특징으로서 좁은 의미의 금융자본 운동
을 전통적인 은행자본이 아니라 (의제자본 운동과 결합한) 연기금이나 보험회
사 등의 새로운 화폐자본이 주도한다는 것도 전통적인 금융자본론을 수정하
거나 폐기할 논거가 되지 못한다. 연기금이나 투자기금 등이 전통적인 금융자
본과 달리 산업자본과의 긴밀한 관련에서 벗어나 자립적인 운동을 한다는
점에서 양자를 차별해서 이해할 필요는 있지만, 그것은 기본적으로 화폐자본
일반의 운동으로서 좁은 의미의 금융자본에 포괄되는 것이어서 새로운 것이
아니다. 그 때문에 이를 분석하기 위한 새로운 이론은 요구되지 않는다. 문제
는 새로운 금융자본론의 문제가 아니라 레닌의 금융자본론을 정치경제학적
으로 비판적으로 재구성하여 새로운 형태까지 일반론의 토대 위에서 분석할
수 있도록 완성하는 문제이다. 이런 과제가 지체되었기 때문에 금융자본의
새로운 운동형태는 레닌의 이론에서 포괄되지 못하는 것으로 평가되고 이를

1995년 가을 참조. 레닌의 금융자본론에 대해 비숍이 완고하게 맑스에 근거해서 비판하고 있다면, 셰네
는 맑스에 근거하면서도 레닌의 금융자본론을 전면 부정하지는 않는다는 점에서 그 비판은 상대적이다.
(셰네의 글을 읽어 보면 금융지배적인 세계적 축적체계를 말해도 기본적으로 맑스의 이론에 기초하고
있는데, 왜 이 글을 세계체계론이나 유형론적인 헤게모니 자본주의론의 맥락에 배치하고 있는지, 또한
왜 '제3의 길'론에 배치하고 있는지, 그 편집 의도가 의문스럽다.) 셰네는 좁은 의미의 금융자본을 레닌이
이론화하기는 했지만 이를 현대적인 주식자본보다는 국채형태에서 파악했다고 하여 그 제한성을 주장
하는데 이는 적절하지 않다. 왜냐하면 국채형태의 화폐자본은 당대의 지배적인 역사형태인 반면, 이를
분석하기 위한 화폐자본론/금융자본론은 일반론이므로, 역사적 지배형태의 변화에도 불구하고 두 형태
분석 모두를 포괄하는 이론적 토대, 개념이 이미 주어져 있기 때문이다. 또 금융자본론을 정초하면서
레닌이 주식자본을 간과했다는 것도 올바른 지적이 아니다. 힐퍼딩의 작업은 주식자본의 분석에 중점을
두는 것이었고, 이는 힐퍼딩의 작업에 크게 기초한 레닌에게서도 마찬가지였다.

대체하는 새로운 이론을 모색하게 하는 근거가 되었던 것이다. 즉 좁은 의미
의 금융자본론과 넓은 의미의 금융자본론의 일반적 토대 위에서 고전적 제국
주의 단계에서부터 현대적 형태까지 금융자본의 운동형태 변화를 단계적
유형화와 함께 현상 분석을 할 수 있는 것인데 이러한 분석의 길을 열기
위해서는 물론 레닌 이론의 비판적 재구성이 필요하였다. 우리가 앞에서 레닌
이론을 변호하였다면, 그것은 이런 비판적 재구성의 토대 위에서 그러했던
것이다.[13]

   이러한 토대 위에서 우리는 유형론적 헤게모니 자본주의론의 주장들을
비판적으로 검토할 수 있다. 이 이론에 따르면,[14] 레닌의 금융자본론은 독일
제국주의를 이념적 평균으로 하여 이론 작업을 수행한 것이고, 또 독일 제국
주의는 영국 제국주의/헤게모니에 대항한 추월전에 실패함으로써 당대 제국
주의의 일반적 이론화로서 해석될 수 없으며, 아메리카 제국주의를 역사적

---

13. 이에 대해서는 시론적이긴 하지만 김성구, 「자본의 세계화와 신자유주의적 공세」, 김성구·김세균 외,
    『자본의 세계화와 신자유주의』, 앞의 책을 참조. 전통적인 레닌주의자들이 흔히 그랬던 것처럼, 레닌의
    금융자본론의 일반이론으로서의 이론적 문제를 인식하지 못하고 이를 일반이론으로서 무비판적으로
    수용할 경우, 자본주의 발전의 새로운 운동형태는 늘 이 제한된 일반이론과 충돌할 수밖에 없었다.
    예컨대 레닌에서 금융자본의 자본수출은 상품수출과 대립하는 형태로서 자본주의의 새로운 단계를
    특징짓는 구성요소로 위치지어졌는데, 그렇게 함으로써 레닌은 자본의 운동형태의 세 가지 자태변환의
    통일성 위에서 맑스 이론의 계승으로서 제국주의 단계의 자본수출론을 이론화하는 대신, 맑스 이론과의
    대립으로서 제국주의 단계의 일반론적 자본수출론을 이론화한 것으로 받아들여졌다. 나아가 1950~60년
    대 이래 초국적 자본에 의한 직접투자가 자본의 세계적 운동의 새로운 형태로서 정착됨에 따라 이
    운동형태는 레닌의 자본수출론과 또 다시 충돌하지 않을 수 없었다. 초국적 자본의 직접투자는 레닌의
    자본수출론에 포괄되지 않고 따라서 이를 넘어가는 새로운 이론의 도전과 논쟁이 불가피했다. 1990년대
    이래 투기적 금융자본과 화폐자본의 운동은 직접투자형태를 넘어가는 새로운 운동형태이며 또 고전적
    제국주의 단계의 화폐자본의 운동과도 구별되는 새로운 형태이므로, 레닌의 금융자본론에 대한 이론적
    논쟁이 다시 제기되는 것은 어쩌면 당연하다 할 것이다. 우리는 레닌의 금융자본론의 비판적 재구성
    위에서, 즉 맑스 이론과 제국주의론과의 통일 위에서 금융자본의 세계적 운동을 일반이론적으로 총체적
    으로 파악하고 그 운동형태의 역사적인 유형적 변화를 일관적으로 분석할 수 있다고 생각한다.
14. 김석진·박민수 엮음, 『세계화와 신자유주의 비판을 위하여』, 앞의 책; 조반니 아리기 외, 『발전주의
    비판에서 신자유주의 비판으로: 세계체계론의 시각』, 공감 1998; 윤소영, 『신자유주의적 '금융 세계화'와
    '워싱턴 콘센서스'』, 공감 1999.

전형으로 하는 제국주의이론의 새로운 일반적 구성이 요구된다.[15] 뿐만 아니라 이 제국주의 역사는 세계자본주의의 이른바 4개의 축적 사이클 또는 헤게모니 사이클론에 위치지어지고, 축적 사이클 또는 헤게모니 사이클론은 콘드라티에프적 장기파동론과 결합하여 자본주의 발전의 새로운 일반이론으로서의 지위를 갖게 된다. 각각의 사이클은 실물부문의 축적을 기반으로 하는 지배적 축적레짐의 확립과 발전, 그리고 실물부문의 축적위기, 그에 따른 금융적 축적을 기반으로 하는 축적레짐의 위기 및 이행이라는 구조를 갖고 있는데, 이러한 이론체계에서 현대의 금융세계화는 아메리카 제국주의의 축적위기와 새로운 축적레짐으로의 이행을 전망 또는 예고하는 것이 된다. 이 새로운 일반이론은 이른바 '역사적 자본주의'론으로 불려지는데 이것은 자본주의 발전의 일반이론인 맑스의 이론을 방법론적으로 부정하는 것이어서 어떤 경우에도 이 이론이 맑스의 정치경제학 비판플랜에 남겨진, 세계자본주의의 분석이라는 과제를 이행하는 것, 즉 맑스 이론을 계승, 완성하는 것이라고는 할 수 없는 것이다.

새로운 금융자본론이라는 문제는 사실 새로운 것이 아니라 1960년대 P. A. 바란과 P. M. 스위지의 독점자본론에서도 이미 제기된 바 있다. 독점은행과 산업독점의 융합이라는 레닌의 금융자본론에 대해 스위지는 미국 기업들이 은행보다는 기업이윤 등 자체 금융을 통해 자금을 동원하는 측면에 주목하여 은행과 산업의 융합테제를 비판하고 미국의 독점자본을 대상으로 하여 새로운 독점자본론을 제출하였다. 물론 현대의 금융자본론을 둘러싼 논쟁은 스위지의 그것과도 다른 문제이다. 그것은 동일한 미국 자본주의라 하더라도 세계적인 신자유주의적 전환과 관련된 것인데, 여기서 새로운 금융자본론은 (좁은

---

15. 그러나 세계체계론의 관점에서는 20세기 제국주의 단계의 제국주의만이 아니라 자본주의의 전 역사를 중심-반주변-주변이라는 이론틀 속에서 제국주의로 파악하기 때문에, 여기서 제국주의의 일반적 구성이라는 것은 20세기 자본주의/제국주의를 아메리카형 제국주의로 일반화한다는 제한된 의미에서이다.

의미의) 금융자본의 축적과 그 세계적 운동, 그리고 금융자본에 의해 추동되
는 신자유주의적 기업구조조정 등 새로운 현상을 배경으로 한다. 여기서 우리
는 현대의 새로운 금융자본론이라는 문제제기가 두 개의 쟁점 또는 측면을
포괄하는 것임을 인식하지 않으면 안 된다. 즉 독일형과 아메리카형이라는
유형적 차이와, 동일한 아메리카 자본주의의 케인즈주의적 변종으로부터 신
자유주의적 변종으로의 변화라는 두 측면. 아메리카 자본주의(제국주의) 또는
아메리카 헤게모니를 이론적 전범으로 상정하는 경우, 그것은 아메리카 제국
주의의 발전과 그 형태 변화를 포괄해야 되기 때문에, 위의 두 측면을 모두
고려해서 이론화해야 하는 것이다.

먼저 제국주의론 구성의 이른바 이념형으로서 독일형과 아메리카형의
내용이 과연 구체적으로 얼마만큼 유형적으로 상이한가, 그리고 그러한 유형
적 차이는 새로운 이론을 요구할 그러한 성질의 것인가, 아니면 레닌의 금융
자본론에 포괄될 수 있는 정도의 차이인가 하는 문제를 보도록 하자. 이에
대한 몇몇 연구 결과들을 보면,[16] 바란과 스위지가 주목했던 기업의 사내유보
이윤의 증대를 통한 자기금융의 증대라든가 기업의 유가증권 투자의 증대와
그에 따른 법인주주화, 즉 금융자본화하는 거대기업의 현상들은 국가별 자본
축적의 정도와 신용제도의 패턴에 따라 유형적 차이를 가지면서도 금융자본
론의 틀에서 일반화시킬 수 있는 그런 구조를 갖는 것이다.[17] 그것은 대은행
과 대기업간의 주식소유관계라든가 그 지배구조, 공통의 기관주주나 중역겸
임 등 상호결합관계 등에 나타나 있는데, 미국 금융자본의 경우 금융기관의

---

16. 生川榮治 편, 『現代金融資本論』, 국역, 동녘 1975(1982); 松井和夫, 『美國金融資本の 支配構造』, 국역,
    좋은책 1986(1989) 등. 특히 松井和夫의 분석은 미국 금융자본의 지배구조에 대한 미국의회보고서인
    『파트만 보고』, 『메트카프 보고』, 『리비코프 보고』 등 기초자료를 토대로 한 것이어서 주목할 만한
    성과라고 할 수 있다.
17. 특히 그러한 기업금융과 정부채권 증대 등은 국독자적 축적과 금융메커니즘에 통합된 것으로서 분석될
    수 있다.

기업주식지배 정도나 기업과 금융기관의 주식집중도가 독일 자본주의의 그 것보다 분산적인 것은 분명하지만 대기업과 금융기관간의 광범위한 결합구 조, 즉 금융과두제적 지배구조를 부정할 수는 없다. 따라서 그러한 차이는 레닌의 금융자본론을 부정하고 새로운 이론으로 대체할 그런 성격의 차이라 고는 할 수 없다. 이 분석을 수행한 논자들이 현대 금융자본의 새로운 현상과 구조를 이론화하면서도 여전히 이론적 토대로서 레닌의 금융자본론에 입각 하고 있는 것은 이 때문이다.

1980년대 신자유주의적 전환과 함께 국독자의 변종 변화, 금융세계화와 금융주도적 축적양식의 전개에 대해 살펴보면, 케인즈주의적 또는 사민주의 적 국독자로부터 신자유주의적 국독자로의 전환은 국독자론의 토대 위에서 국독자의 변종 변화로 정식화된 데에서 보는 바처럼 국독자론의 폐기가 요구 되는 것은 아니며, 새로운 금융자본과 그 운동은 앞에서 본 바처럼 좁은 의미 의 금융자본론과 넓은 의미의 금융자본론의 토대 위에서, 또 레닌의 금융자본 론의 비판적 재구성 위에서 일관되게 분석될 수 있는 것으로서 그 분석을 위해 금융자본론의 폐기 또는 대체가 요구되지는 않는다. 물론 신자유주의적 전환과 변종의 변화에도 불구하고 아메리카형 자본주의와 유럽형 자본주의 간의 유형적 차이는 여전히 해소되지 않는다. 밀하자면 신자유주의의 두 개의 유형, 즉 영미형 신자유주의와 독일형 신자유주의의 차이는 여전히 존재하는 것이다. 아마도 독일형과 아메리카형이라는 자본주의의 유형적 차이가 신자 유주의의 두 개의 유형이라는 변종의 차이를 가져왔을 것이다. 그러나 현대 금융자본의 새로운 현상들, 금융자본 주도적 이윤증식과 초국화 경향이 한국 의 세계체계론자들의 주장처럼 아메리카 자본주의의 운동을 전제하지 않고 서는 이해할 수 없는 아메리카형 현상은 아니고, 아메리카형이든 독일형이든 기본적으로 신자유주의적 전환과 결합된, 국독자의 변종 변화에서 비롯된 것임을 인식해야 한다. 그렇다면, 레닌의 금융자본론과 국독자론을 비판하면 서 유형론적 헤게모니 자본주의론으로 옮아간 것은 기본적으로 신자유주의

적 전환과 관련된 금융자본의 새로운 현상들을 과도하게 자본주의 유형의
차이로 파악하고, 두 개 유형의 자본주의에 구조화되어 있는 금융자본으로서
의 통일적 기제를 간과한 결과라고 할 수 있다.

3. 국가독점자본주의와 사회화 강령

경제위기 논쟁으로부터 우리가 다시 사회화 대안을 제출할 수 있었던 근거는
세계화가 급진전되는 현대 자본주의 하에서도 또 그로 말미암아 그 이전의
어떤 시기에서보다도 자본주의의 위기가 세계적으로 심화되어 진전되고 있
다는 점, (독점)자본의 지배는 제국주의 국가에서든 신흥공업국에서든 이 위
기를 극복할 해결형태를 찾지 못하고 탈규제라는 신자유주의의 선전에도
불구하고 이 위기는 점점 더 국가의 경제개입을 불가피하게 한다는 점에
있다. 위기가 폭발했을 때 자본주의 시장경제는 반시장적인 국가개입 정책에
의존하지 않을 수 없었다. 위기의 심화 속에서, 또 신자유주의적 정책에서조
차 국가독점자본주의의 조절체계는 오히려 더욱 확대, 심화되었는데 그럼에
도 현대 자본주의의 조절위기는 아시아의 금융위기와 함께 전세계적으로
확산되었던 것이다. 이러한 위기심화, 조절위기로부터의 탈출 전망의 부재는
다름아니라 자본주의가 과도하게 성숙했다는 것, 자기 발로 서기가 점점 더
어려워졌다는 것, 다시 말해 현대 자본주의의 역사적 제한성을 말해 주는
것이 아닐 수 없다. 현실사회주의의 붕괴와 자본주의의 전일적 지배의 회복에
도 불구하고 현대 자본주의의 이행기적 성격은 부정할 수 없는 것이다.[18]

---

18. 현대 자본주의의 조절위기의 심화로부터 이것이 조절위기로부터의 탈출 전망의 부재를 의미하는가,
    아니면 정보통신혁명과 자본자유화, 금융자본이 주도하는 자본축적 그리고 그와 결합한 구조적인 대량
    실업 및 성장률 둔화, 국제화폐의 조절위기 자체가 새로운 조절양식, 말하자면 위기의 조절양식을 예고
    하는가는 하나의 논쟁거리가 될 수 있다. 필자의 생각으로는 이는 새로운 조절양식이라기보다는 조절위

국독자의 소유와 조절형태들은 바로 현대 자본주의의 위기와 이행의 핵심 범주이다.[19] 이미 독점에서 표현되는 주식회사적 소유와 독점적 계획화에서도 그러한 요소들이 발전하지만, 국독자의 소유와 조절형태들은 원리적으로 자본가적 사적 소유와 시장적 조절을 부정하는 사회적 소유와 조절형태들로서 자본주의 이후의 미래사회를 구성하는, 그런 점에서 이행의 요소들이다. 자본주의의 독점자본주의로의 단계 이행과 국독자로의 성장전화와 함께 이들 형태들이 자본주의 태내에서 불가피하게 발전한다는 것은 다름아니라 자본주의의 역사적 제한성, 그 과도성숙을 표현하는 것이다. 물론 국독자 하에서 이들 형태는 그 자체로 이행의 완료된 형태가 아니고 따라서 사회주의적 부문을 나타내는 것도 아니다. 그것들은 미래사회의 맹아에 지나지 않으며 궁극적으로 독점자본가적 사적 소유와 독점이윤을 통한 시장적 조절에 종속되어 있기 때문에, 독점자본주의의 지배형태로서 규정되지 않을 수 없다(이 형태들은 독점자본주의의 재생산의 모순의 일정한 해결, 새로운 적응으로서 발전했음에도 불구하고, 궁극적으로 독점자본주의의 모순을 해결하지 못했으며 그 형태들과 함께 모순은 오히려 심화되었다. 이것 또한 새로운 형태가

기의 지속으로 보아야 한다. 왜냐하면 조절양식이라 함은 무엇보다 노동력과 (국제)화폐의 안정적인 재생산과 고성장을 전제하지 않을 수 없기 때문이다. 그러나 어느 경우든 위의 현상은 자본주의의 전반적 위기론의 핵심, 즉 사멸하는 자본주의(이행기)로서 독점자본주의와 제국주의론의 이론적 유효성을 보여주는 것이다. 전통적인 위기론은 이행기의 성격을 왜곡, 축약하고 스탈린주의적 생산력주의와 진화주의에 입각한 사회주의 이행론과 결합하여 단선적인 위기심화론, 이른바 단계적 심화론(3단계론) 의 오류에 빠져 있었다. 레닌적 관점에서 일반적 위기론과 사회주의 이행론을 복원하고 나아가 두 체제의 요소가 상호 투쟁하는 가역적인 과정으로서 일반적 위기의 단계론을 재구성할 때 우리는 현실사회주의의 붕괴와 현 단계의 위기까지도 그 성격을 규명할 수 있다. 현 단계의 위기의 내용과 성격, 그 속에서의 계급투쟁 그리고 전망, 이런 것에 대한 올바른 분석 없이 어떤 대안도 과학적일 수 없다.

19. 사회화의 문제는 물론 국가독점적 소유와 조절에 한정되지 않는다. 국가독점적 소유와 조절이라는 형식적인 사회화만이 아니라 이에 대한 노동자들의 통제라는 실질적 사회화의 문제가 중요하다. 또 사회화의 소유형태도 국영기업만이 아니라 공기업, 기금소유기업, 노동자소유기업, 협동조합기업 등 다양한 형태를 볼 수 있다. 그러나 국영기업의 형태가 (자본주의에서는 잠재적으로, 사회주의에서는 현실적으로) 사회화의 가장 높은 형태라는 점도 승인해야 한다.

낡은 독점적 관계에 의해 규정된 결과이다). 독점적 지배관계가 지양될 때
비로소 이들 형태들은 새로운 사회의 소유와 조절의 토대가 된다. 미래사회의
맹아로부터 완료된 형태로 전화하기 위해서는 이를 둘러싸고 있는 독점자본
의 외피가 파열되지 않으면 안 된다. 그것이 독점자본가적 국가의 분쇄 없이
이루어질 수 없음은 두말할 것도 없다. 이렇게 국독자의 발전과 함께 자본주
의 태내에서 다음 사회로의 이행을 위한 물질적 토대가 발전함으로써, 자본주
의로부터 다음 사회로의 이행은 노동자계급에 의한 이 부문의 장악과 민주적
통제 속에서 그 첫발을 내딛게 된다. 이로부터 노동자계급에게는 사회주의를
위한 투쟁에서 반독점 사회화라는 이행요구투쟁의 전략적 과제가 불가피하
게 제기되는 것이다. 레닌에 의해 비로소 정식화된 반독점 사회화 이행강령은
고전적 자본주의 시대의 이행의 모순(즉 당대의 맑스가 직면했던 개혁요구를
위한 최소강령과 공산주의 최대강령 사이의 간극이라는, 결국 이행강령의
불완전성으로 표현되는 모순)을 해소하는 것으로서 이행을 위한 전략과 전술
에서 커다란 의의를 갖는 것이지만, 이런 인식이 변혁지향적 노동운동에서
전략적인 사고로 자리잡기까지는 이론과 실천에서 많은 논쟁과 편향 그리고
오류의 반복이 있었다.

맑스주의의 정통의 흐름에서 반독점 사회화의 이행요구강령은 레닌의
『임박한 파국, 그것에 어떻게 대처할 것인가』에서 정식화된 형태로 제출된
이래 코민테른에서 노동자통일전선전술과 노동자정부 구호, 노동자의 생산
관리, 반파시즘 인민전선전술, 그리고 동유럽의 인민민주주의 혁명과 관련하
여 논쟁의 핵심에 자리잡고 있었다.[20] 그러나 이 시기 사회주의 혁명과 관련
해 반독점 사회화 투쟁에 대한 레닌의 테제는 올바로 이해되지 못하고 좌우편

---

20. 이에 대해서는 杉田正夫, 『現代資本主義の 歷史的 構造』, 三一書房 1963; 송주명, 「강령문제에 대하여」,
『현실과 과학』(제7집) 1990; AK, *Die kommunistische Internationale*, VMB 1970; 『코민테른 자료선집』 1~3,
동녘 1989 등 참조 杉田正夫는 유로코뮤니즘적 구조개혁론의 관점에서, 송주명은 PDR론의 관점에서
상당히 포괄적으로 이론사를 정리하고 있어 주목할 만하다.

향으로 왜곡되어 전술적 오류가 반복되었다. 무엇보다도 사회주의 혁명과 관련하여 반독점 사회화 이행요구투쟁의 전략적 지위를 인식하지 못하고 이행요구투쟁은 종종 전술적 운용의 구호로 받아들여졌다. 그것은 이를테면 1차대전 패전의 배상부담을 소유자계급에게 전가시키려는 독일 공산당의 적극적 조세강령, 국유화 강령에 대한 코민테른 내 편향, 노동자정부와 노동자 생산관리, 인민전선의 경제정책 등에 대한 혼란에서 표출되었다.[21]

---

21. 1921년 제2회 대회 전까지의 독일 공산당의 적극적 조세강령은 단순한 세제개혁과 재정개혁만으로는 국민대중의 궁핍과 경제의 궁핍화를 막을 수 없으므로 현물가치의 몰수와 국가자본주의에 대한 노동자의 통제라는 구조개혁을 요구한 것인데, 의회 안에서 다수파로 관철할 수는 없었지만 의회 밖의 대중투쟁을 통해 강제할 수 있다는 것이었다. 바르가는 이에 대해 프롤레타리아트에 의한 생산통제의 요구와 지속적인 획득을 통해 국가자본주의로부터 프롤레타리아 독재로의 추이를 일으킨다고 하였다. 이 투쟁방침은 1921년 코민테른 제3회 대회에서 거부되었고 독일 공산당 제2회 대회에서 방기되기에 이르렀다. 또 제3회 대회 전술에 대한 테제에서는 중앙파의 국유화 강령을 사민주의적 최소강령으로 폄하하고 대중들의 모든 요구를 혁명적 투쟁의 출발점으로 삼을 것을 주장하였다. 교조적인 코민테른 제5회 대회는 노동자정부의 슬로건을 프롤레타리아 독재와 동의어로 간주하고 그 전술적 적용을 중단시켰다. 이에 따라 독일 공산당 내에서 국가자본주의적 개혁안에 대한 비판이 높아졌고 레닌의 국가자본주의적 강령의 의의를 강조하여, 은행 및 트러스트와 카르텔의 국유화, 상업의 비밀 폐지, 강제적 신디케이트화, 소비의 국가적 조절, 이 모든 것들에 대한 노동자의 통제를 요구하고, 이러한 프롤레타리아 독재의 경제정책과, 두 계급 사이에서 의심스럽게 부동하는 국가에 의한 현물가치의 몰수는 단연코 다른 것임을 명백히 했다. 말하자면 독점부르주아 지배하의 산업 및 은행독점체를 위한 국가자본주의와 프롤레타리아 독재하의 국가자본주의 사이에는 어떤 '중간 길'도 존재하지 않는다는 것이다. 한편 경제위원회와 생산관리의 참호를 사민주의에 내주는 것은 커다란 오류라는 인식 하에 코민테른 우파가 제출한 생산관리의 슬로건에 대해, 코민테른은 혁명적 정세가 없는 곳에서 생산관리 슬로건을 내건다면 경제민주주의와의 융합의 슬로건이 되어버린다고 거부하였다. 인민전선과 사회주의 혁명간의 결합관계에 대해서도 G. 디미트로프와 프랑스 공산당(M. 토레즈)은 사회주의 혁명이 인민전선의 연장선상에서는 나타나지 않는다고 하여 이것과는 다른 동맹방식, 즉 부르주아 공화국을 분쇄하고 소비에트 권력으로 그것을 대체시킨다는 별개의 구상을 가진 반면, P. 톨리아티는 스페인의 경험을 통해 인민전선운동에 의해 방어되는 공화제도와 공화정부가 반독점 민주주의라는 형태에서 그 자체에 내재된 사회주의적 요소를 증가시켜감으로써 사회주의 혁명으로 전화할 수 있다고 사고하였다. 그 결과 프랑스 인민전선에서는 사회보장, 8시간 노동제, 실업수당, 최저임금제 같은 주로 사회정책적인 개량만을 중시하고 사회화정책의 도입을 고려하지 않았던 것이다. 이상에 대해서는 杉田正夫, 『現代資本主義の 歷史的 構造』, 앞의 책 참조(杉田은 유로코뮤니즘의 구조개혁론적 관점에서 반독점 사회화 정책의 역사를 재구성하고 있음을 상기하기 바란다). 杉田正夫는 이러한 쟁점의 역사에서 1930년대 대공황과 사회화 정책의 문제 또한 검토하고 있는데, 이것은 또한 1997~98년 외환 경제위기 당시 노동자계급의 대응책과 관련하여

반독점 사회화 투쟁의 전략적 지위는 2차대전 후 선진 제국주의 국가에서 국독자가 확립, 발전하면서 보다 확고하게 인식되기에 이르지만, 이 경우에도 국독자에 대한 스탈린주의적 교조와의 지난한 논쟁이 불가피했다. 즉 국독자를 독점자본의 이윤요구에 대한 국가의 종속으로 이해하는 스탈린의 국독자 테제에 따르면, 국가부문의 상대적 자율성은 부정되고 국가는 독점의 이윤증식 요구에 종속적으로 복무하는 것이기 때문에 독점자본의 사회화 요구는 전략적으로 잘못 제기된 것이거나 기껏해야 전술적 운용의 의미만을 가질 뿐이었다. 소련에서의 바르가 E. Varga 논쟁, 구동독에서의 치샹 K. Zieschang 논쟁은 스탈린주의 하에서 그 교조적 해석에 대항한, 그러나 결국 교조에 의해 억압된 대표적인 논쟁이다. 그러나 정치적으로는 1956년 소련 공산당 제20회 대회를 계기로 하여, 또 이론적으로는 1950년대 구동독에서 치샹 논쟁, 1970년대 구소련의 드라길레프 M. Dragilew 논쟁과 구동독의 누스바움 H. Nussbaum 논쟁을 거치면서, 나아가 70년대 유로코뮤니즘의 반독점 구조개혁론과 평화적 이행론이 공식화되면서, 스탈린 테제는 상대화되었다. 이제 점차 국독자가 독점자본주의 단계 내에서 생산력의 진보에 조응한 보다 사회

중요한 시사점을 주는 것이라 생각된다. 당시 정권을 맡고 있던 영국, 독일, 프랑스의 사민주의자들은 공황극복과 고용증대를 위한 금융, 재정의 확대정책을 수행하는 대신, 낡은 정통주의 경제정책에 매달려서 예산균형과 통화의 금패리티 고수, 공황에의 불간섭과 경제의 자동조절적 회복력의 기대 같은 정책을 취하고 공황이 일으킨 재정 및 국제수지상의 불균형을 균형화하기 위해 오히려 공황에 추가적 타격을 가하는 그러한 긴축정책을 수행하였다. 이 정책이 공황기에 고용의 유지와 사회보장의 확대를 절실하게 요구하고 있던 노동조합의 요구와 딜레마에 빠진 것은 말할 것도 없다. 반면 사민당 노선을 자본가의 정책과 다를 바 없는 정책이라고 격렬하게 공격한 공산당도 아무런 적극적인 제안을 갖지 못했고 소비에트 권력의 수립과 자본주의의 일거의 전복만을 목표로 삼아 행동하였다. 이와 관련하여 주목할 만한 것은 1934년 벨기에 사회당 헨리 드만 Hendrik de Man의 노동플랜이었는데, 이 플랜의 경제정책론은 공황기의 디플레이션 정책에 반대해서 케인즈파적인 확대정책과 대은행 및 기간산업의 사회화, 농지개혁이라는 사회제도개혁 및 사적부문에 대한 무역환 측면으로부터의 국가관리개입을 결합하려는 것이다. 그것만 보면 이 플랜은 미국의 뉴딜보다는 훨씬 제도개혁의 요소가 강한 것이었다. 그러나 이 플랜은 현실적으로 케인즈파적 확대정책만을 실행하고 사회화의 요소는 도입하지 않음으로써 중도에서 좌절하고 말았다.

화된 생산관계, 자본주의의 모순적이지만 새로운 적응형태, 사회주의로의
이행의 구체적 물질적 토대라는 점이 인식되면서, 새로운 단계로서 국독자가
정식화되고 국독자에서의 계급투쟁과 이행의 문제가 제기되기 시작했다. 국
독자는 이로써 계급투쟁의 전술적 대상이 아니라 이행의 전략적 대상으로
인식되었고, 따라서 국가부문, 즉 국영화와 사회화, 국가재정이 계급투쟁의
주요 대상이 되었다. 그러나 새로운 단계로서의 국독자에 대한 이론적 공식화
에도 불구하고, 사회화 요구강령은 유로코뮤니즘 우파 등의 구조개혁론의
관점에서 점진적이고 평화적인 구조개혁 프로그램으로 이해되거나, 또는 강
령의 전략적 지위를 승인하면서도 실천적으로는 좌편향적 전술요구의 수준
으로 떨어지는 등 강령을 둘러싼 혼란이 완전히 극복되었다고 할 수는 없었
다.

전략적 투쟁 과제로서 반독점 사회화 이행강령의 인식이 발전하는 과정
에서 또 하나의 중요한 쟁점은 반독점 사회화 투쟁을 어떠한 경로에서 어떻게
실현해 가는가라는 문제였다. 앞에서도 이미 언급했지만, 독점자본가적 국가
권력 하에서 본질적으로 독점자본의 이윤욕구에 종속되어 있는 국가독점의
성격 때문에, 반독점 사회화 정책은 부르주아 국가의 분쇄 후에 프롤레타리아
독재에서나 비로소 실행될 수 있다는 것이 그 하나의 견해였다. 이 견해는
불가피하게 반독점 사회화 투쟁의 요구를 전술적 활용의 문제로 사고하는
좌파적 편향과 결합된 것이었다. 이에 따르면, 부르주아 국가를 장악하기
전에, 또는 혁명적 정세가 도래하기 전에는 반독점 사회화 요구를 제기해서는
안되며, 비혁명적 정세에서 이 요구는 노동자들의 일상적인 요구로부터 발전
하는 투쟁을 왜곡하고 결국 개량주의로 끝나게 된다는 것이다. 다른 한편에
는, 부르주아 국가권력 하에서도 일정한 조건에서 좌파의 사회화 정책의 가능
성은 열려 있으며, 의회의 다수파를 형성해 적극적으로 국가의 경제정책에
개입해야 한다는 구조개혁론적 사고의 흐름이 있었다. 이런 사고는 부르주아
국가의 성격과 프롤레타리아 독재론 그리고 사회주의로의 이행의 민족적,

의회주의적, 평화적 길(이른바 진지전)에 관한 논쟁을 유발했는데, 주지하듯
이 유로코뮤니즘의 발전과 논쟁 속에서 그 정점에 도달하였다.

　독점자본가적 국가권력에서도 반독점 사회화 정책의 가능성과 현실성이
존재한다고 주장하는 흐름은 2차대전 종전 이후 국독자의 발전과 안정, 혁명
적 정세의 퇴조라는 역사 변화 속에서 그 발언권을 강화시켜갔다. 그것은
정치적으로는 서유럽 공산당들이 소련 공산당 제20회 대회를 계기로 소비에
트 방식의 혁명론과의 정치적 갈등을 일정하게 해소하여 사회주의로의 독자
적 길을 승인받고 소련의 평화공존론과 자신들의 강령을 조화시키는 과정이
었으며, 이론적으로는 앞에서 설명한 바처럼 국독자론의 발전과 밀접한 관련
을 갖는 것이라 할 수 있다. 즉 스탈린적 종속테제로부터 국독자론의 해방을
통해 국가독점이 독점자본에 궁극적으로 종속되어 있으면서도 국가독점은
독점자본에 대해 상대적 자율성을 갖는다고 인식함으로써, 국가독점적 형태
들을 통해 국독자의 정책을 보다 민주적으로 변화시켜 나갈 가능성이 열리게
된 것이다. 더욱이 이 형태들은 원리적으로는 사적 소유와 시장적 조절을
제한하는 형태라는 점에서 가능할 수 있다. 다시 말해 독점이윤을 위해 국가
독점 형태가 복무한다 하더라도, 그것은 사적 소유와 시장적 원리를 부정하면
서 개별독점의 이해에 반하는 것이기 때문에, 진보적인 세력이 국가개입을
민주적으로 통제할 수 있다면 반독점 구조개혁의 길(다시 말해 반독점 민주주
의의 길)은 실행될 수 있다는 것이다. 말하자면 국독자에 있어서 국가정책의
상대적으로 자율적인 공간이 존재하고 그로 인해 정책의 스펙트럼이 다양하
기 때문에 다양한 형태의 국독자가 가능할 수 있다는 것이며, 이렇게 국가의
분쇄가 아닌 그 민주화를 통해 사회주의로의 평화적 이행을 구상하게 된다.[22]

---

22. 이런 사고는 1980년대 중반 이후 구소련에서의 신노선과 페레스트로이카의 등장과 함께 국독자론의
　　발전변종론과 민주대안론이 제기됨으로써 더욱 정교하게 구상되었다. 민주대안론은 전통적인 국독자론
　　의 틀 위에서 제시되었음에도 불구하고 전통적인 국독자론의 이론 토대를 훨씬 넘어서는, 그런 점에서
　　유로코뮤니즘의 틀도 넘어서는 사고의 혁신을 볼 수 있다.

그런데 반독점 사회화 정책의 본질적 문제는 국독자의 다양한 형태와 변종이 가능할 수 있는가가 아니라, 국독자를 넘어서는 사회화, 개별독점의 이해에 반하거나 전체독점의 이해를 제한하는 것이 아닌, 전체독점의 이해에 반하는 사회화 정책을 실현할 수 있는가 하는 점이고, 그 실현 여부를 판단하기 위해서는 독점자본의 이해에 궁극적으로 종속되어 있는 국가독점이라는 본질 규정, 그리고 그와 결합된 독점자본가적 국가라는 개념에 주목해야 한다. 결국 국독자를 넘어가는 사회화 정책이라는 것은 독점자본가적 국가를 넘어가는 정책이며 그 과정은 극도의 계급투쟁과 사회적인 긴장 하에서 진행될 것이므로, 설령 의회적인 방식으로 진행되는 조건이 있을 수 있다 하더라도 의회주의와 평화적 길을 미리 예정할 수는 없다. 또 의회적이고 평화적인 방식으로 진행된다 하더라도, 그것은 어쨌든 자본주의 국가를 분쇄하고 새로운 유형의 국가를 건설하는 일과 관련된 것이라는 점을 인식해야 한다.

그렇다면, 반독점 민주주의 또는 반독점 구조개혁을 둘러싼 개량주의 논쟁의 핵심은 구조개혁대안에 표현된 사회화 강령의 문제라기보다는, 그 강령을 실현하는 정치적인 경로, 그와 관련된 부르주아 국가(의회민주주의)의 성격 규정의 문제였던 것이다. 그리고 이러한 문제를 제기하게 된 근저에는 기본적으로 선진 자본주의 국가들에서의 부르주아 민주주의의 진전과 계급투쟁의 조건 변화, 그에 따른 변혁 전망의 소진이 깔려 있었다. 반독점 구조개혁 강령은 반독점 사회화와 노동자 통제를 핵심으로 하는 전통적인 이행기 강령을 계승하면서도 이를 진보적인 국가재정정책과 사회보장정책 등 국독자의 개혁요구를 결합한 것으로서 여전히 이행기 강령으로서 이해해야 할 강령이었다. 그것은 독점자본의 사회화의 범위라든가 통제의 형태를 둘러싸고 논쟁의 여지가 있기는 하지만, 국독자의 성장에 따른 이행기 강령의 불가피한 확장의 의미도 없지 않았다. 구조개혁론의 논쟁적인 문제는 오히려, 선진 자본주의에서처럼 부르주아 민주주의가 정착되고 대중적인 진보정당이 의회권력을 장악하는 길이 열려있는 정치조건일 경우, 의회선거를 통한 국가

의 민주적 장악과 반독점 구조개혁의 전면적 실행 및 민주적 관리를 통해
사회주의로의 평화적 이행이 가능하다는 그 강령의 정치적인 실현 경로였다.
그것은 또한 단순히 실현 경로의 문제만이 아니라 레닌주의 국가론의 수정
또는 폐기와 관련되는 문제제기였고, 유로코뮤니즘 우파가 부르주아 국가론
으로 전향하는 사태와도 연관되어 있었다. 부르주아 국가와 이행의 정치에
대한 이와 같은 이해 때문에, 유럽 공산당들은 국가권력을 전면적으로 장악한
경험이 없었다고 할지라도 그 다원주의적 정치학의 기본 구상으로부터 볼
때, 구조개혁 강령이 개량주의의 위험으로부터 자유롭기는 쉽지 않았다.[23]

이상의 논의로부터, 우리는 사회주의로의 이행에서 반독점 사회화 강령
의 지위와 그 실현 경로에 대해 다음과 같이 정리할 수 있다. 국독자의 성립과
발전에 따라 이제 현대 자본주의 아래 국가독점은 자본주의 확대재생산의
유지를 위해 불가결한 요소가 되었으며, 생산과 유통, 분배와 소비 등 전체

---

23. 그러나 서유럽 공산당들의 반독점 민주주의 구조개혁 강령에 대해, 이행기 강령과 일반민주주의적
요구강령을 차원 구별 없이 혼합하여 요구강령의 확대로 이행기 강령을 대체하였다는 송주명 씨의
평가는 적합한 것이 아니다. 물론 그도 이행기 강령의 실현을 위해서는 노동자계급의 정치권력, 새로운
유형의 권력 창출이 전제되어야 함을 강조하고, 구조개혁 강령이 논자에 따라 이 중대한 문제를 사상하
고 있다고 올바르게 비판한다. 그럼에도 불구하고, K. 치샹, Yu. 크라신과 S. P. 노보셀로프, P. 자도로프
등을 비교하면서 구조개혁 강령을 단계론적 국독자론과 연관시켜서 단계론적 국독자론은 개량주의적
구조개혁론으로, 특성론적 국독자론은 레닌주의적 구조변혁론으로 도식화하는 것은 이론사의 명백한
왜곡이다. 내 생각으로는 구조개혁 강령과 변혁론은 상호연관되어 있으면서도 그 자체로 별개의 쟁점이
다. 송주명, 「강령문제에 대하여」, 앞의 책. 그것은 유로코뮤니즘의 전통에 있으면서도, 지배적인 유로코
뮤니즘 우파를 비판하는 좌파의 논객을 통해서도 확인할 수 있다. 예컨대 F. Claudin, *Zukunft des
Eurokommunismus*, Berlin 1978을 참조. 클로댕은 여기서 유로코뮤니즘의 반독점 민주주의 강령을 수용하면
서 비판의 초점을 의회주의를 통한 계급투쟁의 제한성, 우파 지도부의 부르주아 국가권력에의 포섭,
당내 관료주의 문제 등에 맞추고 있다. 또한 유로코뮤니즘 좌파(?)의 경향을 대변한다고 할 수 있는
구서독 공산당의 문헌도 참조할 수 있다. W. Gerns · R. Steigerwald, *Probleme der Strategie des antimonopolistischen
Kampfes*, Frankfurt/M 1973. W. 게른스와 R. 슈타이거발트는 프롤레타리아 독재의 폐기와 사회주의로의
평화적 길을 하나의 가능한(그러나 법칙적으로 필연적인 길은 아닌) 길로 모색하면서도(구서독에서
이 조항은 공산당 합법화의 절대조건이었다), 반독점 구조개혁의 실현을 위한 반독점 민주주의 국가권력
의 창출문제를 주요하게 제기하고 있다.

재생산과정의 주요한 부분이 국가독점을 통해 매개되는 바, 국가독점(공공부문과 사회화 부문)은 계급의 재생산과 계급투쟁의 주요한 장소이자 대상으로 전화하였다. 그렇기 때문에 국가독점을 둘러싼 투쟁, 즉 사회화를 통한 국가독점적 부문, 공공부문의 확장과 이에 대한 민주적 통제를 둘러싼 투쟁을 전략적으로 사고하지 못하는 것은 현대 자본주의에서의 투쟁의 주요한 고리를 상실하는 것이다. 독점자본주의 국가권력 하에서 반독점 사회화 정책을 전략적 과제로 제기하는 것은 이 같은 국독자의 성숙을 토대로 하며, 나아가 국독자 내에서 국가독점의 상대적 자율성과 그에 따른 정책변종의 다양성으로 인해 경제정책을 진보적인 방향으로 통제할 수 있는 공간이 존재하기 때문이다. 그러나 국가독점의 상대적 자율성과 다양한 변종에도 불구하고, 국독자에서 국가권력은 독점자본가의 권력이며 국가독점은 독점이윤에 궁극적으로 종속되어 있으므로, 반독점 사회화는 이러한 국가권력의 분쇄와 새로운 유형의 국가로의 전화 속에서 비로소 국독자의 틀을 넘어갈 것이다. 따라서 국독자에서 반독점 사회화 투쟁은 사회화와 공공부문의 확장과 이에 대한 민주적 통제를 위한 투쟁 속에서 민주적인 구조개혁을 강제해내고 그러한 개혁투쟁이 국독자를 넘어가는 투쟁으로 전화할 수 있도록, 그 투쟁을 위한 유리한 정치적 조건과 노동자계급의 헤게모니를 창출해야 하는 것이다. 이런 관점에서 볼 때, 국독자에서 반독점 사회화 정책의 가능성을 부정하는 좌편향적 태도는 국독자의 본질 규정에 사로잡혀 국독자의 현실과 구조개혁투쟁의 의의를 이해하지 못하는 것이며, 반면 유로코뮤니즘 우파의 구조개혁론은 국독자 내에서의 변종을 둘러싼 투쟁, 국가독점의 다양한 정책을 둘러싼 투쟁과 국독자를 넘어가는 투쟁 사이의 본질적 차이를 인식하지 못하고, 전자의 투쟁으로부터 후자의 투쟁으로 전화하는데 필요한 단절성을 사고하지 못한 것이다(이런 점에서 폭력적인 이행과 평화적인 이행, 비의회적 기동전과 의회주의적 진지전을 도식적으로 대치시켜 후자를 구조개혁론과 연관시키는 것도 잘못된 구상이다).[24]

24. 이로써 우리는 사회화 정책에 대한 백철현 씨의 비판에 대해서도 반비판하고 있는 셈이다. 국독자에서는 국가권력이 독점자본에 종속되어 있기 때문에 사회화 정책은 가능하지도 현실적이지도 않고 그것은 언제나 독점자본의 지배로 귀결되고 만다, 따라서 비혁명적 정세에서 노동자계급은 생존권을 중심으로 한 일상적인 개혁요구투쟁에 집중해야 한다, 사회화 투쟁 요구는 당면한 생존권투쟁을 왜곡하는 것이고 부르주아계급에 투항하는 것이며 결국 사민주의적 개량주의의 기만적인 표현이다, 사회화 정책은 노동자 계급이 부르주아 국가권력을 전복한 이후에나 실행할 수 있는 것이라는 등등의 비판은 위에서 본 바와 같이 좌편향적 전통에 속하는 것이어서 더 이상의 특별한 반비판이 필요 없다. 백철현 씨처럼 사고한다면 국가와 자본이 지배하는 자본주의 현실에서 노동자계급이 할 수 있는 것은 아무 것도 없게 된다. 임금과 노동조건, 고용안정을 위한 투쟁도 자본의 지배로 귀결되는 것이 아닌가? 또 그 투쟁은 국가와의 투쟁을 포괄하는 것이지 않는가? 이런 질문에 백철현 씨는 대답해야 한다. 한편 일상적 개혁투쟁과 사회화 투쟁의 대치에 대해서는 각주 4)에서 이미 사회화 투쟁과 일상적 개혁투쟁의 변증법에 대해 언급한 바 있다. 사민주의라는 비판에 대해서만 간략히 반비판해 보자. 1920~30년대 사민주의적 경제민주주의론 은 부르주아 국가론에 입각하여 부르주아 의회민주주의를 수용하고 조직자본주의론에 근거하여 반독점 사회화의 프로젝트를 자본주의의 질서 내에서 진화론적 방식으로 수행함으로써 사회주의로 이행할 수 있다는 전망을 제시하였다. 사회화 프로그램의 점진적 도입은 부르주아 국가권력과 특별히 충돌될 이유가 없는 것이었다. 그리고 부르주아 국가 내에서 그 확장은 곧 사회주의의 확장을 의미하였다. F. Naphtali (hrsg.), *Wirtschaftsdemokratie*, Berlin 1928 참조. 이러한 이행전략에 대해 당대의 맑스주의자들은 자본주의의 계급지배와 계급투쟁, 자본주의 국가의 부르주아적 성격 등을 왜곡하는 것이라고 비판하면서 사회주의로의 이행은 독점자본가적 계급지배의 철폐와 자본주의 국가의 타도 위에서만 가능한 것으로서 진화적 과정이 아니라 혁명적 과정임을 주장하였다. 예컨대 A. Thalheimer, "Über die sogennante Wirtschaftsdemokratie," in H. W. Weinzen, *Wirtschaftsdemokratie Heute?*, Berlin(West) 1980. 탈하이머는 코민테른 내에서 우파적인 경향을 대변하던 인물이었는데 경제민주주의와의 논쟁에서는 좌편향적 비판으로 일관 했다. 우리는 본문에서 사회화 정책에 대한 맑스주의의 우편향과 좌편향의 대립을 지양하고자 했던 것인데, 여기서 우리의 사회화 정책은 사민주의와 좌편향적 맑스주의의 논쟁을 지양하게 한다. 사민주의 이행론은 이행론 자체의 문제뿐 아니라 사민주의적 실천에 의해서도 이행의 현실적 길이 아닌 자본주의 개량의 길임이 드러났다. 사민주의는 제1차대전 직후의 혁명적 정세와 그후 상대적 안정기에도 대중운동 의 고양을 억압하였고 심지어 단독 집권을 했을 경우에도 반독점 사회화 프로그램을 실행하지 않았으며 오히려 자본주의의 회복을 도모하였다. 물론 이러한 괴리는 단순히 이론과 실천의 괴리만이 아닌 근본적 인 이론적 문제인데, 사민주의적 경제민주주의론과 이행론 자체가 이행에서 소유관계의 전화와 국가권력 을 둘러싼 계급투쟁의 성격을 왜곡시키는 한계를 갖고 있었기 때문이다(따라서 사민주의의 경제민주주의 론에 담겨 있는 이행론적 성격의 반독점 프로그램을 계급타협론 및 부르주아 국가론에 근거한 사민주의 정치와 분리시켜서, 과거의 사민주의가 개량주의 정당이 아니라 좌파 정당이었고 우리의 강령 토론에서도 아직도 지향해야 할 대상으로 검토할 필요가 있다는 일각의 주장은 사민주의 경제강령의 성격을 잘못 이해하는 것이다). 사민주의 강령의 이러한 부르주아적 성격, 경제강령의 사실상의 형해화는 2차대전 이후 체제수렴론 또는 혼합경제론(사회주의 부문으로서 국가부문, 사회주의로의 길로서 혼합경제)을 거쳐 독점자본주의의 지배를 강령적으로 승인하는 '민주적 사회주의론'으로 발전함으로써 완성된다. 이에 대해 서는 AK, *Ideologie des Sozialdemokratismus in der Gegenwart*, Berlin 1971 참조.

4. 민주대안과 구조개혁

이제 마지막으로 민주대안에 나타난 구조개혁 강령을 검토하고 그것을 앞에서 살펴 본 반독점 민주주의 구조개혁과 비교해보자. 주지하듯이 구조개혁의 경제정책은 민주대안 또는 개혁대안의 정책구상으로 제출되기도 했다. 그러나 민주대안이 제출된 이론적 토대는 상당히 상이하다는 점을 먼저 지적해야 한다. 민주대안은 국독자론의 틀 위에서 제출된 경우도 있고, 국독자론과의 직접적 관련 없이 사민주의 좌파 또는 좌파 케인즈주의적 입장으로부터도 제출되었으며, 또한 국독자론과 사민주의 좌파 또는 좌파 케인즈주의의 정책연합으로서도 제출되었다. 뿐만 아니라 민주대안이 제출된 역사적 시기도 상이했다. 영국에서는 1970년대 초의 경제위기를 배경으로 하여 1973년 노동당 선거강령의 경제강령으로서(즉, 당의 공식적 강령으로서) 대안경제전략 Alternative Economic Strategy; AES이 제출되었고, 구서독에서는 1975년 공황과 그에 대한 사민당의 신자유주의적 경향으로의 경사에 대한 대응책으로서 사민당 좌파와 공산당간의 정책연합(대안적 경제정책 연구그룹, 일명 메모란둠 그룹)이 매년 일종의 반신자유주의 경제정책대안이라고 할 메모란둠을 발표하면서 성립하였다. 그런가 하면 구서독 공산당 내에서는 사민주의 또는 케인즈주의의 위기와 신자유주의적 전환을 분석하는 이론적 발전으로서 국독자의 변종론이 제출되었고 국독자 변종의 하나로서 민주대안이 제시되었다. 여기에는 논자에 따라 그 변종의 구분이 상이하지만 대체로 사민주의적·개량주의적·국내시장지향적 국독자, 보수적·반동적·대외팽창적 국독자, 개혁적·내수지향적 국독자(민주대안), 그리고 반독점 민주주의적 국독자 등으로 분류할 수 있다. 나아가 이러한 국독자 변종론은 1980년대 중반 이후 구소련에서 페레스트로이카 노선의 등장과 함께 더욱 다양해졌는데, 구동독에서는 평화능력적·보수적 국독자, 평화능력적·개량주의적 국독자, 평화능력적·개혁적 국독자(일종의 민주대안)가 제시되었고, 구소련에서는 국독

38

자의 지배를 최종적으로 승인하는 급진적인 민주대안까지 제시되었다.[25)

국독자론의 토대 위에서 제출된 민주대안은 그 때까지 정통적인 지위를 갖고 있던 반독점 민주주의 강령과의 연관 위에서 그에 대한 비판적인 대안으로서 제출된 것이었다. 그것은 1980년대 초까지만 하더라도 경제위기 속에서 진행되는 신자유주의로의 전환이라는 정치적 반동의 정치 상황을 반성하고, 반독점 민주주의의 전망이 현실적이지 않은 조건 속에서 신자유주의적 국독자를 타개할 현실적인 개혁대안을 모색한 것이었음에 반해, 80년대 중반 이후에는 페레스트로이카의 사상적 혁신과 맞물려 이행기 자본주의로서 제국주의와 국독자 규정을 (그에 따라 사회화 강령까지도) 폐기 또는 상대화하고, 지구적 문제의 해결과 평화공존이 새로운 역사 시기를 규정하는 정치적 맥락 속에 위치지어졌다. 말하자면 민주대안론 자체도 혁신되었던 것인데, 그로써 민주대안론은 단순히 전통적인 반독점 민주주의 강령과의 연관 속에서만 사고된 것이 아니라, 보다 중요하게는 반독점 민주주의 강령이 기반하고 있던 레닌주의 정치경제학과 정치학(국가론)의 틀, 그리고 이행의 방식과 경로에 대한 전통적인 논쟁 틀을 파열하는 공간에 위치하게 되었다.

그럼에도 이행기 강령과의 관련 문제에 한정해서 본다면, 민주대안론은

25. 이상에 대해서는 이 책의 2장 「위기, 노동운동 그리고 대안경제전략」과 함께 장석준, 「영국 좌파의 '대안경제전략' 검토」, '공공부문연구팀' 세미나 발제문 2000. 5. 31.; *Alternative Wirtschaftspolitik 1*, Argument Sonderband, AS 35, 1979; *Alternative Wirtschaftspolitik 2*, Argument Sonderband, AS 52, 1980; *Arbeitsgruppe Alternative Wirtschaftspolitik*, Memorandum, 각 년도; H. Heseler·R. Hickel(hfsg.), *Wirtschaftsdemokratie gegen Wirtschaftskrise*, Hamburg 1986[국역, 『경제위기와 경제민주주의』, 노기연(근간)]; 김성구, 「독일에서의 페레스트로이카 수용 및 논쟁」, 서울사회과학연구소 편, 『논쟁—페레스트로이카의 정치경제학 I』, 민맥 1990 등 참조 대안정책의 내용을 간략하게 정리한다면, 영국 노동당의 대안적 경제전략은 은행과 보험회사 및 거대 제조업체 중심의 공공부문 확장, 국가기업위원회를 통한 계획의 강제, 공공부문 투자확대, 무역부문 통제 그리고 계획과 통제에 대한 노동조합 등의 민주적 참여를 지향하며, 독일의 대안적 경제정책은 기간산업의 사회화, 국가의 민주적 통제, 공동결정권 확대, 환경친화정책, 사회보장정책 확장, 내수산업과 평화산업으로의 전환, 재정확장정책과 완전고용, 노동시간 단축 등을 핵심 요소로 하고 있다. 물론 독일의 대안적 경제정책은 90년대 정세변화와 함께 사회화 요구로부터 민주적 통제의 강화로 강조점이 이동하였다.

세 개의 경향으로 구별할 수 있다. 하나는 좌파적인 경향으로 민주대안론을 반독점 민주주의 전략의 현실적인 대안으로서 여전히 국독자의 사회주의로의 이행 위에 위치지우는 경향(공산당 좌파)이고, 또 하나는 이행의 문제를 더이상 당면한 현재의 문제로 인식하지 않지만 그러나 미래의 문제로서 이행의 문제를 폐기하는 것으로까지 나가지는 않는 중앙파적 경향(J. 후프슈미트, H. 융 등 개혁파), 그리고 이행의 문제를 기각하고 국독자의 최종적인 승인과 국독자의 개혁에 한정하는 우파적 경향이 그것이다. 반면 사민당 좌파에서 제출된 개혁대안은 이행론과의 이론적 연관을 명시하지 않지만 전통적인 좌파 노선과의 연관성을 일정하게 유지하는 것 같고, 좌파 케인즈주의의 개혁대안에서는 그 연관성을 읽을 수 없다. 말하자면 여기서는 민주대안을 넘어가는 이행의 문제에 대해서는 이렇다 저렇다 언급하지 않는다. 그러나 이행기 강령과의 연관성을 유지하느냐 안 하느냐와 관계없이, 민주대안의 개혁프로그램 자체는 어느 경우에도 반독점 민주주의 개혁정책의 사회화 강령 중 독점자본의 사회화 정책으로부터의 후퇴 또는 그 제한, 상대화(예컨대 기간산업과 금융기관에 대한 제한적 사회화, 반동적인 군수산업 독점자본에의 공세 등), 소유의 사회화 정책보다는 민주적 통제정책으로 강조점을 이동하였고 국독자의 개혁만을 대상으로 실정했다. 그것은 반독점 민주주의 구소개혁 강령을 다시 한번 일반민주주의적 개혁요구와 결합한 것으로서 반독점 민주주의 개혁강령을 보다 낮은 수준에서 현실화시킨 것이다. 말하자면 그것은 보다 현실적인 구조개혁을 지향한다. 민주대안론의 여러 판본에 따라 사회화 강령은 제한적으로 유지되는 경우도 있고, 페레스트로이카의 급진파나 중앙파에서처럼 사회화 강령을 포기하고 민주적인 통제의 문제로 제한하는 경우도 있다.26) 그리고 이런 정책을 이행 문제와 어떻게 관련시키는가에 따라

---

26. 예컨대 중앙파인 H. 융과 J. 후프슈미트의 개혁대안에서조차 그 지향점이나 개혁프로그램은 내수지향경제, 군축과 평화, 환경보호, 핵에너지 중단, 민주적 통제, 생산력 발전의 사회적 통제, 경제의 현대화,

앞서 말한 바처럼 좌파, 중앙파, 우파라는 세 개의 경향을 구분할 수 있는 것이다.

민주대안을 이해하는데 있어서 또 다른 어려움은 그 개혁대안의 구상이 이상에서 언급한 바와 같은 전통적인 강령과의 연관성만이 아니라 그 지평을 훨씬 넘어가는 측면 또한 이해해야 한다는 점이다. 그것은 앞서 말한 바처럼 페레스트로이카 노선의 등장에 따른 민주대안론의 급진화와 관련되어 있다. 민주대안론은 이제 전통적인 정치경제적 개혁프로그램을 넘어 이른바 지구적 문제와 비계급적 문제(전쟁, 생태, 여성, 민족 문제 등)에 대한 개혁과 대안을 포괄한다는 점이다. 뿐만 아니라 이 문제를 해결하기 위한 새로운 운동형태를 논쟁의 대상으로 확대하였으며, 그 결과 민주집중제에 기초한 레닌주의당의 역사적 유효성에 문제를 제기하고 신사회운동을 수용하여 직접민주주의를 민주주의의 새로운 요소로 제창하기에 이르렀다. 이것은 단순히 문제의식의 확장만을 의미하는 것이 아니다. 무엇보다도 여기에는 레닌주의적 국가론의 최종적 폐기가 놓여 있다. 새로운 민주주의는 독점자본의 지배를 극복하지 않고서도 부르주아 민주주의를 넘어서는, 정치·경제·사회의 모든 영역에서의 실질적인 통제를 내용으로 하는 것인데, 그럼으로써 독점자본이 지배하는 경제적 토대와 부르주아 민주주의라는 토대/상부구조의 조응관계가 기각되었다. 이것은 결국 민주대안론이 이행의 문제를 사고하는 경우에도 그것은 전혀 새로운 방식의 이행을 구상한다는 것을 보여준다.

이렇게 이해하면, 민주대안 또는 개혁대안이라는 것은 단일한 모습으로 규정될 수 없다. 그 때문에 우리의 사회화 정책을 민주대안으로 지칭할 경우에도 이를 좌파 케인즈주의적 대안이라고 비판하는 것은 민주대안에 대한 이해가 불충분한 것일 뿐 아니라 경제사회 정책대안을 넘어서는 정치학의

물질적, 사회적 생존보장, 국제적 협력 촉진 등을 열거하는데 불과하기 때문에, 사회화 강령은 축출되었음을 볼 수 있다. J. Huffschmid · H. Jung, *Reformalternative*, Frankfurt/M 1988.

심각한 쟁점들을 올바로 지시하지 못하는 것이다. 우리의 사회화 정책은 좌파적 경향의 연속선상에서 민주대안을 제기한 것이고, 그것을 국독자론의 토대 위에서, 이행기 강령과의 연관성 속에서 이해하는 것이다. 물론 민주대안은 경제정책이라는 좁은 시야를 통해서만 포착돼서는 안되며, 오늘날의 사회화 정책은 비계급적 문제와 지구적 문제, 그리고 그 해결을 위한 운동형태를 포괄하는 넓은 시야 속에 위치지어져야 하는 것인데, 이런 문제들에 대해서는 이 글에서 더 이상 논의하기 어렵다. 다만 이러한 문제들을 어떻게 개방시킨다고 할지라도, 진보적인 경제사회 정책은 국독자의 사회화를 피해갈 수 없고, 사회주의로의 이행을 회피할 수 없으며, 이를 부정하는 어떤 경제정책과 경제강령도 진보적일 수 없다는 것을 강조하고 싶다.

위기, 노동운동 그리고 대안경제전략

런던사회주의경제학자회의

London CSE Group[1]

정상준 옮김

다음의 글은 노동운동의 대안경제전략 AES
을 지지하면서 이 저널[『자본과 계급』]의 전략 영역을 개관하고 있다. 전체적으로
볼 때, 그리고 몇몇 문제점들에도 불구하고 AES는 세련된 경제학과, 경제정책을 계급
투쟁으로 이해하는 정치학적 이해에 바탕을 두고 있으며, 자본의 모든 형태에 노동자
계급의 더욱 강력한 정치적 통제를 부여하는 데 그 목표를 두고 있고, 그리하여 일반적
으로 당연히 여겨지는 자본순환의 정치적 측면들에 문제를 제기하고 있다. 우리는
앞으로 이 글의 주장과 관련하여 상이한 전략을 주장하거나 이 글의 주장을 좀더
정교화시키는 글들이 나오기를 바란다.

---

1. 출처: London CSE Group, "Crisis, the Labour Movement and the Alternative Economic Strategy," *Capital and Class*, Summer 1979. 이 글은 애초에 1978년 <사회주의경제학자회의>[Conference of Socialist Economists; CSE, 영국의 사회주의 경제학자 학술단체이며 이 글이 실린 저널인 『자본과 계급』을 공간한다]에 제출된 글을 수정한 것으로서, 데이빗 커리 David Currie, 벤 파인 Ben Fine, 존 그랄 John Grahl, 토니 밀우드 Tony Milwood, 아담 샤플즈 Adam Schaples가 함께 작성했다. 우리는 분석의 모든 부분들에 대해 의견이 일치하지는 않지만, 그 핵심에는 동의하고 있다. 또한 <런던 사회주의경제학자회의>의 다른 회원들에게 도 감사를 표한다. 그들은 이 글이 기반하고 있는 여러 토론들에 참여하였지만 이 글의 결론에는 전혀 책임이 없다.

들어가며

현재 영국과 세계자본주의의 위기에 대응하여 노동운동 진영에서 다양한 의견이 대두되고 있다. 즉, 좌파의 입장을 전진시키기 위해 어떠한 대안적 전략이 추구되어야 하는가라는 문제와 관련된 의견들 말이다. 그리하여 노동 당 전당대회 및 노동조합회의[영국노총 TUC] 그리고 수많은 노동조합들에서 대안경제전략의 주요 항목들이 전폭적으로 수용되고 있다. 내용과 해석의 중요한 차이들이 분명히 존재함에도 불구하고, 노동운동 내에서 이러한 전략 의 수렴은 좌파 쪽의 모든 집단들이 인식하고 분석해야 하는 중요한 발전을 의미한다. 그러므로 AES가 CSE 내에서 보통은 멸시하는 투의 피상적인 관심 만을 받고 있다는 점은 불행한 일이다.[2] 이 글은 그러한 불균형을 바로잡기 위한 것으로, AES가 노동계급의 투쟁을 형성할 수 있는 중요한 요구들의 모음 임을 주장하고자 한다. 그리고 AES가 노동계급이 사회주의를 향해 진정으로 전진해나갈 전략을 제공한다는 점은 더욱 중요하다.

우리는 AES의 접근에 대체로 공감하지만 그것의 약점 또한 인식하고 있으 며, 따라서 노동운동 진영뿐만 아니라 CSE 내에서도 토론과 분석을 발전시킬 필요가 있다. 이 논문은 두 부분으로 구성된다. 첫 부분에서는 AES를 이론적으 로 정당화하고자 하며, 두번째 부분에서는 운동진영에 의해 제기된 AES의 주요 요소들을 분석하고자 한다.

AES의 요구들

글을 시작하기 전에 먼저 AES에 대해 간략히 설명하는 것이 유용할 것 같다. AES의 주요 논점은 다음과 같이 요약될 수 있다(Bleaney, 1978).

(a) 국가기업위원회 National Enterprise Board; NEB를 강화시키는 과정과 함께, 은행과

---

2. 예컨대 맥도널(McDonnel, 1978)은 AES를 너무나 쉽게 현 노동당 정부의 정책과 동일시하고 기각해버린다.

보험회사 그리고 다수의 거대 제조업체들을 포함하는 공공부문을 실질적으로 확장시킨다.

(b) 공공부문 및 민간부문에 성장과 투자 프로그램의 기초를 제공하는 경제계획을 발전시키고, 이를 계획협정 planning agreement과 비협조적 기업에 대한 제재 조치를 통해 강화시킨다.

(c) 생활 수준의 즉각적인 개선 및 공공부문 긴축의 중단. 이는 투자를 증대시키고 실업을 줄일 것이다.

(d) 군비 지출의 대폭 삭감.

(e) 엄격한 물가통제.

(f) 무역수지 균형을 위한 수입통제의 부과 및 외채상환을 위한 해외자산의 매각.

(g) 계획화 과정과 산업민주주의의 발전의 모든 단계에 노동조합과 다른 민중조직들이 참여함으로써 경제 생활을 전반적으로 민주화할 것.

물론 이것은 상당히 거칠게 요약한 것이다.[3] 그리고 우리는 이후 보다 자세히 AES의 각 부분들을 논의할 것이다. 그러나 AES를 전체적으로 분석하는 것은 중요한 일이다. 왜냐하면 특정한 요구들과 그것들을 둘러싼 투쟁들을 따로 분리시켜 파악할 수는 없기 때문이다. 사실 우리는 다양한 투쟁들을 하나로 통일시키는 것, 그리고 더욱 장기적인 목표들에 현재의 요구와 진전을 관련시킬 수 있는 것이야말로 바로 AES의 강점임을 주장한다.

1부: 위기, 국가 그리고 AES

위기와 노동계급의 투쟁
AES에 대한 우리의 변호는 자본주의가 기계적인 필연성을 가지고 발전한다

---

3. TUC 정책에 기반한 약간 다른 요약이 *Labour Research Department*(1977)에서 이루어지고 있다.

고 하는 어떠한 사고도 거부하는 것에 바탕을 두고 있다. 즉, 위기의 해결은 다른 방향에서, 즉 자본에 유리한 해결책들을 제어하고 진보로 나아가기 위한 기초를 닦는, 그래서 노동계급에게 다소 유리한 그런 방향으로 이루어질 수도 있다. 이를 위한 구체적인 전후 관계는 매우 명백하다. 1970년대 초반 영국 좌파는 좌파적 강령을 중심으로 보다 광범위한 민주적 동원을 관철시키는 데 실패함으로써, 노동당 정부로 하여금 친자본적인 해결책, 즉 실질생계수준에 대한 공격, 공공지출 삭감, 장기 고실업, 세계화[4]의 가속화, 그리고 민간부문의 수익성 기준에 따른 국가개입의 증가를 용이하게 만들었던 것이다.

이를 좀더 구체적으로 설명하기 위해 우리는 노동계급의 개입이 단지 한 부문의 자본 또는 다른 부문의 자본을 유리하게 만들어주는 것이므로 경기후퇴의 과정을 단순하게 자본간 경쟁의 과정이라고 파악할 수 없음을 지적하고자 한다. 오히려 경기후퇴는 기본적으로 자본의 경쟁적 재구성을 한 측면으로 하는 노자관계의 재편성을 의미한다. 또한 경기후퇴 과정에서 위기의 해결책이 미리 예정될 수 있다고 가정할 수도 없다. 즉, 노동계급이 자본을 폐지하지 않으면 장래 사건에 대한 노동계급의 영향력은 다소 제한될 것이다. 그러므로 경기후퇴에 대한 노동계급의 투쟁은 경기후퇴의 과정과 그 해결책에 진실로 영향을 순다. 다시 말하면, 계급투쟁은 노동에 대해 자본이 행사하는 통제와, 계급투쟁이 혁신될 구조의 본질을 좌우하는 것이다.

위기해결의 본질에 대해 노동계급이 미치는 영향은 항상 보잘것없다고 주장될 수도 있을 것이다. 즉 계급투쟁을 통해 얻어진 통제의 어떠한 요소도 세계체제로서의 자본주의의 존재에 의해 약화될 뿐이고, 자본이 다양한 형태로 통제를 전유함으로써 한 가지 형태의 통제의 손실이 다른 것들의 획득을 통해 상쇄된다는 것이다. 이러한 주장들은 결정론이라는 점에서 거부되어야

---

4. [옮긴이] 1979년에 작성된 글이기 때문에 globalization이라는 용어 대신에 internationalization이라는 용어가 쓰이고 있다. 하지만, 글을 옮기면서 모두 '국제화' 대신에 '세계화'라고 했다.

한다. 그러나, 이러한 주장들이 특정 수준에서 노동계급 투쟁을 제약하는 것들의 문제와, 이러한 투쟁들이 사회주의를 향한 혁명적 요구로 발전할 수 있는 방식을 질문하고 있는 것도 사실이다. 이 문제들은 오로지 자본주의의 현 단계에 대한 구체적인 고찰을 통해서만 답변될 수 있다.

전후 세계자본주의의 팽창은 그 이전 시기로부터의 중요한 두 개의 출발점에 의존한다. 하나는 자본의 세계화가 취한 형태이고 또 다른 하나는 국가의 경제개입의 증대이다. 이러한 발전은 수많은 모순적인 함의들을 가지고 있다. 첫째, 자본순환이 세계화되어감에 따라 자본은 점차 국적이 사라졌다. 둘째, 그러나 국민국가는 그것의 경제적 그리고 다른 성격의 개입에 있어, 자본간 경쟁의 중재자로서 활동한다. 셋째, 국민국가는 경제적 재생산의 세계화에도 불구하고 일국 내 계급의 사회적 재생산을 보장하려 한다. 다시 말하면 국가가 자본을 세계화하려 하는 반면, 그러한 개입들은 사회적 재생산을 보장할 필요에 의해서 제약을 받게 되고, 자본의 세계적 팽창에 의해 이러한 재생산의 역할이 점점 침해받는 것이다. (그러나 그러한 국가개입이 반드시 자본에 의한 생산력의 발전을 방해한다거나 자본간 경쟁에 대한 국가개입의 영향력에 따라 생산력의 지리적 재분배를 수행할 뿐이라고 가정해서는 안 된다. 그러한 가정은, 자본 재편성에 있어 국가의 경제적 개입의 역할 대신 노동의 국제적 분업 발전의 역할을 물신화하는 것이다.)

이러한 모순들에 의해 명백한 정치적 변화들이 생겨났다. 한편으로는 IMF 와 EEC[5] 같은 초국가적 상부구조의 등장으로 국가의 경제개입에 의해 세계의 경제적 재생산을 침식하는 범위가 제한 받게 되었다(비록 이 말이 이들 기구가 제국주의간 경쟁을 소멸시킨다기보다는 오히려 이를 표현한다는 것을 의미하지만). 이 기구들은 국민국가의 매개를 통해 이루어지는 노동계급의

---

5. [옮긴이] 1979년 당시는 아직 유럽통합이 추진되기 전으로서 유럽경제공동체 European Economic Community; EEC만이 존재했다.

투쟁에 단지 반응할 따름이다. 하지만 다른 한편으로는, 계급투쟁이 경제적 재생산을 활성화시키는 수단으로 완화되고 사회적 재생산 조건을 형성하는 수단으로 초점이 맞추어지는 것은 바로 국가의 경제적 개입 내에서이다. 결국 자본에 맞선 노동계급의 투쟁은 국가의 개입에 따라 다른 형태와 목표들을 취하게 된다. 고용을 둘러싼 투쟁은 국유화, 전반적인 경기재팽창 reflation, 국제자본운동(상품, 금융 그리고 다국적 기업들)에 대한 통제, 그리고 생산을 유지하는 원조 및 보조금에 대한 요구라는 형태를 띠게 된다. 분배를 둘러싼 투쟁은 소득정책, 과세 및 보조금 그리고 물가통제를 지향한다. 또한 노동계급은 복지국가와 관련된 서비스의 제공을 위해 투쟁할 수 있다(여기서 논의하지 않은 중요한 투쟁은 정치적 민주화 그 자체의 정도를 둘러싼 것이다).

그러므로 대체로 (세계)자본의 이해관계는 어떤 이념적인 추상으로 존재하는 것이 아니라 국가권력을 향한 경제적 경쟁과 투쟁에서 형성되는 것이다. 또한 이러한 이해관계들은 노동계급과 대립하는 부르주아 조직과 분리하여 혹은 논리적으로 선행하여 존재하지 않는다. 역으로 노동계급의 투쟁은 자본간 경쟁과정과 정치권력의 방향에 영향을 주게 된다. 이와 관련하여 문제는, 자본이 노동에 가하는 수많은 수준의 통제들이 계급간 적대의 효과를 떨어뜨리면서 어느 정도로 노동계급의 투쟁이 자본분파간 투쟁이라는 측면만을 반영하게 되는가를 이해하는 것이다. (이것의 고전적인 사례가 노동일의 길이에 대한 맑스의 고찰이다.) 물론 노동계급이 더 단결하고 자본의 지배를 벗어나고자 하는 무대가 넓어짐에 따라, 계급적대의 효과가 더 커진다고 생각할 수 있다. 그러나 이것이 다양한 요구들과 그 상호관계들 중 무엇이 상대적으로 더 중요한지를 식별해주지는 못한다.

고용을 위한 투쟁

예를 들어 고용정책을 생각해 보자. 우리의 분석의 출발점은 산업예비군 RAL을 증대시키고자 하는 자본의 요구에 있다. 고용정책의 형태로 이뤄지는 국가의 경제개입은 RAL의 사회적 조절을 의미하며 이러한 조절은 바로 계급투쟁의 영역이다. 예를 들어 국유화의 경우, 생산적 노동의 고용과, RAL의 즉각적인 증가 없는 자본 재편이 유지될 수 있다. 비록 장기적으로는 생산적 노동의 고용을 감축시키려는 압력이 지속될지라도 말이다. 또한 직접적으로 자본에 이익을 주지 않는 공공부문의 노동자들은, 비록 축적의 사회적 조건(의료, 교육 등등)을 발전시키기 위해 봉사하지만, 노동 집중의 수단으로 기능하지 않는 RAL의 일부를 이룬다. 그 결과 이러한 비영리적인 지출을 삭감하는 것은 RAL을 노동 집중의 수단이라는 형태로 팽창시키는 주된 효과를 낳는다. 그리하여 비록 RAL이 경기후퇴기에 팽창하는 경향이 있지만, RAL 내의 많은 부문들의 성장과 크기는 이후의 축적이 이루어지는 조건을 좌우하는 계급투쟁에 의해 영향을 받는 것이다.

이러한 요소들은 또한 RAL의 조절을 둘러싸고 노동계급 내부가 분할되는 경향들을 만들어내는데, 특히 비영리적인 국영부문 노동자들이 자원을 흡수해버리는 바람에 민간 산업부문의 고용이 줄어들고 있다는 관념이 이러한 경향들을 부채질한다. 그 결과 화이트칼라 노동자들은 노동계급을 분할하는 효과를 가지는, 그들의 고용에 대한 이데올로기적이며 물질적인 공격에 취약해진다. (마찬가지로 '임금압박 wage-push' 인플레이션이라고 하는 개량주의적 개념은 노동계급 내부를 분할하는 힘으로 작용하여, 국영부문의 피고용자들과 잘 조직되지 못한 부문의 노동자들이 자유로운 단체협상이라는 요구에 반대하도록 만든다). 그러한 힘에 맞섬에 있어 노동계급의 정치적 통일성은 고용을 둘러싼 투쟁에서 핵심적인 요소가 된다.

고용 상태로 남아 있는 이들을 규제하는 문제는 바로 RAL의 조절과 연관되어 있다. 경기후퇴는 생산의 재편성을 둘러싼 투쟁을 강화한다. 자본에 고용된 노동자들에게 이것이 의미하는 바는 잘 알려져 있다. 비영리적 부문에서는, '상업적' 기준을 회복하거나 확립하여 생산의 자본주의적 관계를 직접적으로 고용에 부과하려고 하거나 그렇지 않으면 복지수급 조건이나 그 외

관련된 공공서비스 생산을 재편하려는 것 등에 맞서 투쟁이 전개될 수 있다. 모든 경우에, 노동자들의 저항은 잉여가치의 창출과 그것의 사회적 조건들을 위해 자본에 의해 부과되는 조건들에 종속되기보다는, 사회적 필요에 따른 사용가치의 생산과 노동자의 통제를 위한 투쟁의 형태를 띠게 된다. 이것이 바로, 고용을 둘러싼 투쟁들과 연계를 맺으면서 생산현장의 노동자들의 조직화에 바탕을 둔 투쟁이다. 그리고 국제적인 압력들이 RAL을 조절하는 국가의 개입을 제한하기 때문에, 이 투쟁은 이러한 국제적 조건들 그 자체로 확장될 수 있다.

국가와 정치전략

앞서의 논의는 두 개의 간단한 명제를 세우기 위한 것이었다. 먼저 자본주의 위기의 전 과정은, 그것이 해결되는 조건들과, 축적이 혁신될 경우의 계급 역관계의 균형을 포함하여 계급투쟁에 의해 상당부분 조건지어진다. 다음으로 현 자본주의에서는 국가의 경제정책을 형성하고 이를 실행하는 과정이 바로 그러한 계급투쟁의 핵심적인 영역이 된다.

이러한 고려를 바탕으로 할 때, AES에 포함된 특정한 경제적 요구들의 정치적 함의를 영국의 사회주의자들은 어떻게 평가하고 있는가? 이 때 우리는 당장 그 기준의 문제에 직면하게 된다. 왜냐하면, 대중적인 지지를 받고 있다고 하는 사회주의 전략에는 그 어떠한 확고부동한 개념도, 우리가 그러한 강령의 정치적 내용을 평가할 수 있는 그 어떤 믿을만한 척도도 존재하지 않기 때문이다.

현 자본주의의 강력하고도 지속적인 위기는 자본주의의 정치적 구조를 결코 위협하지 않음은 물론, 지금까지 유럽에서 운동의 모든 경향에 퍼져있던 사회주의적 전망이 오히려 심각한 위기에 처해있음을 잔인하리만큼 명백하게 드러내고 있다. 한편 제2인터내셔널의 문제틀에서 계속 사고하고 행동해 온 정당들의 무능력은 1914년의 역사적인 패배 이후 이제 더욱 더 명백해지고 있다. 수백만의 노동자들이 이러한 지도부들을 계속 수용해왔기에, 오늘날 우리는 슈미트, 캘러한, 소아레스를 마주하고 있는 것이다.[6] 그러나 레닌주의를 지침으로 삼는 정당과 그룹들 또한 사회주의로의 이행과 관련한 전통적인 견해의 근본적인 문제점들에 직면하고 있다.

자본주의 유럽의 공산당들 내에서 지속되고 있는 혼란은 무엇보다 오랜 기간 형성되어 온 분석 및 관행들과 전면적으로 단절해야 할 필요성을 분명히 증명하고 있다. 자기 혁신을 시도하는 과정에서 큰 분열을 모면했던 공산당은 거의 없다. 또한 레닌주의 전통의 트로츠키주의적 변종들 역시 자신들이 당대 현실에 보다 적합함을 증명하지 못하였다. 40년이 지난 후, 가장 단호한 투사들조차도 [트로츠키의] 이행기 강령의 묵시록적인 상에 의문을 던지고 있다.[7]

이론적 영역에서, 전략적 전망의 이러한 주요 문제들은 무엇보다도 다음의 한 가지 문제에 대한 관심을 증대시켰다. 바로 자본주의 국가. 이는 두 가지 이유로 인한 것인데, 하나는 바로 현대 국가의 성장, 즉 국가장치와 기능의 비대화이다. 바로 이것이 자본주의 발전에 대한 전통적 견해와 타협할 수밖에 없게 만들었고, 자본주의적 생산의 사회적 관계들에 예기치 못한 적응을 하게 한 것이다. 물론 여기서 우리는, 자본주의적 생산이 점점 사회화되면서 그 고유한 상품관계와 점점 모순을 일으킨다고 하는 맑스주의의 중심적인 테제를 확인하게 된다. 그러나 자본주의 사회의 모든 영역의 국가화라는 과정은 여전히 불완전하게 이해되고 있다. 국가화를 강제하는 원리에 대한 가장 발전된 분석일지라도, 이는 국가독점자본주의론의 정통적인 개념이 중심적일 터인데, 복잡한 정치적 과정을 '경제적'인 경향의 법칙, 즉 요즘엔 거의 폐기되어버리긴 했지만 국가와 독점자본의 결합이라고 하는 테제들로 환원

---

6. [옮긴이] 슈미트는 당시 독일의 사회민주당 출신 수상, 캘러한은 영국의 노동당 출신 수상, 소아레스는 포르투갈의 사회당 출신 수상.

7. [옮긴이] 레온 트로츠키, 「이행기 강령」, 『10월의 교훈 및 이행기 강령』, 김성훈 옮김, 풀무질 1996.

시켜버리곤 하였다. 국가개입을 제한하는 것은 무엇인가? 현대 국가는 어떻게 재생산되는가? 우리의 분석의 많은 부분들이 이 질문들에 의존하고 있지만, 이들은 너무나 종종 선험적인 전제 아래서 연구되곤 하였다.

　이는 두번째 이론적 초점으로 연결된다. 즉, 선진 자본주의의 정치학. 전통적으로 맑스주의자들은 자본주의적 생산양식이 경제형태와 정치형태의 근본적인 분리에 의존한다고 주장해왔다. 즉 정치 영역에서는 민주적인 형태들을 가능하게 하지만, 동시에 사회적 통제라는 대중적인 요구로부터 자본주의적 소유권을 면제받게 만드는 분리 말이다. 그러나 어떻게 이 분할이 유지되고 정당성을 얻는가? 그리고 국가개입이 도처에 편재한 이 시대에 그것은 어느 정도까지 도전 받는가? 피지배계급을 자본의 확대재생산에 의해 설정된 한계들 내에 가두는 것은 어떤 종류의 정치화 politicisation인가? 확고부동한 전략적 개념은, 다시 한번 말하건대, 이러한 질문들에 대한 구체적인 분석에만 근거할 수 있는 것이다.

　여기서 현대 국가의 분석을 더 진전시키려는 의도는 없다. 그러나 우리는 AES의 평가와 관련된 문제들은 논의하고자 한다. 그리고 이 문제들을 이론적으로 종합하고자 하는 점점 늘어나고 있는 시도들이 AES와 몇몇 측면에서 중요한 일치를 보이고 있음을 주장하고자 한다.

최근의 국가 분석

우리는 먼저 국가라는 개념이, 부르주아적 지배의 일괴암적인 도구가 아니라 복합적이고 모순적인 구조로 발전해왔음을 강조하고자 한다. 또한 이러한 개념으로부터 국가장치 그 자체 내에서의 계급투쟁의 필요성이 연역된다. 이러한 측면은 특히 '유로코뮤니즘'이라고 불리는 공산당 내부 경향들로 인해 강조되고 있다. 풀란차스 N. Poulantzas의 표현을 빌자면, 마치 '원죄'처럼 개량주의가 각인돼 있다고 이러한 발전에 대해 종종 쉽게 휘갈기는 그런 경솔한 방식이 아니라면,8) 이러한 정치적 경향과 그 이론적 지위가 (무엇보다 프랑스, 이탈리아 그리고 스페인에서) 갖는 중요성은 굳이 강조할 필요가 없다. '유로코뮤니즘'에 제기되어야 하는 핵심적인 의문은, 일반적인 국가장치 내에서의 투쟁의 중요성에 관한 것도 아니고 특별히 노동자 정당의 입법기관 통제에 관련한 중요한 강조점과 관련된 것도 아니다. 왜냐하면 부르주아 국가권력의 재생산이 의회주의적 규칙의 형태들을 중심으로 이루어진다는 점은 이미 확실한 것이기 때문이다.[9]

오히려 우리는 입헌적 구조 내에서 합법화된 사회적 변혁들을 강화하기 위해 필요하다고 하는 대중동원의 성격에 대하여 질문하고자 한다. 그러나 여기에서 혁명 과정에 대해 '이중권력'의 필요성을 선언하는 것만으로는 충분치 않다. 이중권력의 형태와 양상, 그리고 노동계급과 대중의 요구들을 직접적으로 표현할 조직들이 어떤 것들인지가 분명하게 구체화되어야 한다. 동시에 이중권력과 의회 대의제에 대한 이들의 관계가 구체화되어야 한다. 그리고 이에 대한 답변은, 국가 수준에서 대중민주주의를 실현하지도 못했고, 진정한 민주적 내용을 담지한 모든 정치 과정에 필수적인 개인이나 시민의 기본적인 자유를 보장하지도 못했던 레닌주의적 소비에트 구조의 반복된 실패를 해명해야 한다.

영국의 경우, '개량주의'와 '봉기주의' 입장 사이의 추상적인 대립 구도를 뛰어넘으려는, 우리의 국내 사정에서는 결국 마찬가지 이야기이지만, 의회주의적 오류에 근거한 전략을 뛰어넘으면서 또한 경제주의적 선동의 비현실성에 구속된 전략들에도 맞서려는 노력들이 늘어나고 있다는 점을 주목할 필요가 있다. 이와 유사한 이론적 입장들 역시 잘 알려져 있다. 국가, 특히 국가 지출을 기본적으로 계급투쟁의 장으로 여기는 입장들과 축적 논리와 국가의

---

8. 웨버(Weber, 1978)는 최근의 예이다. 그는 서유럽 공산당의 특정한 입장을 '상상력'에 대한 대중적인 요구와 대조시키고 있다.

9. 예컨대 앤더슨(Anderson, 1976)을 보라.

관련을 주장하는 입장들이 그것이다. 홀로웨이와 피치오토의 최근 논문(Holloway & Picciotto, 1977)은 이러한 논쟁을 종합하고자 하는 중요한 시도이다. (비록 그들의 주장이 AES를 반대하는 것처럼 보이지만, 이는 그들의 접근에 본질적이지 않은 애매함과 오류 탓인 것 같다. CSE 내의 논쟁에서 이들 저자들이 갖는 지위를 고려하여, 우리는 보론에서 그들과 우리의 차이를 명기할 것이다.)

정치 전략의 문제와 직접 관련하여 우리는 호지슨(Hodgson, 1977)과 밀리반드(Miliband, 1977)의 최근 논문에서 중요한 일치점을 발견할 수 있다. 예컨대 노동당이 혁명적 변혁을 위한 수단으로 작용할 수 있는가 하는 문제들에서 주요한 차이들이 남아있지만, 현재의 전략적 사고의 딜레마들에 대해서 그리고 선진 자본주의의 조건에서는 국가에 대한 실질적 도전을 의미하는 대중동원과 합법투쟁의 결합 양상에 대하여 이들은 상당 부분 동의하고 있는 것이다.

AES의 정치학

우리는 AES를 위한 투쟁이 이러한 대중동원과 실천에 있어 결정적인 역할을 할 수 있으리라고 믿는다. 그것의 핵심적인 요구사항들——경제의 팽창, 실질임금의 증대, 공공지출의 회복과 혁신적 성장——은 분명히 제한적이다. 분명히 이러한 정책들 중 어느 것도 그 자체로서는 혁명적이지 않음은 물론 반자본주의적 함의를 갖고 있지도 않다. 이것들의 직접적인 중요성은 오로지 그러한 정책들에 대한 대중적 지지의 가능성에 달려있다. 왜냐하면 이 정책들은 경기후퇴와 긴축 그리고 임금 동결이 노동자계급과 그들의 잠재적 동맹세력에 미치는 즉각적인 영향에 대해 발언하고 있기 때문이다.

그러나 노동운동이 AES을 위해 싸울 수 있게 된다면 아래 세 가지 요소들은 AES에 사회주의적 전략의 잠재적 가능성이라는 의미를 부여한다. 첫째, 그것은 계급을 단결시키는 강령이다. 우리는 이번 경제위기에서 직접생산자들과 국영부문 종사자들(즉, '생산적' 노동자들과 '비생산적' 노동자들)을 분할하는 이해관계의 충돌에 대해 많은 이론적 관심들을 기울여왔다. AES는 정치적 실천의 차원에서 그러한 분할을 극복할 계획을 제출하고 있다.

둘째, AES의 핵심적 요구들은 그것들이 제출된 상황에서 매우 중요한 의미를 갖는다. 심각한 경제위기에서 경제 팽창이 제안되는 것은, 곧 그러한 정책들이 반드시 거대 자본의 이해와 충돌할 것임을 의미한다. 왜냐하면 이는 세계시장의 압력과 국가개입에 의해 공동으로 강요되고 있는 자본의 구조조정과 재편의 패턴을 단절시키는 것이기 때문이다. 그러므로 현 상황에서는 경제 팽창을 주장하는 제한된 요구조차도 자본주의 경제에 있어 거대한 갈등들을 촉진할 수 있다.

마지막으로, 이것이 가장 중요한 점일 텐데, AES는 이후 초래될 갈등들을 예견하며, 대중적으로 인기 있는 팽창정책에 대한 자본의 일차적 반발에 맞설 민주적 통제의 특정한 수단들의 윤곽을 그리고 있다. 그러므로 경제발전의 가능성과 생산증대를 보장할 수 있는 국유화와 간접적 통제의 강령과 아울러, 거대 자본의 초국적 자유를 파괴할 효과적인 정책수단들이 요구된다.

자본주의적 사회관계를 해치지 않고 자본주의를 안정화시키는 데 초점을 맞춘 개량주의자들의 강령과 AES를 구별시켜주는 것이 바로 이것이다. 개량주의와는 대조적으로, AES는 사회주의를 향한 전진의 전반적이고도 일관된 틀 속에서 당면한 이슈들을 둘러싸고 노동자계급의 투쟁을 조직할 수 있는 이행기 전략을 대표한다.[10] 전략의 특정한 요구들 사이의 관계를 결정하는 것 또한 이것이다. 그러므로 AES는 단기적인 요구들을 제기하고, 보다 광범위한 기반을 갖춘 운동의 근거를 제공하는 생계수단, 실업, 사회 서비스와 같은

---

10. 우리는 '이행기적'이란 용어를 단순히 투쟁의 두 수준을 연결하는 것을 의미하기 위해 사용한다. 강령의 함의를 뚜렷이 알고 있는 대중 없이도 혁명적 상황을 끌어올 수 있을 것이라는, 트로츠키적인 이행기 요구의 엘리트적 성격은 결코 받아들일 수 없다.

직접적인 이슈들에 대한 해결책들을 전개한다. 동시에 이렇게 제시된 해결책들은 현존 자본주의 관계들과 지금 진행되고 있는 구조조정 과정에 대한 부분적인 도전을 의미한다. 이것이 성공한다면, 그러한 도전들은 민주적 계획과 통제의 문제를 제기하고, 운동을 확대 발전시키는 하나의 교육적인 역할을 수행함으로써, 자본주의적 관계들에 보다 전면적인 도전의 계기를 마련한다. 그러므로 AES 내에는 현재의 투쟁들이 조직될 수 있는 당면한 요구들이 있다고 할 수 있지만, 이들은 사회주의를 향한 전진이라고 하는 총체적인 관점 아래서 본질적으로 장기적인 요구들과 연결되어 있는 것이다.

AES에 대한 좌파의 반대

초국적 자본의 자유를 공격하기 위해 AES를 통해 제안된 수단들은, 좌파의 몇몇 그룹들에 의해 격렬하게 반박 당하고 있다. 예컨대 수입통제는 쇼비니즘적이며 실업을 수출하는 것으로서, 이를 통해 세계 노동계급을 분열시키는 것이라고 비판받고 있다.[11] 이러한 주장은 유치한 경제학적 오류를 보여주고 있는데, 수입을 줄이는(혹은 사실상 수출을 증대하는 경우에도) 어떠한 수단도 타국의 고용을 위협한다는 사실과, 양적 제한과 마찬가지로 평가절하와 새정 디플레이션에도 이것이 똑같이 적용된다는 섬을 무시하고 있기 때문이다.

더욱 중요한 것은, 이러한 주장이 수입통제의 요구를 경제팽창 정책과 분리시켜 고찰하고 있다는 점이다. 즉, AES의 목표는 수입 수준을 줄이자는 것이 아니라, 오히려 수입의 증가를 외화 소득에 맞도록 계획해내고 그 구성을 사회적으로 우선되어야 할 일들에 따라 결정하자는 것이다. AES의 목적은 자족적 폐쇄경제 autarky에 있는 것이 아니라 자율성 autonomy에 있다. 또 다른 반대는 다음과 같은 주장을 중심으로 하고 있다. 즉 노동의 국제적 분업

---

11. 예컨대 McDonnel, 위의 책.

을 방해하는 것은 일종의 기계파괴운동 Luddism으로서, 자본주의의 진보적 발전을 가로막는다는 것이다. 이 역시 마찬가지로 위기가 득실거리는 자본축적의 경로를 그릇되게 찬양하는 것으로서 국가의 경제개입이 갖는 잠재적인 재편 능력을 간과하는 것이다. 또한 수입통제가 단순히 제국주의간 경쟁을 반영한 것일 뿐이라는 주장 또한 제기되고 있다. 이러한 주장은 자본의 국적이 점차 사라지고 있고 제국주의간 경쟁이 단순히 국민국가 경제의 경계를 따라 건설될 수 없다는 점을 무시하는 것이다.

사회주의적 전략의 구체적인 문제는 다음과 같다. 노동의 국제적 분업과, 이에 의해 규정되는 초국적 상부구조의 형성(이를테면 제국주의 집단에서 '다자주의'를 향한 점증하는 흐름), 이 두 지점 모두에서 자본의 세계화는 현재의 위기로 가속화되고 있다. 그러나 동시에 국민국가는 정치권력을 위한 결정적인 중심으로 여전히 존재한다. 이런 맥락에서, 국민국가의 보다 강력한 통제를 요구하는 것은 현재 일어나고 있는 세계화를 통한 구조조정 과정에 대한 도전을 뜻한다. 국제 노동계급조직의 취약함을 고려한다면, 이러한 도전은 오직 국민국가 차원에서만 효과적으로 구상되고 집행될 수 있다. 모든 사회주의 운동은 이러한 모순에 직면하여, 전반적으로 자신들의 통제를 넘어서는 국제적 구조 내에서 국가 경제가 차지하는 위치에 대한 분석을 수정하고 있다. 확실히 이러한 문제들에 대해서는 그 어떤 간단한 답변도 내릴 수 없다. 그러나 세계경제 영역에서 어떤 한 쪽의[일국적 혹은 국제적] 실천도 미리 단념하는 것은 패배주의일 뿐이다.

국유화냐 아니면 독점기업들에 맞서 공공 소유권의 축소를 중단시킬 계획협정 혹은 다른 강제적인 정책들이냐의 문제에 대해서, 여기에서는 법적이거나(누가 기업을 '소유'할 것인가), 윤리적인('노동자 통제 아래 모든 것을 국유화하는') 문제가 중심에 있지 않음을 강조하고자 한다. 중심이 되는 화두는 바로 정치권력이며, 이는 대대적인 국유화에 의해 필연적으로 진척되는 것이 아니다. 특히, 어떤 좌파 정부라도 국가기관 내의 강력한 저항에 직면하게 될 경우에는 말이다. 생산수단의 진정한 사회화는 국가와 산업조직 양자의 광범위한 민주화에 의존한다. 그러한 민주화가 거의 착수되지도 않은 상황에서 수천 가지가 넘는 상세한 경제관리의 문제들을 노동자위원회에 안기는 것은, 다만 그 운명을 미리 마감하는 일에 봉사하는 것이다.[12)

AES의 중요성

이제 우리는 AES의 전략적 핵심을 이해하게 되었다. 초기의 경제팽창과 소득재분배는 모순적인 것으로 인식된다. 그리고 이 모순적인 발전에 대한 대응은 거대 자본의 국내적 권력과, 대외 커넥션을 통한 권력을 공격하는 것이며, 이는 필연적으로 공세적인 것이 아닐 수 없다. 그 결과가 곧 사회주의는 아니다. 이는 노동계급과 다른 민주세력들에 의해 그 최대치가 결정되는 위기의 해결이다. 그리하여 자본의 책략의 여지가 크게 줄어들고 대중권력이 더욱 발전되며 급진적인 강령을 전개할 수 있는, 더욱 심화되고 결정적인 투쟁을 전망할 수 있게 된다.

　우리의 견해로는 이러한 경제 전략의 잠재적인 내용은 가볍게 처리되어서는 안 된다. 그것은 노동대중이 겪어야 했던 경제위기의 직접적인 경험에 근거하고 있으며, 노동계급의 다양한 부문들간의 요구들을 통일시키고 있고, 이 전략의 발전적 측면들은 노동대중에게 유리한 위기의 해결책을 제시하고 있다. 다시 말하면 AES의 대안은 구체적이며 결코 일종의 선전만은 아닌 것이다.

---

12. [옮긴이] 니코스 풀란차스, 『국가, 권력, 사회주의』, 박병영 옮김, 백의 1994의 3장 「오늘날의 국가와 경제」도 참고.

2부: AES와 노동운동

이 글 2부의 목적은 바로 노동운동의 다양한 부문들이 AES의 발전에 기여한 점들을 비판적으로 평가하는 것이다. 강조점의 상이함과 내용의 다양함이라는 문제가 있지만, 우리의 관점에서 볼 때 가장 중요한 것은 그러한 전략의 형태와 기본 요소들에 대한 합의의 의미심장한 수준이다. 이러한 합의 속에 대중동원의 중심점으로서의 AES의 수많은 잠재적 가능성이 놓여져 있다.

1부의 분석은 각 부문의 기여들을 평가할 수 있는 두 가지 핵심적인 기준을 제안하고 있다.

첫째, 제시된 전략은 어느 정도로 현 정치·경제적 관계들의 제약 내에서 위기에 대한 해결책을 제공할 수 있으며, 또한 어느 정도로 그러한 제약들을 진보적으로 변형시킬 수 있는가? 이는 자유로운 단체협약으로의 전환과 경기 재팽창을 주장하여 광범위한 지지를 받고 있는 요구들을 참조함으로써 설명될 수 있을 것 같다. 이러한 요구들은, 노동계급의 생활수준을 개선하고 실업을 감소시키며 임금협상에서 개별 노조와 직장위원들 shop stewards[13])의 자치적 수단을 회복하고자 하는 욕구들로부터 기인한다. 그러나 이들 요구가 불충분하다고 가만히 기다린다면 이는 그만큼, 강화된 임금통제와 심화된 디플레이션의 문제를 초래할 뿐이다. 대안은 이들 요구들을 자본주의적 통제와 가치법칙에 생산이 종속되는 것을 공격하는 보다 광범위한 전략에 연계시키는 것이다.

이는 두 가지 중요한 논점을 제기한다. 하나는 AES가 영국 산업자본의 장기적인 쇠퇴가 세계경제위기에 중첩된 바로 그 상황에서 발전되었다는

---

13. [옮긴이] 직장위원은 산업별 노동조합인 영국의 노동조합 내에서 각 사업장의 현장활동을 책임지고 교섭 대표로 나서는 중간 활동가층을 일컫는 말이다. 한국과 비교할 경우, 단사 노조 집행부나 대공장 노조의 부서별 대의원 정도에 해당된다.

것이다. 이러한 상황에서 국가는 이윤율을 회복하기 위해 어떤 일관된 전략을 채택하는데, 이러한 정책 하에서 위기의 파괴적인 효과는 자본의 세계화와 집중을 고무하는 국가개입을 통해, 그리고 공공지출을 억제하고 사적 소비를 제약함으로써 완충된다. 그러므로 AES를 제기하지 않고 이러한 국가 전략의 개별 요소들에 도전하는 것은 불가능하다. 단편적인 접근은 '건전한 경제 운영'의 논리에 종속되거나 패배로 귀결될 뿐이다. 전자는 단순한 이데올로기적 동의에 의한 결과가 아니라, 사회협약에서 가장 분명한 사례를 볼 수 있듯이,[14] 노조 지도부를 정부의 정책 형성에 통합시키는 특정한 정치화 과정의 결과이다. 이 과정은 몇몇 쟁점들, 특히 임금에 대한 상당한 정도의 정치화 작업을 포함하는 것으로, 생산과정에서 조직 노동의 전통적인 협상력을 약화시키면서, 특히 실업 문제와 같은 다른 쟁점들을 협상에서 배제하여 '탈정치화'시킨다. 사안에 대한 단편적인 접근을 넘어서지 못했다는 점은 공공지출 삭감 반대운동이 실패한 이유를 설명하는 데 특히 유용하다. 그 결과, 이게 두 번째 논점인데, 그것은 재팽창정책에 대한 요구가 이제 더 이상 단순한 '케인즈주의적' 수단으로 기능하지 않으며, 국가에 의해 채택되었고 국제통화기금과의 협약 항목들에 가장 단순하게 표현돼 있는 제약들에 대한 직접적인 도전의 양상을 띠게 된다는 점이다.

이상의 내용과 긴밀히 관련되어 있는 두 번째 기준은 제기된 전략이 시급히 실천될 제안들을 결합해냄으로써 정치적 동원을 추동해내고, 사회주의 경제체제로의 이행이라는 중장기적 전략의 골격 내에서 현재적 관심사들을 충족시킬 수 있는가의 여부이다. 여기에는 세 가지 논점이 있다.

첫째, 주로 실업문제나 생활수준 같은 노동계급의 주요 관심사들을 지향

---

14. [옮긴이] 1974년에 재집권한 윌슨 노동당 정부는 야당 시절에 채택한 대안경제전략을 방기하고 노동조합과의 사회협약을 통해 경제위기를 극복하려 했다. 이는 사회복지의 확충을 대가로 노조의 임금인상 양보를 받아내려는 것이었다.

하지 않는 전략은 대중동원의 성공에 필수적인 광범위한 지지를 얻을 가능성이 희박하다는 점이다. (이는 우리의 논의가 선험적인 근거들에 기반한 이상적인 전략의 수립이 아니라 노동운동 내에서의 논쟁으로부터 출발하기 때문이다.) 둘째, 그러한 동원은 AES의 핵심적인 부분을 이루고 있다. AES는 정부에 제안하여 단순히 국가 차원에서 집행되도록 하는 대안적인 정책들의 묶음으로 간주되어서는 안 된다. 이러한 맥락에서 세계경제와 국내경제에 대한 노동운동의 태도를 대조시키는 것이 중요하다. EEC나 IMF와 같은 국제기구들은 영국 경제에 불필요하고 탐탁지 않은 조건들을 부과하려는 적들로 의심스럽게 바라보면서, 영국 정부는 단순히 노동운동 진영의 조언에 의해 교정될 여지가 있는 잘못된 정책을 수행하고 있는 것일 뿐이라고 생각되곤 하는 것이다.

그러므로 AES는 경제적 목표뿐만 아니라 정치적 실천을 변혁할 것을 요구하는 것으로 사고되어야 한다. 산업민주주의에 대한 다양한 요구들은, 불행히도 고립된 채로 제기되고 있지만 이러한 필요조건을 인식한 하나의 예이다.

셋째, 제안의 형식은 오직 그것의 집행을 요구하는 투쟁의 관점에서만 의미를 가질 뿐이다. 예를 들어 계획협정은 그것을 '공공정책과 민간산업 목표간의 협력'으로 묘사하는 <과학기술관리직원노조 Association of Scientific, Technical and Managerial Staffs; ASTMS>의 경우와 같이 본질적으로 테크노크라틱한 계획 수단으로 지지를 받을 수도 있다(ASTMS, 1976). 그러나 <노동자통제연구소 The Institute for Workers' Control; IWC>[15])의 경우에는 계획협정을 노동자 통제를 위한 운동의 본질적인 일부로 판단하고 있는 것이다.

여기서 우리는 이 전략의 세 가지 요소만을, 즉 재정변화와 관련된 경기재

---

15. [옮긴이] 만델 Ernest Mandel을 지지하는 트로츠키주의자인 코우츠 Ken Coates가 운수일반노조 TGWU의 좌파 지도자 존스 Jack Jones와 함께 1968년에 설립한 연구단체. 이 단체는 경제학자 브라운 Michael Barratt Brown을 중심으로, 특히 노동자들의 직접통제를 강조하는 좌파 대안을 다듬으려 노력했다.

팽창정책, 산업민주주의와 긴밀히 결합되어 있는 산업전략, 그리고 AES의
국제적 측면만을 고찰하고자 한다. 이는 물가통제나 금융기관 통제 같은 다른
중요한 논점들을 생략하는 것이지만, AES의 정치적 성격을 규정하기 위한
예비작업을 위해서는 충분하리라 여겨진다.

경기재팽창에 대한 요구

구조적인 경기재팽창에 대한 요구는 AES의 핵심을 이룬다. 이는 현재의 실업
수준을 받아들이는 것을 거부하고 산업예비군의 조절에 근거한 현 경제정책
의 전방위적 공격에 맞서 싸우고자 하는 것이다. 우리는 AES의 정책들이 경제
의 팽창에 직접적으로 맞물려 있음을 먼저 고찰하고, 특히 대외수지 균형과
관련하여 이러한 정책들에 맞서 제기된 제약들에 대해서는 이후에 토론하고
자 한다.

경기재팽창에 대한 모든 요구들은, 수요팽창의 적절한 수준을 둘러싼 케
인즈주의적 논쟁을 얼마나 넘어서고 있는가, 그리고 생산 확장을 창출하는
수단의 지배권을 자본으로부터 전유하는 것을 목적으로 하고 있는가를 중심
으로 고찰되어야 한다. 비록 경기재팽창 요구가 거의 모든 AES의 정식들에서
흔히 발견되는 요소이긴 하지만, 특별히 실업감축 문제에 대해 채택된 접근들
사이에는 중요한 차이가 있고, 이 차이는 민간부문과 공공부문의 경우 특히
더 그렇다. 산별노조들은 고용수준을 높이기 위해 자원을 제조업부문으로
돌리면서 복지지출을 계속 억제할 것을 함축하는 경기재팽창 정책을 신뢰하
는 경향이 있다. 그러나 자본의 지배하에서 그러한 자원은 생산과정으로부터
산 노동을 상대적으로 축출하는 대가로 축적되는 것이기에, 실업을 줄인 효과
를 계산할 때 생산량의 증가는 생산성에 견주어져야 한다.

바로 이 지점이 공공부문 노조가 제조업부문 투자확대를 위한 공공지출
삭감에 의해 가장 직접적으로 타격을 입게 되는 출발점이다. 공공부문 노조들
은 공공부문의 고용 확대를 실업을 줄일 유일한 수단으로 간주하며, 산업부문

의 고용은 기껏해야 그대로 남아 있으면 된다고 생각한다. <지방공무원노조 Civil and Public Servants' Association; CPSA>와 <지방공무원협회 Society of Civil and Public Servants; SCPS>는 "실업문제의 해결 방안은 공공부문의 계획적 성장에 대한 포괄적인 정책에 의해서만 모색될 수 있다. 그리고 경제의 장기적 성장에 대한 어떠한 현실적인 추계를 하더라도, 제조업이 사회가 필요로 하는 충분한 일자리를 마련하지 못한다는 점을 승인하는 것에서 논의가 출발해야 한다"고 밝히고 있다(CPSA/SCPS, 1975).

공공지출 삭감을 둘러싼 쟁점은, [제조업부문과 공공부문의] 이러한 분할이 얼마나 해로울 수 있는지를 보여준다. 공공부문 노조가 예산 삭감에 대해 끈질기고 힘있게 투쟁하는 동안, 제조업 분야로의 자원의 이전이라고 하는 치명적 유혹에 대한 산별노조의 이중적 태도가 단결된 저항을 방해했던 것이다. TUC와 노동당간의 연락위원회 Liason Committee는 둔감하게도 이를 다음과 같이 표현하고 있다. "우리는 제조업의 요구에 보다 큰 강조점을 두어야 한다. 왜냐하면 정부가 1977년 4월부터 공공 지출을 안정화시키기로 결정했기 때문이다." <일반·지방공공노조 General and Municipal Workers Union; GMWU>는 불안했다. 노조지도부는 "정부의 산업 정책을 지지하면서도," "공공 서비스에 대한 지출과 공공부문에의 투자 프로그램에 대한 예산 삭감"의 함의에 대해 의회가 "우려를 표명할 것"을 청원하였다. ASTMS는 1975년 금융기관이 정부 채권을 구입하려고 하는 "명백하고 놀라운" 추세에 대한 자신들의 우려를 거리낌없이 밝혔다.

그러나 재무성조차도 공공지출의 증가와 산업 분야로의 자원배분 중단 사이에는 아무런 필연적인 연관성이 없다는 점을 알고 있다. 윌슨 위원회 Wilson committee를 증거로 들자면, 위원회는 다음과 같이 결론을 내리고 있다. "지난 30년간의 공공지출의 수준과 공공부문차입상한 Public Sector Borrowing Requirement; PSBR의 크기가 과연 민간 산업으로의 그간 자금의 흐름에 있어 큰 차이를 낳았는지 또는 투자를 억제해왔는지는 의심스럽다 [……] 산업으로의 자금 공급에 실질적인 제약이 있었다는 증거는 하나도 없다"(Wilson committee, 1977). 그러므로 노동운동 진영은, 부르주아지들이 재무 제약이 있다고 여기든 그렇지 않든 투자는 이루어진다는 점을 확실하게 함으로써, 부문간 이해를 단결시키는 총체적인 전략을 수립해야 한다.

제조업 분야의 고용 확대에는 한계가 있다는 인식으로 인해, 산별노조들은 임금삭감 없는 주 35시간으로의 노동시간 단축, 잔업의 감축, 야간작업 폐지, 그리고 조기 정년을 통한 현존 일자리의 재분배 등을 주장하기 시작했다. TUC 정책에도 이러한 요구가 반영되어 있기는 하지만, 그러나 이러한 요구들은 냉혹한 현실보다는 희망적 사고의 분위기에 고무되어 있다. 1977년 TUC『경제평가보고서』는 "(임금삭감 없는) 주 35시간 노동을 영국에 일방적으로 도입하는 것은 국제 경쟁력에 있어 어려움을 초래하며 따라서 국제적인 접근이 반드시 필요하다"고 밝히고 있다.

그러나 불행하게도, 자본가들이 일자리 나누기를 노동과정을 강화하는 수단으로 사용하여 결국 생산량이 늘어나더라도 고용확대에는 제한된 효과만 초래될 가능성이 있다는 인식은 전혀 없다. 경제적 목표를 추구함에 있어서 중립이란 존재하지 않는다는 점과, 자본으로부터 단순히 양보를 받는 것이 아니라 지배를 쟁취해야 할 필요가 있다는 것을 이보다도 더 잘 보여주는 것은 없다. 이 문제에 대한 우리의 관점은 '세 개의 49'(주 49시간 노동, 연 49주 노동, 평생 49년의 노동)에 대한 도전이 노동계급의 장기적 전략의 필수적인 일환이어야 하며 또한 이러한 도전은 지속적으로 이뤄져야만 한다는 것이다. 그러나 현재의 위기에서 일자리 나누기 요구는 AES를 대체하는 전략으로 간주되어서는 안 된다. 왜냐하면 AES야말로 이러한 왜곡된 결과에 순응하는 것이 아니라 이와 대결하려는 것이기 때문이다.

재정·통화정책에 대한 기술적인 의문들에 매몰되지 않는 한도 안에서, 조세의 문제를 언급할 필요가 있다. 경기재팽창은 최소한 그 시작에 있어 PSBR의 증가를 필요로 하는데, 이는 현재 많은 관심의 초점이자 공격의 목표가 되고 있다. CPSA와 SCPS는 OECD 통계에 의거하여 1975년의 GNP 대비 공공부문 적자 비율이 영국보다 오히려 일본이나 독일이 더 높다는 점을 지적하고 있다. 1978년 TUC『경제평가보고서』는, (70억 파운드의 적자를 내고 있는 현재의 실업률 수준에 맞서) 현재의 조세율 아래서 60만 명의 실업자 수준을 유지하는 것이 공공부문에 20억 파운드에 달하는 흑자를 줄 것이라는 <국립경제사회조사연구소 NIESR>의 추계를 인용하고 있다. 고용의 증가는 추가적인 조세 수입을 만들어내고 실업관련 지출을 감소시켜 초기 PSBR의 증가분을 상쇄하고, AES에서 구상되었던 조세인하나 공공지출의 증가를 가능하게 할 것이다.

또한 대부분의 조언들은 조세제도의 진보적 재구성이 이 강령에서 필수적이라는 점을 인정하고 있다. 이는 동기부여와 불평등을 등치시키는 사이비 논리에 도전할 뿐만 아니라, 빈곤의 덫을 제거하고 조세구조의 특정한 불균형을 해소하는 많은 특정한 수단들을 포함하고 있다. 과세는 통제와 전유의 도구이다. 이는 노동운동에 의해 수단으로 사용될 수 있다.

산업전략

AES에 포함된 산업전략은 재팽창 계획과 밀접하게 연관되어 있다. 또한 이는, 한때 [노동당 전당대회에서] 만장일치로 통과되었지만 지금은 의례적인 것이 되어버린, 상위 100대 기업과의 계획협정 PA과 NEB 예산 10억 파운드 요구의 극히 다양한 해석과도 밀접하게 연관돼 있다. 우리는 이 전략, 즉 1970~74년 야당시절 노동당이 개발한 이 정식들의 경제적 배경을 검토하고, 그 다음으로는 이것과 [노동당] 정부의 현 전략 사이의 관계를 노동운동의 이중적인 입장과 함께 살펴보고자 한다.

영국에서 제조업부문의 쇠퇴는 잘 알려져 있는 바다. 제조업부문의 낮은 일인당 투자수준은 전설적인 수준인데(1962~73년간 대략 미국의 30%, 프랑스의 50%, 일본과 독일의 60%에 불과했다), 해외투자 유출량은 증가하는 것

으로 나타나고 있다(1976년에 영국은 17억 3천 5백만 파운드를 해외투자 했는
데, 독일보다 37%, 프랑스보다 69%, 그리고 일본보다는 176%나 많은 액수이
다). 전체적으로 영국 산업의 구조적 불균형은, 수입부문 수요의 높은 소득탄
력성(Panic 추산: 1.82)과 대비되는, 수출부문 수요의 낮은 소득탄력성(OECD
추산: 0.57)에서 나타나고 있다. 경제적 실패의 이러한 배경에 비추어 볼 때,
전통적인 거시 경제정책은 이러한 구조적 결함들이 초래한 쇠락의 진행과정
을 돌이키지 못했고, 따라서 산업의 가속화된 집중을 필요로 하며 또한 그로
인해 가능해진 접근 상의 변화가 요구된다는 주장들이 있다. 홀란드(Holland,
1978)[16]를 인용하면, "제조업 생산량과 고용의 절반 가량을 100개 기업이,
직접적 혹은 가시적인 수출거래의 절반 가량을 75개 기업이, 산업자산이나
자본의 절반 가량을 50개 기업이 맡고 있는 것이다."

산업전략은 야당 시절 노동당이 개발한 정책들 중에서 핵심적인 것이었
다. 1973년의 강령은 다음과 같이 적고 있다. "우리의 플랜의 기초는 3개의
중심 뼈대에 근거하며, 각각의 뼈대는 이 플랜의 성공에 있어 필수적이다.
첫째, 새로운 공기업, 특히 무엇보다 국가지주회사 state holding company를
만들어 제조업에서 주요한 공적인 이해관계를 확립하는 것이다. 둘째, 계획협
성제제는 완선히 새로운 제제로서, 주요 기업들에 대한 모든 정책을 체계적이
고 일관된 기초 위에 위치시킬 것이다. 셋째, 새로운 산업법은 차기 노동당
정부가 경제적 목표를 달성하는 데에 필요한 모든 경제적 권한들을 제공할

---

16. [옮긴이] 홀란드 Stuart Holland는 1970~74년 사이에 노동당의 정책담당 자문으로 있으면서 대안경제전략
의 초안을 기초한 장본인이다. 그의 기본 구상은 정부와 노동조합, 사용자 단체를 이사진으로 하는
NEB라는 국가지주회사를 설립하고 이를 주요 기업들의 최대 주주로 세우는 형태의 국유화를 시도하자
는 것이었다. NEB의 통제 아래 놓인 주요 기업들은 정부, 노동조합과 계획협정을 맺어 그 계획 목표를
따르고 감독을 받아야 한다. 하지만 노동당 정부에 의해 실제 시행된 NEB는 자본가들을 위해 재원을
마련해주는 국영 투자기관 정도에 불과했다. 이에 반발한 산업부 장관 벤 Tony Benn이 노동당 우파에
대한 전면전에 나서면서 70년대 말~80년대 초의 노동당 내 좌·우 격돌이 벌어지게 된다. 고세훈,
『영국 노동당사』, 나남 1999를 참고

것이다." 계획협정의 역할로 제시된 것은 본질적으로 정부의 계획과 대기업 간의 상호작용의 하나였다. 그러나 비록 "산업민주주의를 지향하는 주요한 운동들"이 존재해야 하고 "의회의 책임을 재확인하는 것"이 필요하다는 점을 인정하였음에도 불구하고, 협정은 분명히 오직 명목상의 노동계급의 참여를 제외한 모든 것들을 효과적으로 배제하였다. 개별기업이 "국가의 경제적 목표"에 맞추어 행동하도록 [기업에 대한] 제재를 청원하는 것은 오직 국가만이 할 수 있게 돼 있었던 것이다. 개별기업 노동자들의 이해와 그러한 목표들 사이의 관계라고 하는 중요한 문제는 애써 무시되었다.

NEB를 보면, 그것이 다루어야 할 장래의 '업무'의 목록은 인상적이었다. "간단하다. 직업창출 특히 고실업 분야에서의 직업창출, 투자촉진, 기술발전, 수출성장, 정부의 가격정책 발전, 다국적 기업의 확산 방지, 산업민주주의의 확대, 수입대체 등." 그 논리는, "제조업에서 장래 가장 수익성 높을 영역의 약 25개 거대 기업들의 이해관계를 통제함"으로써, "정부의 경제계획과 민간 부문이 추구하는 실질적인 정책을 보다 효과적으로 연계"시킨다는 것이다. 기동적이고 혁신적이며 공적으로 소유된 기업과의 경쟁은, 나머지 기업들이 자신들의 "시장지분과 이윤을 지키기 위해" 가격, 투자, 설비에서 이 기업의 모범을 따르도록 강제한다는 것이다.

우리는 이러한 계획들이 불충분함을 인정한다. 그러나 또한 우리는, 자본의 자율성에 도전하기 위해 필요한 도구들을 제공한다면, 이것이 노동운동을 제약하는 핵심적 문제에 맞서는 좋은 시도가 될 것이라 생각한다. 따라서 이렇게 제안됐던 계획들을 노동당 정부가 실제로 채택한 산업전략과 대비시켜 보는 것이 중요하다.

1975년 말에 통과된 산업법을 통해 NEB가 창설되었으나, 제한된 재정예산(실질적으로 5년간 5억 파운드)을 갖고, 제한적인 가이드라인 내에서 운영되어, 정부가 구제한 기업들, 주로 브리티시 레일랜드 British Leyland와 롤스로이스 Roll's Royce의 소유권 및 지배권을 이전하는 문제에만 주력하였다. NEB

가 지분을 소유하고 있는 37개 기업 가운데에서, 단지 6개만이 5백만 파운드 이상의 지분에 달하며, 이 중 한 개 회사(페어리 엔지니어링 Fairy Engineering) 만이 그것도 양도가 아닌 매수를 통해 접수되었던 것이다. NEB의 견해는 노동당 산하의 산업정책위원회보다는 토마스 틸링 Thomas Tilling (운송 이윤 의 국유화에 대한 보상금으로 세워진 민간 산업지주회사)에 더 의존하고 있 다. 그리고 산업법에서 계획협정은 '기업체의 전략적 계획에 대한 자발적 협정'으로 전락하였다. 완수된 유일한 협약은 크라이슬러 Chrysler 와의 협약 으로, 그 기업의 성과와 무관한 그 대외비 문서에 지불된 1억 6천 2백 5십만 파운드는 사회주의적 계획을 향한 전진을 거의 만들어내지 못하고 있는 것이 다.17)

　정부의 실제 전략에 비하면 이러한 전개양상은 오히려 주변적인 것이다. 『백서』(1974)를 인용하자면, "정부는 이제까지보다 더욱 지속적으로, 산업구 조조정과 효율성 향상을 통해 국가경제의 성장률을 증대시킬 필요에 더 큰 중요성을 부여하고자 한다. 이는 당면한 미래에 소비라든지 심지어는 사회적 목표들보다도 산업 발전을 우선하는 것을 의미할 것이다." 이러한 정부 전략 의 기본요소들은 임금억제와 조세특혜(예를 들어, 1974년 11월 주식 증가에 대한 면세조치)를 통한 수익성의 회복, 공공 지출의 삭감을 통한 금리인하, 일련의 투자와 구조조정 유인(대개 1972년 산업법의 7, 8항에 의거한 지원), 그리고 마지막으로 국민경제발전위원회 National Economic Development Council; NEDC의 틀 내에서 노사정 3자의 부문별 작업그룹들에 의해 수행되 는 분야별 노력 등이다.

　노조의 입장은 양면적이었다. 1974년 TUC『경제평가보고서』는 기업의 계획이 제출될 것을 요구하고 '공공투자국 public investment agency'을 지지하

---

17. 이 글은 푸조-크라이슬러 Peugot-Chrysler 인수합병이 이러한 개입을 완전히 실패로 종결시키기 이전에 쓰어졌다.

였으나, NEB를 언급하지는 않았다. 1975년『평가보고서』에서는『백서』(1974)의 제안, 즉 '영국산업의 재건'(이는 산업법의 취지문이 된다)을 지지하였으며, 경제의 네 가지 수준(작업장, 기업, 산업 그리고 전체 경제)에서의 계획의 중요성을 인정하였고, 그 중에서도 핵심적인 결정이 이루어지는 기업 수준을 강조하였다. 그러나 NEDC, 그리고 그것과 노동당 산업위원회와의 연계에 오히려 더 많은 관심이 주어져, NEDC는 산업전략의 조정역할을 수행함에 있어 '이상적으로 적절한' 것으로 간주되었다. (1962년 보수당에 의해 NEDC가 설립되었을 때, TUC가 품었던 정당한 의혹과는 대조되는 열정이다.) 1977년『평가보고서』는, 정부의 산업전략이 1975년 말 NEDC에서 제기되면서 TUC가 "정부의 산업전략에 완전히 종속되었다"고 적고 있지만, 그러나 "부문별 접근에만 오로지 근거하는 산업전략의 어떠한 추진 시도도 결국은 실패할 것이다"라고 밝히고 있다. 이러한 주장은 1977년 10월 TUC가 조직한 한 회의에서 강하게 제기되었고, 그 회의록은 TUC(1978)로 출간되었다.

화학산업에서 4대 부문별 작업그룹들 sector working parties; SWPs의 성과를 검토하고 있는 GMWU 보고서는, 부문 수준의 문제들을 확인하는 차원을 넘어 기업 수준에서 이루어진 결정의 집행을 고찰하는 것이 중요함을 보여주고 있으며, 이는 TUC가 강조하는 점이기도 하다. 화학기술에서 기인하는 개별적 차이들(SWP는, 공급원료로서의 북해 석유의 잠재적인 이용가능성이 충분히 고갈되었음에도 불구하고, 10년간에 걸쳐 영국에 최대 4개의 에틸렌 공장을 건설할 것을 구상하였다)을 고려할 때, 그러한 결정에 국가가 참여하는 것은 필수적이다. 자본이 줄곧 그렇게 반대해온 것도 정확히 기업수준에서의 이러한 변화 때문이다. 왜냐하면 이런 변화는 정보를 공개하고 기업의 전략적 계획이라고 하는 중요한 영역으로 단체협상을 확대시키는 문제를 제기하기 때문이다. 심지어는 타협안으로 제시된 발리 Varley의 '계획 토의 planning discussion'도 실패한 것으로 보인다.

이러한 경험들의 관점에서 볼 때, AES의 산업전략 요구안에 관한 몇 가지

논평이 가능할 것이다. 첫째, 문제들은 실제적인 것이다. 실행 능력이 자본에
있다는 이유로 이것이 기각될 수 없는 것이다. 이는 노동계급의 이해를 밀고
나가는, 위기의 해결책을 강화하려는 도전인 것이다.

　둘째, 앞에서 지적한 바와 같이, 전략의 내용이 더욱 중요하지만 제안의
형태에 관한 합의 역시 중요하다. 각기 다른 입장들이 각 측면들에 대해 서로
다른 지점들을 강조하고 있다. 예를 들어 공산당은 핵심기업의 국유화를 강조
하고, ASTMS는 보다 일반적인 자본의 흐름에 관심을 가지며, 공공부문 노조
는 계획성을 강조한다. IWC는 당연히 노동자 통제의 중요성을 강조한다. 셋
째, 계획협정의 요구가 단체협상의 확대로 표현되든 혹은 산업민주주의나
노동자 통제로 표현되든, 결정사항에 관한 노조의 통제를 확대시키는 것과
연계되지 않는다면 그것은 공허한 것이다.

　마지막으로 NEB의 재량권에 더 많은 자금을 할당하라는 요구는 NEB의
잠재적 역할에 관한 보다 깊은 분석을 수반해야 한다. NEB를 단지 자본시장
의 공백을 메우려는 것으로 사고하는 경향이 있다. 그러나 문제는 자금의
이용가능성이 아니라, 자본흐름을 통제하는 것이다. 특히 그러한 통제책은
해당 기업의 노동자들에 대한 책임을 져야 하며, 집행의 근거로서 영리성을
사용가치라는 기준으로 대체하도록 노력해야 할 것이다. 루가스 Lucas의 기업
계획은 이런 점에서 몇 가지 가능성을 보여준다.[18] 그렇지 않으면, NEB는
자본축적의 조건을 회복하는 데에 필요한 생산의 구조조정을 국가의 후원
하에 보장하는 도구로 전락하고, 계획협정은 기업이 이미 결정한 그 어떤
계획에 대해서도 정부의 자원이 유용한 것이 되도록 보장하는 계약이 되어
버릴 것이다.

---

18. [옮긴이] 70년대 중반부터 런던의 Lucas Aerospace에서는 직장위원들이 사측의 정리해고 중심 구조조정에
　　대항하여 단체협상을 통해 대안적인 생산 활동을 추진했다. 이들은 폐쇄 라인을 활용하여 전투기 부품이
　　아닌 유모차 등 시민들을 위한 생활필수품을 만들었다. 마이크 쿨리, 「루카스 항공사에서의 협동계획」,
　　송성수 편역, 『우리에게 기술이란 무엇인가』, 녹두 1995를 참고.

우리가 강조하고자 했던 것은 정부가 추진하는 산업전략이 AES의 산업전략 원리와 근본적으로 다르다는 점이다. 우리는 후자를 계획협약, 개입주의적 NEB, 국유화 그리고 금융시스템 통제를 통해 산업을 통제할 계획의 발전과정으로 본다. 중요한 것은, 계획을 자본흐름이나 투자결정을 조정하는 기술적인 문제로서가 아니라, 노동과 국가의 제재 활동을 통해 통제를 요구하는 것으로 보아야 한다는 점이다. 이는 분명 초국적인 자본에 대해 그러한 통제가 이루어질 수 있는 한계에 관한 중요한 문제를 제기한다. 하지만 아무튼 기업전략의 쟁점들을 포괄하는 단체협상을 확장하고자 하는 움직임이 이 과정에서 핵심적 요소가 될 것이다.

AES의 국제적 측면

AES의 본질적인 한 부분은 세계경제와 영국 사이의 관계에 대한 정책이며, 그러한 정책의 요소들은 i) 수입의 통제, ii) 자본운동의 통제, iii) 초국적 기업 TNC에 대한 정책, 그리고 iv) 파운드화에 대한 정책까지, 노동운동진영으로부터의 다양한 출판물들에 실려 있다. 여기에서 우리는 이들 중에서 첫 번째 것을 주로 다룰 것이다. 이는 노조 내에서 다소 덜 쟁점이 되어 온 다른 주제들과 달리, 좌파에게 있어 가장 논쟁적인 주제임이 입증되어왔기 때문이며, 또한 노동운동 내에서 가장 많은 주목을 받아왔고, 또한 이를 고찰함으로써 자본의 세계화에 대한 AES의 보다 광범위한 접근이 명백해지기 때문이다.

우리의 관점으로는, AES를 통해 제안된 정책들은 자본이 그 상품과 화폐, 생산형태의 세계화를 지배하는 것에 대한, 그리고 특별히 세계경제에서 영국 제국주의가 갖는 역할에 대한 도전을 대표한다. 자본의 경제적 지배는 자본이 자유롭게 다양한 형태로 순환할 것을 부분적으로 요구하며 동시에 또한 그것으로부터 기인한다. 그리고 이 과정은 마찬가지로 자본을 보족할 사회·정치적 조직의 네트워크를 만들어내는 것이다. AES는 자본 세계화의 이러한 측면들에 도전함으로써, 뒤에서 살펴보겠지만, 자본의 경제적, 사회적 권력의 국제적 차원이라고 하는 중요한 부분에 도전한다.

영국 노동운동의 주요 분파들은 수입통제의 확장에 대해 지지를 보내왔고, 이러한 요구가 AES를 노동당 정부가 경제위기의 해법으로 제시하는 것들과 구별시킨다는 점은 분명하다. AES의 채택은 1945년 이래로 국제무역을 지배해온 국제적 규칙과 협약들, 즉 IMF와 EEC의 규정에 표현되어 있는 규칙과의 중대한 단절을 특징지을 것이다. 우리가 여기에서 관심을 갖는 문제는, 수입통제를 주장하는 논거의 본질과, 착안해 낸 통제의 유형들, 그리고 그것들이 사회주의 경제로의 이행전략과 맺는 관계들이다.

수입통제 주장의 한 논거는 국제수지에 의한 인플레이션의 결과로부터 생겨났다. <중앙·지방공무원노조 NALGO>의 한 문서에는 다음과 같이 적혀 있다. "경제가 적절한 수입제한 없이 재팽창하는 것은, 믿기 어려울 정도의 무역적자를 낳지 않고서는 불가능하다. 이는 수입에 일정한 제한을 두면서 재팽창해야 한다는 주장에 대한 강력한 논거가 된다."[19]

그러나, 만약 수입통제를 위해 국제수지를 근거로 제시하는 주장이 앞으로 보다 다듬어지지 못한다면, 이 주장은 이 문제를 국가의 새로운 개입 수단이 요구되는 국제수지의 기술적인 조정의 문제로만 제시하게 되고, 그 결과 현존하는 권력과 지배의 구조는 새로이 삶을 연장하게 될 것으로 보인다. 수입통제를 위한 다른 논거는 없는가?

아마도 노동운동 내에서 수입통제에 대해 가장 자세하게 밝힌 것은 TUC 연감 경제평가보고서의 여러 판들에서 제시된 사례일 것이다. TUC는 그들이 조심스럽게 '일시적·선택적인 수입통제'라고 부르는 것을 확장하기 위한 많은 논거들을 제시해왔다. 그 주요 논거는 다음과 같다. 장기적으로 효율성이 높아질 것이지만 다양한 이유들(낮은 투자, 형편없는 경영과 조직)로 인한 외국과의 경쟁의 결과로 쇠퇴하거나 소멸할지도 모를 국내산업들을 단기적

---

19. 우리는 평가절하 전략을 반대하며, 일반적으로 이는 AES와 양립불가능한 것이라고 생각한다.

으로 보호하기 위해, 수입통제가 필수적인 정책이라는 것이다. 그래서 수입통제는 계획협정을 통한 국가개입이나 노동조합의 참여를 통해 산업 재구조화 프로그램의 일부가 될 것이며, 그 결과 산업전략의 일부가 되리라는 것이다.

TUC에 의해 제기되는 또 다른 논거는 기술변화 속도의 급증이다. TUC는 GATT[20]에 "자본과 노동 양자 모두, 자원을 다른 용도로 이전시킬 수 있는 속도가 기술변화를 따라잡지 못하는 곳에서는" 산업에 대한 보호조치를 허용하는 "사회적 조항"의 설치를 요구해왔다. "이것은 무역 정책을 적극적인 고용정책과 연계시키는 것을 의미하는 것이다." TUC는 또한 노동력의 건강과 안전 조건이 모국에서 허용되는 것보다 열악한 곳에서 생산된 물품에 대해서는 수입을 제한할 수 있는 권력을 요구하고 있다. TUC는 저임금비용과 열악한 노동조건의 지역에서 이뤄지는 생산의 재배치는 초국적 기업의 생산 재조직의 결과라고 주장하며, 영국에서 활동하는 초국적 기업의 투자, 가격, 금융 정책의 조사에 정부와 노조를 포함시키는 계획협정체제를 요구하였다.

경제적으로 보다 우위에 있는 국가들이 인플레이션의 결과에 보다 관심이 쏠려있고 '통화 규율'을 취약한 국가들에 강제함으로써 (자본가 지배의 대가인) 이익에 몰두해 있는 반면, 영국과 여타 취약한 경제의 국가들이 이들 강한 경제국들로 하여금 통화팽창을 설득하고자 노력하고 있는 것이 현재의 정책이다. 이 정책에 맞서, TUC의 견해가 진보적이며 급진적인 도전을 대표한다는 것은 의심의 여지가 없다. 현 정책은 국내산업의 구조조정이니, IMF와 GATT의 규정에 내재한 표준을 뛰어넘어 생활수준을 향상시키자느니 하는 짧은 몇 단어들로 자신의 우월성을 단언하고 있다. IMF와 GATT의 규정들은, 국제적 수준에서의 가치법칙의 결과로 발생하는 생산과 무역의 패턴을 변경하려는 정부의 임의적인 조정을 정말 방해하거나 어렵게 만들기 위해 구성되

---

20. [옮긴이] 이 글이 씌어진 1979년은 아직 WTO가 출범하기 전으로서, 그 전신인 GATT가 국제무역체제를 틀지우고 있었다.

었던 것이다. 그러나 TUC의 접근은 한 중요한 측면에서 부적절하고 모순적이
다. 사실 국제무역이 이루어지고 결정되는 근본적인 토대로서 가치법칙을
부정하기는 어렵다. TUC의 대책들은 아마도 수입통제가 철회되는 장래에
영국경제가 세계시장에서 더 잘 기능할 수 있도록 재구조화하려는 수단처럼
보인다. 즉, 무역에 있어서의 시장원리(즉 자본가의 지배)를 명확하고 공공연
하게 공격하지 않으면서, 자본주의 사회관계 하에서 구조조정의 본질적 부분
이라 할 수 있는 위기의 요소들을 완화시키거나 제거하는 대책들을 옹호하는
것이다. 그러나 그 정책들이 채택되고 TUC의 글귀를 따라 수입통제가 이루어
지면서 수반될 가장 낮은 수준의 계획일지라도 상품무역이 그것이 종속되기
만 한다면, 그 과정이 역전될 수 없게 되리라는 점 또한 분명하다. [<트리뷴
그룹 Tribune Group>21)의] 시지모어 Sedgemore와 <케임브리지 정치경제학그
룹 Cambridge Political Economy Group(1974)>22)은 자유무역원리를 보다 철저하
고 분명하게 거부하고 있으며, 비슷한 주제가 IWC의 다양한 출판물들과 벤
Benn23)의 정책 연설들에서도 발견된다. 시지모어(1974)는 "국제통화체제와
세계무역의 규칙들은 붕괴했고, 그것들은 서구 세계에 완전고용이나 지속적
인 성장을 더 이상 제공할 수 없다. […] 70년대의 경기침체로부터 벗어나는
것은 오로지 80년대의 계획과 보호정책에 의해서만 가능하다"고 주장하고
있다. IMF와 GATT 그리고 최근에는 EEC의 규칙에 굴종하는 것은, 국내의

---

21. [옮긴이] 일간지 Tribune(호민관)을 중심으로 활동하는 노동당 중도좌파 그룹. 벤 좌파가 활동하던 80년대
초 당시에는 당의 좌경화를 오히려 저지하는 역할을 맡았었다.
22. [옮긴이] 프란시스 크립스 Francis Cripps 등이 이끌었던 New Cambridge School이 이를 중심으로 활동했다.
23. [옮긴이] 70년대말부터 80년대초 사이에 노동당 내에서 신좌파의 반란을 불러 일으켰던 좌파 의원.
1974년 제 2차 윌슨 정부의 산업부 장관 시절 AES의 산업전략이 당내 우파에 의해 무산되는 것을 목도하
면서 확고한 좌파로 선회했다. 이후 그와 AES를 중심으로 노동당 안팎의 다양한 좌파 세력이 모여
벤 운동 Bennite movement이 전개됐다. 그는 블레어 신노동당 정부 출범 이후 블레어주의를 강도 높게
비판하면서 의원직에서 은퇴하여 좌파 지도자로서 자유롭게 활동하고 있다. 장석준, 「영국 노동당의
경험」, 『읽을꺼리』 5호(http://copyle.jinbo.net) 참고.

고용이나 공공 지출이 국제수지에 맞춰지기 위해 달라져야만 하고 오히려 대외적 위차——무역수지——가 경제적 성과들을 결정하는 독립변수가 되었음을 의미한다. 시지모어는, 이것이 바뀌어야 하며, 생산량·고용·공공 지출이 장기적으로 계획되면서 수입 특히 공산품의 수출입이 종속변수가 되도록 해야 한다고 주장한다.

<케임브리지 정치경제학그룹>은 제3세계나 사회주의 국가와의 무역이, 필요하다면 계획적인 무역을 위한 흐름의 일부로서 상호협약을 통해 늘어날 가능성들을 짚고 있다. 아마도 그 결과 자유무역체제와의 단절이 일어난다면, 영국은 이러한 무역관계를 발전시키는 것이 유리하다는 것을 알게 될 것이고, 다른 선진 자본주의 국가에 의한 보복 혹은 보이콧에 대항하기 위해서도 그러한 무역관계의 발전이 필요하며 불가피하게 될 것이라는 주장이다. 이 극단적 시나리오는 무역이 계획되고 민주적 통제를 받으며 국내 정책목표에 종속되어야 한다는 요구를 분명히 함축하고 있으며, 무역 패턴의 주요한 부분들이 유지될 수 있다는 전망도 충분히 가능하다. 중요한 차이는 무역이 새로운 권력, 새로운 통제 유형에 종속된다는 점이다.

수입통제에 대한 좌파의 정치적인 반대에 대해서는 위에서 논의했지만, 이 외에도 노동운동 내에서는 많은 실용주의적 입장의 반대들이 제기되어왔고, 수입통제 문제를 보다 진지하게 고찰할 것이 요구되었다. 즉 i) 수입통제는 보복조치, 세계무역의 축소, 경기침체의 심화, 그리고 고용과 생활수준의 하락을 낳을 것이고, ii) 상품 유통이 점점 초국적 기업 내 국제 생산조직에 의해 결정되는데, 그 흐름을 방해하는 것은 문제의 뿌리를 공격하지 않고 생산을 혼란시키기만 할 것이며, iii) 이는 퇴행적이고 비효율적인 폐쇄경제의 원인이 된다는 것이다.

첫번째 반론은 1930년대 대공황기에 경쟁적인 통화 평가절하가 보호무역 정책과 동반되었던 '이웃나라 거덜내기 beggar-my-neighbor'의 경험에 영감을 받은 것이다. 그러나 당시의 상황과 오늘날의 상황간의 비유가 잘못되었다는

많은 이유들이 존재한다. 첫째, 오늘날 제기되는 것은, 무역제한 없이 국내
경제를 외국과의 국제수지 제약에 종속시킨 결과——그러면 불가피하게 대
외부문의 통제를 국제자본에게 넘기게 되는데——로서 부과되는 디플레이션
과 경기침체인가, 아니면 AES에 체현된, 통제되는 경기재팽창인가의 선택
문제이다. 후자의 정책은 (1930년대 무역전쟁의 결과였던) 해외 생산의 감소
가 아니라, 국내 경제 생산의 증대를 낳는다. AES의 정책 그 자체는 생산과
고용을 지키자는 명분을 내걸은 다른 나라들의 보복 조치에 대한 어떤 즉자적
인 근거나 핑계도 되지 않는다. 그런 어떠한 시도도 자유상품순환의 법칙에
대한 거부가 다른 나라에도 위협을 줄지 모르는 곳에 이 법칙을 재부과하려는
명백한 행위임이 쉽게 드러날 것이다. 1930년대와의 또 다른 차이는, 오늘날
국제수지의 불균형은 흑자를 계속 누리고 있는 몇몇 나라들과 긴밀히 결합되
어 있으며, 제조업부문 중심의 대량수출 때문에 이들 나라들은 보호주의를
확대하려는 시도로부터 잃을 것이 더 많다는 점이다. 더구나, 과거 이탈리아
와 영국에서 실시했던 수입 전체를 일시적으로 제한하는 조치는 그로 인한
보복이나 위협 없이 받아들여졌다.

국제 상품유통이 점점 생산의 다국적 조직과 결합되고 있다고 하는, 수입
통제에 대한 두 번째 반론은 수입통제의 문제를 초국직 기입에 대한 노동운동
의 정책과 관련시켜 바라보아야 함을 의미한다. 영국의 직접수출의 84%가
초국적 기업(생산설비는 영국에 있지만, 본부나 자회사는 다른 나라에 있는)
에 의해 이루어졌다. 영국에 근거지를 둔 초국적 기업의 자회사들이 해외에서
생산한 것은 영국 총 직접수출량의 두 배로 추정된다(유엔 조사). 영국 수출의
거의 절반이 50개 초국적 기업(전체 135개 초국적기업의 3분의 2)에 의해
이루어지고 있으며, 영국 수출의 30%는 계열 그룹간 혹은 회사간 거래이다.
해외 직접투자에서 영국보다 앞선 나라는 미국뿐이다.

초국적 기업에 대한 노동운동의 정책은 다음 세 가지 원칙적인 요구로
요약될 수 있다. ⅰ) (영국에서 매출액 5천만 파운드 이상인) 제1목록에 있는

모든 기업들에 대해 강제적으로 계획협정을 체결할 것, ii) 국내와 해외 투자 모두를 감시할 조직을 설립하는 것[TUC에서는 국제투자평가기관 International Investment Review Agency, 노동당에서는 해외투자국 Foreign Investment Unit], iii) 산업민주주의를 확장할 것. GMWU는 화학산업에 관한 간행물에서 다음과 같이 요점을 밝히고 있다. "GMWU는 목표가 뚜렷한 경제계획을 신뢰한다. 우리는 미래 우리 산업의 생존 능력을 보장하고자 줄기차게 계획협정의 도입을 지지해왔다. 산업은 진보적인 인력과 투자 정책을 발전시키지 않고서는 올바르게 성장할 수 없으며, 바로 여기에 진정한 산업민주주의의 원칙들이 적용되어야 한다"(GMWU, n.d.).

경기침체의 경향을 지적하는 마지막 반대의 논거는, 이 정책이 AES의 다른 요소들로부터 고립되어 적용된다면, 맞는 지적일 것이다. 그러나 이 정책이 노동계급의 풍부한 강령의 일부인 한, 이 논거는 힘을 잃는다.

마침내, 바라는 바와 같이, 영국 자본의 일정 부문들이 최근 요구했던 해외 포트폴리오와 직접투자에 대한 현재의 통제를 완화시키려는 것에 대해, 노동운동의 모든 부문들이 반대를 밝혔다. 파운드화에 관한 한, 런던 금융가의 활동을 제한할 위 정책들에 의해 세계경제에서의 그 위상이 방해받을 것이므로, 준비통화로서의 파운드화의 기능은 단계적으로 제거되어야 한다.

결론

결론적으로 우리는 AES를 통해 제기된 쟁점들의 중요성과, 현 영국사회에서 노동계급의 전략에 대한 어떠한 토론에 있어서도 그것이 갖는 중심성에 대해 다시 한 번 강조하고자 한다. 첫째, AES는 노동계급의 가장 선진적인 부문의 현실적인 사고 그 자체를 반영하고 있다. AES는 노동운동의 모든 부문에서 발전하고 있거나, 그게 아니라면 노동운동에 밀접히 결합되어 있다고 할 수 있다. 즉 이렇게 좋은 상황에서 전략적 사고는 수많은 노동계급 투사들과의 끊임없는 변증법이라고 하는 인상적인 동력을 보여주고 있는 것이다.

둘째, 우리가 앞서 보았듯이, AES를 '개량주의'라며 기각하는 맑스주의자들의 흔한 논법은 어리석게도 단순하다. 물론 AES의 몇몇 정식들은 사민주의적 개념들에 의해 희석되어 있다. 그러나 전반적으로 AES는 세련된 경제학일뿐만 아니라, 경제정책을 계급투쟁의 과정으로 이해하는 선진적인 정치적 독해에 기반하고 있다. 상품, 화폐, 그리고 생산 형태로서의 자본의 자유로운 순환을 타격하고, 그 과정의 각 국면에서 노동계급의 정치적 통제를 더욱 강화할 것을 추구함으로써, AES는 자본순환에 쉽게 은폐되어 있는 정치적 전제들과 선택들을 명확하게 밝히고자 하는 것이다.

우리가 지적한 바와 같이, AES는 현재 매우 무정형적이다. 다양한 주장들이 특정 분야들에 대해 제기되고 있고 본질적인 부분에 대해서도 종종 그러하다. 그러나 영국 노동운동의 구조를 생각해볼 때, 생동감 있는 정치적 아이디어는 매우 광범위하고 탈중심화되어 있으면서, 동시에 이질적인 조직들을 관통하는 과정에서 반드시 내용과 형태 양자의 다양한 변이들을 보여주게 마련이다. 물론 전략의 핵심 부분들이 분파적 이해에 종종 종속된다든지, 일관된 전략과 관련한 정책들을 납득할 수 있을 만큼 자세히 설명하지 못하는 것과 같이, 이와 관련하여 발생할 수 있는 실패의 사례들도 있다.

나아가 정책집행의 '방식'과 '주체'라고 하는 정치적인 수단과 관련해서도 어려움이 있다. 앞서 본 바와 같이, AES의 많은 정식들이 이러한 관점에 있어서 취약하다. 즉 종종 강령의 집행을 순수하게 의회적인 것으로, 장래 노동당 정부(혹은 이번 정부까지도)의 연속된 과업으로 사고하는 것이다. 독점기업과 국가기관에서 불가피하게 발생할 반동을 상쇄하기 위해 요구되는 직접민주주의를 위한 조직, 그리고 강령을 위한 대중투쟁의 문제들이 종종 간과되고 있다. 여기에서 의제상에 노동자의 통제 요구들이 전혀 없지는 않지만 그것이 종종 뒤늦게 제기된다는 점은 중요하다.

　전체적인 균형 면에 있어 이러한 한계가 갖는 위험은 분명하다. 그러나 우리가 보기에는 사회주의 지식인들의 올바른 대응은 노동운동의 직접적인 관심사와 논쟁으로부터 유리된 추상적인 사고들로 후퇴하는 것이어선 안 된다. 반대로, 사회주의 학자들은 좌파적 입장에서 힘있는 강령을 얻는 싸움에서 장애물들이 되는 이러한 약점들을 극복하기 위해 많은 것들을 할 수 있다. 제안컨대, 전략의 내용을 심화시키고 관련된 복잡한 문제들에 대한 이해를 날카롭게 하는 비판과 분석 그리고 토론은 현 영국 노동운동의 전진에 중요한 과학적 기여가 될 것이다.

보론: 정치전략에 대한 홀로웨이와 피치오토의 주장

　<사회주의경제학자회의> 내에서 국가에 대한 최근의 분석은, 중요한 이론적 발전을 대표하고 있는 홀로웨이와 피치오토(1977)의 작업에 많은 영향을 받아왔다.[24] 여기에서 우리는 일반적인 평가를 내리기보다는, 우리와 그들의 입장 차이를 가능한 한 예리하게 제시하고자 한다.

　홀로웨이와 피치오토는 AES를 '혁명의 개량주의적 인식을 향한 끊임없는 물결'로 단순히 표현하면서 폐기하는 것 같다. 그러나 그러한 판단의 근거는 명확하지 않다. 이는 홀로웨이와 피치오토에게 AES를 개량주의로 평가절하하는 것은 말할 것도 없고 그것을 분석할 수 있는 개념적인 이론틀마저 부족하기 때문이다. 이러한 약점은 더 심각한 실패의 전조가 되는 바, 홀로웨이와 피치오토는 매우 저열한 경제 분석을 보여주고 있다. 그리하여 자본주의 운동

---

24. [옮긴이] 홀로웨이와 피치오토는 독일의 국가도출론 논쟁을 영어권 세계에 소개하는 데 주력했던 영국의 정치경제학자이다. 이 둘의 입장을 확인해볼 수 있는 글로는 「유물론적 국가이론의 전개」, 피치오토·홀러웨이 편, 『국가와 자본』, 김정현 옮김, 청사 1985를 참고할 수 있다. 홀로웨이는 현재 사파티스타 농민반군의 사상을 나름대로 재구성하여 정력적으로 소개하는 데 앞장서고 있다.

법칙은 매우 일반적이고 추상적인 방식으로 분석되어, 예컨대 그들이 이윤율 저하의 경향을 다룰 때 보이는 바와 같이, 잉여가치 생산, 분배, 순환의 특수성 도 다룰 수 없고 국유화와 같은 특정한 역사적 형태의 분석에 접근하지도 못하고 있다. 결국 경제에 대한 주장들은 자의적이거나 오류를 범하고 있고, 홀로웨이와 피치오토는 현대 영국 자본주의의 특수한 맥락에서 국가개입의 구체적인 효과를 분석할 능력이 요구되는 정치전략 분석의 이론틀을 만들어 내지 못하는 것이다.

또한 홀로웨이와 피치오토는 "축적을 위한 투쟁에서 자본은 국가형태의 제한을 극복하기 위해 어쩔 수 없이 애쓰게 되고, 이는 경향적으로 그 자체 존재의 전제조건인 국가의 이러한 특수화를 무너뜨리게 된다. […] 이는 정치적인 것의 신비화에 대한 위협이 된다. […] 개량주의는 […] 점점 철회된다"고 주장한다(97쪽). 그러나 이는 매우 의심스럽다. 실제로, 많은 지 역에서 점증하는 국가개입이 국가의 중립적 외양을 공고히하는 정반대의 영향을 미쳤다. 이와 같이, 국가개입이 점증할수록 국가의 중립성을 해체하여 그 자체만으로 노동계급의 혁명적 의식을 높일 것이라는 사고에 기반한 그 어떤 정치전략도 우리가 보기에는 실패할 운명이다. 현대 자본주의에서는 혁명적 전략을 위한 국가개입의 함의를 면밀히 고찰할 것이 요구된다. 이 점에 있어 홀로웨이와 피치오토는 진부한 처방전 몇 개를 제외하곤 만들어내 지 못하고 있다.

셋째, 그들의 분석에서는 계급투쟁이 아니라 계급지배가 국가이론의 출 발점이 되고 있다. 그 결과 그들의 이론은 변증법적인 것이 아니라 기능주의 적인 것으로 되고 만다. 계급투쟁이 계급지배에 자리를 내주는 것은 거의 속임수에 가깝다. 이를 지나쳐 버린다면, 홀로웨이와 피치오토는 자신들의 논의를 계속 발전시킬 강력한 기반 위에 서게 된다. 결국 자본가계급, 자본가 들의 이해, 자본가적 가치와 사회정치적 표현 방식이 지배적이란 것은 사실이 지 않겠는가?

그러나 경제와 여타 영역에서 이뤄지는 국가개입의 본질과 형태에 대해 노동계급이 그 어떤 의미 있는 영향력을 행사할 수 없을 만큼 취약하고 무지하다고 믿지 않는 이상, 문제를 이렇게 놔두는 것은 정말 올바르지 않다. 물론, 그러한 믿음은 거부되어야 하고 국가는 계급투쟁의 장으로 인식되어야 한다. 사실, 이 결론은 홀로웨이와 피치오토로서도 "국가에는 그 기관과 과정, 이데올로기 전반에 걸쳐 자본주의의 모순이 찍혀있다"고 부득이하게 단언하지 않을 수 없게 만드는 듯하다. 그러나 홀로웨이와 피치오토의 글은 노동계급이 국가에 개입하는 효과에 대해 어떠한 진지한 토론도 담고 있지 않다. 대신 이들은 지배계급의 이해와 결합된 음모적이며 일괴암적인 국가를 염두에 두면서, 이윤율저하 경향을 상쇄하기 위해 국가가 동원하는 기제들——도노반 위원회 Donovan Commission, 산업관계법, '투쟁을 대체하여 In Place of Strife,'[25] 사회협약——에 대한 사례들만을 보여줄 뿐이다. 그러나 노사관계 법률에 무슨 일들이 발생했으며, 사회협약에 대한 정치적이며 주도적인 지지는 어디로부터 온 것이었던가?

이 문제를 약간 다르게 표현하자면, 노동운동은 경제정책의 형성에 정치적으로 개입하고자 한다. 홀로웨이와 피치오토는 넌지시 이를 계급투쟁으로 부르지 않기를 바라고 있다. 반면 우리에게 그것은 계급투쟁이며, 이는 더 확장되고 발전되어야 하고 또한 노동계급의 전진을 위한 그 어떤 일관성 있는 정치전략에도 그 기초가 되어야 한다. 정치전략의 문제에 있어, 홀로웨이와 피치오토는 자신들이 후원하고자 하는 운동으로부터 배워야 한다고 말하는 게 그리 무례한 것만은 아닐 듯 싶다. 왜냐하면 그들의 이념적인 강령은 사회주의 지식인들의 사상이 노동운동에 수용될 수 있는 맥락을 전혀 제공하고 있지 못하기 때문이다.

---

25. [옮긴이] 노동조합의 힘을 약화시키기 위해 1960년대 제 1차 윌슨 노동당 정부가 추진한 노자관계법안. 노동조합의 저항으로 폐기됐다.

마지막으로, 우리는 홀로웨이와 피치오토가 정치·경제투쟁을 통일하는
전체 투쟁의 필요성에 대한 일반적이며 추상적인 단언을 제외하고는, 정치전
략으로 간주될 어떤 것도 제공하지 못함을 지적할 수 있다. 우리는 그들로부
터 보다 더 전진하여 모든 수준에서 대중적이며 민주적인 동원을 통해 계급투
쟁을 국가 내부와 그 주위로 결합시켜내는 구체적인 강령만이 그러한 통일의
전망을 제시할 수 있다고 주장한다. 홀로웨이와 피치오토의 분석의 가장 큰
약점은, 계급투쟁과 국가 형태 그리고 자본관계간의 관련성을 완전히 탐구하
지 못한 데 있다. 결국 그들의 노동계급 전략에 대한 처방전은 자의적이고
공허해지고 마는 것이다.

AES에 관한 참고문헌

노조출판물

ASTMS, 1976, *The Crisis in British Economic Planning and a Draft Planning Agreement: A Discussion Paper*,
London.

ASTMS, *Quarterly Economic Review*, various issues.

CPSA/SCPS, 1975, *Cuts that Puzzle, the Case Against the Cuts*, London.

GMWU, n.d., *U.K. Chemicals—The Way Forward*, London.

NALGO, 1977, *The Economic Situation and the Cuts in Public Expenditure*, London.

NUPE, 1976, *Time to Change Course*, London.

TUC, 1978, *The Trade Union Role in Industrial Policy*, London.

TUC, *Economic Review*(every March)

AES에 관한 다른 출판물들

Barrat Brown, M., Coates, K., and Eaton, J., 1975, *An Alternative,* Spokesman Pamphlet 47, Nottingham.

Barrat Brown, M., and others, 1978, *Full Employment: Priority,* Spokesman Books, Nottingham.

Benn, T., 1976, *A New Course for Labour,* IWC Pamphlet 51, Nottingham.

Benn, T., Cripps, F., Morrell, F., n.d. *A Ten Year Industrial Strategy for Britain,* IWC Pamphlet 44, Nottingham.

Cambridge Political Economy Group., 1974, *Britain's Economic Crisis,* Spokesman Pamphlet 44, Nottingham.

Holland, S., 1975, *Strategy for Socialism,* Spokesman Books, Nottingham.

Holland, S., 1978, 'Social Costs and the Crisis,' *Worker's Control,* 2.

Labour Party, 1976, *Labour's Programme,* London.

Labour Party, 1977, *International Big Business - Labour's Policy on the Multinationals,* London.

Labour Research, Vol.66.11, (November)

Sedgemore, B., 1977, *The How and Why of Socialism,* Spokesman Books, Nottingham.

AES에 관한 문헌들은 *Labour Research*와 *Worker's Control*에 주기적으로 등장하고 있다.

다른 참고문헌

Anderson, P., 1976, 'The Antinomies of Antonio Gramsci,' *New Left Review* 100, (Nov-Jan); 「안토니오 그람시의 이율배반」, 김현우 외 옮김, 『안토니오 그람시의 단층들』, 갈무리 1995.

Hodgson, G., 1977, *Socialism and Parliamentary Democracy,* Spokesman Books, Nottingham.

Holloway, J., Picciotto, S., 1977, 'Capital, Crisis and the State,' *Capital and Class,* 2(Summer).

McDonnel, K., 1978, 'Ideology, Crisis and the Cuts,' *Capital and Class,* 4,(Spring).

Miliband, R., 1977, *Marxism and Politics,* O.U.P., Oxford; 『맑스주의 정치학 입문』, 풀빛 1989.

Weber, H., 1978, 'Eurocommunism, Socialism and Democracy,' *New Left Review,* 110,(Jul-Aug); 「평의회 민주주의: 유로코뮤니즘, 사회주의, 민주주의」, 한국정치연구회 사상분과 편저, 『현대 민주주의론II』, 창작과비평사 1992.

Wilson Committee, 1977, *Evidence to the Committee to Review the Functioning of Financial Institutions,* Vol.1., HMSO, London.

White Paper, 1974, *The Resurgence of British Industry,* HMSO, cmnd. 5710, London.

White Paper, 1975, *An Approach to Industrial Strategy,* HMSO, cmnd. 6315, London.

보다 건설적인 사회화 방안 논의를 위하여
— 기금을 통한 사회화 안의 비판적 검토

장석준

1. 들어가는 글

경제위기가 닥친 뒤, 한국 진보진영의
주요 대응은 대체로 '한국 자본주의를 되살리자'는 수준이었다. 갖가지 진보
대안이란 것의 핵심에는 재벌개혁을 통한 '제대로 된' 자본주의 만들기가
놓여 있었다. 이에 반대하던 보다 급진적인 진영에서도, 김성구 교수를 제외
하면,[1] 이에 대한 즉자적인 반대로서 생존권 투쟁을 부각하는 수준에 머물렀
다는 점에서 주류 논의를 적극적으로 넘어서지 못했다. 이런 가운데 민주노총
총서 형태로 출판된 조돈문 교수의 글 「'수세'에서 '공세'로: 노동조합의 개입
전략과 추진방식」은,[2] 조 교수 자신이 '비개량주의적 개혁 non-reformistic
reform'이라고 규정한 구조조정기 노동운동 측의 체제이행 정치의 핵심적인

---

1. 김성구, 『경제위기와 신자유주의』, 문화과학사 1999. 특히 「IMF와 김대중정권의 신자유주의 구조조정
   정책 비판」, 284~304쪽 참고.
2. 조돈문 외, 『구조조정기 노동조합의 개입전략』, 민주노총 1999, 212~258쪽. 아래에서 특별한 언급 없이
   쪽수만 언급된 것은 모두 이 글을 나타낸다.

강령으로서, '소유권 개입 정책'이라는 사회화 강령들을 제시하고 있어 주목된다. 아직 조 교수의 글에 대해선 본격적인 논의가 이뤄지지 않고 있는 상황이지만, 우리는 이런 사회화 논의가 제시되었다는 점만도 일단 높이 평가하며 이 모처럼의 기회가 실천진영이 참여하는 실제적 논의로 발전돼가길 바란다.

더구나 우리의 흥미를 끄는 대목은 조 교수의 사회화 안이 1970년대 말 스웨덴의 마이드너 임노동자기금안 이래 서유럽 좌파들을 통해 전개된 노동자소유 기금을 통한 사회화 추진 방안의 연장선 위에 있다는 점이다. 여기에는 이제까지 사회화의 핵심 주체로 설정되었던 '국가'에 대한 불신, '투자의 사회화'라는 좌파 케인즈주의의 처방과 '체제이행'이라는 맑스주의의 목표의 결합이라는 서유럽 좌파들의 고민, 주식자본주의의 확장으로 인한 세계자본주의의 금융적 측면의 심화라는 시대상황이 복잡하게 얽혀 있다.

우리는 조 교수의 글이 사회화 논의의 촉발을 낳을 수 있는 훌륭한 계기이기 때문에라도 그 글에 담긴 특정한 사회화 안들의 세계사적인 의미와 한계들을 분명히 하고 이에 따라 그러한 제안들이 한국 자본주의에서 가질 수 있는 진보적 역할을 적절히 위치짓는 게 시급한 과제라고 생각한다. 결론부터 이야기하면 조 교수가 제시한 공적 기금을 통한 사회화 안은, 그 자체 배타적인 대안이 아니라, 진보적 구조개혁 내안의 전체 틀거리와 사회운동으로서의 노동운동의 발전이라는 지향 안에 적절히 자리매김될 때에만 진보적인 의미를 획득할 수 있다는 것이 우리의 생각이다. 우리는 이러한 우리의 의견 제시가 경제위기 초기의 우경화된 논쟁구도를 극복하고 노동운동의 새로운 논쟁 지형을 열어나가는 데 도움이 되었으면 하는 바램이다.

이러한 목적으로 이 글에서는 우선 조 교수의 제안의 선행 논의를 이루는 스웨덴 임노동자기금안과 영어권 좌파들의 연기금을 통한 사회화 방안들이 소개되고 논의될 것이다. 그리고 이러한 논의 내용에 기반해 조 교수의 글 중 소유권 개입 정책들이 논의된 앞부분('II. 소유권 개입')이 검토될 것이다. 마지막으로는 진보적 구조개혁 대안을 구성하는 과정에서 이러한 논의가 던져주는 교훈들이 제시될 것이다.

2. 스웨덴 임노동자기금안3)

1) 하나의 강령이 등장하고 후퇴하기까지

임노동자기금안을 검토하기 전에 우선 확인해야 할 것은 이것이, 1974년 이후
선진 자본주의 국가들을 강타한 경제위기에 대해 적극적인 사회화의 제기로
대응한 좌파 정치세력들의 강령들 중 하나라는 사실이다. 여기에는 스웨덴의
임노동자기금안과 함께 영국 노동당 내 신진 좌파의 대안경제전략 AES, 프랑
스 사회당·공산당 선거연합의 공동강령 Common Programme, 구 서독 사회민
주당의 OR 85 등이 포함된다.4) 이들 강령은 각기 자국 자본주의의 특수한
지형을 통해 발현된 세계자본주의의 위기에 응전하는 과정에서 나름의 독특
성을 획득하였다. 서유럽의 다른 나라들에서도 임노동자기금과 비슷한 사회

---

3. 이 글의 집필에는 신정완의 서울대 경제학과 박사학위 논문인『임노동자기금 논쟁을 통해 본 스웨덴
사회민주주의의 딜레마』가 결정적인 도움을 주었다. 이 방대한 논문은 임금노동자기금안을 다룬 거의
모든 주요 문헌들을 섭렵하고 있으며, 논문의 주요 명제들 역시 수긍이 가는 것들이다. 임금노동자기금안
에 관심 있는 분들은 이 논문을 꼭 직접 읽어보길 권한다. 한글 문헌으로서 마이드너 Rudolf Meidner
자신의 육성을 담고 있는 것으로는 루돌프 마이드너, 「임노동자기금을 통한 집단적 자산의 형성」,
이병천·김주현 엮음, 『사회민주주의의 새로운 모색―스웨덴의 경우』, 백산서당 1993이 있다. 같은 책에
실린 요스타 에스핑 안데르센의 글, 「기로에 선 사회민주주의」도 참고할 만하다. 또한 홍성우, 「스웨덴의
노동자 경영참가제도와 관행」, 조우현 편, 『세계의 노동자 경영참가』, 창작과비평사 1995, 212~222쪽
참고
4. 영국의 대안경제전략 AES 강령에 대해서는 이 책의 2장「위기, 노동운동 그리고 대안경제전략」과 함께
다음의 글들을 참고. 장석준, 「영국 노동당의 경험―하나의 '기억'」, 『읽을거리』(5호); 고세훈, 『영국노동
당사―한 노동운동의 정치화 이야기』, 나남 1999, 9장 및 10장. 프랑스의 공동강령에 대해서는 윤상철,
「프랑스의 좌파연합」, 『경제와 사회』(11호), 1991 가을. 구 서독의 OR 85에 대해서는 諫山正, 「사회민주주
의의 사상과 역사」, 이성형 편, 『사회민주주의 연구 1』, 새물결 1991을 참고할 수 있다. AES 강령은
국유화와 자주관리를 연결시키려 했다는 점에서 국유화에 대해 회의적인 임노동자기금안과 차이를 보인
다. 또한 임노동자기금안에 비해 산업정책상의 대안을 강령 안에 구체화하려 했다는 점도 주목된다.

화 방안이 논의된 경험이 있음에도 불구하고,5) 이 방안이 유독 스웨덴 노동운 동에서 강령으로 가장 적극적으로 발전되었던 것은 역시 스웨덴 자본주의의 특수한 지형과 연관된다.

전후 스웨덴 자본주의는 1938년 산업별 노동조합의 전국조직 LO과 자본 가계급의 전국조직 SAF 사이에 맺어진 살췌바덴 기본협약 Saltsjöbaden Agreement 이래 노동과 자본 사이의 계급타협 전통에 입각해 지속적인 경제성 장을 달성했다. 흔히 '스웨덴 모델'이라고까지 불리는 이러한 노자타협체제 의 중요한 버팀목 중 하나는 1960년부터 본격적으로 실시된 소위 렌-마이드너 Rehn-Meidner 모델이라 불리는 임금조절체계였다.6) 이는 이 모델을 창안한 LO의 경제 브레인인 렌과 마이드너의 이름을 딴 것인데, 그 핵심은 완전고용 경제 하에서 임금상승으로 인한 물가조절을 스스로 억제하고 경제성장을 선도하려는 노동운동의 자기조절 메커니즘에 있다. 즉, LO와 SAF의 전국중앙 교섭체계를 통해 LO는 모든 산업과 기업을 망라하여 '동일노동 동일임금' 원칙을 관철시킨다는 '연대임금정책'을 추진했는데, 이는 크게 두 가지의 효 과를 기대한 것이었다. 하나는 저임금 노동자와 고임금 노동자 사이의 임금격 차를 좁힘으로써 일종의 '노동계급 내부의 사회주의'를 이룬다는 것이었고, 다른 하나는 수익성이 낮은 기업은 임금압박을 견디지 못해 자연스럽게 퇴출 되도록 만들고 고수익 기업의 활동은 장려함으로써 경제성장에 기여한다는 것이었다.

---

5. 임노동자기금이라는 아이디어가 최초로 제출된 것은 독일이었으며(종전 직후 DGB의 Bruno Gleitze가 처음 제기했었다), 1970년대에 덴마크와 영국에서도 제기된 바 있다. 마이드네르, 위의 글; 안데르센, 위의 글; Lesley Baddon et al., *People's Capitalism?: A Critical Analysis of Profit-sharing and Employee Share Ownership*, Routledge 1989, 51쪽.

6. '스웨덴 모델'에 대한 개괄적 설명으로는 그래그 뱀버, 러셀 란즈베리 편, 『국제비교 노사관계』, 한국노동 연구원 1993, 220~245쪽을 참고할 수 있다. 위의 신정완의 논문도 이 부분에 대해 자세한 설명을 덧붙이고 있다. 보다 비판적인 설명으로는 최형익, 「'신자유주의' 공세와 사민주의」, 민주와 진보를 위한 지식인연 대 편, 『자본의 세계화와 신자유주의』, 문화과학사 1998이 있다.

이 모델은 흔히 성장의 문제와 평등의 문제를 적절히 조화시킨 긍정적인 사례로 인용되곤 한다. 하지만, 경제성장보다는 평등이라는 목표와 더 연결된 듯이 보이는 '동일노동 동일임금' 원칙의 경우에도 사실은 성장 문제에 대한 고려가 깊게 작용한 것이라 할 수 있다. 전체 노동진영의 임금상승 요구의 조절을 통해 완전고용 경제의 최대 고민거리인 임금상승으로 인한 인플레이션 위험을 자동적으로 예방하겠다는 복안이 깔려 있는 것이다.

이러한 노동운동 측의 조절 메커니즘은 실제로 스웨덴 자본주의의 성장에 일정한 기여를 했다. 하지만 그와 함께, 혹은 바로 그 때문에 스웨덴 사회와 노동운동의 독특한 모순이 초래되었다. 우선 1971년경부터 금속산업부문의 노동자들이 자신들의 임금희생의 대가로 기업만 '초과이윤'을 획득한다고 불만을 제기하기 시작했다. 금속산업부문은 다른 산업부문에 비해 고수익의 대기업들로 이뤄졌는데 연대임금정책의 논리상 고수익 기업들은 임금의 하방조절을 통해 지속적인 고이윤을 보장받았기 때문에 이러한 금속노동자들의 불만은 의미 있는 것이었다. 이는 단순히 임금상승 기대치의 희생을 아쉬워하는 금속노동자들의 경제적 이해추구에만 한정된 문제는 아니었다. 왜냐하면 연대임금정책으로 인해 단순히 몇몇 대기업들이 '초과이윤'을 획득하는 수준을 넘어 자본의 독점화가 급진전되는 상황이었기 때문이다. 특히 주식소유를 통해 스웨덴의 주요 기업들을 실제로 통제해온 소위 '15대 가문' 혹은 '10대 가문'이라 불리는 소수 거대 금융가문들의 영향력은 1970년대에 이르러 더욱 막강해진 상태였다.[7]

---

7. 신정완, 위의 글, 242~246쪽. 특히 다음의 구절은 스웨덴 자본의 독점화에 끼친 노동조합측 정책들의 역할에 대해 잘 설명해주고 있다. "그런데 이렇게 소수 금융가문에게 재산과 경제적 권력이 집중되어온 데는, 사민당과 LO가 취해온 정책노선도 적지않이 일조했다고 볼 수 있다. 거대 기업 위주의 경제발전전략인 렌-마이드너 모델, 거대 기업들에게 유리하게 작용해온 법인세정책, 여타 선진 자본주의국에 비해 낮은 세율이 적용되었던 재산세정책, 거대 기업들이 주도해온 SAF와, 사민당 정부, 또 LO 및 TCO 등 중앙 노조조직들 사이에 발전되어온 조합주의적 의사결정구조 모두가 거대 기업들의 성장에 유리하게 작용했고, 따라서 거대 기업들의 주식을 집중적으로 보유한 거대 금융가문들의 재산과 경제적 권력의

1971년 금속노련 지부들에서 연대임금정책의 부작용에 대한 LO 차원의
대안을 제시해 줄 것을 요구하자 LO는 1973년, 렌-마이드너 모델의 입안자이
기도 한 루돌프 마이드너에게 연구를 의뢰한다. 스웨덴 사회민주주의의 주류
경향과는 달리 끊임없이 사회화 문제를 고민해온 좌파 사회민주주의자인 마
이드너는 몇몇 동료들과 함께, 연대임금정책이 초래하는 초과이윤 문제를 해
결함으로써 이를 보완하고 재산과 경제적 권력의 집중 문제를 해결하며 경제
생활에 대한 노동자들의 영향력을 증대시킨다는 목적 아래 각국의 이윤분배
제도나 사회화 정책들에 대한 연구를 진행시킨다. 그 결과로 1975년에 제출된
것이 1976년 LO 총회 보고서를 위한 시안인 「임노동자기금 *Löntagarfonder*」인데,
여기서 임노동자기금안이 최초로 그 모습을 드러낸다. 그것의 주 내용은 이렇
다.

매년 대기업들의 이윤으로부터 갹출금을 받아 임노동자기금을 조성한다. 이윤수
준이 높은 기업일수록 갹출금을 많이 납부하게 함으로써, 연대임금정책이 낳는
'초과이윤'문제를 해소한다. 기업들로부터의 갹출금은 현금이 아니라 신규발행
주식의 형태로 징수한다. 이 주식들은 주식시장에서 거래되지 않고 해당 기업
내에, 임노동자기금의 소유 지분으로서 동결된다. 임노동자 개인들에 의한 지분
소유와, 이들에 대한 배당 지급은 허용되지 않고, 기금은 임노동자 집단에 의해
집단적으로 소유, 관리된다. 또 기금은 개별 기업 수준이 아니라, 이를 넘어서는
상위 수준에서 조직된다. 이 상위 기금조직은 산업별로 구성될 수도 있고, 지역별
로 구성될 수도 있으나, 산업별로 구성할 것을 제안한다. 매년 신규발행주식의
형태로 적립되는 기금은, 임노동자 개인들에게 배당 등의 형태로 분배되지 않고,
그 전체가 해당 기업 내에 동결되기 때문에, 머지 않아 기금은 해당 기업에서
주요 주주로 등장하게 될 것이고, 이에 따라 임노동자 집단이 기업의 의사결정과

성장에 기여했다. 거대 금융가문을 핵심적 행위주체로 하는 거대 자본과, 노동조합과 사민당이란 형태로
조직적으로 분화 정립된, 조직화된 노동 사이의 타협은 스웨덴 모델의 주춧돌이었던 것이다." 245~6쪽.

정에서 큰 영향력을 행사하게 될 것이다. 또 이러한 제도를 도입하게 되면, 경제성
장을 위한 투자자본이 끊임없이 기업으로 조달되되, 이것이 사적 주주들에 의한
재산의 집중을 낳는 것이 아니라, 임노동자 소유 자본의 증대로 귀결되는 효과를
얻게 된다.[8]

결국 이 안에 따르면 기금제도의 적용 대상이 되는 기업들에서는 얼마 안
가 ──이 시안의 계산에 따르면 25년── 임노동자기금이 지배주주로 등장
하게 되고, 따라서 스웨덴 사회는 임노동자기금이 주요 대기업들을 소유,
경영하는 새로운 경제체제로 이행하게 되는 것이다. 이 시안에 기초하여 1976
년 LO 총회에 제출된 보고서는 『임노동자기금을 통한 집단적 자본형성
Kollectiv kapitalbildning genom löntagarfonder』라는 제목의 문서였는데, 여기에서는
위의 시안에서 확정되지 못한 기술적 문제들이 구체적으로 규정됐다. 매년
기업 이윤으로부터 납부되는 갹출금의 비율이 과제전 이윤의 20%로 확정됐
고, 기금제도의 적용을 받는 기업은 영리 민간기업들 중에서 종업원 수가
50~100인 이상인 기업으로 정해졌으며, 기금의 조직화는 산업별로 하기로
했다. 이 기금안은 시안 수준으로 LO 활동가들의 토론그룹에서 논의될 때부
터 노조 활동가들의 열렬한 지지를 받았다. 1976년 LO 총회에서도 이는 세부
적인 문제에 대해 예상 밖의 열띤 토론이 벌어질 정도로 상당한 기대를 모았
다.

　　문제는 제도 정치권의 반응이었다. 자유당의 발의로 국가연구위원회를
발족시켜 자유당과 함께 기업별 이윤분배제도의 도입을 논의하고 있었던
스웨덴 사회민주당으로서는 노동조합측으로부터 뜻밖의 급진적 대안이 제출
되자 당황하지 않을 수 없었다. 기금문제를 최대한 회피하면서 치뤄진 1976년
총선에서 사민당은 원자력발전소 문제에 대한 잘못된 대처로 44년 만에 집권

---

8. 신정완, 위의 글, 144쪽.

당의 위치에서 밀려나게 된다. 당시까지 임금노동자기금안을 열정적으로 지지하던 LO는 기금안이 선거에 일정한 부정적 영향을 끼쳤다는 판단 아래 이 문제를 재논의할 공동연구그룹을 사민당에 제안하고 이에 따라 펠트 Kjeil-Olof Feldt 등 당시 사민당을 주도하던 우파 사회민주주의자들이 참여한 공동연구그룹이 발족돼, 1978년 「임노동자기금과 자본형성 *Löntagarfonder och kapitalbildning*」이라는 또 다른 보고서가 등장한다. 이 보고서에서는 원래의 마이드너안에 비해 노동자들의 집단적 자산을 형성해 이를 투자자본 조달에 활용한다는 측면이 강조되는 등 체제이행보다는 경제성장 쪽에 강조점이 찍혀졌다.9) 임노동자기금 외에 발전기금을 설립한다는 안이 추가됐고, 이윤으로부터의 갹출금의 비율은 매 10년마다 의회에서 결정되는 것으로 바뀌었다. 또한 기금제도의 적용을 받는 기업도 영리 민간 주식회사들 중 500인 이상의 비상장기업들로 제한되었다. 한편 산업별 조직화 방식은 지역별 조직화 방식으로 변경됐다.

하지만 부르주아 정치세력은 1979년의 총선에서 이 기금안을 신랄하게 공격하는 대대적 언론 플레이를 펼침으로써 사민당에게 다시 패배를 안겨주었다. 이에 따라 다시 구성된 LO-사민당 공동연구그룹은 1981년에 기금안의 또다른 수정안인 「노동운동과 임노동자기금 *Arbetarrörelsen och löntagarfonder*」를 제출했는데, 이 안은 마이드너의 원래의 구상이 철저히 훼손된 것이었다.

> 1981년 안은 1978년 안보다도 한결 온건한 내용을 담고 있었다. 기금의 재원조달에 있어 1978년 안까지는 기업의 이윤을 기준으로 삼아 갹출금을 납부 받도록 되어 있었으나, 1981년 안에서는 기업의 전체 이윤이 아니라 평균수준을 넘어서는 초과이윤분에 대해서만 갹출금을 징수하도록 했다. 또 갹출금을 신규발행주식

---

9. 이는 원안에 비해 후퇴한 것이라고 할 수 있지만, 원안의 체제이행 구상이 손상을 입지 않았다는 것을 전제한다면 당시 전세계적인 경제불황의 영향 아래 놓였던 스웨덴 경제의 침체상황에 대한 대중담론 수준에서의 접근을 이행의 구상과 연결시킨 것으로 긍정적으로 해석될 여지도 있다.

이 아니라 현금형태로 납부하게 했다. 이는 기업의 이윤의 일부를 신규발행주식
의 형태로 기금으로 납부하게 하면, 장기적으로는 기금이 대다수 기업들에서 자
동적으로 지배주주가 될 것이라는 부르주아 진영의 우려와 불만을 진정시키기
위한 것이었다.[10]

그럼에도 불구하고 부르주아 정당과 언론의 반대는 여전히 격렬했다. 다른
한편으로 1978년 안 이후에는 기금안의 수정작업에 참여하지 않았던 마이드
너는 1981년 안이 원안의 내용을 훼손시킨 데 대한 우회적 비판을 담은 소책
자『임노동자기금에 대하여 *Um löntagarfonder*』를 출판하기도 했다. 1982년에
비로소 총선에서 재집권에 성공한 사민당 정부는 펠트의 주도 아래 그 동안
사민당의 짐이 되어왔던 기금안을 결정적으로 더욱 무력화시키는 작업에
나선다.[11] 이에 따라 1983년에 의회에 제출된 입법안은 원래의 마이드너안과
는 전혀 다른 것이었다. 당시 입법화된 기금제도의 골격은 이렇다.

기금의 재원은 ATP 갹출금의 0.2% 인상과 기업들에게 이윤분배세를 부과하여
조달한다. 이윤분배세의 세율은 각종 공제가 이루어지고 난 후에 산정된 이윤의
20%로 한다. 이윤분배세를 납부해야 하는 기업의 범위에는 모든 주식회사, 협동
조합기업, 저축은행, 상호손해보험기관이 포괄된다. 일정 규모 이하의 소액의 이
윤에 대해서는 이윤분배세를 면제해준다. 그리고 이러한 기금 재원의 적립은 1984

---

10. 신정완, 위의 글, 150쪽.
11. 마이드너안을 무력화시키면서 동시에 사민당이 선택한 경제위기 대응책은 '제3의 길' 정책이었다. 레이
건, 대처 식의 시장지상주의와 기존의 복지국가 사이에서 대안을 찾겠다는 이 노선은 수요 측면이
아닌 공급 측면의 중시로 정의되며 실제로는 스웨덴 크로나화의 평가절하를 통한 수출 신장으로 나타났
다. 현재 블레어 영국 노동당 정부가 주장하는 '제 3의 길'의 선구로 평가되는 이 노선의 귀결은 소위
'스웨덴 모델(복지국가와 산별노조, 노사 전국중앙교섭과 연대임금정책)'의 해체, 스웨덴 자본의 영미식
금융자본이었다. 요나스 폰튜손,「제3의 길의 귀결—위기에 처한 스웨덴 사회민주주의」, 이병천·김주
현 편, 위의 책. 스웨덴 모델에 대한 마이드너 자신의 언급으로는 R. Meidner, "The Swedish Labour Movement
at the Crossroads: Interview with Rudolf Meidner," *Studies in Political Economy*(SPE) 28, 1989; "The Rise and Fall
of the Swedish Model," SPE 39, 1992.

년 초부터 1990년 말까지 7년으로 한정한다. 기금재원이 그 최대치에 도달할 경우, 스웨덴 상장기업들의 주식총액의 5~10% 규모가 될 것으로 예상된다. 이렇게 해서 조달되는 기금재원은 다섯 개의 상호 독립적인 임노동자기금 이사회에 의해 관리된다. 이사회 위원들은 정부가 선임한다. 기금은 자금을 우선적으로 주식을 구입하는 데 투자해야 하며, 투자수익의 일부를 ATP[스웨덴의 연금제도의 하나. 아래 참고] 체계에 납입해야 한다. 납입액은 기금자본의 3%로 정한다. 하나의 기금이 한 기업에 대해 소유할 수 있는 주식의 최고한도는 주주총회에서의 표결권의 8%로 한정한다. 따라서 다섯 개의 기금들이 모두 특정 기업의 주식을 최대한도까지 구입한다 하더라도, 기금들이 그 기업에 대해 보유하는 표결권은 40%로 한정된다. 이를 통해 기금들이 특정 기업들을 지배하게 되는 사태를 방지할 수 있다는 것이다.[12]

이런 형태로 통과된 임노동자기금은 1984년 초부터 1990년 말까지 7년 동안 운영되었다. 기금 납부는 순조롭게 이뤄졌고, 기금의 주식투자는 주식시장의 일반적 투자양태와 다르지 않게 수익성 여부에 우선권을 둔 채 행해졌다. 또한 한 기금이 기업에 대해 가질 수 있는 표결권도 8%로 한정되었기 때문에 주식투자 이외에 다른 어떤 경영권 행사도 불가능했다. 마이드너 원안의 체제 이행 구상은 흔적도 없이 사라지고 노동조합의 명목상 소유로 되어 있는 주식투자기금만이 하나 생긴 것이었다.[13] 하지만 이마저도 1991년 새로 출범한 부르주아 정당들의 연립정부에 의해 해체되고 만다. 이후 지금까지 임노동자기금 제도가 적어도 스웨덴에서 다시 노동운동의 의제로 부상할 기미는 보이지 않고 있다.[14]

---

12. 신정완, 위의 글, 176쪽.

13. 따라서 D. 헨우드나 윤소영 교수처럼 임노동자기금의 최종 실현형태를 갖고 마이드너 임노동자기금안의 의의를 평가하는 것은 일면적인 것이다. 더그 헨우드, 『월스트리트, 누구를 위해 어떻게 움직이나?』, 이주명 옮김, 사계절 1999, 485~6쪽; 윤소영, 『신자유주의적 '금융 세계화'와 '워싱턴 콘센서스'—마르크스적 비판의 쟁점들』, 공감 1999, 53쪽.

2) 임노동자기금안 되새겨보기

스웨덴 임노동자기금안은 위에서 말한 대로 자본주의의 장기 불황위기를 투자의 사회화 조처로 극복하면서 이를 기반으로 소유의 사회화와 경제활동의 사회적 관리의 실현이라는 체제이행으로 나아가려 한 동시대 유럽 좌파들의 좌경화된 강령들 중 하나이다. 이에 대해서는 신정완도 다음과 같이 말하고 있다.

> 장기불황 [……] 상황에 직면하여 사민주의 세력이 선택할 수 있는 대표적인 정책 노선으로는 다음과 같은 것들을 들 수 있다. (중략) 셋째 경제침체를 계기로 저축과 투자의 사회화를 추진하는 길이다. 장기불황을 자본주의의 근본적 한계의 표현으로 간주하고, 경제상황에 대한 대중들의 불만을 정치적 자원으로 삼아, 공적 기금 등의 조성을 통해 저축을 증대시키고, 이 자금을 단기적 경기변동에 의해 지나치게 좌우되지 않고, 장기적인 계획과 정책목표에 의거하여 투자함으로써, 단기적으로는 불황을 극복하고 장기적으로는 경제의 사회주의화를 추진하는 것이다. 경제위기를 사회주의화의 진일보를 위한 계기로 활용하는 것이다. 임노동자기금안이 바로 이러한 방향의 정책구상이었다.[15]

그런데, 동시대의 다른 좌파 강령들과 비슷한 문제의식에 입각해 있음에도 불구하고 유독 스웨덴의 임노동자기금안이 이제까지 가장 활발한 국제적 주목을 받는 것은 왜일까? 이는 이 안이 갖고 있는 몇 가지 근본적 독특함 때문이다. 그 하나는 국가가 아닌 노동조합 전국조직(혹은 그 산업별, 지역별 단위)이 소유, 통제하는 노동자소유 기금이 사회화의 주체로 등장한다는 점이고, 다른 하나는 주식소유의 점진적인 축적에 의한 평화적 이행을 추진한다는

---

14. L. Wilde는 자본이 유럽통합을 통해 일국적 사회민주주의의 틀을 벗어난 현재에는 오직 유럽연합 차원에서의 임노동자기금안 같은 것만이 대안이 될 수 있을 것이라고 전망한다. Lawrence Wilde, "The Politics of Transition: The Swedish Case," *Capital & Class*, no 47, 1992.

15. 신정완, 위의 글, 285~288쪽.

점이다.

사실 이런 독특한 생각이 제출되게 된 데에는 스웨덴 사회민주주의 운동
의 역사적 경험들이 자리하고 있다. 스웨덴 사민당은 1930년대 대불황 당시
국유화가 중심을 이루는 사회화 강령을 포기하고 경기조절정책만을 채택하
면서 국유화 전통과는 상당한 거리를 두게 됐다. 이런 상황에서 비그포르스
Ernst Wigforss 등 사민당 좌파 지식인들은 국유화 이외의 방식으로 소유와
경영의 사회화를 추진할 방안을 추구했다.16) 또한, 스웨덴 사회민주주의에는
케인즈적인 투자의 사회화라는 처방을 국가의 경제정책뿐만 아니라 자본의
이윤으로부터 부담되는 투자기금의 조성이라는 형태로 실현시키려는 오랜
전통이 있었다. 가령, '투자기금' 제도17)나 ATP 제도18) 등이 그것이다.

그럼, 이런 임노동자기금안의 특성들은 새로운 사회화 안을 추진하는 이
들에게 과연 어떠한 의미를 지니는 것일까? 일단 임노동자기금안이 이제까지
의 국유화와는 다른 방식으로 사회화의 주체를 모색하려 한 점에 대해 살펴보
자. 자본주의의 국가관료제를 극복하지 못한 현실사회주의의 국가가 추진한

---

16. 마이드너는 비그포르스의 강력한 영향을 받은 좌파 사회민주주의자이다. 또한 그는 자신이 맑스의
    노동가치론은 받아들이지만, 프롤레타리아 독재론은 받아들일 수 없다고 토로하기도 한다.
17. 스웨덴은 제2차대전 전부터 '투자기금 investeringsfonder'이란 것을 조성하여 경기안정화를 꾀했다. 이
    제도는 기업의 법인세 부과전 이윤의 40%를 투자기금으로 적립하고 이중 46%는 중앙은행에 예치해뒀다
    가 정부의 승인을 받아 투자 용도에 사용하고 나머지 54%는 기업이 자유로이 사용한다는 것이었다.
    기업쪽의 유인은 법인세가 면제된다는 점이었고, 정부가 기대할 수 있는 효과는 호황기에 경기과열을
    막고 불황기에 투자를 촉진한다는 것이었다.
18. 1959년, 정부가 운영하는 기초연금인 일반국민연금 allmmänna folkpension에 더해 일반보충연금 allmänna
    tilläggspension; ATP이란 제도가 기금형태로 출범했다. 이는 국민연금의 연금지급액 수준이 너무 낮았기
    때문에 이를 보충하는 연금제도로 도입된 것인데, 사용자로부터 갹출금을 받아 모든 임노동자들에게
    퇴직전 소득수준과 근무기간에 비례해 연금을 제공하도록 되어 있다. 그 결과 연금갹출금을 관리하기
    위해 정부가 운영하는 공적 기금인 'AP 기금'이 설립되었다. ATP 제도가 처음 도입될 때 자본가들은
    이에 격렬히 반대했는데, 그 이유는 연금 재원이 사용자들의 갹출금으로 충당된다는 것과 정부가 운영하
    는 공적 기금이 기금을 활용하여 신용시장에 대한 공적 통제를 강화할지도 모른다는 것이었다. 하지만
    스웨덴 정부는 이 기금을 경제 통제의 의도에서 활용한 적은 거의 없으며 주택정책의 재원 정도로만
    사용했을 뿐이다.

국유화 중심의 사회화는 만족스러운 성과를 낳지 못했다. 그리고 이런 상황에서 사회화의 그 '사회'가 '국가'로 등치되는 것 자체가 문제라는 반성이 활발히 제기돼왔다. 바로 이 문제에 대해 임노동자기금안은 사회화의 주체를 국가가 아닌 노동조합 전국조직이 소유, 통제하는 기금으로 설정하는 방식으로 대답한다. 그런데, 여기서 문제는 마이드너안의 경우 단순히 새로운 사회화 주체를 모색하려 한 차원을 떠나 국유화의 여지를 완전히 배제한 채 노동자소유 기금을 통한 새로운 사회화 안을 배타적인 대안으로 내세우고 있다는 점이다. 하지만, 과연 국가사회주의 붕괴 '이후'인 현재에는 국유화라는 방식이 다양한 사회적 소유의 일부로서 실용적인 의미조차 지니지 못하는 것일까? 이에 대해서 신정완은 마이드너안의 생각과는 다른 결론에 도달하고 있다.

첫째 사회화의 주체는 노동조합 등 임노동자집단만을 대표하는 조직보다는 국가나 준 準 국가적 공공기구가 되는 것이 바람직하다고 판단된다. (생략) 국가주의적 실천의 적지 않은 부작용과 한계에도 불구하고, 일반 시민들로 하여금 자본이 지배하는 시장관계 속에서의 실천이 아닌 다른 방식으로, 사회질서의 전체적 틀을 설정하는 과정에 참여할 수 있게 해주는 현존하는 유일한 제도는, 정치적 민주주의 원리에 의해 구성, 운영되는 국가다. 또 특정한 개인이나 집단의 존재론적 특권을 인정하지 않는 정치적 민주주의 원리에 기초할 때, 국민대중의 일반적 이익을 담지하는 공적 조직으로서 정치적 정당성을 인정받을 수 있는 조직은 국가 외에 달리 없기도 하다. 또 사회화는 대다수 사회성원들의 삶의 조건을 크게 바꾸는 기획이기 때문에, 사회화된 생산수단의 소유와 관리 문제는 모든 사회성원들에 의한 정치적 의사결정의 범위 내에 있도록 하는 것이 규범적으로 바람직하다. 그런데 모든 사회성원들에 의한 정치적 의사결정이 이루어지고, 이에 기초한 실천이 이루어지도록 하는 현존하는 유일한 제도는 국가다. 그런 점에서 사회화의 주체를 국가나 준국가적 공공기구로 설정하는 것은, 예컨대 노동조합으로 설정하는 것에 비해 우선 규범적으로 우월하다고 판단된다. 또 정치적 실행가능성의 측면에서도 사회화의 주체는 국가나 준국가적 공공기구로 설정되는 것이

유리하다.[19)

말하자면, 국가를 사회화의 유일무이한 주체로 내세우는 전통적 시각을 전제하지 않고 다양한 사회적 소유의 주체를 모색하는 입장에 선다 하더라도, 그런 사회화 주체의 중요한 일부로서 국가를 사고할 필요성은 여전히 존재한다는 것이다. 이 점에서 스웨덴 공산당의 후신인 좌파당이 임노동자기금안을 비판하면서, 기금제도의 형성과 국유화를 병행하는 대안을 주장한 것을 주목할 필요가 있다.[20)

그런데, 임노동자기금안의 사회화 방안을 국유화 전통과 대립시키는 논자들은 더 나아가서 임노동자기금안을 시장사회주의로의 이행 방안으로 해석하면서, 시장사회주의에 대한 긍정적 평가의 일환으로 임노동자기금안에 대한 평가를 제시하기도 한다. 시장사회주의에 대한 평가는 이 글의 관심범위를 벗어나는 것이다. 하지만, 조돈문 교수가 임노동자기금안을 이해하고 적극 도입하는 맥락이 바로 이러한 시장사회주의를 전제하고 있기 때문에,[21) 임노동자기금안과 시장사회주의를 연결시키는 시각의 문제점에 대해서는 살펴볼 필요가 있다. 신정완의 글은 임노동자기금안이 상정하는 대안체제의 상이 무엇인지에 대해 상당히 꼼꼼한 분석을 행하고 있으므로 이 문제의 천착에 상당한 도움이 된다.[22) 물론 그 자신의 결론은 마이드너안이 상당한 유보조항

---

19. 신정완, 위의 글, 394쪽.
20. 신정완, 위의 글, 203~208쪽. 비슷한 생각에서 임노동자기금 같은 사회화 방식에 주목하면서도 국유화의 의의를 놓치지 않고 있는 글로는 송병헌, 『왜 다시 사회주의인가?』, 당대 1999, 333~4쪽을 보라.
21. 조돈문, 「임노동자기금 논쟁을 통해 본 스웨덴 사회민주주의의 딜레마를 읽고—임노동자기금제를 위한 변명」, 『동향과 전망』(41호/1999 봄·여름), 116쪽. 임노동자기금안을 시장사회주의로의 이행 방안으로 보는 대표적인 입장으로는 Christopher Pierson, *Socialism after Communism: The New Market Socialism*, Polity Press 1995를 참고.
22. 신정완, "제5장 자본주의에 대한 대안적 경제체제 모델로서의 기금사회주의 모델: 쟁점분석 2," 위의 글, 326~86쪽.

에도 불구하고 시장사회주의에 가깝다는 것이지만, 우리는 오히려 신정완이
지적한 유보조항들——임노동자기금의 중앙기금에 의한 사실상의 계획, 주
식회사제도는 유지되지만 임노동자기금의 주식소유로 말미암아 주식시장이
시장으로서의 의미를 탈각할 가능성, 이윤확보 이외의 가치들의 부상 가능성
등——이 전형화된 시장사회주의 모델과는 상당히 거리가 멀다는 점에 더
주목한다. 오히려, 국가 이외의 사회적 주체들이 적극적인 역할을 맡으면서도
시장이 결코 중심적인 메커니즘으로 기능하지는 않는 대안체제 모델인 엘슨
Diane Elson의 '사회화된 시장'이나 아다만과 드바인 Fikret Adaman & Pat Devine
의 '참여 계획'이 임노동자기금류의 이행 방안과 더 친화성을 가진다고 할
수도 있을 것이다.[23)]

물론 탈자본주의의 상에 대해서는 앞으로 보다 깊이있는 탐구와 논쟁이
요구될 것이다. 하지만, 미래의 생산인 논의를 방해할 모종의 이데올로기적
장벽에 대해서는 미리부터 비판할 필요가 있겠다. 임노동자기금안이 상정하
는 대안체제 상이란 것이 상당히 모호한데도 불구하고 조돈문 교수 같은
이들이 이를 시장사회주의라는 특정한 체제모델과 연결시키는 이유는 무엇
인가? 이는 이러한 논자들이 임노동자기금안을 높이 평가하면서 전제하는
어떤 의심스러운 이데올로기 때문이다. '국유화'와 '임노동자기금식 사회화
방안'을 대립시키고 '국가사회주의'와 '시장사회주의'를 대립시키면서, '국유
화'와 '국가사회주의'를 일고의 가치도 없는 과거의 것으로 치부하고 대립쌍
의 나머지 부분들을 배타적인 대안으로 격상하는 것이 바로 그것이다. 이는
임노동자기금안을 사회화 방안에 대한 상상력을 열어놓는 계기로 삼기보다
는 이전의 국가사회주의 이데올로기가 그랬던 것과 꼭 마찬가지로 시장사회

---

23. 다이안 엘슨, 「시장사회주의인가 시장의 사회화인가?」, 『읽을꺼리』(1호); 피크릿 아다만 · 팻 드바인,
「경제적 발견과 시장사회주의 - 최근의 사회주의 경제이론」, 같은 책(http://www.jinbo.net/~copyle). 또한
Pat Devine, *Democracy and Economic Planning: The Political Economy of a Self-governing Society*, Westview Press 1988
등 참고.

주의 이데올로기를 강요함으로써 오히려 새로운 사회로의 전진에 대한 상상력을 다시 가로막는 역할만을 할뿐이다. 이 점에서, 마이드너안과 동시대에 제출된 영국 좌파의 AES 강령은 일종의 국유화를 사회화의 중심적 방안으로 내세웠기 때문에 오히려 '국가의 민주화'를 강력하게 주장하는 대안 논의들을 불러일으켰지만,24) 마이드너안은 국가를 사고의 범위에서 배제해버렸기 때문에 오히려 국가부문의 재구성에 대한 비전을 결여하고 있다는 점을 주목할 필요가 있다.

우리가 검토하고 넘어가야 할 또다른 지점은 바로 주식소유의 축적을 통한 평화적 이행이라는 임노동자기금안의 구상이다. 원래의 마이드너안(75년 시안부터 78년 안까지)은, 기금이 주식시장에 직접 투자하는 것도 아니고 노동자들이 주식을 개인 소유하기는커녕 이익배당금이 돌아가는 것도 아니며 더 나아가서는 기금이 지배주주로 나설 경우 주식시장은 소유권 증서인 주식을 사고 파는 시장으로서 더 이상 기능하지 못하게 된다는 점에서, 주식시장을 활용한다기보다는 오히려 그것을 잠식하는 방안이었다. 하지만 주식소유를 사회화의 기반으로 상정하면서도 주식시장의 존재를 장기간 인정한다는 점에서 아무튼 주식제도와의 공존을 추구하는 사회화 안이라고 할 수 있다. 이와 관련해서 임노동자기금에 대한 논쟁이 한창이던 1970년대 말 당시 제기된 다음과 같은 주장이 주목된다.

경제학자 악셀 Bo Axell은 1975년 기금안 시안이 나온 지 얼마 안되어 발표된

---

24. 엘슨의 '사회화된 시장'론은 국가부문의 민주적 재구성을 체제대안의 구성 요소로 내재화하고 있는데, AES 강령의 형성에 중요한 역할을 한 마이클 바랫 브라운 Michael Barratt Brown이 이 엘슨의 이론 형성에 중요한 역할을 한 것으로 알려져 있다. 한편, 경제대안의 구축에서 국가부문이 차지하는 적극적인 역할을 강조하는 Socialist Register 지의 주요 기고자들은 또한 국가의 근본적 민주화를 주장하는 주된 논자들이기도 하다. Gregory Albo, David Langille and Leo Panitch (eds.), *A Different Kind of State?: Popular Power and Democratic Administration*, Oxford University Press 1993; 그레고리 앨보, 「세계경제, 시장의 지상명령, 그리고 대안들」, 『이론』(17호), 1997 여름.

논문에서, 기금제도의 도입으로 인해 주가가 하락하게 되면, 기금이 기업들의 소유권을 장악하는 데 필요한 시간이 급격히 단축된다는 점을 논증한다. [……] 1975년 기금안 시안에서는 [……] 기금이 기업의 주식총액의 50%를 소유하기까지 25년이 소요될 것으로 추계되었다. 그런데 이 계산은 기금제도가 도입되어도, 주가가 불변으로 유지된다는 가정 위에서 이루어진 것이었다. 악셀은 기금제도가 도입되면 주가가 하락한다는 전제 위에서 논의를 전개한다. 그가 보기에 기금제도가 도입되면 주가가 하락한다는 것은 불문가지인데, 이는 주가를 결정하는 것은 기본적으로 미래 기대배당소득의 현재가치이기 때문이다. 기금제도가 도입되면, 기금 이외의 여타 주주들이 미래에 수취할 것으로 기대되는 배당소득이 줄어들 것이므로 주가는 하락한다. 그런데 주가가 하락하면, 기금으로 적립되는 신규 발행주식의 양이 증가하게 된다. 주가는 주식량에 반비례하므로, 총주식량이 증가하게 됨에 따라 주가는 더욱 하락하게 된다. 주가가 하락하면 기금으로 적립되는 주식량은 더욱 증가하게 된다. 따라서 주가의 하락과 기금으로 적립되는 주식량의 증가 사이에는 일종의 승수효과가 작용하게 된다. 이러한 승수효과가 작용함에 따라, 기금은 불과 수년 내에 기업의 전체 주식의 대부분을 소유하게 된다는 것이다. 따라서 마이드너 그룹의 구상처럼, 수십 년에 걸쳐 점진적으로 기업 소유의 사회화가 이루어지는 것이 아니라, 불과 수 년 내에 급격한 사회화가 이루어지리라는 것이다.[25]

논점은 두 가지다. 하나는 장기적이고 평화적인 이행이라는 것이 가능한가 하는 점이다. 여기서 악셀이 제시하는 역설은 장기적이고 평화적인 이행을 전제하는 임노동자기금안이 오히려 급격한 단절을 불러올 수 있다는 것이다. 하지만 이는 모든 진지한 평화적 이행 실험이 추진 주체들의 의지와는 상관없이 단절적 이행의 가능성을 함축해왔다는 점에서 교조적인 사회민주주의자들이 아닌 진보진영에게는 상당히 오래된 진리에 해당된다. 진지한 사회화 조처가 단행될 경우 자본의 해외 철수 등이 나타나리라는 것은 오히려 당연한

---

25. 신정완, 위의 글, 371~372쪽.

일이다.26) 이 점에서, 조돈문 교수가 현실사회주의 붕괴 이후 '유일하게' 가능한 이행의 경로라는 점진적·평화적 이행을 보장해주는 방안으로서 임노동자기금안에 기대를 걸고 있다는 것은 그가 이를 '국유화'나 '기존의 사회주의'에 대립되는 '시장사회주의'의 방안으로 이해하고 있는 것만큼이나 문제적인 것이다.27) 여기서도 의연히 관철되는 것은 '단절적·폭력적 이행' 대 '점진적·평화적 이행'이라는 이분법적 대립이다. 이러한 이데올로기는 다시 평화적 이행을 보장하는 마법의 길이 존재하며 마이드너안이 바로 그것이라는 환상을 낳는다.

두번째 논점은 또 다른 역설인데, 평화적 이행의 경로로 선택된 주식제도의 활용이라는 측면이 이행 과정의 이러한 불확실성을 더욱 극적인 것으로 만든다는 점이다. 악셀의 논지에 대해서 마이드너 등은 주식시장의 동요가 있을 경우 정부가 AP 기금을 활용해 주식시장의 안정화를 꾀할 수 있을 것이라 반박했지만, 이는 다시 임노동자기금에 더해 AP 기금이라는 또 다른 공적 기구를 통해 주식시장을 잠식하는 것이기 때문에 주식시장으로부터의 자본의 철수를 더욱더 부채질 수 있다는 반론을 가능케 한다. 문제는 임노동자기금안에서 소유권의 확장이 이루어지는 매개인 주식제도가 자본주의 제도들 중 가장 불안정하고 투기성이 강한 것이기도 하다는 점에 있다. 주식시장의 잠식을 추진하는 마이드너의 원안은 차라리 이 역설에 정면으로 도전하는 것이었으나, 주식시장에 대한 직접투자를 추진하는 1984년에 실시된 것과 같은 임노동자기금은 이 위험에 무력하게 노출되었다고 할 수 있다. 사실 이 부분은 임노동자기금 논쟁 당시보다는 지금에 와서 더욱 절실한 문제이다.

---

26. 진지한 평화적 이행 노선이라면 급격한 이행의 상황과 대결할 수 있는 체질을 내면화하고 있어야 한다는 것은 랄프 밀리반드 Ralph Miliband의 주된 주장이기도 하다. R. 밀리반드, 『마르크스주의 정치학입문』, 풀빛 1989, 208~222쪽; 「1973년 칠레 쿠데타에 대한 해석」, 강문구 편, 『자본주의 체제하의 사회변혁운동』, 친구 1990.
27. 조돈문, 위의 글, 118쪽.

주식제도 자체가 보다 극적으로 변화해왔으며, 기금을 통한 사회화 방안도
자신의 주 전장 戰場을 옮겼기 때문이다. 이는 우리가 아래 부분에서 맞닥뜨
려야 할 또다른 이야기이다.

하지만 이 이야기로 넘어가기 전에 우리가 꼭 결산하고 넘어가야 할 중요
한 항목이 남아 있다. 왜 그럼 임노동자기금안은 제대로 추진되지도 못하고
사그라들고 말았느냐 하는 물음이 그것이다. 이 물음에 대해서는 폰투손Jonas
Pontusson의 대답이 가장 수긍할 만한 것이다.[28] 스웨덴 LO는 자본주의의 위
기에 대해 이행의 강령으로 대응할 정도는 생명력을 지니고 있었으나 그것을
실제 실현시킬 수 있을 정도의, 혹은 실현시키려고 노력할 수 있을 정도의
사회운동으로서의 힘은 지니고 있지 못했다는 것이다. 기금안 같은 근본적
대안을 관철시키려면 대중적 교육과 선전을 통해 기금안 지지층을 모으고
적극적인 대중동원 전략을 취해야 했다. 그러나 LO는 기존의 코포라티즘적
의사결정 및 전달구조에 안주한 채 사민당이라는 원내정당을 통한 입법과
타협에 모든 것을 걸었다. 반면에 부르주아 진영은 기금안을 반대하고 그것의
부정적 이미지를 퍼뜨리면서, 기금안을 지지하는 금속노동조합 중심의 제조
업 노동운동과 사무직 노동운동 사이를, 노동자계급과 중간계층들 사이를
이간시키기 위해 갖은 언론 플레이와 정치적 캠페인을 다 구사했다. 뭐니뭐니
해도 이러한 '정치전략의 현저한 비대칭성'이야말로 기금안이 실패하게 되는
가장 결정적인 요소였다.

노동운동의 급진적 동원을 가로막은 것은 결국 노자타협에 안주하는 스
웨덴 노동운동 자체의 체질이었다. 마이드너가 평화적 이행의 기반으로 상정
한 바로 그 장기간의 노자타협체제──비록 그것이 스웨덴과 같이 유례없이
진보적인 형태를 취한다 하더라도──가 실제로는 노동운동측의 가장 커다

---

28. J. Pontusson, "Behind and beyond Social Democracy in Sweden," *New Left Review*, no. 143, 1984; "Radicalization and Retreat in Swedish Social Democracy," *New Left Review*, no. 165, 1987. 신정완, 위의 글, 215쪽.

란 걸림돌로 나타났던 것이다. 노동운동으로서는 타협구조에 안주하여 사회화는 물론 기존의 모든 복지국가적 성취마저 박탈당하느냐 아니면 과감히 노동운동의 사회운동으로서의 부활을 선도하여 위기의 극복은 물론 이행이라는 대장정을 시작하느냐 하는 선택뿐이었다. 하지만 세계에서 가장 진보적인 성취를 이뤄왔다는 스웨덴 노동운동은 전자를 선택하고 말았던 것이다. '이행의 정치'는 (어떤 '타협의 정치'보다는) '운동의 정치'를 간절히 요구한다는 이 대목은 어쩌면 임노동자기금안을 평가하면서 우리가 주목해야 할 가장 중요한 지점일지도 모르겠다.

3. 연금기금을 통한 사회화 방안들

1) 연금기금이라는 전장

임노동자기금안이 수포로 돌아가고 스웨덴 사회민주주의가 이뤄놓은 지난 50여 년간의 성과가 무너지는 것을 목도하면서 마이드너는 이제 임노동자기금안에 비해서는 격세지감이 느껴지지만 이전의 제안들과 상당한 연관성을 갖는 새로운 사회화 안을 제시하고 있다. 그것은 노동조합이 연금기금을 관리하여 마치 임노동자기금과 같은 효과를 얻자는 것이다.

이 제안을 이해하기 위해서 확인해야 할 것은 서유럽 연금제도의 현황이다. 스웨덴을 비롯한 선진 각국에서는 최근 들어 공적 연금제도의 재정위기가 회자되고 있다. 연금재정 문제에 대해서는 여러 가지 설명이 있다. 그리고, 이 중에는 연금 재정 적자의 상당 부분은 연금제도 자체의 구조적 위기보다는 국가의 방만한 운영과 무책임한 차입 때문이라는 지적도 있다.[29] 그러나,

---

29. 프랑스 사회보장제도의 위기의 상당 부분은 프랑스 국방성의 무책임한 사회보장기금 차입과 기업들의 갹출금 미납부 때문이라고 한다. Daniel Bnsaïd, "Neo-Liberal Reform and Popular Rebellion," *New Left Review*,

선진국의 인구 노령화 현상에 따른 연금재정의 압박이라는 구조적 측면 또한
무시하지 못한다.30) 세계은행은 1994년도 보고서를 통해 특히 이러한 구조적
측면을 강조한다.31) 이 보고서에 따르면, 현재와 같은 노년 인구비율의 증가
및 청·장년 인구비율의 감소, 생활기대치의 상승이 전세계적으로 계속된다
면 인플레이션의 영향을 감안하지 않는다 하더라도 연금 청구 금액은 급격하
게 증대할 것이며 이는 공적 연금제도의 위기를 가속화시킬 것이라고 한다.
연금의 운영이 적립 積立 방식이 아니라 주로 부과 賦課 방식으로 이뤄지는
현재의 각국 국민연금제도 하에서,32) 이는 다수의 노년층을 위해 소수의 청·
장년층이 부담을 져야만 하는 세대간 갈등을 유발할 수도 있다고 한다.33)

　　이에 대한 시장주의 우파의 대응은 우선 공적 연금의 연금수급기준을
강화하여 연금재정과 관련한 국가의 재정 지출을 줄이는 것이다. 사회복지보

---

no. 215, 1996[「신자유주의의 개혁과 민중의 반란」, 연세대 문과대 교지 『문우』 32호, 1997].

30. 선진 각국의 공적 연금제도의 위기를 구조적인 것으로 파악한 것들 중 우파적 분석으로는 로렌스 치카
링·쟝 자크 로자 편, 『연금붕괴의 위기—선진 8개국을 중심으로』, 사립학교교원연금관리공단 1992.
동일한 위기를 좌파적 시각에서 분석한 책으로는 존 마일즈, 『복지국가의 노년—공적 연금의 정치경제
학』, 한울 1992가 있다. 마일즈는 이 책에서 연금제도 위기의 원인은 노령인구의 증가 자체보다는 "노동
력 판매와는 무관한 사회적 임금"을 주장하는 노령인구의 요구를 수용할 수 없는 자본제적 사회관계에
있으며, 따라서 연금제도의 위기는 "자본과 노동간의 전통적인 투쟁의 한 표현"일뿐이라고 분석한다.
171~2쪽.

31. World Bank, *Averting the Old Age Crisis: Policies to Protect the Old and Promote Growth*, Oxford University Press
1994.

32. "공적연금의 재원조달 형태는 크게 적립방식과 부과방식 두 가지로 나눌 수 있다. 적립방식이란 일정기
간 동안에 보험에 가입한 사람의 보험료를 적립하여, 그 금액만큼 가입자가 후에 지급 받도록 하는
방식이다. […] 부과방식이란 일정 기간(주로 1년을 기준으로 함) 동안에 지급될 연금급여액을 그
기간내의 현직의 젊은 세대 가입자들이 기여한 보험료 수입으로 충당하는 방법을 말한다." 국민연금연
구센터, 『각국의 공적 연금제도 비교 연구(III)』, 1997.

33. 앞으로 연금재정의 위기가 가속화되리라는 전망 자체가 근거없는 것이라는 의견도 있다. 가령 Left
Business Observer의 편집자인 Doug Henwood는, 공적 연금제도의 위기가 가속화되리라는 우파 이데올로그
들의 비관적 시나리오가 전제하는 앞으로의 경제성장률이 연간 1.5%인데 이는 대공황기인 1930년대의
평균 경제성장률 1.9%보다도 낮은 것으로서 상황을 과장하기 위한 것일 뿐이라고 일축한다. D. Henwood,
"Reforming Pensions, Revisited," *Left Business Observer*, no. 67, 1994.

다는 정부 재정균형을 더 중요시하는 이러한 조치는 벌써부터 선진 각국에서 노동자들의 거센 항의를 불러일으키고 있으며 유럽에서는 노동운동의 사회 운동으로의 재생의 주요 소재가 돼왔다. 1994년에 베를루스코니 우파연립정부를 무너뜨린 이탈리아의 총파업과 1995년 전 세계를 놀라게 한 프랑스 공공 부문 총파업에 불을 지핀 것이 모두 연금 관련 이슈들이었다는 것을 기억하는 것만으로도 족하다.[34]

하지만 우파 집단들은 더 나아가, 공적 연금제도를 부분적으로 혹은 전반적으로 민영화하는 것만이 공적 연금제도의 위기에 대한 근본적 처방이 될 수 있다고 외치고 있다. 이들이 떠받드는 것은 칠레의 사례이다.[35] 칠레에서는 아옌데 민중연합정권을 짓밟고 등장한 피노체트 군부파시즘정권이 1981년에 기존의 국민연금을 해체하고 모든 연금가입자들로 하여금 민간연금관리회사들 Administradores de Fandos de Pensiones; AFPs에 가입하게 했다. 이 제도하에서 각 개인은 이 회사들에 '개인퇴직구좌'라는 것을 가지며, 연금관리회사들은 자신들의 연금기금으로 주식투자를 행한다. 연금가입자들은 원래 자신이 적립한 원금에 연금관리회사의 투자에 따른 이자의 합을 더해 이를 연금으로 지급 받는다. 우파 이데올로그들에 따르면 이 제도를 통해 노년층이 청·상년층을 압박하는 소세형 연금제도의 문제가 해결되었고 이에 더해 주식시장의 활성화와 시장 행동의 대중적 확산이라는 부수효과까지 얻었다는 것이다. 물론 이들의 시야 안에는 개인퇴직구좌에 정기적으로 납부할 여력이 없는 불안정 노동자들, 농촌 노동자들, 여성들, 즉 노동인구의 약 40% 가량이 연금제도의 바깥에 방치되고 있다는 사실, 칠레와 미국의 금융지

---

34. D. Bensaïd, 위의 글.

35. 우리나라에서도 초시장주의의 전도사인 <자유기업센터>가 연금 민영화론의 약장사로 자처하고 나섰다. 이들에게도 칠레는 하나의 성스러운 전범이다. 자유기업센터, 「이야기시리즈 11. 칠레 연금개혁 이야기」; 동, 「이야기시리즈 18. 국민연금 민영화 이야기」, http://www.cfe.org/book. 권오성, 「싱가포르·칠레의 연금제도」, http://www.gong.co.kr/cfeshere/brief/.

주회사들과 연결된 연금관리회사들이 대기업의 주식매입을 통해 소유집중의
견인차가 되고 있다는 사실은 존재하지 않는다.[36]

시장지상주의의 생체실험장인 칠레 외에 그 종주국인 영국과 미국도, 비
록 칠레와 같은 완전한 민영화는 이루지 못했으나, 이미 연금제도의 상당
부분을 민영화시킨 형편이다. 국민연금을 보충하는 제도로서 도입된 기업별
직역연금――소속 기업에서 운영하는 연금기금에 가입하는 제도――뿐만
아니라 레이건·대처 시기에 각종 면세 특혜를 통해 성장한 민간연금기금들
이 이미 연금제도의 민영화를 상당히 진척시켜놓고 있는 것이 영국과 미국의
상황이다. 그리고 이렇게 민영화되어 주식시장에 뛰어들고 있는 기금의 자산
규모는 참으로 엄청나다. 이에 대한 로빈 블랙번 Robin Blackburn의 언급을
그대로 옮겨보자.

> 연금 및 보험 목적으로 운영되는 기금의 가치는 1980년대 이래 네 배의 실질성장
> 을 거두었다. 실제로, 연금기금만 해도 현재 전 세계의 3대 주식시장의 주식 총가
> 치에 해당하는 자산을 통제하고 있다. 1994년에 이르면, 이러한 세계적 규모의
> 연금기금의 총가치는 10조 달러에 이르며, 영국의 경우에는 1996년에 6천5백억
> 달러의 자산을 통제하던 것이 1998년 8천3백억 달러로 상승했다. 1994년 영국에서
> 는 연금기금들이 모든 주식의 27.8%를, 보험기금들이 21.9%를 소유했는데, 이는
> 1963년 각각 6.4%와 10%를 소유하던 것과는 비교도 안 된다. 1960년대에 미국에
> 서는 모든 종류의 기관 투자가들이 장악한 총주식자산이 단지 12.6%에 그쳤는데,
> 1996년에 이르면 그 비율이 47%로 상승하며 연금기금의 경우는 26%에 이른다.
> 다국적 기업들에 대해 많은 이야기들이 있지만 이들이 통제하는 자산은 연금

---

36. AFPs에 대한 칠레 공산당 이론가들의 비판인 Hugo Fazio and Manuel Riesco, "The Chilean Pension Fund
Associations," *New Left Review*, no. 223, 1997을 참고할 수 있으며, 공공부문노조의 세계조직인 Public Service
International(PSI)의 자료, Fred J. Soloway, "Retiring the Chilean Myth: Privatized Pension Bring Social
Insecurity"(http://www.world-psi.org/)도 도움이 된다. 또한 D. Henwood, 위의 글; D. 헨우드, 위의 책,
481~482쪽도 참고할 수 있다.

및 보험기금들과 그 매니저들이 장악하고 있는 것에는 상대가 되지 못한다. 심지어 어떤 경우는 전자가 후자에 의존하기까지 한다. 기업의 근로자 연금기금——가령 British Telecom 노동자들의 경우——이 해당 기업의 모든 계열사들의 자본가치보다 큰 경우가 빈번하다.[37]

이미 1970년대 중반에 저명한 자본주의 이데올로그 중 한 명인 피터 드러커 Peter Drucker는 영·미권에서의 이러한 연금기관의 주식자산의 성장을 예견하면서, 심각한 '우려'를 표명한 바 있다.[38] 만약 사회주의가 임금노동자들이 생산수단을 소유하는 것을 의미한다면, 연금기관의 주식소유분은 바로 임금소득자들의 자산이므로 연금제도의 성장을 통해 미국은 최초의 진정한 사회주의 국가가 되고 말리라는 것이었다. 하지만 드러커는 이제 안심해도 좋다. 비록 민간연금에 축적된 기금이 임노동자들의 개인 자산의 집적이라 하더라도 이를 실제로 통제하는 것은 민간연금회사의 펀드매니저들이다. 이들은 장기적인 산업투자보다는 주식시장에서의 단기차익를 추구함으로써 오히려 카지노자본주의라 불리는 자본주의의 '금융 세계화'를 조장하는 주역으로 나서고 있다. 미국의 경우에는 기존의 공적 연금제도가 401k라 불리는 연금 민영화 정책에 의해 잠식되어가면서 1995년 현재 전체 임금소득자들 중 23%가 뮤추얼펀드에 자신의 노후 자금을 투자하고 있다. 이는 이러한 투자신탁을 행할 수 있을 정도로 풍족한 노동계급 상층과, 그러기에는 능력에 부치면서 더 이상 공적 연금의 혜택도 받을 수 없는 노동계급 하층을 양분시키는 한편으로, 뮤추얼펀드 시장의 부양을 통해 금융자본의 팽창에 커다란 역할을 하고 있다.[39]

---

37. R. Blackburn, "The New Collectivism: Pension Reform, Grey Capitalism and Complex Socialism," *New Left Review*, no. 233, 1999, 5쪽.

38. P. D. Drucker, *The Unseen Revolution: How Pension Funds Socialism Come to America*, Oxford 1976.

39. James Ridgeway, "Hijacking the Future: How Wall Street Is Taking Over Worker's Pensions," *Dollars & Sense*,

민간연금기관의 성장이 초래한 이러한 새로운 형태의 자본주의를 블랙번은 '잿빛 자본주의 Grey Capitalism'라 부른다. 여기서 '잿빛'이란 일종의 중의법인데, 한편으로는 연금기금이 대표하는 노령 인구를 나타내는 것이면서 다른 한편으로는 연금기금이 초래하는 새로운 축적체제의 속성인 금융 불안정성을 나타내는 것이기도 하다. 아글리에타 Michel Aglietta 같은 논자도 세계 주식시장의 상당 부분을 점하는 연금기관의 단기적 투자행태가, 불안정한 주식시장이 자본축적을 농단하는 금융주도적 축적체제를 낳는 데 중요한 역할을 하고 있다고 말한다. 주식시장의 수익 추구가 기업의 행동을 규정하는 소위 '영·미식 주주자본주의'가 전 세계로 확산되는 가운데 민간연금기관은 이러한 주주자본주의의 주요 행위자로 나타나고 있는 것이다.[40]

이런 가운데, 시장지상주의의 전도사인 세계은행은 1994년도 보고서에서 민영화된 연금이 중추적 역할을 맡는 3층 구조의 연금제도를 미래의 대안으로 제시한 바 있다.[41] 민간연금에 가입할 수 없는 이들에게 생계비에도 못 미치는 최소한의 연금을 제공하는 사회안전망으로 기능할 재래의 국가연금제도가 그 1층이고, 정규적인 소득을 지닌 모든 경제활동인구의 가입이 권장되며 민간연금회사에 의해 운영되고 주식투자를 통해 얻은 투자이익을 더해 고액의 연금을 제공한다는 펀드형 연금제도가 그 2층을 이루며, 그 3층은 경제적 능력이 있는 자들이 민간연금기관에 추가로 가입할 수 있다는 것을 말한다. 이를 통해 세계은행의 이데올로그들은 단지 민영화를 통해 공적 연금이라는 사회복지제도를 해체하고 이를 자본축적의 발판으로 삼으려 할 뿐만 아니라 금융화된 자본주의의 대대적인 부양을 노리고 있는 듯하다. 단, 여기

Sept/Oct 1999.

40. M. Aglietta, "Capitalism at the Turn of the Century: Regulation Thoery and the Challenge of Social Change," *New Left Review*, no. 232, 1998, 69쪽. 국내 문헌으로는 윤소영, 「자본주의의 역사적 경향과 신자유주의적 '금융 세계화'」, 위의 책, 37~76쪽.

41. World Bank, 위의 글; D. Henwood, 위의 글; Robin Blackburn, 위의 글, 14~15쪽.

서 주목해야 할 것은 이들이 펀드형 연금은 반드시 민간금융기업에 의해
운영되어야 하며 국가와 같은 공적 기관에 의해 운영되어선 안 된다고 강변하
고 있다는 점이다. 왜냐하면 거대한 덩어리의 기금이 공적 기관에 의해 투자
된다는 것은 자금시장의 상당부분이 사실상 공공 통제된다는 것을 의미하며
이는 시장경제에 대한 침해라는 것이다. 승리의 안온한 분위기 속에서도 이들
은 연금기금이 금융자본의 행위자들에 의해 통제되는 한에서만 드러커의
악몽도 피할 수 있다는 것을 잊지 않고 있는 것이다.

2) 임노동자 '연금'기금

서구의 좌파 분석가들은 연금제도의 민영화와 그로 인한 자본주의의 금융
세계화를 마주하여 모종의 극적인 변증법의 가능성을 탐색한다. 아글리에타
는 민간연금기금의 주도로 금융불안정성이 가중되고 있는 이 불안한 새 축적
체제가 다시 안정된 성장체제 Growth Régime로 변화할 가능성이 바로 연금기
금이라는 금융자본의 독특한 속성에 내재해 있다고 주장한다. 연금기금은
주주자본주의의 핵심 주체이면서 또한 임금소득자들의 집단적 자산이라는
점이 바로 그 가능성의 지반이다. 이제까지 노동자들의 이 집단적 자산이
오히려 반노동자적인 투자행태를 계속해왔던 것은 투자 결정을 펀드매니저
가 전횡하는 비민주적인 연금기금 운영구조 때문이었다는 것이다.[42] 민간연
금기금 내에서 일종의 가입자행동주의를 실천하려는 노동조합의 움직임은
연금기금을 금융불안정성의 주역이 아니라 그러한 불안정성을 잠재우는 대
안으로 변화시킬 수 있을지도 모른다.

　실제로 최근 AFL-CIO의 개혁과 함께 노조 전투성의 새로운 전개를 보이고

---

42. 이 점에서 블랙번은 민간연금기금과 그것이 추동하는 금융자본주의가, 노동자의 생산물이 오히려 노동
　　자를 지배하는 맑스의 고전적 '소외' 개념의 새로운 전개에 다름아니라고 말한다. 블랙번, 위의 글,
　　20쪽.

있는 미국의 노동조합들은 산업별 노동조합이 집단적으로 계약을 맺고 있는 민간연금기관들과 대기업의 기업별 연금기금을 통제하고 이들 기금의 투자를 친노동자적인 방향에서 이뤄지게 하려는 움직임을 보이고 있다.[43] 정규직과 비정규직의 연대를 이룸으로써 미국뿐만 아니라 전 세계 노동자들의 승리로 기억된 1997년 8월의 UPS 파업에서도 핵심 쟁점들 중의 하나는 UPS 기업연금을 운수산별노조인 팀스터 Teamster가 통제해야 한다는 것이었으며 이러한 노조의 요구는 결국 관철되었다.[44] 드러커의 악몽은 이제 민간연금기관의 통제에 나선 노동자들의 집단행동을 통해 현실화되는 것인가?

미국의 경우와는 달리 유럽에서는 개별 민간연금기관에 대한 노동자들의 개입보다는 주로 노동자 통제가 제도적으로 확립된 새로운 형태의 연금제도의 수립이 제안되고 있다. 가령 아글리에타는 유럽연합 차원의 노동자 통제 연금기금에 희망을 건다.

> 연금기금의 통제에 나선 주식투자 노동 인구의 등장은 투자자의 이해와 노동자의 이해 사이의 힘의 균형을 바꿀 수 있을 것이다. 이는 유럽 대륙의 노동조합에 적합한 과제일 것이다. 이들의 역사는 이들로 하여금 개별적인 기업 이해를 넘어서서 노동력 전반의 필요를 외치도록 요구하고 있다. 근로자 [통제 연금] 기금을 통해 이들은 수익성의 법칙에 영향력을 행사하는 중재 메커니즘을 발견하게 될 것이다. 이들은 최대의 단기 수익이라는 목표 대신에 기업 자산의 안정적 소유를 위한 장기적 수익률의 보장을 요구할 수 있을 것이며, 이를 통해 경영을 적대적 인수로부터 보호할 수 있을 것이다. 경제적 안정성의 전망이 보다 밝아지면서 기업들은 자신의 근로자들과 생산성 협약을 맺을 수 있을 여지를 다시 획득할

---

43. Regina Markey(AFL-CIO Public Employee Department), "Worker's Pension Funds and the 'Low Road' to Profitability: The Downsizing Dilemma," Http://www.uswa.org/heartland/4downsz.htm; Aaron Bernstein, "Working Capital: Labor's New Weapon," *Business Week*, September 29, 1997; John Richardson, "Reward Your Friends or Punish Your Enemies?," *JMR Advisory Newsletter*, January 1998.

44. PBS News, August 19, 1997. 또한 블랙번, 위의 글, 50~1쪽.

수 있을 것이며, 이러한 협약에는 실질임금과 생산성 향상, 노동시간 단축 사이의
연계가 포함될 것이다.[45]

마이드너의 새로운 제안도 결국 이와 같은 맥락에 있다. 스웨덴도 세계적
흐름에서 예외가 아니어서 공적 연금제도를 서서히 민영화하기 시작했다.
1994년에 의회에서 통과되어 2000년부터 시행될 예정인 새 공적 연금제도안
에는 정부의 조세수익을 연금지급을 위해 전용하는 것이 금지돼 있고, 지금까
지 사용자로부터만 갹출되던 납부금도 이제 사용자와 근로자가 분담하는
것으로 되어 있으며, 연금수령 총액의 약 11% 가량을 개인구좌로 만들어
이를 칠레의 민영화된 연금과 유사하게 민간투자기관에 예치하도록 되어
있다.[46] 일종의 부분 민영화인 셈이다.

   이런 상황에서 마이드너는 LO나 사무직 노총인 TCO가 자체 투자회사를
설립하여 연금 민영화에 적극적으로 개입할 것을 제안하고 있다. 그가 주목하
는 것은, 노동조합이 운영하고 조합원들이 가입하는 공공 지향의 민간 연금기
금은 곧 우회화된 임노동자기금이라는 점이다. 물론 이러한 노동조합 운영
연금기금과 그의 임노동자기금 원안 사이의 차이는 작지 않은데, 그 첫째는
임노동자기금안과는 달리 이 연금기금은 주식시상에 직접 투자를 행한다는
점이고, 둘째는 임노동자기금안에서는 개별 조합원들에게 돌아가는 배당금
같은 것은 없었으나 여기서는 기금 운영의 동인 자체가 적정 수준의 연금
수급을 원하는 가입자들의 요구란 점이다. 마이드너가 임노동자기금안에 비
해 다분히 후퇴한 듯이 보이는[47] 이러한 제안에 집착하는 이유는 임노동자기
금안이 기금이 채 형성되기도 전에 자본가들의 반격에 의해 쉽게 무산되고만
데 비해 연금기금의 경우는 노동자들이 보다 수월하게 집단적 소유 기금을

---

45. M. Aglietta, 위의 글, 81쪽.

46. 신정완, 위의 글, 309~311쪽.

47. 조돈문도 이를 임노동자기금안에 비해서 후퇴한 소유권 개입 유형이라 규정한다. 「'수세'에서 '공세'로」.

형성할 여지가 많다는 점 때문이다. 또한 연금재정 확충의 명목으로 노동자 입장에서 주식시장에 대한 투자도 행할 수 있다는 것이다. 조돈문 교수의 전언에 따르면 LO는 LO-Folksman이라는 독자 신탁회사를 설립하여 조합원들의 연금 개인구좌분을 이 회사에 신탁할 것을 유도하고 있다고 한다.[48] 이는 마이드너의 제안이 일정하게 수용된 결과라고 할 수 있을 것이다.

한편 미국과 마찬가지로 연금제도의 민영화가 이미 상당 정도로 진전된 영국에서는 민간연금기관에 대한 가입자들의 개입이라는 미국 노조들의 방식보다 훨씬 더 급진적인 제안들이 나오고 있다. 이들 제안은 단순히 민간연금기관의 횡포에 대항하려는 방어적인 차원을 넘어서서 마이드너식의 임노동자기금안을 영국사회의 토양에서 실천하는 방안으로 연금개혁의 와중에 공공의 통제를 받는 투자기금 성격의 연금제도를 수립하는 것을 함축하고 있다. 이러한 적극성은 1980년대 초반에 이뤄졌던 영국 노동당 신진 좌파의 한 실험에 그 뿌리를 두고 있다. AES 강령의 정치적 대변자였던 토니 벤은 이미 1980년에 AES의 국유화·산업민주주의 정책의 한 보조축으로 연금기금의 민주적 통제와 활용을 제기한 바 있었는데,[49] 그 문제의식을 이어받은 노동당 신좌파는 1981년부터 1986년 사이에 런던광역시의회 Greater London Council; GLC의 다수를 장악하고서 독특한 '도시 자치 사회주의 city socialism' 실험을 감행했다. 이 때 GLC는 런던시에 분포한 정부기구 및 공기업 근로자들의 직역연금[50]을 노동계급의 이해에 따른 런던시 내 산업구조조정에 활용했

---

48. 조돈문, 위의 글.

49. Tony Benn, *Arguments for Socialism*, Penguin Books 1980, 150~1쪽.

50. 영국의 연금제도는 공적 연금 Public Pension, 직역연금 Occupational Pension, 개인연금 Individual Pension의 3층 구조로 되어 있다. 그리고 공적 연금은 다시 전국민 공통으로 정액을 지급하는 기초국민연금 Basic State Pension과 피고용자에 한해 불입액과 갹출기간에 비례하여 추가로 연금을 지급하는 소득비례부가연금 State Earning Related Pension Scheme; SERPS이 있다. 근로자의 경우 모두 기초국민연금과 소득비례부가연금에 가입해 있으며, 대규모 기업 종사자들의 경우에는 이에 더해 기업에서 운영하는 직역연금에도 추가로 가입한다. 다시 이에 더해 노동계급 상층이나 중간계급의 경우는 민간연금회사에 가입해 개인연

다. 보다 장기적으로는 각 지방의 이러한 공공부문 직역연금을 기반으로 전국
적, 지역적 투자은행을 설립하여 이를 금융조절의 기제로 활용하거나 전국
혹은 지역 기업위원회[51]가 진보적인 산업구조조정을 실행할 재원으로 쓰자
고 제안하기도 했다. 공적 연금의 재원을 노동계급의 산업정책을 위한 투자기
금으로 사용하려 한 점에서 GCL의 지방자치 사회주의 실험은 '연금기금 사회
주의 pension fund socialism'라고 불리기도 했다.[52]

그런데, GLC 실험의 한 참여자였던 리차드 민즈 Richard Minns[53]는 최근에
연금기금이 마이드너식 사회화 방안의 한 경로로 활용될 수 있다는 제안을
내놓아 눈길을 끈다.[54] 그 역시 드러커의 악몽을 실현시키기 위해서는 민간연

금의 혜택을 받기도 한다. 두 개의 공적연금과 구분돼, 직역연금과 개인연금은 민간연금으로 취급된다.
이들 민간연금에는 정규직 남성 노동자의 75%와 정규직 여성 노동자의 65%가 가입해 있다. 그러나
비정규직 노동 인구는 배제되어 있기 때문에 전체 영국 인구의 반만이 이들 민간연금의 혜택을 받고
있다. 국민연금센터 편집진, 위의 글, 24~31쪽; David Blake, *Pension Schemes and Pension Funds in the United
Kingdom*, Clarendon Press 1995, 3~32쪽.

51. 마이드너안에서 이행의 고리가 임노동자기금이라면 영국 노동당 좌파의 AES에서 이행의 고리는 정부,
기업계, 노동계 대표가 이사진을 맡는 국가지주회사인 National(혹은 Regional) Enterprise Board; NEB였다.
원래의 계획에 따르면 이 NEB를 통해 노사정 사이에 계획 협약이 체결되고 NEB는 주요 대기업에
대한 주식 지분을 통해 이러한 계획 협약을 강제하도록 되어 있었다. NEB는 1970년대 말 윌슨 - 캘러헌
노동당 정부에서 법제화되었지만, 마이드너안의 경우와 마찬가지로 실제 실현된 내용은 원안에 비해
왜소화된 것이었다. 하지만 런던 노동당 지부는 연금기금의 재원을 통해 이것을 최대한 활용했다. 고세
훈, 위의 책.

52. Michael Rustin, "Lessons of the London Industrial Strategy," *New Left Review*, no. 155, 1986. John Palmer, "Municipal
Enterprise and Popular Planning," *New Left Review*, no. 159, 1986. 연금기금의 활용은 아니지만 노동조합과
지역사회가 관리하는 투자기금을 조성해서 고용문제를 중심에 둔 지역 산업구조조정에 활용한 사례로
는 또한 캐나다 퀘벡 주의 경우가 있다. 신정완, 위의 글, 317~8쪽.

53. 민즈는 이미 1980년대 초반부터 영국 산업의 공동화를 낳는 영국 금융제도의 단기투자주의 short-termism
를 분석하는 과정에서 연금제도의 활용 가능성에 주목한 바 있으며, 1980년대 중반 지방자치 사회주의
실험 당시에는 웨스트 미들랜드 지역의 기업위원회에서 정책자문역으로 활동하면서 연금기금의 활용을
직접 실험하기도 했다. R. Minns, *Pension Funds and British Capitalism*, Heinemann E. B., London 1980; *Take
Over the City*, Pluto Press 1982.

54. R. Minns, "The Social Ownership of Capital," *New Left Review*, no. 219. 비슷한 제안으로는 Michael Meacher,
Diffusing Power: The Key to Socialist Revival, Pluto Press 1992, 136~150쪽.

금기관에 대한 가입자 행동주의가 필요하다는 주장을 제시하지만 여기에
머물지는 않는다. 그는 80년대 GLC 실험이 추구했던 것처럼 공공부문의 직역
연금을 기반으로 전체 연금시장의 관제고지가 될 전국공제기금 National
Provident Fund; NPF을 만들자는 제안을 덧붙인다.

> 정부는 영국 전역의 지방자치단체나 아직도 공공소유로 남아 있는 우체국, BBC,
> 영란은행 같은 공공재 등의 모든 공공부분의 직역연금기금들의 경영을 장악할
> 일종의 전국공제기금을 설립해야 한다. NPF는 5백억 파운드 혹은 영국 연금기금
> 의 총자산 중 약 10%를 통제하게 될 것이다. NPF의 운영이사회는 정부에 의해
> 선임될 것이며 그 중 반수는 NPF가 장악하고 있는 연금기금들에 가입한 근로자들
> 의 대표가 차지할 것이다. 지역이사회가 구성될 수 있을 것이며 [……] 경험에
> 비춰보건대, 해당 기업들을 장악하는 데에는 공공부문에 기반한 연금기금 투자
> 주체들이 가장 효과적이다. 왜냐하면 이들에게는 이윤을 둘러싼 치열한 경쟁이
> 없기 때문이다. 또한 NPF는 현재 연금제도의 혜택을 별로 받지 못하고 있는 이들
> 을 위한 보편적 연금제도를 발전시킬 수도 있을 것이다.[55]

민즈는 "사회투자에 대한 전반적인 지침들; 연금기금의 투자위원회에 대한
근로자 가입자들의 통제; 공공부문 연금기금들을 정부와 기타 집단들에 의해
결정된 정책들에 조응하도록 투자할 전국적 기금[NPF]; 통제를 보다 민주화
시키도록 북돋을 지역화된 접근; 가입자들과 그들의 지역사회에 이득을 안겨
주는 금융 제도를 통한 투자의 장려; 보다 보편화되고 개선된 연금 구조의
설계" 등이 하나의 패키지로 추진된다면 이는 '영국판 마이드너안'이라 불릴
수 있는 사회화 안이 될 수 있을 것이라고 주장한다.[56]
　　실제로 영국의 신노동당 정부 일각에서는 이에 근접한 대안이 제출된

---

55. R. Minns, 위의 글, 59~60쪽.
56. R. Minns, 위의 글, 61쪽.

바 있다. 블레어 내각의 첫 사회복지장관이었다가 수상의 눈 밖에 나 쫓겨난
페이비언 그룹 출신 노동당 의원 프랭크 필드 Frank Field는 장관 재임 기간
중 이른바 스테이크홀더 연금안 stakeholder pension scheme이란 것을 제시했
다.[57] 이 안의 골자는, 영국의 경우 이제까지 주로 SERPS가 맡아왔던, 세계은
행 권고안의 제 2층 부분에 해당하는 영역을 민간연금회사들에 맡기지 않고
새롭게 만들어지는 공적 성격의 투자기금형 연금제도에 위임하자는 것이다.
이것이 스테이크홀더 연금인데,[58] 모든 시민은 이러한 성격의 연금기금들에
보편적으로 가입하며 이 연금기금들은 주식투자를 통해 투자이익을 연금수
익으로 지급하는 것으로 되어 있다. 이것이 칠레의 AFPs나 세계은행안의 그것
과 결정적으로 다른 점은 각각의 스테이크홀더 연금기금들이 공적인 연금이
사회에 의해 운영되며 이 이사회는 공제조합, 노동조합, 기타 공공 기구들의
대표로 구성된다는 점, 그리고 기금 재정은 사용자와 근로자 공동부담으로
납부된다는 점, 불안정고용 노동자들이나 생활보호대상자들의 경우 정부가
납부금을 보조하여 모든 시민들이 이 연금제도에 가입할 수 있도록 한다는
점 등이다. 그러나 1998년 12월에 채택된 신노동당 정부의 최종안 「연금을
위한 동반자 관계 *Partnership in Pension*」는 세계은행의 대안에 보다 가까운 것으
로 후퇴했다. 보편적 가입의 원칙은 희석됐고, 노동조합을 스테이크홀더 연금
의 운영 주체로 한다는 것은 수사에 그친 채 민간금융기관들에 유리하게

---

57. 블랙번, 위의 글, 25~8쪽; F. Field, "Disquiet of the Pension's Front," *Tribune*, 25 September 1998.

58. stakeholder란 말은 영국의 신진 좌파 케인즈주의자인 Will Hutton에 의해 유행하게 될 말로서, 기업의
주주 shareholder가 아니라 기업의 모든 이해당사자들 stakeholder, 즉 노동자, 소비자, 하청기업 등이 기업
경영의 책임자이면서 그 결실의 소유자가 되는 방식으로 시장경제가 운영되어야 한다는 stakeholder
capitalism론을 전제하는 것이다. W. Hutton, *The State We're In, Jonathan Cape*, London 1995. 맑스주의자인
블랙번은 소위 라인형 자본주의를 앵글로색슨형 자본주의의 대안으로 내세우는 이런 논의에 전적으로
동의하지는 않으면서도 stakeholder 담론이 자본축적과정에 대한 민중들의 참여를 북돋는 급진적인 역할
을 수행할 수도 있다는 데 주목한 바 있다. "Reflections on Blair's Velvet Revolution," *New Left Review*, no.
223, 1997; 편집부, 「노동당과 영국 좌파 정치의 구조와 역사」, 『읽을꺼리』(1호), 127~131쪽.

되어 있다. 스테이크홀더 연금을 민간연금회사가 운영할 경우 가입자들이
경영진을 효과적으로 통제하기 위해 필요할 운영구조 상의 민주적 장치들에
대한 언급도 없다. 단지 연금제도의 40% 정도를 국가로부터 민간으로 이전하
자는 속셈만이 적나라하게 노출됐을 뿐이다.[59]

<표1> 연금개혁에 대한 세계은행안과 필드안의 비교

	세계은행안	필드안
공통점	주식시장, 3층의 구조	
차이점	수사적 보편주의, 실제는 배제주의	보편주의
	민간금융회사가 운영	노조 등이 참여하는 공적 연금기금

『신좌파평론 *New Left Review*』의 편집장인 로빈 블랙번은 이 잡지의 올
1/2월호에 실린 장문의 글에서,[60] 바로 이 필드의 스테이크홀더 연금기금
원안을 일종의 '영국판 마이드너안'으로 해석하고 있다. 연금기금을 둘러싼
이제까지의 주요 논의들을 총 정리하는 가운데, 그 역시 민간연금기관에 대한
노동자들의 개입 구상에 동조한다. 하지만 그는 민즈와 마찬가지로, 여기서
더 나아가, 연금제도의 전반적인 민영화라는 시장주의 우파의 구상에 대한
좌파의 적극적인 대안으로 새로운 형태의 공적 투자기금형 연금제도를 제시
해야 한다는 입장을 전개한다. 그리고 이러한 연금기금은 새로운 사회화 방안
의 하나로까지 기능할 수 있다고 한다. 전 노동인구가 보편적으로 가입하며
노동조합 등의 사회적 주체들의 접근로가 열려 있는 이러한 연금기금들이

---

59. 블랙번, 위의 글, 31~5쪽. 필드의 원래 안에 대해서도 기존의 국가 주도 사회복지체제를 옹호하는 많은
이들이 그것의 모험적 측면에 대해 비판한 바 있다. 따라서 스테이크홀더 연금의 실제 추진형태에
대한 비판이 상당한 것은 물론이다. Peter Townsend, "How the Government's Proposals on Pensions Should
Be Changed," *Socialist Campaign Group News*, April 1999; Jim Motimer, "Let Down on Pensions," *Socialist Campaign
Group News*, May 1999.

60. R. Blackburn, "The New Collectivism." 그는 위에 언급한 1997년 글에서도 연금기금의 활용을 통한 좌파
정치의 재구성에 대해 관심을 표한 바 있다. "Reflections on Blair's Velvet Revolution."

주식시장의 상당 부분을 점할 경우 이는 마이드너가 임노동자기금에 기대했던 것과 같은 역할을 수행하리라는 것이다. 그는 필드안이 노동조합운동의 적극적 참여와 결합될 경우 충분히 이러한 역할을 할 수 있으리라고 주장한다.

블랙번의 글에는 특히 다음과 같은 흥미로운 주장들이 제시되어 있다. 첫째, 그는 이러한 연금기금의 활용을 통한 사회화 안이 개별 기업 노동자들이 해당 기업을 소유하도록 하는 방식의 사회화 안보다 우월하다고 말한다. 자신들이 종사하는 기업의 주식을 소유한 노동자들이 해당 기업의 경영이라는 제한된 시야에 종속되는 데 반해, 연금기금을 통해 다수의 기업들에 투자하는 노동자들은 경제활동 전반에 대한 보다 광범한 전망을 획득할 가능성이 높다는 것이다. 그는 이를 맑스의 입론을 끌어들여 설명하기도 한다. 그에 따르면 맑스는 사회화를 개별 기업의 자주관리보다는 전체 축적과정의 통제권을 장악하는 것으로서 이해했는데, 왜냐하면 생산현장을 넘어서서 사회 전체를 통해 잉여가치가 최종적으로 실현되어야만 비로소 축적의 전 과정이 완성되는 것이기 때문이다. 따라서 사회화의 주체인 '연합 생산자'는 개별 기업의 특정 노동자들이 아니라 사회의 전체 노동자 가구가 되어야 한다는 것이다. 연금기금의 활용을 통한 사회화 방안은 이러한 전 사회적 자치의 구상과 부합한다.[61]

둘째, 그는 아글리에타와는 달리 이러한 공적 연금기금의 투자활동이 자본주의의 새로운 고성장 축적체제가 아니라 모종의 사회주의로 나아가는 이행과정의 견인차로 작용할 수 있을 것이며 또 그래야 한다고 말한다.

정태적으로 보자면, 내가 천착한 구상은 노동자들이 집단적으로 자본주의 제도를 인수하여 운영해야 한다는 것인 셈이다. 나 자신은 이러한 심원한, 아니 차라리

---

61. 블랙번, 위의 글, 62~3쪽.

흥미롭기까지 한 소유관계상의 교체가 자본주의라는 외피와의 근본적 단절 없이
는 거의 틀림없이 가능하지 않을 것이라고 믿는다. 임노동자 기금들에 기반한
'스테이크홀더 경제' 혹은 새로운 축적체제가 자본주의적 경쟁이라는 근본적 메
커니즘을 지양하여 '윤리적 자본주의' 수준을 넘어서지 못하는 한, 이는 사회개량
의 상습적인 행태를 반복하고 말 것이다.[62]

아글리에타의 경우에 퇴직기금에 기반한 새로운 축적체제는 본질적으로 자본주
의 내에 수립될 수 있는 것이다. 결국 이러한 방향전환은 자본주의를 그 자신의
파괴적 경향으로부터 구원해줄지도 모른다. 그러나 각성된 사회운동의 압력 하에
광범한 전선에 걸쳐 복합적 개혁을 착수한다면 이는 자본주의의 제약을 넘어설
수도 있다. 이러한 조처들의 논리가 다이앤 엘슨이 주장한 '시장의 사회화'라는
보다 광범한 사회화 혹은 존 로머 John Roemer의 '시장 사회주의' 모델 또는 호베르
투 웅거 Roberto Unger의 '순환 자본 기금 rotating capital funds'의 구성요소들을
초래하여 '자본의 사회화'라는 진보의 디딤돌이 될 가능성은 충분하다.[63]

즉, 블랙번은 노동자 통제 연금기금의 의미를 금융자본주의에 대한 조절 메커
니즘으로 제한하는 논자들에 반대하면서 이를 명확히 탈자본주의적인 '이행
강령 transitional programme'의 구성요소로 자리매김하고 있는 것이다.

셋째, 그는 연금기금을 통한 사회화 방안이 최근 이행 강령의 주요 구성요
소로 떠오르고 있는 의제들, 즉 노동시간 단축, 기본시민소득, 지역 차원의
'연합 민주주의 associative democracy'의 구축 등과 결합되어 노동운동의 사회
운동으로의 고양에 기여할 수 있으리라고 주장한다. 이러한 강령안들의 결합
을 통해, 다양한 사회화 경로를 통한 자본주의의 극복이라는 '복합적 사회주

---

62. 블랙번, 위의 글, 63쪽.
63. 블랙번, 위의 글, 53쪽. 아글리에타는 노동자들이 연기금을 통해 기업을 통제하는 것을 소위 '라인형
    자본주의'의 수립과 연관지어 제시하고 있다. 미셸 아글리에타, 「세계화, 사회 모델간 경쟁: 초국적
    경제 정책의 요소」, 이병천・백영현 엮음, 『한국사회에 주는 충고』, 삼인 1998.

의 complex socialism'의 구상을 발전시킬 수 있다는 것이 그의 생각이다.[64] 또한 그는 투자기금형의 공적 연금을 활용해 새로운 공공부문과 대규모의 협동조합부문을 창출할 수 있을 것이며, 최근 민영화의 대상이 되고 있는 주요 국영기업들을 이러한 연금기금의 소유로 이전하여 사회의 통제를 받도록 만들 수 있으리라고 주장하기도 한다. 여기에는 유럽연합 차원의 마이드너 계획을 구성해볼 수 있으리라는 제안도 포함되어 있다.[65] 이러한 내용들은 새로운 탈자본주의 강령의 구성에서 참고해볼만한 언급들이라고 생각된다.

3) 새로운 도전인가, 위험한 불장난인가?

최근 연금제도 개혁문제를 둘러싸고 대결하고 있는 우파와 좌파는 그 급진주의 radicalism의 측면에서 역설적으로 공통점을 지니고 있다. 그것은 바로 연금제도의 개혁을 계기로 민중들을 자본주의의 금융세계화 국면이라는 전장에 동원하려 한다는 점이다. 그리고 이 공통의 전장에서 둘의 논리는 첨예하게 갈린다. 우파는 민중들의 주식시장 참여를 통해 금융자본의 새로운 축적의 활로를 찾으려 하며, 따라서 이들의 목적은 주식시장의 폭발적 부양에 있다. 이들의 대중 동원에는 모든 사람이 시장지향의 인간이 되어야 한다는 급진주의가 자리잡고 있다. 좌파의 경우 민중들의 주식투자활동 참여는 고삐풀린 자본주의를 사회화하기 위한 새로운 계기를 마련하기 위해서이며, 따라서 이들은 주식시장의 부양보다는 그 통제에 관심이 있다. 그리고 이들에게도 대중동원은 계급 지향의 집단행동이 요구된다는 급진주의에 기반해 있다. 동일한 현실을 놓고 이렇게 극히 상반된 지향들이 제출될 수 있는 것은 미래를 향해 열려진 하나의 불확정적 심급 때문이다. 그것은 바로 주식시장 자본

---

64. Raymond Williams에게서 유래하는 '복합적 사회주의'에 대해서는 R. 블랙번, 「동구권 몰락 이후의 사회주의」, 로빈 블랙번 편저, 『몰락 이후』, 김영희 외 옮김, 창작과비평사 1994를 참고.

65. 블랙번, 위의 글, 50쪽 이하 참고.

주의에 대한 민중의 통제력이라는 심급이다. 우파가 민중들의 영향력이 주식시장이라는 제도에 의해 항구적으로 소외되리라는 판단에 입각해 있다면, 좌파는 집단적 주체의 새로운 힘이 주식제도에 대한 통제력을 구성해 내리라는 전망에 기반해 있다. 이 다음부터는 완전히 '실천'의 영역인 셈이다.

<표2> 연금제도 개혁을 둘러싼 우파와 좌파의 논리 비교

		우파	좌파
공통점	동원	전 경제활동인구의 동원을 추진	
차이점	목적	새로운 투자처의 모색 주식시장의 부양	새로운 사회화 방안 모색 주식시장의 통제
	동원 논리	시장논리로의 대중동원	계급논리로의 대중동원
	전제	*민중들의 통제력의 소외 전제	*민중들의 통제력 확보 전제

여기서, 우린 이 '실천'의 영역을 냉정하게 짚어볼 필요가 있다. 이를 위해서 일단 최근 좌파 지식인들과 영·미권 노동운동이 제시하고 있는 전형적인 논리를 정리해보자.

① 최근 자본주의의 금융 세계화 국면을 주도하고 있는 것은 민간연금기금들이다.
② 연금기금들은 상호소유 mutual ownership 형태를 띠고 있는, 임금소득자들의 집단적 자산이다.
③ 단기차익을 추구하는 민간연금기금의 투자행태는 펀드매니저들의 전횡에서 비롯된 것이다.
④ 현재 민간연금기금의 가입자인 임금소득자들은 펀드매니저들의 투자를 통제할 권한을 제도적으로 보장받지 못하고 있다.
⑤ 연금기금 가입자인 임노동자들이 노동조합과 같은 자신들의 집단적 기구를 통해 개입을 시도하면 민간연금기금의 투자활동에 대한 통제권을 확보할 수 있다('주주행동주의'의 특수한 형태로서 '연금기금 가입자 행동주의').
⑥ 따라서 민간연금기금의 투자활동에 개입하는 연금기금 가입자들의 행동주의를 통해 카지노자본주의의 양상을 교정할 수 있다.

우리의 물음은 과연 임노동자들이 연금기금의 투자활동을 놓고 '노동계급'이라는 집단적 주체로 호명되는 것이 가능한가 하는 것이다. 아니, 단순히 가능하냐 여부를 떠나 그것이 다른 호명들을 제치고 강력한 현실성을 발휘할 수 있을까가 문제이다. 혹시 투자활동을 통해 일정 수준 이상의 연금수익을 확보해야 한다는 개인적 이해가 노동계급의 집단주의에 대한 우리의 기대를 쉽게 배반하게 만드는 것은 아닐까?

실제 사례는 결코 낙관적이지 않다. 월리 세콤브 Wally Seccombe는 캐나다 온타리오 주의 교사연금제도 Ontario Teachers Pension Plan; OTPP를 예로 들고 있다. OTPP는 캐나다 최대의 투자기금들 중 하나로서 이 나라의 상위 300대 기업의 주식 3%를 소유하고 있다. 그리고 이 연금기금의 펀드매니저는 가입자들의 권리를 보장하려 노력하는 것으로 유명하다. 한편, 온타리오 주의 교원노조는 유명한 온타리오 '행동의 날 Day of Action' 파업을 이끈 전투적인 공공부문 노조로서 온타리오 주정부의 신자유주의적 공공지출 삭감에 대항해 싸워왔다. 그러나 OTPP 자체는 "가입자들의 연금소득 보장을 위해" 다른 연금기금과 다르지 않은 단기차익 추구에 골몰한 투자를 벌이고 있으며, 펀드매니저는 노조가 대항해 싸우고 있는 그 정부의 신자유주의적 재정 자문가로 활동하고 있다. 참으로 놀라운 역설이다! 이러한 예는 영어권 세계에 일반화된 수많은 사례들 중 하나에 불과하다. 금융기관들의 압력으로 인해 정리해고의 열풍이 불던 1980년대에 그 금융기관들 중에는 바로 연금기금들이 있었다. 그리고 이러한 연금기금의 행태에는 펀드매니저를 통제할 수 없다는 제도상의 미비점만으로 환원될 수 없는 보다 근본적인 문제가 자리잡고 있다. 그것은 연금가입자인 임노동자들 자신이 어느 정도는 그러한 투자행태를 방관 혹은 지지했다는 것이다. 연금기금 때의 투자활동을 놓고 노동계급의 이해가 극심한 자기분열을 노정하고 있다는 이야기이다.[66] 이 때문에 프랑수와 셰네

---

66. W. Seccombe, "Contradiction of Shareholder Capitalism: Downsizing Jobs, Enlisting Savings, Destabilizing Families,"

François Chesnais 같은 이는 퇴직 봉급 생활자의 연금 수령 욕구에 의해 현직 봉급 생활자의 착취가 강화되는 체계를 '금융 지배적인 세계적 축적체계'의 중요한 구성요소 중 하나로 제시하기까지 한다.[67]

사실 안정된 노후 생활비를 보장받으려는 것은 임노동자 가구의 지극히 합리적인 경제적 이해이다. 문제는 이러한 경제적 이해의 추구가 개별 가구의 투자 행위라는 개인적 차원에서 이뤄지는가, 아니면 노동계급 공동체의 개입 이라는 집단적 차원을 통해 실현되는가 하는 데 있다. 이 점에서 최근의 민간 연금기구의 경우는 가입자들이 후자보다는 전자를 지향하도록 설계되어 있 다. 임금 소득자들이 개별적으로 구좌를 개설하고 연금기관은 전적으로 주식 투자에 의존해 그 수익을 바탕으로 연금을 지급한다는 메커니즘 하에서는 임노동자 가정이 경제적 이해의 포로가 될 가능성이 극대화되지 않을 수 없는 것이다. 셰네 같은 논자들이 연금기금을 통해 노동계급의 상당수가 금융 투기자로 호명되리라는 비관적 전망을 제시하는 것도 무리가 아니다. 말하자 면, 펀드매니저의 전횡이라는 특정한 제도적 결함에만 책임을 전가시킬 수 없는 물질적 토대가 분명히 존재하며, 따라서 연금기금을 통한 사회화를 논의 하기 위해서는 자본주의적 제도로서의 연금제도의 고유한 특성과, 이와 결합 된 노동계급의 이율배반이라는 객관적인 조건이 중요하게 고려되어야만 하 는 것이다.[68]

그렇다면, 이러한 조건은 결국 연금기금을 통한 사회화 방안의 불가능성

Leo Panitch & Colin Leys (eds.) *Socialist Register 1999: Global Capitalism versus Democracy*, Merlin Press 1999. 그렇다고 해서 세콤브가 좌파가 연금기금 문제와 대결해야 할 필요성을 강조하지 않는 것은 아니다. 한편 D. 헨우드도 그의 책 전체를 통해 이 문제를 비판적으로 지적하고 있다. 위의 책, 특히 458~468쪽.

67. F. 셰네, 「금융 지배적인 세계적 축적 체계의 출현」, 『한국 사회에 주는 충고』, 174~6쪽.

68. 그렇다고 민간연금기금에 가입한 노동계급 상층을 '노동귀족층'이라고 비판하는 것도 해답은 아닌데, 이미 절반이 넘게 이러한 연금기금에 가입한 선진국의 정규직 노동자들을 민주변혁의 주체에서 제외하 는 것은 60년대의 마르쿠제주의—핵심 노동계급을 배제한 채 배제층들에만 변혁운동의 기대를 거는— 의 재판에 불과할 것이다.

을 의미하는 것일까? 이 물음에 대한 답을 속단하기는 아직 이르다. 우리는 차라리 이상과 같은 부정적 조건에도 불구하고 연금기금이 사회화 방안으로 활용될 수 있을 몇 가지 요구사항들을 살펴보는 것이 더 건설적이라고 생각한다. 이러한 요구사항들 중 하나로 우선 가입자들이 노동계급으로 호명될 가능성을 최대한 제고시킬 연금기금의 제도적 보완을 고려해볼 수 있다.

가령, 마이드너나 민즈, 블랙번 등이 제시하는 보편적이며 공공적인 성격의 펀드형 연금의 구상들은 이러한 위험을 일정하게 약화시킬 제도적 방책들을 준비하고 있다. 마이드너의 제안이나 현재 스웨덴에서 LO가 추진하고 있는 방식의 경우는, 조직률이 높은 전국적 노총이 연금기관을 설립했기 때문에 이 노총 조직이 지탱하는 집단주의가 연금기관의 투자 행태를 규정할 가능성이 높다. 그러나 가입자들이 자신이 지닌 한 개의 개인구좌를 여러 투자기관들 중 한 곳에 맡기는 것이기 때문에, 가입자들이나 노동조합 소유 연금기관이나 모두 투자활동의 수익추구 측면에 대해 갖는 압박이 상대적으로 크다는 난점이 존재한다. 이 문제와 관련해 블랙번은 각 개인이 복수의 구좌를 가지도록 권장함으로써 이러한 압박을 약화시키려 한다. 임금 소득자들이 공적인 통제를 받는 여러 스테이크홀더 연금기금들에 복수로 분산 가입할 경우 각각의 연금기금의 활동에 대한 수익추구 압박은 그만큼 약화되고 투자활동상의 목표가 사회적, 윤리적인 것으로 다원화될 가능성이 높다는 것이다.

한편 민즈의 NPF의 경우는 기존의 공적 연금의 성격을 그대로 지니고 있어서, 비록 투자활동을 통해 재정의 확대를 기한다 하더라도 여느 펀드형 연금안에 비해서 가입자들로부터의 금융수익 추구 압박이 가장 적을 수 있다. 펀드의 재정 비축과 관련해서 경제적인 압박이 존재하긴 하지만 이는 당장의 연금 지급률과는 직접적으로 연관되지 않으므로, 가입자인 공공부문 노동자들이 단기 투자보다는 장기적인 산업투자 행위에 동의할 가능성이 높다. 또한 이 경우에는 가입자들이 복수의 연금기관들이 존재하는 연금시장에 수요자로 접근하는 것이 아니기 때문에, 처음부터 개별 가구로서가 아니라 노동계급

집단의 일원으로 연금 운영에 개입하지 않을 수 없게 되어 있다. 하지만 그렇다해도 이 역시 기본적으로는 주식제도를 통한 투자 행위의 이익을 가입자들에게 개별적으로 배당하는 메커니즘을 지니기 때문에 임노동자들이 금융수익 추구자로서 행동할 여지는 잠재적으로 존재한다.

따라서 제도적 보완 이외에 보다 주체적인 차원에서 제기되는 요구사항들을 검토해보아야 한다. 여기서 1980년대 GLC의 연금기금 활용 실험의 와중에서 발생한 한 논쟁을 살펴보는 것이 도움이 될 듯하다.[69] 이 논쟁은 노동당 좌파가 다수를 차지한 지방의회의 경제자문역이었던 로빈 머레이 Robin Murray와 리차드 민즈 사이에서 벌어졌는데, 그 쟁점은 영국 산업의 쇠퇴 요인이 무엇인지, 그리고 연금기금 활용의 주된 의의가 어디에 있는지 하는 문제였다. 여기에서 우리의 관심의 대상은 각자가 연금기금 활용의 핵심적 의의로 제시한 것들이다. 머레이는 <런던광역시기업위원회 Greater London Enterprise Board; GLEB>가 고용을 유지 혹은 확대하고 민중들의 생활향상을 도모하는 방향으로 산업구조조정을 추진하는 과정에서 재원의 문제가 중요하게 제기되었음을 지적하면서, 연금기금의 활용이 바로 노동계급 입장에서의 산업정책을 위한 투자 재원 확보에 있음을 주장했다. 이에 대해 민즈는 머레이가 연금기금의 활용이 갖는 금융개입적 측면을 제대로 부각시키지 못하고 있다고 비판하면서, 연금기금이 진보적 산업구조조정의 자금으로 쓰인다 하더라도 이는 산업에 대한 장기투자보다는 해외 단기투자에 몰두하는 런던 금융가에 대한 대응의 성격을 띠지 않을 수 없다는 점을 강조했다.

논쟁 당시에는 연금기금 사회주의가 직시해야 할 금융자본과의 투쟁이라는 측면을 충분히 강조한 민즈의 주장이 부각되었다. 민즈는 연금기금의 적절한 활용을 위해서라도 주요 금융기관의 민주적 통제를 가능하게 할 금융기관

69. R. Murray, "Pension Funds and Local Authority Investments," *Capital & Class*, Summer 1983; R. Minns, "Pension Funds: An Alternative View," 같은 책.

사회화 조처가 필수적이라는 점까지 올바로 지적했었다. 하지만 우린 당시 논쟁의 두 당사자가 당연한 사항으로 공유하고 있었으나 이제 와서는 다소 망각되고 있는 쟁점에 보다 주목하고 싶다. 연금기금 투자활동을 진보적인 방향에서 전취하기 위해 필수적으로 동반되어야 하는 노동계급의 산업정책이 그것이다. 노동계급 입장의 진보적 산업구조조정 정책은 기업, 지역, 그리고 전국적인 수준에서 고용을 유지 혹은 확대하며 민중들의 필요에 부응하는 생산을 장려하는 데 중점을 두어야 할 것인데, 연금기금의 활용이 사회화 안으로 의미를 지니려면 바로 이러한 정책과 긴밀히 결합돼야 하는 것이다. 이 때에만 연금기금은, 비록 주식시장에 일정하게 참여한다 하더라도, 연금기금 가입자들의 광범한 동의에 기반하여 주식 투자——사실상은 투기——가 아닌 산업 투자를, 즉 산업과 기업에 대한 사회적 자주관리의 시도를 벌일 수 있을 것이다.[70] GLC의 경우에도, 루카스항공사 Lucas Aerospace 등에서 노동조합 직장위원들 shop stewards이 사측의 고용조정에 대항하는 생산계획을 제시했기에 공공부문 직역연금기금을 활용한 GLEB의 투자가 의미있는 실천이 될 수 있었던 것이며 이들 연금에 가입한 임노동자들의 동의도 확보할 수 있었던 것이다.[71]

그러나, 노동계급으로서의 호명이 다른 호명을 제압해야 한다는 필요성은 위의 제도적 보완이나 산업정책 이외에 또 다른 요구사항을 제기한다. 그것은 바로 사회운동적인 상태를 일상적 실천 형태로 여기는 노동운동 노선, 즉 사회운동적 노동조합주의 Social Movement Unionism이다.[72] '타협의 정치'

70. 물론 위에서 제시한 여러 이유 때문에 민간연금기관에 대한 개입보다는 공적 성격의 연금기금에 대한 통제에서 진보적 산업정책과의 결합이 더 원활히 이뤄질 것이다.

71. GLC의 산업정책에서 노동조합 현장위원들이 발휘한 이니셔티브에 대해서는 Micahael Barratt Brown, "Models for Building a New Social Order," *Models in Political Economy: A Guide to the Arguments*, Penguin Books 1984, 247~8쪽을 참고할 수 있다. 루카스 항공사의 실험에 대해서는 Hilary Wainwright & Dave Elliott, *The Lucas Plan: A New Trade Unionism in the Making*, London 1982; 마이크 쿨리, 「루카스 항공에서의 협동계획」, 송성수 편역, 『우리에게 기술이란 무엇인가?』, 녹두 1995를 참고.

보다는 '운동의 정치'에 중심을 두는 이러한 노동운동 노선만이 자본주의적
제도를 사회화의 기반으로 활용한다는 이 거인적 작업을, 최소한 부분적이나
마, 실현가능한 것으로 만들 수 있을 것이다. 사회화의 제도적 기반에 자본주
의 사회의 앙금이 강하게 묻어 있으면 묻어 있을수록 '운동의 정치'에 대한
요구는 더 강렬할 수밖에 없는데, 왜냐하면 여기서 '사회운동'이란 그 정의상
주체성의 격동을 통해 개인과 공동체 사이의 관계가 재구성되는 국면을 의미
하기 때문이다. 물론 연금기금 가입자 개인과 노동계급 공동체 사이의 관계도
여기에 포함된다.

　마지막으로, 이상의 논의를 감안해 연금기금을 통한 사회화 방안들을 국
유화나 임노동자기금 원안, 개별 기업의 노동자소유 방안 employee ownership
scheme 같은 다른 사회화 안들과 비교해보자. 우선, 주식제도를 활용한다 하더
라도 AES의 NEB식 국유화 방안이나 마이드너안의 경우는 사실상 주식시장의
잠식을 추구하는 것이다. 즉, 신규발행주식이 자동적으로 사회화의 주체인
NEB나 임노동자기금에 축적되게 되어 있기 때문에 이는 주식제도를 활용하
는 것일망정 주식시장을 활용하는 것은 아니다. 또한 처음부터 노동계급이
노동조합 등을 통해 집단적으로 개입하도록 되어 있고 임노동자 가구의 개별
적인 경제적 이해와 무매개적으로 연결되지도 않는다. 따라서 이러한 방안이
야말로 가장 우월한 사회화 방안이라 할 수 있다. 하지만 바로 이러한 이유
때문에 이들 방안이 실제 추진되기 위해서는 노동운동측의 높은 의식과 조직
화, 투쟁이 요구된다.

---

72. 사회운동적 노동조합주의에 대해서는 킴 무디, 『신자유주의와 세계의 노동자』, 사회진보를 위한 민주연
　　대 옮김, 문화과학사 1999; 샘 긴딘, 「금세기말 노동운동에 대한 노트」, 『당대비평』(2호), 1997 겨울을
　　참고. 우리는 사회운동적 노동조합주의란 것을, 아래로부터의 동원을 통해 '정치'와 '경제'의 분리라는
　　자본주의 문명의 틀을 넘어서서 '사회적인 것'을 구성해가는 노동운동 노선으로 이해한다. 여기서 '사회
　　적인 것'의 구성이란 무엇보다도, '경제적 인간'을 가능케 하는 개인-공동체 관계를 새로이 재구성한다는
　　함의를 지닌다.

연금기금을 통한 사회화 안이나 개별 기업의 노동자소유안은 이와는 달리 기존 주식시장에서 주식을 매입하여 소유권 개입을 시도한다는 측면을 지니고 있다. 이 경우 이러한 투자 행위는 임노동자 가구의 경제적 이해와 직접적으로 연결되지 않을 수 없어서 사회화 안으로서는 치명적인 약점을 지니게 된다. 법적으로는 집단소유 형태를 띤다 하더라도 각 개인의 경제적 이해 때문에 사회화에 마땅히 필요한 계급 차원에서의 집단적 통제는 곤란하기 쉽다. 다만, 이들 방안은 자본주의 제도를 최대한 활용하는 것이기 때문에 자본주의 생산관계의 지배하에서도 체제 내부로부터 상대적으로 쉽게 도입될 수 있다는 이점이 있다. 그렇기 때문에 현재의 우경화된 지형에서 보다 우월한 사회화 전략으로 나아갈 '이행의 정치'의 출발점으로서 적극적으로 고려되고 있는 것이다.

그렇다면, 이들 방안 내부의 우열은 이러한 이행의 정치를 구성하는 과정에서 어떤 방안이 보다 효과적일 것일까 하는 데 있을 것이다. 논쟁의 여지가 있긴 하지만, 우리는 이 부분에서 연금기금을 통한 사회화 안이 일단 개별 기업의 노동자소유안보다는 우월하다고 본다. 노동자소유기업안의 경우 생산과정에 대한 보다 직접적인 통제가 가능하다는 이점을 지니고 있기는 하지만, 그것이 공장평의회류의 자주관리운동이 아니라 주식소유를 통한 개별기업의 소유·경영권의 인수 내지는 그에 대한 개입인 한 노동자들의 시야가 소속된 개별 기업의 단기적 성과에 제한될 위험이 크다. 연금기금의 경우 연금소득에 대한 기대가 사회화로서의 의의를 갉아먹을 수 있다고 하지만, 자본주의 경제에서 개별자본으로서 경쟁에 참여하게 되는 특정한 기업의 노동자 소유가 갖는 이윤추구적 행동의 여지는 이러한 연금기금의 단점을 능가하는 부정적인 측면을 지니는 것이다. 반면 연금기금을 통한 사회화 안은 노동자소유기업안에 비해 사회화의 주체 자체를 보다 대규모로 형성할 수 있으며 노동자들의 시야도 개별 기업을 넘어서서 자본주의 경제 전체로 확대시킬 가능성을 지니고 있다. 결국 전국적인 이행의 정치를 구성한다는 점에서는 개별 기업을 기반으로 한 노동자소유기업안의 추진보다 효과적일 수 있는 것이다.

이 지점을 중요하게 고려한다면 연금기금의 활용이 사회화 방안으로서 의미를 지니기 위해 필요한 요구사항들 중에 하나를 더 추가할 수도 있을 것이다. 그것은 연금기금의 활용 전략이 보다 적극적인 사회화의 추진으로 나아가기 위한 '이행의 정치' 전략과 긴밀히 결합돼 있어야 한다는 점이다.

<표3> 각각의 사회화 방안들의 비교

	개인주식투자 (소위국민주)	보다 우월한 사회화 방안		
		A '이행의 정치'를 위한 강령적 요구		B 이행의 강령
		노동자소유기업	연금기금을 통한 사회화	NEB식 국유화 임노동자기금 원안
방식		주식제도의 활용		주식제도의 잠식
시야	전체 경제	개별 기업	전체 경제	전체 경제
동력	거의 개인이해	개인이해+집단이해 (기업)	개인이해+집단이해 (전체노동계급)	집단이해가 주도

4. 조돈문 교수의 제안들에 대한 검토

「'수세'에서 '공세'로」 앞머리에서 조돈문은 '소유권 개입'이라는 제목 아래 자기 나름의 사회화 전략을 제시하고 있다. 그가 제시하는 세 가지 차원의 소유권 개입 전략은 우리가 이제까지 살펴본 사회화 방안들과 직·간접적인 관계를 맺고 있다. 위의 논의들을 바탕으로 여기서는 조돈문의 제안을 하나하나 살펴보면서 그 가능성과 한계를 논하고 이 과정에서 한국사회 진보운동에 필요한 사회화 논의의 윤곽을 그려보도록 하겠다.

우선, 조돈문이 가장 적극적인 사회화 방식으로 내세우는 것은 "임노동자기금제"이다(216~220쪽). 여기서 임노동자기금제란 마이드너의 1975~76년 원안에 제시되어 있는 그 임노동자기금안이다. 하지만, 조돈문은 이 방안의 의미를 높이 평가하면서도, "자본계급을 중심으로 한 상당한 사회적 저항이 예상되어 짧은 기간 내 도입이 어려"우며 따라서 "장기적 전략으로 추진될 필요가 있다"고 말한다. 그는 임노동자기금제라는 새로운 제도를 도입하기는 어려우나 "기존의 연기금 제도와 우리사주제를 개혁 변혁하는 것은 상대적으로 쉽"기 때문에 "이 두 제도들의 개혁, 변혁을 통하여 사회적 소유 및 소유권 제약을 추구하는 것은 우선적으로 시도될 수 있을 것"이라고 주장한다.

임노동자기금제가 검토해볼 만한 하나의 대안인 것은 사실이다. 그리고 이를 일단 장기적인 과제로 설정하는 것도 이해할만하다. 보다 낮은 수준이지만 이 제안과 긴밀한 연관을 갖는 다른 사회화 방안을 제시함으로써 급진적 강령의 현실성을 높여나가려는 대목도 높이 평가할만하다는 생각이다. 이 부분에서 문제는 임노동자기금제 자체의 적실성보다는 오히려 조돈문이 발설하지 않고 사전에 배제해버리는 것들에 있다. 그것은 또 다른 높은 수준의 사회화 방식인 국유화 방안이다. 여기서 국유화란 혁명적 단절에 기반한 전산업의 국유화 같은 것만을 염두에 둔 것은 아니다. 영국 노동당의 AES 강령에서처럼 국가지주회사의 설립을 통해 주식제도라는 자본주의적인 틀을 놔둔 채 주요 대기업이나 금융산업에 대한 국가소유를 추진할 수도 있다. 그리고 국유화라는 틀을 유지하면서도 현실사회주의와 사회민주주의의 국유화 경험에 대한 반성을 충분히 살려낼 수도 있다. 가령 AES의 경우를 보면, 국가지주회사의 이사회를 노·사·정으로 구성하여 노동계급의 직접적·집단적 개입의 여지를 제도적으로 확보하려 한 것을 발견할 수 있다. 조돈문은 임노동자기금제를 앞으로 유일하게 가능한 높은 수준의 사회화 방안으로 제시함으로써 이러한 국유화 방식의 가능성을 사전에 배제해 버리고 있다. 이는 위에서 지적한 바 있는 '국유화' 대 '임노동자기금식의 사회화,' '국가사회주의' 대 '시장사회주의' 같은 새로운 교조주의에서 비롯된 것이다.

   이러한 생각이 굳어질 때의 위험은 바로 현재 우리의 상황에서 분명히 드러난다. 최근의 대우, 대한생명 사태는 워크아웃 대상 대기업과 이들의 채권단인 부실 금융기관에 투입되고 있는 막대한 공적 자금을 어떻게 하면 이들 자본에 대한 사회적 관리의 기반으로 전화시킬 것인가 하는 문제를 제기하고 있다. 이 문제는 고용을 유지하는 진보적 구조조정을 현실 의제로 압박하기 위해 풀어야 첫 번째 고리이다. 여기에서 우리는 국가지주회사의 설립을 통한 국유화 방식의 타당성을 생각하지 않을 수 없다.[73] 하지만 국유화를 진보운동의 의제에서 배제해버리는 태도를 견지한다면 이러한 가능성이 눈에 들어올 리 없다. 현재도 대우문제 등을 둘러싼 보다 적극적인 운동이 전개되지 못하는 것은 진보진영 자신의 자승자박격 '냉소주의'의 탓이 크다. 사회화 논의의 제안이 진지한 것이라면, 우리는 한국 자본주의의 현실에 대한 분석에 기반해서 국유화 실험이나 임노동자기금제 같은 다양한 사회화 방안을 열린 태도로 탐색하는 실사구시의 입장을 견지해야만 할 것이다.

   조돈문은 당장 실현가능한 소유권 사회화 방식으로는, 우선 "연기금 제도개혁"을 제안한다(220~226쪽). 여기서 그는 우리가 위에서 살펴본 바 있는 스웨덴의 LO-Folksman을 사례로 들면서 노동조합이 주도하며 주식시장에 투자하는 펀드형 연금이 사회화의 한 경로가 될 수 있다고 주장한다. 결국 그의 논의는 마이드너 등의 최근 논의와 잇닿는 것이다. 하지만 그는 여기서 더 나아가, 이러한 논의를 한국의 연금제도의 현실에 접목시키고 있다. 연금제도의 민영화가 현실 의제에 올랐다기보다는 공적 연금제도의 형성 자체가 현안으로 되어 있는 우리의 현실을 검토하면서 그는 "국민연금제도의 개편과 부실운용의 문제점은 제도개혁에 개입할 수 있는 좋은 기회를 제공하고 있다"

---

73. 혹자는 현재의 정치 지형에서는 그런 방식의 국·공영기업화가 이뤄진다 하더라도 노동자세력이 개입할 수 있는 여지는 없다고 비판할지도 모른다. 그러나 그러한 여지를 만들어낼 수 없다면 조돈문 교수가 권고하는 연금제도에 대한 실질적 개입의 여지도 사실은 생각할 수 없는 것이다.

고 말한다. 그가 노동운동의 개입의 기반으로 주목하는 것은, "현행법 하에서도 주식투자가 허용되고 있다"는 부분과, 현재로서도 "국민연금기금의 운영과 관련된 주요한 운영위원회들의 구성에 근로자 대표가 참여하게 되어 있다"는 부분이다.[74] 그는 국민연금기금의 운영위원회들에 노동조합이 적극적으로 개입하여 국민연금의 투자활동을 주도한다면 "투자기업들에 대한 사회적 소유를 추진하는 동시에 해당기업들을 소유한 자본가들의 소유권을 규제"할 수 있다고 주장한다. 여기서 더 나아가 그는 스웨덴의 1998년 연금기금법 개정에서처럼 피보험자들이 자신의 기금적립분에 대해 개인구좌를 지닐 수 있도록 하고 이 구좌를 민간금융기관에 신탁할 수 있도록 하자는 제안을 덧붙인다. 민주노총이 투자회사를 설립하거나 아니면 특정 투자회사와 계약하여 이를 노동자 투자기금으로 활용할 수 있다는 것이다.

일단 이러한 제안 자체는 긍정적으로 검토될만한 것이다. 공적 연금에 대한 적극적인 개입은 영국 GLC의 실험과 같은 훌륭한 실천의 기회가 될 것이다. 하지만 이는 우리가 위에서 정리한 것과 같은 요구사항들——제도적인 보완, 노동계급 입장의 진보적 산업정책, 사회운동형 노동운동, 그리고 이행의 정치에 대한 구상——을 동반해야만 한다.[75] 그렇지 못할 경우 국민연금은 섣부른 주식투자를 통해 실패를 맛볼 수도 있고, 그 책임이 노동조합 대표들에 돌아갈 수도 있다. 남아프리카의 경우에는 노동조합이 운영하는 연금기금이 파산의 위험에 처한 실례가 이미 존재한다.[76] 이 부분과 관련해,

---

74. 물론 근로자 부분은 한국노총에 의해 배타적으로 대표(?)되고 있다.

75. 민주노동당(준) 강령 시안의 <경제> 부분은 사회적 소유의 주체들로 '해당 기업의 노동자, 각종 공적 기금, 금융기관, 소액 주주' 등을 언급하면서 '공적 기금'의 예로는 '연금기관'을 들고 있다. 그러나 막상 이러한 '연금기관'을 어떻게 사회화의 주체로 전화시킬 것인지에 대해서는 아무런 언급도 없다.

76. COSATU 지도자인 Cyril Ramaphosa가 이끄는 National Empowerment Consortium이 90년대 중반 차입 자금으로 주식을 매입했으나 주식가격의 하락으로 차입자금을 갚는 데 바빴던 경험이 있다. 비록 연금기금 자체가 타격을 입지는 않았으나 연금기금의 투자활동을 통해 진보적인 산업정책을 북돋겠다는 목표는 상처를 입었다. 연금기금의 활용에 대한 COSATU의 입장으로는 COSATU 셉템버위원회, 『노동운동의

조돈문의 글은 국민연금의 투자활동이 '주식' 투자가 아니라 '산업' 투자임을 분명히 제시하지는 않고 있다는 느낌을 준다.

그런데 우리의 경우에는, 이에 더해, 한국 자본주의의 특성으로 인한 어려움이 부가된다. 문제는 바로 한국 임노동자 가구의 퇴직 후 생활 양상이다. 실증조사를 실시한 다음에야 분명히 밝혀지겠지만, 한국 자본주의에서는 1960년대에 산업화가 본격적으로 이뤄진 이래 제1세대에 해당되는 임노동자들이 최근에야 퇴직을 경험한 상태이다. 따라서 퇴직한 임금소득자 가구의 생계비 조달 패턴에 대해서는 그다지 관심이 쏠리지 않은 것이 당연하며, 불과 몇 년 전부터 비로소 국민연금제도가 도입되고 있는 것도 이런 사실과 무관하지 않다. 이런 가운데 공무원, 군인, 교사의 경우를 제외하면 공적 연금도 아직 본격적인 가동을 하지 않은 상황이고, 기업연금제도도 존재하지 않는다. 개인에게 화폐로 일괄 지급되는 퇴직수당이 노후 생계의 유일한 기반이다. 이로 인해 대부분의 퇴직 임금소득자 가구는 일괄 수급한 퇴직수당을 갖고 도시 소자영업 부문에 진출하거나 뮤추얼펀드 같은 민간금융기관에 신탁하는 것이 보통이다. 이는 퇴직 임노동자 가구를 연금수령자라는 노동계급의 일부로 이전시키기보다는 도시 소부르주아계급에 **흡수시키는** 효과를 낳는다. 이는 (남성) 가장의 화폐임금에 전적으로 의존하는 임노동자 가구의 특성과 함께 한국 노동계급운동의 독특한 경제주의 양태와 밀접히 관련되어 있음이 분명하다. 이 점에서 한국의 임노동자들은 연금제도에 대한 계급적 개입으로 동원되기가 서구의 경우보다 더욱 곤란할 것이다.

하지만, 그렇다고 해서 이것이 조 교수의 제안의 실현불가능성을 의미하는 것은 아니다. 오히려 이러한 한국 노동계급의 경제주의의 고리가 존재하므로 그만큼 이를 노동운동의 실천을 통해 정면 돌파해야 한다는 점을 강조하고 싶은 것이다. 다만 이런 측면에서, 스웨덴에서처럼 연금제도 부분민영화를

미래를 위한 셉템버보고서』, 한국노동사회연구소 옮김, 한국노동사회연구소 1999, 112~3쪽을 보라.

노동조합 소유 투자기금의 설립과 연결시키자는 제안은 섣부른 것이라는 점이 분명히 지적되어야 할 것이다. 한국의 상황에서 임노동자 가구의 경제적 이해와 직결된 개인구좌제를 노동조합의 집단적 실천과 연결시키는 것은 임노동자들을 집단적 실천으로 호명하기보다는 오히려 노동조합의 집단적 실천을 현존 임노동자 가구의 경제주의에 노골적으로 결박시키는 것일 수 있다. 이 때, 노동조합이 주도하는 투자회사는 투자수익에 강박된 개별 임노동자 가구의 경제적 이해 때문에 원래 의도한 진보적 산업투자활동을 제대로 벌이지 못할 가능성이 높다. 차라리 현존 국민연금기금에 대한 개입활동 속에서 처음부터 노동조합 전국조직이라는 집단적 실천으로 연금문제에 다가가는 것이 우리의 경우에는 더 바람직할 것이다(물론 그렇다고 더 쉬운 것은 아닐 테지만). 이 경우, 국민연금기금의 투자를 민영화가 논의되는 수익성 높은 공기업들과 연결시킨다면, 민영화의 위험에 처한 이들 기업을 공공부문으로 유지시키는 결과를 낳으면서 또한 투자의 측면에서도 기금확충의 효과와 산업정책 개입의 가능성을 동시에 얻을 수 있을 것이다. 이는 소위 국민주 방식으로 공기업을 민영화하자는 주장에 비하면 사회화의 취지에 월등히 부합하는 것이다.

한편 조돈문은 연기금제도에 대한 개입 외에도 낮은 수준의 사회회 방안으로 "우리사주제의 변혁 및 강화"를 제시하고 있다(226~230쪽). 조 교수는 일단 미국, 영국, 이태리 등지에서 시행되고 있는 종업원지주제 Employee Stock Ownership Plan; ESOP는 "저지되어야 한다"고 분명히 말한다. "ESOP는 임금보전과 퇴직금 보전이라는 물질적 보상 기능만을 지니"며 "수탁자가 의결권을 행사하도록 함으로써 주식보유를 통한 경영참가의 효과는 없"고 "노동자들이 물질적 보상을 증대시키기 위하여 기업과 이해관계를 동일시함에 따라 포섭의 가능성이 높다"는 것이 그 이유이다. 이에 반해 그는 현행 우리사주제에 대한 민주적 개혁을 주장하는데, 조 교수의 개혁안에는 흔히 우리사주제의 가능성을 이야기하는 사람들에게서는 발견되지 않는 독특한 주장들이 많이 담겨 있다. 우선 "기업이 이윤의 일정 비율을 우리사주로 배분해야 한다"는 것이 흥미롭다. 그리고 "전국 우리사주조합의 최고의사결정기구로 중앙 운영 이사회를 설치"하고, 이를 "노조 대표를 중심으로 구성하자"는 것도 주목된다. 그의 복안은 "우리사주조합 기금을 이원화하여 기업수준의 기금과 중앙 수준의 기금으로 분리하는 방안을 장기적으로 추진할 수 있다"는 것이다. 여기서 "기업수준의 기금은 해당 기업의 주식만 보유"하지만, "중앙수준의 기금은 구입주식을 자유롭게 선택 매매함으로써 산업정책의 효과를 가져올 수 있"으며 "임노동자기금제나 연기금을 통한 사회적 보유 전략과 비슷한 효과를 지닌다"고 한다.

우리사주제라는 한국 자본주의의 독특한 제도에 기반해 사회화 전략을 추진하자는 그의 구상은 일단 주목할만한 가치를 지니고 있다. 그의 주장의 독특함은 우리사주제를 강조하는 다른 논자들의 그것과 비교할 경우 더욱 분명히 드러난다. 개별 기업의 노동자소유 방안을 사회화 대안으로 배타적으로 강조하는 일부 논자들은 최근 우리사주제를 통한 개별 기업 내에서의 사회화 방안을 한국사회의 유일한 진보적 대안인 것처럼 선전하고 있다.[77] 그런데 조돈문은 우리사주제의 진보적 가능성을 오히려 개별 기업 차원에서의 노동자소유의 실현에서 찾는 것이 아니라 우리사주조합 중앙기금의 조성 가능성에서 찾고 있는 것이다. 이 우리사주조합 중앙기금은 사실상 노동자들이 소유하는 투자기금을 조성하자는 것이며, 다만 이 기금 조성의 기반을 우리사주제라는 제도에서 찾아보자는 것이다.[78]

---

77. 이들에 대한 자세한 비판은 이 책의 4장 「사회주의의 공상과 자본주의의 승인 그리고 우리사주사회주의론」 및 5장 「우리사주제도의 비판적 고찰」을 참고

78. 이는 1970년대 영국의 노동조합회의 TUC가 자본가들의 이윤공유제 profit - sharing 제안에 대해 노동조합 소유 투자기금의 조성으로 맞대응했던 것을 연상케 한다. 그리고 사실은 마이드너안 자체도 단사 차원의 이윤공유제에 대한 대항 논리로 만들어진 측면이 있다. 이러한 사례들은 기금의 조성을 통한 사회화 안이 개별 기업 차원의 주식 분배 등에 대한 대항 방안으로 구상되었던 것이란 점을 보여주는 것이다. Lesley Baddon 외, 위의 책.

여기서 우린 다양한 사회화 방안을 향해 열려 있는 실천적 입장을 갖고 다가간다는 것이 무엇을 의미하는지에 대해 생각해볼 필요가 있다. 그것은 무엇보다도 사회화의 본래적 의미를 되새겨보면 알 수 있다. 그것은 바로 자본에 의해 사회에 대립되는 것으로 전화되어버린 사회의 능력을 사회에 되돌리는 것을 의미한다. 이 때 과연 '사회'의 주체가 구체적으로 무엇으로 나타날지는 전적으로 열린 문제이며, 따라서 진보운동이 사회화를 추진하는 바로 그 과정 속에서 '사회'를 대표할 구체적인 조직단위들 자체가 발견되고 구성되어야만 하는 것이다. 이러한 조직단위들을 찾는 과정에서 제1원리는 결국 해당 사회에서 자본에 의해 제약되어온 민중들의 사회적 능력을 발전시키는 데 가장 효과적일 조직단위가 사회화 방안의 주축이 되어야 한다는 것이다. 위에서 우린 연금제도에 대한 개입이 한국 노동계급의 독특한 경제주의의 지반을 이루는 것에 대한 정면대결로서 이뤄져야 한다는 점을 지적한 바 있다. 현재 경제주의의 또 다른 중심 축을 이루고 있는 노동자들의 개별기업 종속성에 대해서도 동일한 지적을 할 수 있다. 사회화 방안이 노동자들의 사회적 능력에 대한 제약의 타파와 그 획기적 발전을 의도하는 것이라면, 우리의 경우 이는 무엇보다도 기업별 단결의 제한성에 근본적으로 도전하는 것이어야 한다. 개별 기업의 노동사소유안을 유일한 사회화 대인으로 물신화하는 이들은 바로 이 사실을 주목하지 못하고 있다. 이들의 대안은 우리사주제라는 고리를 통해 오히려 개별 기업에 종속되어 있는 한국 노동자들의 현재적 제한성을 조장하고 영속화할 가능성마저 내포하고 있다. 이에 반해 우리사주조합 중앙기금 같은 구상은 기업별 단결의 제한성을 벗어나려는 한국 민주노동운동의 현재적 과제와 조응하는 사회화 방안으로서 긍정적으로 평가될 수 있다.

그런데, 우리사주제는 한국사회 노동자들에게 여전히 자본의 활동에 대한 개입의 기반이라기보다는 개인적 자산형성의 수단으로 인식되고 있기 때문에,[79) 이를 기반으로 이러한 인식을 넘어서는 중앙기금을 조성한다는

것은 연금기금의 경우와 마찬가지로 어려운 과제를 제기하는 것이다. 노동조
합으로서는 차라리 우리사주조합 중앙기금이란 우회적 방식보다는 노동조합
이 소유·운영하는 투자기금의 조성이 고용문제 등의 해결을 위해 필요하다
는 정공법으로 조합원 교육을 행하는 것이 더 바람직할 수도 있음을 고려해봐
야 할 것이다.

마지막으로 검토해봐야 할 것은 사회화 정책이 노동자들에게 설득력 있
는 것으로 다가가기 위해서 "자주경영의 모범사례를 만들" 필요가 있다는
조돈문의 주장이다(220쪽). 이 주장 자체는 올바른 것이지만, 문제는 그가
자주경영의 실험이 가능한 대상으로서 노동자인수기업 등만을 들고 있다는
점이다. 여기서도 문제가 되는 것은 '국가소유기업'에 대한 사전적 배제이다.
이에 반해 우리는 대부분의 공기업 역시 이러한 실험을 추진할 여지를 지니고
있으며, 또 그래야만 한다고 생각한다. 현재의 국가소유가 지극히 형식적인
차원에서의 사회적 소유에 불과한 게 사실이지만, 오히려 그렇기 때문에라도
실질적 사회화를 강제하는 공공부문 노동운동의 경영 개입 시도가 긴요하다.
특히 민중들의 삶과 직결되어 있는 사회적 서비스와 관련된 공기업의 경우에
는 노동조합과 서비스 이용자 집단들 사이의 연대를 통해 공기업 경영진과
국가에 대해 대안경영을 압박하는 운동을 벌일 필요가 있다. 이는 노동자인수
기업 등에서의 자주경영 실험만큼이나 사회적 소유 논의를 고양시킬 것이며,
공기업의 무분별한 민영화가 논의되는 현재 상황에서는 더욱 시급한 과제이
기도 하다. 만약 국민연금기금의 투자와 공공부문을 연결짓자는 우리의 제안
이 여기에 결합된다면 대안경영이 실제 관철될 수 있는 가능성은 더욱 높아질
수 있을 것이다. 이러한 시도 역시 이행의 정치를 시작하기 위한 한 중요한

79. 종업원지주제에 대한 한국 노동자들의 의식을 묻는 한 설문조사에서는 응답자의 압도적 다수(77.7%)가
종업원지주제에 참여하는 동기가 경영참가 따위가 아니라 자기 재산형성에 있다고 답했다. 임웅기,
「한국적 특수성과 종업원지주제」, 한국노동연구원, 종업원지주제에 관한 국제 심포지엄, 1999. 2. 25.

출발점임에 분명하다.[80]

　사실 조돈문 교수 글의 나머지 절반은 이 이행의 정치 구상과 분리되었다고 할 수 없는 노동운동 노선 문제와 연관된다. 대체로 스웨덴을 전범으로 한 진보적 노자타협을 염두에 두고 있는 듯이 보이는 조 교수의 제안이 사회화 대안의 추구가 요구하는 노동운동의 상을 얼마나 충족시켜줄 수 있을지 검토하는 것은 분명 중요한 과제이지만, 이에 대한 논의는 이 글의 범위를 벗어난다. 다만, 조 교수 자신이 주장하는 '비개량주의적 개혁'이 사회운동적 노동조합주의 같은 구상과 보다 잘 어울릴지, 아니면 일종의 '진보적' 코포라티즘을 요구하는 것인지 하는 문제가 결코 스콜라적인 관심사만은 아니라는 점만은 분명히 하도록 하자. 이 점에서 조 교수 글의 결정적인 공백은 '비개량주의적 개혁'이라는 구조개혁적 경로가 변혁적 성격을 온전히 견지하기 위해 필요할 그 '정치'에 대한 규명이라고 할 수 있겠다.

5. 사회화 강령 논의의 심화를 위하여

이상의 논의의 가장 주요한 결론을 말한다면, 사회화 논의가 바로 지금의 일상 실천 속에서 현실성을 지니는 의제로 논의되고 탐색되어야 한다는 것과 함께, 국유화나 임노동자기금제 등을 포함한 다양한 사회화 방안들에 대해 열린 태도를 가지면서, 한국 자본주의의 구조와 그 속에서의 노동계급의 구체적인 조건을 고려해봤을 때 지금 국면에서 노동계급운동의 주체적인 발전을

---

80. 공공부문 노동운동과 진보세력이 공공부문을 방어하면서 동시에 공공부문의 민주화를 추구해야 한다는 주장으로는 G. Albo, D. Langille & L. Panitch (eds.), *A Different Kind of State?: Popular Power and Democratic Administration*을 참고. 그 외 G. Albo, "The Public Sector Impasse and the Administrative Question," *Studies in Political Economy 42*, Autumn 1993; Rosemary Warskett, "Democratizing the Sate: Challenges from Public Sector Unions," 같은 책.

이루는 데 가장 부합되는 사회화 방안을 모색해야 한다는 것이다. 우리의 검토 결과, 조 교수의 제안들이 이 부분에서 우리의 분발을 촉구하고 상상력을 자극하는 중요한 기여이긴 하지만 나름의 한계와 함정 또한 갖고 있기 때문에, 그만큼 진보진영의 열띤 후속 논의가 중요하다는 사실도 어느 정도는 드러났을 것이다. 임노동자기금이든 연금기금이나 기타 다른 형태의 투자기금이든 기금의 형성을 통한 사회화 방안은 그 자체 배타적이고 자기완결적인 대안이 아니라 한국 사회의 구체적인 조건을 감안한 구조변혁 대안의 한 유기적 구성부분으로 적절히 위치지어져야 한다.[81]

이런 점에서 우리에게, '이행의 정치경제학'이란 형태로 노동조합운동 노선과 지역사회에서의 정치전략, 진보적 고용안정책, 사회화 대안 등을 구체적인 정책 패키지로 총괄하는 <캐나다 자동차노조 Canadian Auto Workers; CAW>의 이론가 샘 긴딘 Sam Gindin의 사례는 한 전범이 되어준다.[82] 그는 이행의 초점을 노동계급의 '능력들 capacities'의 구체적인 발전에 두면서, 현실 노동운동의 사회적 능력을 제고하는 과정 속에 지역일자리위원회나 사회투자기금의 창설, 은행의 장악 같은 사회화 논의를 유기적으로 결합시키고 있다.

이와 같은 방식으로 우리 역시, IMF 관리 이후 재편되어 가는 한국자본주의의 움직임 속에서 기존 기업별 노동조합운동의 한계를 넘어서 민주노동운동을 재구성하려 노력하는 가운데, 바로 그러한 노력에 절실히 필요한 무기로서 사회화 논의를 하루빨리 본격적으로 시작해야만 한다. 그리고 명심해야 한다. 이는 자본가와 관료들도 받아들일 수 있을 기발한 제안들을 만들려는 지적 곡예가 아니라 무엇보다도 노동자·민중운동이 새로운 자신감을 갖고

---

81. 구조변혁과 민주대안 그리고 사회화 강령에 대해서는 이 책의 1장 「사회화와 구조개혁 그리고 이행의 쟁점에 대하여」를 참고
82. S. 긴딘, 「'냉정한 의식'을 지닌 사회주의: 노동자들의 능력을 발전시키자」, 보리스 까갈리쯔끼 외, 『선언 150년 이후』, 카페레프트 옮김, 이후 1998.

자신들의 대오를 추스를 수 있을 그들 자신의 무기를 만드는 것이라는 점을.

사회주의의 공상과 자본주의의 승인
그리고 우리사주사회주의론

김성구[1]

1. 우리사주사회주의론, 왜 문제인가?

경제위기 정세에서 재벌개혁과 해체를 위한 민주적 대안으로서 종업원지주제 또는 우리사주제를 선전하는 이른바 우리사주사회주의론은 그 자체 그럴듯한 논리로 포장되어 있다. 노동자들의 보유주식을 기반으로 해서 재벌지배를 해체하고 소유경영구조를 민주화한다는 것이다. 뿐만 아니라 이 대안은 노동자 보유주식이라는 현실적인 토대를

---

1. 이 글은 『진보평론』(제4호/ 2000 여름)에 동일한 제목으로 수록한 글을 부분적으로 수정, 보완한 것이다. 이 글의 비판 대상은 이선근, 송태경 씨 등이 주요 구성원으로 활동하고 있는 <경제민주모임>이다. 이 그룹의 구성원은 몇 안 되는 것으로 알고 있지만 그 활동은 매우 정력적이어서 이전의 국민승리 21의 <재벌해체 경제민주화 운동본부> 그리고 지금의 민주노동당 내 <IMF반대 · 재벌해체 경제민주화 특별위원회>를 거점으로 해서 민주노총과 진보운동 내에 자신들 그룹의 비중 이상으로 적지 않은 영향을 미치고 있다. <노동자기업인수지원센터>도 이들의 활동무대인 것으로 보인다. 이들은 우리사주를 재벌지배의 대안으로 제시하고 나아가 그에 기초한 사회주의를 구상하고 있어 이들의 이론을 우리사주사회주의론이라고 명명할 수 있는데 우리사주의 본질은 주식자본이고 주식회사에 기초한 사회주의를 구상한다는 점에서 주식회사사회주의라는 딱지가 보다 정확하다 할 것이다. 진보진영의 논쟁에서 이들의 '트레이드 마크'는 우리사주로 알려져 있으므로 이하에서는 우리사주사회주의론으로 부르도록 하겠다.

갖고 있다는 점에서 실행가능한 현실적인 대안으로 다가온다. 나아가 이 대안은 시민운동의 재벌개혁론자들이 선전하는 대안, 예컨대 소액주주운동과 달리 한국 자본주의를 근대화된 독점자본주의로 개혁하는 것을 넘어 노동자들의 집단적 주식지배를 기초로 하는 사회주의 체제로의 이행을 주장하고 있다. 그런 점에서 이 대안은 진보의 딱지를 견지하고 있고 스탈린주의적 국가사회주의의 붕괴 이후 혼란에 둘러싸인 진보진영에 새로운 사회주의 상을 제시한다고 한다. 현실적인 운동에서도 이 대안은 영향력을 확대해왔다. 예컨대 데이콤의 소유경영참가에서의 최근의 성과를 이 대안과 관련하여 주목한다거나 한국중공업 등 공기업 민영화의 현실적인 대안으로서 또는 대우계열기업 등 워크아웃 대상기업의 처리방안으로서 노동조합 내에서 우리사주안이 진지하게 모색되는 상황이다. 또 이 대안은 민주노동당의 현 강령에까지 스며들고 있는데, 1997년 대선에서 국민승리 21의 권영길 후보의 선거강령, 특히 경제강령도 이들의 입장이 관철되었음은 주지하는 사실이다.

  그러나 자본주의의 본질적 구성요소의 하나인 주식자본의 소유권을 토대로 하는 경제민주화와 새로운 사회로의 이행이란 구상은 아무래도 무언가 낯설지 않을 수 없다. 더욱이 이 대안의 주창자들은 자신들의 이론적 토대를 놀랍게도 맑스에서 찾고 있는데 이러한 맑스 해석은 실로 독보적이며 세계에 유례가 없는 것이어서 그 해석은 천재적이든가 아니면 유례가 없는 지독한 왜곡이든가 어느 하나일 것이다. 한국의 아카데미와 과학계가 천재를 배양할 수 없는 토대라는 점을 생각하면 일단 맑스의 왜곡이라는 선입견을 지우기 어렵다. 자본주의 현실을 바라보아도 의심의 눈초리는 커질 수밖에 없다. 1990년대 이래 세계적으로 확산되는 금융자본적 축적과 카지노자본주의의 경향 속에서 주식자본은 독점기업의 소유지배구조를 민주적으로 통제하는 수단이라기보다는 점점 더 투기적인 가치증식의 수단으로 자리잡아 가고 있다. 한국도 예외는 아니어서 구조금융협약에 따른 자유화와 개방화의 결과 금융시장의 운동은 실물부문의 운동으로부터 상당한 정도로 자립하여 투기적인 이익을 쫓아 요동치고 있는 실정이다. 이런 상황에서 노동자들도 투기적인 주식거래에서 자유로울 수 없고 인터넷자본주의의 성장과 함께 벤처기업이니 스톡옵션이니 하면서 일확천금의 꿈에 부풀기 십상이다. 노동자들의 주식소유가 기업에 대한 노동자들의 통제수단이라기보다는 노동자 주식소유를 매개로 하여 자본주의 체제로의 노동자 포섭이 일층 심화되고 있어 오히려 자본가계급의 노동자 통제전략으로 전락된 느낌이다. 그렇다면 주식과 창업 열풍 속에서 확대되는 우리사주 대안은 진보진영의 운동에서 진지하게 생각해 보아야 할 위험이 아닐 수 없다.

　이처럼 진보진영의 운동에서 우리사주사회주의론의 정책적 발언권이 강화되고 있는 반면 그 이론적, 실천적 토대는 심히 의심스럽다는 현실의 간격에서 우리는 우리사주사회주의론에 대한 근본적인 논쟁이 필요함을 느낀다. 돌이켜보면, 우리사주사회주의론은 이러한 논쟁 부재의 틈 속에서 자신의 영향력을 확대하였고 신자유주의 구조조정에 대한 진정으로 진보적인 대안을 관철할 수 없는 수세적인 투쟁조건 속에서 실용주의적 대안으로서 또는 차선의 대안으로서 수용되어 왔다. 그러나 이 대안은 현대 자본주의에서 차선의 대안이 아니라 최선의 대안을 봉쇄하는 최악의 대안일 수도 있다. 그렇게 생각하면 이제까지 우리사주사회주의론에 대한 논쟁이 제기되지 않았다는 현실이 실로 납득하기 어려운 것이다.[2] 우리는 이하의 글에서 우리사주사회

---

2. 이들과의 논쟁이 쉽지는 않을지도 모른다. 필자로서는 이미 이들과 생각지도 않게 논쟁의 전초전을 겪어 보았는데 그로부터도 알 수 있는 바처럼 이들은 어떤 논자보다도 논쟁적이지만 그렇다고 생산적인 의미에서 그런 것은 아니다. 문구 하나, 문장 하나의 꼬리까지 집요하게 끌고 가는 지겨운 논쟁 방식이라든가 훈고학적 해석과 인용 태도, 그리고 상대방 논지의 왜곡과 자의적인 재단 등등이 그러하다. 이러한 논쟁 태도로 인해 진보진영 내에서 이들과의 논쟁이 기피되었는지도 모르겠다. 그렇다고 이들을 진보진영 내의 '신념에 찬 하나의 분파'라고 그냥 무시하면서 넘어갈 수는 없는 상황이다. 그렇게 보면 이 글은 앞서의 짧은 논쟁에 대한 때늦은 답변이라고도 할 수 있다. 그 관련 문헌은 다음과 같다. 김성구, 「김대중정권의 민영화와 개방정책 비판」, 『현장에서 미래를』(1998. 5월); 채진원, 「'공기업 민영화'에 대한 국유화론적 태도 비판」, 경제민주모임, 『98 경제민주모임 상반기 자료집』; 김성구, 「한국자본주의의 위기와 노동조합의 대안」, 민주노총, 『제2기 노동자 정치학교 교안집』, 1998. 11. 24.; 채진원, 「국유화론적

주의론의 현실 정책보다는 보다 근본적으로 그 이론체계를 논쟁의 대상으로
가져갈 것이다.[3] 그로부터 우리는 우리사주사회주의론이 맑스의 자본주의
발전단계론과 이행론 그리고 사회주의론에 대한 지독한 왜곡과 혼란으로
구성되어 있으며 그 정책론적 귀결은 다름 아닌 주식회사자본주의에 대한
변호임을 밝힐 것이다. 주식회사사회주의라는 정책적 대안과 현실에서의 주
식회사자본주의의 변호라는 모순만큼 이 이론의 모순을 드러내는 것도 없지
않을까 한다.

2. 독창적인 자본주의 발전단계론과 재벌개혁론의 혼란

우리사주사회주의론이 자본주의 개혁과 관련하여 역량을 집중하는 문제는
재벌해체의 문제이다. 이 이론의 대변자들은 재벌개혁 또는 재벌해체를 주장
하는 다양한 논자들을 비판적으로 검토하면서 그들에게 재벌 개념에 대한
과학적인 인식이 결여되어 있다고 지적한다. 개혁을 하기 위해서는 먼저 개혁
대상이 무엇인지 엄밀하게 정의해야 한다는 것이다. 다른 재벌개혁론자들에
대한 다양한 비판의 준거섬으로 제시하는 자신의 재벌 개념은 실로 독창적인
것인데, 문제는 단순한 개념 정의의 문제가 아니라 그 개념이 그 또한 독창적
인 자본주의의 발전단계론에 입각하고 있어 중요한 이론적인 차원의 문제라
는 점이다. 나아가 그처럼 과학적이라는 재벌 개념과 발전단계론을 따라가

태도 비판 2—김성구 교수의 반론의 글을 중심으로」, 출처 미확인.
3. 현행 우리사주제도의 문제라든가 우리사주사회주의론의 구체적 정책대안과 그 이데올로기 기능 등에
   대한 전반적인 비판에 대해서는 이 책의 5장 「우리사주제도의 비판적 고찰」을 참조 이하의 필자의
   글과 함께 송유나의 글은 아마도 처음으로 우리사주사회주의론에 대한 체계적인 비판을 시도하는 것이
   아닌가 한다. 아울러 우리사주제에 대한 정치경제학적 비판의 핵심 개요에 대해서는 김성구, 「주식투기로
   전락하는 사이비 사회화론: 우리사주 비판」, 『노동전선』(2000. 3월)을 참조

보면 더욱더 헤어나올 수 없는 모순투성이의 큰 혼란을 만나게 될 뿐이다.

송태경 씨의 정의에 따르면 "재벌이란 주주공동의 기업일 뿐 아니라 사회적 기업인 거대 주식회사를 대주주 개인(또는 그 가족 등)이 사유재산처럼 좌지우지하는 경향"이라고 한다.[4] 이것이 이름하여 정치경제학적 관점(?)에서의 정의라는 것이다. 말하자면 가족형태의 지배적 대주주에 의한 주식회사 지배 경향을 재벌이라고 한다는 것인데 우선 이런 개념이 그가 비판하는 다른 논자들과 어떻게 차별이 되는지 알 수가 없다.[5] 기껏해야 이들이 주식회사를 명시하지 않았다는 것 외에는 차이가 없다. 그런데 그 중요한 주식회사를 이들이 인식하지 못했을까? 그가 생각하기에 그래도 올바르다는 장상환 교수도 재벌체제를 "재벌총수 일족의 소유경영독점체제"라고 정의하는데 여기서 장교수도 주식회사를 인식하지 못하고 있다. 그런데도 장교수의 정의는 올바른가? 그러면 송태경 씨가 재벌 개념에서 주식회사(지배)를 주요하게 거론하는 이유는 무엇인가? 그의 정의를 따라가 보면, 현대 주식회사제도하에서 지배적 대주주에 의해 주식회사가 좌지우지되는 것은 일반적인 현상이기 때문에(다름 아닌 여기에 주식분산에도 불구하고 지배주주에 의해 지배력이 강화되는 주식회사의 소유경영의 특징이 있다) 결국 그의 재벌 개념이란 주식회사제도 그 자체로까지 확장될 수 있는 개념이고 그것도 개별 주식회사 수준에서 그러한 것이다. 바로 여기에 그의 문제제기의 핵심이 있다. 일반적으로 이해되는 바의 재벌 개념의 핵심, 다시 말해 주식소유에 의한 계열기업의 지배라는 문제는 그의 재벌 개념에 포함되지 않는다. 재벌이란 그에 있어 곧 주식회사를 말한다. 그럼에도 주식회사라는 개념 대신 특별하게 재벌이라고 말하는 것은 주식회사의 전근대적인(?) 형태를 특별하게 지칭하기 때문이

---

4. 송태경, 「한국사회 재벌의 본질과 재벌해체에 대한 제안」, 국민승리 21 재벌해체경제민주화운동본부, '재벌을 없애야 경제가 삽니다' 워크숍 자료 1999. 4., 64쪽. 이하의 인용들도 이 글에서 따온 것이다.
5. 여기서 이를 일일이 인용, 열거할 필요가 없다. 송태경, 같은 글, 61쪽을 참조.

다. 그러면 주식소유에 의한 계열기업의 지배는 무엇이라 하는가? 이를 그는 재벌과 다른, 별개의 개념인 "재벌현상과 그 확대재생산"으로 파악한다. 그리고 "우리가 흔히 재벌문제라고 부르는 것들은 바로 이러한 '사유재산화 경향'을 전제로 하는 '의사결정'과 '기업확장'(재벌현상에 기초한 단순 및 확대재생산 진행) 과정의 크고 작은 부산물로 이해"된다. 이렇게도 중요한 재벌과 재벌현상, 재벌문제라는 기본 개념조차도 우리는 지금까지 올바로 이해하지 못했던 것이다!6) '개별 주식회사에서 대주주에 의한 지배'가 재벌이란 개념이고 '계열기업에 대한 지배'는 '재벌현상과 그 확대재생산'이며, 그 크고 작은 여러 부산물은 재벌문제라는 개념에서 파악해야 한다는 독보적인 해석의 토대는 다름 아닌 세계에 유례가 없는 자신의 자본주의 발전론과 이행이론이다. 여기서 그는 어이없게도 자신의 이론적 논거를 맑스에서 찾고 있다.

그에 따르면 경제시기를 구분하는 기본요소는 사회적 생산에서 물질적인 규정성을 갖는 생산수단(특히 노동도구)과 이 생산수단에 대한 소유 그리고 이에 결합하는 노동자들의 사회적 조건인데(다름아닌 생산력과 생산관계, 즉 생산양식에 따른 구분), 동일한 시기 내에서의 상이한 발전단계도 어떤 새로운 요소가 아니라 이 세 개의 요소가 어떻게 변화하는가에 따라 구분할 수 있다고 한다.7) 이에 따라 자본주의 생산의 단계들을 구분해보면, 우선 물질적 규정성으로서 노동도구의 측면에서는 매뉴팩처와 기계제 대공업의 시기로 구분된다. 과학기술혁명에 의해 추동되는 현대의 새로운 생산력도 기본적으로 새로운 단계를 형성하지 않는다는 것이다. 생산수단에 결합하는 노동자들의 사회적 조건과 관련해서 보면 임노동자로서 계급조건은 기본적으로 변화가 없지만 경영참가나 노동자 소유의 진전이라는 점에서 일정한

---

6. 세상에! 재벌과 재벌현상 그리고 재벌문제라는 개념이 이렇게 중요한 차이를 가져오는 것이라는 것을 주장하는 사람이 그(들) 말고 또 있을까?

7. 이하는 송태경, 『소유문제와 자본주의발전단계론』, 자유인 1994, 111쪽 이하 및 118쪽 이하를 참조

변화가 있다고 한다. 이 변화는 생산수단의 소유라는 측면에서 파악할 때
보다 명확해지고, 이 측면에서 자본주의는 주식회사의 발전에 따라 '자본주의
적 사적소유가 일반적인 자본주의'와 '주식회사가 일반적인 자본주의'로 구
분된다는 것이다. 그러면 이 세 개의 요소의 변화를 종합해서 어떻게 자본주
의의 발전단계를 구분해야 하는가? 송태경 씨는 여기서 노동도구상의 변화는
물질적 규정성이라고 하여 이를 사상하고 역사적 규정성과 관련한 뒤의 두
개의 요소만을 고려하여 자본주의 내의 발전단계를 사적소유자본주의와 주
식회사자본주의 그리고 그 사이의 과도기로 정식화한다.[8] 그는 나아가 자본
주의 내의 두 개의 단계간의 이행기, 과도기를 보다 소단계들로 구분하는데,
그가 앞에서 그렇게 강조하던 재벌과 재벌현상, 재벌문제의 개념 차이는 여기
서 이행기의 소단계를 구성하는 요소로서 위치지워진다. 아하! 이제야 우리는
이 차이가 그래서 중요했구나를 알게 되었다. 사적소유자본주의로부터 주식
회사자본주의로의 이행의 단계들은 다음과 같다.[9] ① 사적소유자본, ② 자본
을 사적으로 소유한 자본가가 경영권을 장악할 수 있는 지분율 유지를 전제한
주식회사화, ③ 경영독점을 유지하기 위한 다양한 행위양식 발생(즉 재벌현상
의 발생) 및 소유경영독점을 전제로 하는 의사결정과 기업확장(재벌현상에
기초한 단순 및 확대재생산 진행), ④ 폐해에 대한 사회적 규제의 성숙. 아마도
②단계가 재벌일텐데 앞에서 추측한 대로 여기서 재벌은 주식회사제도 그
자체로까지 확장되고 있고 그것도 개별 주식회사 수준에서 그러하다. 재벌현
상은 이 과정의 ③단계(재벌현상 및 그 확대재생산)에 해당하며 재벌개혁의
일정이 올라온 한국 자본주의는 ④단계에 와있고, 이 단계를 완료하면 주식회

---

8. 이런 편법도 이해하기 어려운 것이다. '역사적' 단계를 구분하는 하나의 요소라고 노동도구를 거론해
   놓고 여기서는 이를 물질적 규정성이라고 하여 역사성을 갖지 않는다며 단계구분의 기준에서 제외한다?
   그러면 이 요소는 처음부터 왜 거론했을까? 또 생산력은 역사적 성격을 갖지 않는다는 것도 전형적인
   경제주의적 발상이다.

9. 송태경, 「한국사회 재벌의 본질과 재벌해체에 대한 제언」, 앞의 글, 61~62쪽.

사자본주의로 이행한다. 자본주의의 단계(내) 이행을 다시 요약하면, 사적소
유자본주의⇒주식회사로 전환(재벌)⇒재벌현상과 그 확대재생산⇒폐해에
대한 규제⇒주식회사자본주의가 된다. 주식회사자본주의는 나아가 주식회사
사회주의로 이행한다.

이에 따르면 "재벌"과 "재벌현상"은 "자본주의 사회가 '사적소유자본주
의'에서 어느 정도 발전된 '주식회사자본주의'로 이행하는 과정에서 나타나
는 '과도기적 형태'(즉 하나의 필연적인 현상)로 이해"되며 나아가 그 폐해에
대한 사회적 규제도 예정되어 있어 그 폐해가 지양된 주식회사자본주의로의
길이 열려 있다. 이런 발전단계론은 한편에서 재벌개혁론자들의 두 가지 자본
주의 모형(주주자본주의/이해관계자자본주의)에서 파악하는 유형론과 마찬
가지로 선진 자본주의로의 발전을 일반화하는 이론이며 종속국 자본주의
발전의 특수한 길과, 그것에 의해 규정되는 특수한 형태의 독점자본지배(다름
아닌 대외종속형 재벌지배)를 이해할 수 없게 하고, 또 다른 한편에서는 자본
주의 발전에서 재벌을 일반화하는 이론으로서 재벌은 자본주의 단계 이행에
서 보편적인 현상이 된다(즉, 재벌은 한국적인 현상이 아니라 전세계적인
현상이다).

이상의 송태경 씨의 단계론은 기존의 단계론, 무엇보다도 국가독점자본
주의론에 대한 비판을 표적으로 하고 있다. 즉, 독점지배의 한 형태인 재벌을
주식회사 수준에서 정의하고 주식지배를 통한 계열회사의 지배라는 현대
독점의 전형적인 형태인 콘체른을 독점과 재벌 개념에서 배제하는 것, 이런
독보적인 재벌 개념은 기존의 국독자론의 국가와 독점 개념에 대한 비판
위에서 구성된다.[10] 독점이론을 비판할 때 그는 맑스를 전거로 하지만 여기서
도 맑스 독해는 주의를 요하는 것이다. 맑스와 레닌에 있어 독점 개념의 올바
른 이해를 위해서는 경과적 독점과 구조적 독점, 즉 일시적 독점과 역사적

---

10. 송태경, 앞의 책, 101쪽 이하.

경향으로서의 독점(이행형태)을 구별할 수 있어야 한다.[11] 현대 독점에서의
문제는 경쟁의 관철과정에서 시장에서의 일시적인 독점이나 또는 자연독점
에 의해 성립하는, 그리고 결국에는 경쟁의 강화에 의해 소멸되는 경과적인
독점이 아니라, 경쟁과 독점의 이런 변증법에도 불구하고 또 그 변증법 속에
서 소멸되는 것이 아니라 오히려 강화되고 구조화되는 역사적 경향으로서의
독점이며 이런 독점이야말로 자본주의 발전의 새로운 단계(이행기로서 제국
주의/독점자본주의)를 상정하게 하는 것이다. 이러한 새로운 발전단계는 자본
주의의 실제 역사가 증명하는 것이다. 20세기의 자본주의는 시장에서의 끊임
없는 경쟁강화에도 불구하고 독점적 지배가 해체되어 자유경쟁의 세계가
일시적이라도 다시 성립하기는커녕 독점지배는 오히려 강화되고 구조화되었
다. 경쟁과 독점의 변증법은 이런 독점적 지배구조 위에서 전개될 뿐이었다.
송태경 씨는 독점을 단지 경과적 독점으로서만 이해할 뿐이며 그의 독창적인
단계론과 결합하여 이런 (경과적) 독점지배는 자본주의가 사적소유자본주의
로부터 주식회사자본주의로 이행함에 따라 해소된다고 보았다. 그는 레닌이
독점자본주의로 정의한 20세기 초의 자본주의는 사적소유자본주의로부터 주
식회사자본주의로의 이행기, 즉 과도기였던 것인데, 레닌은 주식회사 지배의
의의를 인식하지 못해 주식회사자본주의를 사고하지 못했고 이행기의 경과
적인 독점, 이행 속에서 소멸될 독점형태를 근거로 독점자본주의 단계를 설정
했다고 비판한다.[12] 이런 혼란은 기본적으로 그가 독점에 대한 두 개의 개념
을 차별해서 이해하지 못한데서 비롯되는 것이다. 즉, 레닌은 독점의 지배를
논하면서 주식회사를 간과하기는커녕 오히려 주식회사제도가 독점형성과
지배의 강력한 수단이라는 것을 이해하였고, 독점은 주식회사 자체가 아니라

11. 이에 대해서는 김성구, 「『자본』에서 맑스의 독점(가격/이윤)에 대한 이해」, 『이론』(제10호/1994 가을 · 겨
　울)을 참조
12. 송태경, 같은 책, 135쪽 이하.

(송태경 씨의 표현에 따르면 주식회사가 곧 재벌이 아니라) 시장 및 자본지배를 목적으로 하는 거대 회사들의 독점적 조직체에서 표현되는 것으로서 이는 경과적인 현상이 아니라 자본주의의 새로운 자본구조를 특징짓는 것이며, 따라서 경쟁과 독점의 변증법에도 불구하고 해체되지 않는 구조임을 명확히 했다. 그럼에도 송태경 씨는 이를 경쟁과정에서 소멸되는 형태로 파악하여 사적소유자본주의로부터 주식회사자본주의로의 이행에서 소멸된다고 했는데, 소멸되지 않는 구조를 소멸된다고 함으로써 얻는 결과는 현대 자본주의의 객관적 현실의 부정이거나 아니면 자신의 이행론의 파산이다.[13]

　송태경 씨는 이런 발전단계와 단계이행론을 정치경제학 비판의 권위를 빌려 강변하지만 유감스럽게도 어떤 정치경제학에서도, 물론 맑스에게서도 그 전거를 찾을 수는 없다. 맑스에서 자본주의의 형성단계 또는 자본주의 내 발전단계론을 굳이 확인하려 한다면, 그것은 아마도 『자본』 제1권의 상대적 잉여가치 생산의 여러 단계(협업, 분업과 매뉴팩처, 기계제와 대공장의 3단계)와 관련된 편이나, 아니면 제3권에서 상업자본, 이자 낳는 자본(전근대적 상업, 고리대자본) 그리고 지대(노동지대, 현물지대, 화폐지대, 농민분할소유지)와 관련한 역사적 보록에서 찾을 수 있는데, 이들 편 또는 장은 『자본』에서의 이론적 서술의 체계라는 방법론에 비추어 독해해야 하기 때문에 단순하게 역사주의적으로 해석할 수도 없을 뿐만 아니라 또 역사주의적 해석에서도 송태경 씨가 정치경제학 비판의 권위를 빌려 정식화한 그 자본주의 발전이론

---

13. 주식회사자본주의로 이행하면 경과독점, 즉 송태경 씨가 말하는 재벌현상과 재벌문제가 지양된다고 하는데 도대체 주식회사자본주의로서 현대 자본주의의 현실은 어떠한가? 유감스럽게도 여기서도 국내적으로나 국제적으로나, 선진국이나 후진국이나 카르텔과 트러스트의 유물이 여전히 지속되는가 하면 주식지배를 매개로 하는 계열사 지배라는 현대 독점의 새로운 형태, 즉 콘체른이 일반적 형태로서 지배하는 것이다. 그러면 그의 주식회사자본주의에 근거한 이행론은 이미 파산한 것이 아닐까? 또는 경쟁과 독점의 변증법은 자본주의의 전체 역사에서 관찰되는 것이고 주식회사자본주의로 이행한 현대 자본주의에서도 그러할 것인데, 그렇다면 주식회사자본주의로의 이행 속에서 이런 형태의 소멸을 정식화하는 그의 이행론은 파산한다. 어느 경우든 파산을 피할 수 없다.

은 어디에도 발 디딜 곳이 없다. 주식회사와 관련해서도 맑스는 이를 잉여가
치의 그 여러 형태로의 분할이라는 자본주의 일반의 이론적 체계에서 서술하
는 것이며 주식회사로의 역사적 발전에 대해서는, 더구나 그 발전상의 여러
단계에 대해서는 그 실마리도 읽을 수 없다. 심지어 사적소유 자본주의로부터
주식회사자본주의로의 이행을 매개하는 것이 이윤율의 저하 경향이라고 주
장함에 이르러서는 그가 자본주의 일반의 체계로서『자본』의 체계를 도대체
어떻게 이해하는가 아연할 따름이다.[14) 무엇보다도 재벌문제라는 독점자본
주의 단계의 특수한 문제가 맑스의 일반론에서 정식화될 수 있다는 발상은
맑스의 독점 개념에 대한 불충분한 이해의 소산이다.

---

14. 사적소유자본주의로부터 주식회사자본주의로의 이행에 대한 부연설명에서 그는 무엇보다도 이를 이윤
율의 저하 경향과 관련시키고 있다. 즉 이윤율의 장기적 저하 경향에 따라 이윤율이 평균이자율 수준으
로까지 저하되면 개별 자본가들은 이자 수준도 얻지 못하는 이윤의 위험 때문에 차라리 자신의 소유권을
매각할 것이고 자본규모의 증대에 따라 그 매각은 어떤 개인에게 독점되지 못하고 소유는 분산되며
주식회사제도가 불가피해진다는 것이다. 송태경, 같은 책, 40~43쪽. 그런데 이윤율이 이자율 수준 이하
로 떨어지는 경우는 경기순환 상의 특정 국면에서는 일어날 수 있어도 경기순환의 평균을 관철해 가는
장기적인 발전 경향에서는 상정할 수 없다. 이윤율의 경향적 저하 법칙이라는 것 자체가 장기적인
경향인데 이런 평균적이고 장기적인 경향에서는 이자율은 이윤율에 의해 규정되며 언제나 '평균이윤율
>평균이자율'이라는 관계가 성립한다. 즉 이자의 원천은 잉여가치, 그 전화된 형태인 평균이윤일 수밖
에 없고 따라서 이를 초과하는 이자의 형성이란 있을 수 없는 것이다. 평균이윤율이 경향적으로 저하한
다면 어느 시점에서는 평균이자율보다 평균이윤율이 작아지는 것이 아니라 평균이윤율의 저하에 따라
평균이자율도 저하될 수밖에 없어 '평균이윤율>평균이자율'이라는 관계가 여전히 유지된다. 이런 관계
는 맑스에 의해 명백한 언어로 서술되는 바, 평균이윤율의 저하 법칙은 이렇게 주식회사자본주의로의
이행과 어떤 관계도 없다. 맑스는 평균이윤율의 저하 법칙으로써 주식회사자본주의로의 이행을 설명하
는 것이 아니라 평균이윤율이 경향적으로 저하되는 자본주의 생산양식 일반(즉 특정한 단계가 아니라)에
서 그 하나의 필수적 구성요소로서 주식자본과 주식회사를 서술하고 있는 것이다. 평균이윤율과 주식자
본의 관계에 대해 맑스는 오히려 다르게 설명한다. 평균이윤율의 저하로 주식자본주의가 발전되는
것이 아니라 주식자본의 발전이 평균이윤율 저하를 상쇄하는 일요소라고

3. 자본주의로부터 사회주의로의 이행과 공상적 사회주의

자본주의로부터 다음 사회로의 이행 법칙이 자본주의 발전의 필연적인 경향
으로서 전개되는 것이라면, 자본주의의 발전 단계에 대한 송태경 씨의 잘못된
이해로부터 우리는 곧 새로운 사회로의 이행에 대한 그의 이론도 잘못될
수밖에 없다고 단언한다. 그에 따르면 자본주의 내부에서 발전하는 공동생산
과, 주식자본 형태에서 형식적이나마 발전하는 공동소유로 특징지어지는 주
식회사자본주의는 다수의 주식자본가의 공동소유를 해당 기업 전체 노동자
의 공동의 주식소유로 전환함으로써 자본관계를 지양하고 실질적인 공동생
산과 공동소유, 이른바 '연합된 생산자들의 사회'로 전환한다.[15] 이 사회는
해당 기업 전체 노동자의 공동소유, 연합된 생산자들의 소유(직접적으로 사회
적인 소유)에 기초하고 있지만, 그것은 주식회사자본주의의 지배형태인 주식
자본을 폐지한 것이 아니라 그 계승 위에서 이를 노동자들의 공동소유로
전환함으로써 성립하기 때문에 우리는 이 새로운 사회를 주식회사사회주의
라고 명명하는 것이다. 여기서 연합된 생산자들의 소유는 해당 기업 주식에
대한 개별노동자의 소유를 인정하지 않고 개별적인 이윤배당도 인정하지
않는, 노동자들의 집단적 소유형태라는 점에서 사실상 주식자본의 자본적
성격은 지양된다. 이러한 소유형태는 송태경 씨도 비교하는 바처럼 공동소유
임에도 불구하고 여전히 착취형태가 남아 있는, 노동자의 개별적 주식소유에
입각한 집단적 소유형태 또는 협동조합적 소유형태에 비해 보다 진보적인
형태이다.[16] 그런데 이러한 소유형태에서 주식은 자본으로서의 성격을 상실

---

15. 송태경, 같은 책, 74쪽 이하.
16. 송태경, 같은 책, 70쪽 이하 및 76쪽. 주식자본 형태에서도 지워지지 않는 자본가적 사적 소유의 궁극적인
    근거는 다름 아닌 타인노동의 결과에 대한 소유에 근거한 영유, 즉 잉여가치의 일정부분을 배당이라는
    형태로 영유하는 것에 있다. 계급을 철폐하는 새로운 사회의 구성은 잉여노동의 착취 자체를 폐지하는
    것이고 따라서 그것은 부불노동에의 참여, 배분을 제도화하는 주식자본을 계승하는 것이 아니라 그 철폐

위에서만 가능하게 된다. 만약 주식자본을 노동자들이 수탈하거나 매입해서 그 지분을 개별적으로 균등하게 분배, 소유하고 그 위에서 우리사주 형태로 이를 집단적으로 소유, 관리한다면, 즉 노동자들이 이전의 사적 자본가에 대신해서 소유자로 전화하여 이제 자신들이 생산한 잉여노동의 영유자, 관리자가 된다면, 주식자본의 형태에도 불구하고 자본주의적 착취관계는 폐지되는가? 다시 말하면 자본가들의 개별적 주식소유를 노동자들의 개별적 소유에 입각한 공동적 소유로 소유관계를 전환하면 자본가적 착취관계는 폐지되는가? (물론 여기서 문제는 소유관계의 전환만이 아니다. 소유관계의 전화를 전제한 위에서 생산관계의 실질적인 노동자 통제가 이루어져야 착취관계의 폐지를 말할 수 있다.) 내 생각으로는 이런 소유형태에도 불구하고, 또 그런 소유형태이기 때문에 주식자본에 대한 이윤의 개별적 배당을 전제한다면, 노동자들이 소유한다 하더라도 이 경우 노동자들은 한편에서 노동자, 다른 한편에서 자본가로서의 이중적 기능형태를 띠게 된다. 즉 노동자들은 한편에서 착취당하고 한편에서 착취하는 이중적인 존재다. 왜냐하면 타인의 잉여노동에 대한 영유가 여기서도 사적 소유에 근거하기 때문이다. 이것은 자기노동의 결과를 직접 영유하는 소생산자의 경우와도 다르며(여기서는 자기소유에 근거한 자기노동의 영유가 지배하며 착취가 없다) 집단적 노동의 결과를 집단적으로 영유, 관리하는 사회주의적 소유(여기서도 형태적으로 착취는 지양된다)와도 달리, 설령 자신이 생산한 잉여노동의 일부를 다시 영유한다 하더라도 그것은 타인들의 잉여노동을 포함한 총잉여노동에 대한 소유지분에 근거한 영유이다. 이러한 비판이 비판을 위한 억지처럼 들릴지도 모른다. 어쨌든 개별 노동자들은 자신이 기여한 잉여노동만큼 분배받는 것 아니냐고? 그래서 여기서 착취는 없어지는 것 아니냐고? 그러나 균등한 소유지분 하에서 개별 노동자들의 생산의 기여가 상이하게 되는 사태(노동시간이나 강도, 숙련의 차이)가 발생한다면(아마도 이것은 예외가 아니라 일반적인 상황일 것이다), 임금에서는 생산기여도에 따라 상이한 보수가 주어진다 하더라도 생산된 총잉여노동에 대한 소유지분에 따른 균등한 배분은 더 이상 노동자간 잉여노동 기여에 비례하는 배분을 보장하지 못하게 된다. 어떤 노동자는 노동 기여보다 적게 받고 어떤 노동자는 자신의 기여보다 더 받게 된다. 왜? 단지 소유에 따른 배분이기 때문에! 그것은 곧 착취의 명확한 내용을 보여주는 것이다. (이런 노동투입과 분배의 법칙은 '능력에 따라 일하고 노동에 따라 분배하는' 사회주의적 분배원리도 아니고 '능력에 따라 일하고 필요에 따라 분배받는' 공산주의적 분배원리도 아니다.) 만약 노동자들의 집단적 소유를 상정하면서도 개별 노동자의 개인적 소유는 불균등하다고 하면(자본주의에서 개별 노동자들간의 지위가 불균등한 것을 생각하면 우리사주사회주의로의 이행에서 이런 사태가 아마도 일반적이 될 것이다), 여기서 총잉여노동에 대한 소유지분에 따른 불균등한 배분, 잉여노동의 착취는 더욱 분명해진다. 전자의 경우든 후자의 경우든 이런 사회구성에서는 이제 구성원간 임금-이윤(배당)을 둘러싼 분배투쟁은 불가피하게 되며 후자의 경우에 보다 격렬해질 것이다. 설령 노동자들의 직접적인 생산개입이 전제된다 하더라도 그것은 이제 이 분배투쟁을 규정하는 근원적인 심급에 다름 아니다. 여기서 주주노동자들은 가능한 한 자신은 적게 그리고 낮은 강도에서 노동하고 타인에게는 많은 시간을 높은 강도에서 노동하도록 하여 착취노동을 증대시키려는 집단적 모순 속에서 활동한다(왜냐하면 여기서는 전일적인 자본지배가 부재하기 때문이다). 즉 주주노동자들은 이중적인 계급성격을 갖는다. 이런 사회주의에서도 여전히 착취가 없어지지 않는 것은 개별노동자에 의한 주식자본의 지분소유에 근거한 사적 자본주의적 영유권이 온존하기 때문이며 그에 따라 노동자들이 자본가와 노동자라는 이중적인 형태규정을 받기 때문이다. 만약 이런 사태를 피하기 위해서 노동자들의 개인지분을 인정하지 않고 집단적 주식소유, 공동소유만을 상정한다면, 이 경우 노동자 공동의 소유주식은 노동자들의 집단적 소유를 법률적으로 보증하는 증서에 지나지 않고 따라서 주식자본 형태를 상정할 필요가 없게 된다(주식자본의 폐지, 그러나 이는 사회주의적

하고 단순한 소유증서, 그것도 해당 기업 노동자들의 집단적 소유증서에 지나지 않기 때문에 그 소유형태의 토대는 더 이상 주식이 아니다. 집단적 소유증서든, 아니면 더 이상 주식이 아닌 집단적 소유증서에 불과한 주식이든, 송태경 씨는 생산과정에 자유롭게 결합하여 공동생산을 수행하기 위한 절대적인 전제조건으로서 소유권을 붙들고 있는데, 여기서의 소유권은 사회화된 형태이면서도 부르주아적 권리의 성격을 완전히 탈각하지 못한 형태이다. 즉, 개별 노동자들은 자신의 지분 권리로써 기업의 소유권을 주장하지는 못하지만 여전히 그 기업은 이 기업 노동자들 전체의 배타적 소유에 놓여 있는 것으로서 다른 기업의 노동자들은 이 소유권을 침해할 수가 없다. 그것은 '우리들'만의 기업인 것이며 그렇게 집단적 형태에서이지만 부르주아적 권리가 관철되고 있는 것이다. 송태경 씨가 맑스로부터 끌어들이며 자랑스러워하는 연합된 생산자, 자유인이란 단지 이런 한계 내에서의 제한된 자유인에 지나지 않고 그것은 맑스가 말하는 공산주의적 사회에서의 진정한 자유인과 거리가 멀다. 이러한 사회구성은 그가 사회화와 공동소유를 말하면서도 그것을 어디까지나 개별기업의 수준으로 제한하고 전체 사회적 수준으로 나아가는 것을 거부한 결과이다. 개별 기업의 수준으로 제한하는 사회화는 필연적으로 전체 사회의 재생산을 조절하기 위해 상품생산의 형태를 유지하지 않을 수 없고, 따라서 상품생산의 모순에 노정되지 않을 수 없는 바, 이제 송태경 씨는 그 모순을 극복하기 위한 공상적 방법을 모색하게 된다.

그는 연합된 생산자들의 소유에서는 기업간의 교류가 상품교환을 매개로 한다고 하며 그럼으로써 상품과 화폐의 모순이 남아 있지만, 그럼에도 자본관계가 지양된 상품관계에서는 생산의 무정부성이 자본주의적 생산관계에서와

소유나 전인민적 소유와는 다른 형태이다. 송태경 씨의 주식회사사회주의는 다름아니라 이런 소유관계를 상정하는 것이다. 만약 노동자의 개별적 주식소유는 승인하면서도 주식소유에 따른 개별적인 이윤배당은 불허함으로써 이런 문제를 회피하고자 한다면, 그 경우도 주식자본은 소유증서 이상이 되지 못한다.

달리 과잉생산과 경제위기로 발전하지 않고 단지 가능성으로만 존재하기 때문에 생산의 무정부성은 소멸한다고 주장한다. 그러나 전체 사회적 조절을 시장에서의 상품교환에 의존하는 한, 생산의 무정부성은 가능성으로만 존재하는 것이 아니라 항상적인 현실성으로만 존재하는 것이고 산업부문간, 경제 부문간 불균형은 피할 수 없다. 더구나 상품생산과 상품교환에 기초하는 한, 공황의 가능성도 항상적으로 존재한다. 다만 자본관계가 지양된 형태에서는, 부문간 불균형이 무정부적인 경쟁에 매개되어 주기적인 과잉생산 공황이나 장기적인 위기로까지 발전되어 폭력적으로 표출되는 필연성을 벗어날 뿐이다. 그는 여기서 생산의 무정부성과 경제적 위기, 공황의 가능성과 현실성의 문제를 혼동하고 있다. 그렇지만 그도 상품생산에서 비롯되는 고유한 모순을 어떻게 극복하는가 하는 문제를 제기하지 않을 수 없는 바, 그것을 오웬에게서 빌려온 노동증서를 통해서 해결하고자 한다. 그러나 기업간 분업과 분립 그리고 상품교환을 통한 상호교류에 입각한 우리사주사회주의에서 상품생산과 상품교환의 모순을 노동증서로 해결할 수 없다는 것은 두말할 필요가 없다. 더구나 연합된 생산자의 소유로 전환되지 않는 광범한 소상품 생산자들까지 고려하면 더욱더 그러하다. 왜냐하면 이들 형태들은 전형적으로 상품생산의 법칙이 관철되는 범주인데, 맑스의 공산주의적 전망과 달리 우리사주사회주의에서는 이 과도적 형태의 궁극적인 지양을 확인할 수 없기 때문이다.[17] 이렇게 시장사회주의의 모순은 공상적 방식으로 해결될 수 없는 것이다. 이러한 공상의 근저에는 집단적일지라도 어쨌든 노동자들의 소유에 근거할 때만 노동자들의 소비욕망에 기초한 생산의 창발성을 기대할 수 있다는 송태경 씨 특유의 사회주의관이 자리잡고 있다.

---

17. 이상에 대해서는 송태경, 같은 책, 74쪽 이하를 참조

4. 맑스의 왜곡과 끝없는 혼란으로 점철된 이행론의 쟁점들

이제 자본주의의 발전과 이행문제를 보다 이론적으로 검토해보도록 하자. 자본주의의 발전과 그 다음 사회로의 이행은 자본의 모순, 그 운동이 추동하는 것인데, 자본축적의 법칙에 대한 체계적인 정치경제학적 설명은 송태경 씨에게서 찾아보기 어렵다. 그러나 임금/이윤(율), 즉 생산/분배관계와 소유권의 관계가 자본주의와 국가사회주의 그리고 자신의 연합된 생산자들의 사회에서 각각 어떠한가를 비교·고찰할 때, 특히 자본주의를 상정한 경우에서 그는 자본축적의 내적 관련들에 대한 정치경제학적 설명을 시도하고 있으므로 이를 통해 그의 정치경제학을 엿볼 수 있다.[18] 그는 주식회사제도를 상정한 자본주의 사회에서 임금의 상승은 이윤율을 저하시키는 데 개별 자본들은 상품가격을 상승시킴으로써 이윤율 저하를 보상하려 한다는 것으로부터 설명을 시작한다(여기서 이윤율 저하는, 축적의 법칙으로부터 유기적 구성의 고도화의 결과로서 설명되지 않고 임금인상의 결과로 설명된다). 그런데 이윤율 저하에 대해 자본가들은 상품가격을 상승시키며, 시장점유율을 상승시키고, 또한 (절대적 잉여가치 생산의 강화 등을 통해) 이윤량을 증대시킴으로써

---

18. 송태경, 『자유인들의 연합체를 위한 선언』, 자유인 1993, 79쪽 이하 참조. 생산/분배관계와 소유권의 관계가 이들 3개의 사회에서 어떻게 달라지는가는 여기서 우리의 관심이 아니다. 또 그 관계에 대한 설명은 무지막스러울 정도로 어설프고 자의적인 구성과 정치경제학의 왜곡으로 가득 차 있어서 굳이 검토할 필요도 느끼지 못한다. 한가지 예만 든다면(79~80쪽), 그는 논의를 위한 기초가정으로서 총자본이 개별자본가들 전체의 주식자본으로 조직된다고 하고, 그때 한 사회의 년간 총생산물의 가치(O=불변자본가치(C)+가변자본가치(v)+총잉여가치(s)라면 [숫자 예에서 600C=400c+100v+100s], 총잉여가치(총이윤) 100s는 전액 주식소유자들한테 돌아가고 총자본 400c+100v가 곧 주식자본의 크기라는 것이다. 이런 가정은 도대체 맑스의 정치경제학과 아무 관련이 없는, 잘못된 구성이다. 이 사회의 총자본이 주식자본으로 조직되었다 하더라도 투자를 위해 화폐자본의 차입이 있을 수 있고 그에 따른 이자 지급도 고려하면, 총투하자본이 곧 총주식자본의 크기이고 총이윤이 전액 주식소유자들에게 돌아간다는 것은 자본주의에서 자본의 구성과 잉여가치의 분할법칙을 이해하지 못하는 것이다. 뿐만 아니라 이것은 총잉여가치는 기업가이득, 이자, 세금, 지대 등으로 분할된다고 하는, 바로 조금 앞에서 송태경 씨 자신이 설정한 전제와도 어긋나게 된다. 이런 잘못을 단지 단순화를 위한 불가피한 구성으로 변명하기는 어렵다.

이윤율 저하를 보상하고자 한다는 것이다. 이런 식의 설명은 우선 그가 『자본』의 추상 수준을 이해하지 못한다는 것의 표현이다. 『자본』의 세계에서 자본은 균등한 경쟁자본으로서 시장에서 가격을 지배하거나 시장점유율에 영향을 미칠 수 없고 그래서 그 이념적 평균에서 가격과 가치관계(또는 가격과 생산가격)의 조응이 전제된 위에서 축적의 법칙이 분석된다. 자본간 실질적 경쟁 속에서 일시적으로 또는 경기순환적으로 이 조응관계가 파괴되고 가치 또는 생산가격과 가격의 괴리가 나타날 수 있지만 『자본』에서 그 분석은 기본적으로 추상되어 있고 이에 대한 과제는 『자본』 이후의 부, 편으로 예정되어 있다. 그것이 다름 아닌 정치경제학 비판의 플랜체계이다. 자본주의의 발전과 이행 문제는 장기적인 운동과 관련된 것이며 그 경우 이 괴리는 조정되고 상쇄되기 때문에 가치법칙을 전제해서 축적의 법칙을 서술해야 한다. 송태경 씨처럼 위와 같이 연관관계를 설정하면 자본주의 발전과 이행을 분석할 때 가치법칙을 부정하는 것이 될 뿐 아니라, 설령 이를 부정한다 하더라도 그가 말하는 것처럼 상품가격을 상승시키고 시장점유율을 높이는 경우는 일어날 수 없다. 왜냐하면 경쟁하는 자본이 축적위기 속에서 시장점유율을 높이려면 상품가격을 하락시켜야만 하기 때문이다. 그 해괴한 논리를 더 나아가 보도록 하자. 그에 따르면 이윤율의 저하는 자본의 일부를 축적으로부터 떨어져 나오게 해서 대량의 유휴자본을 발생, 증대시키고 그로써 투기자본이 증대하며 대규모 사업이 활성화되고 신생자본들이 대대적으로 설립된다(위기를 설명하는 중에 국면은 위기가 아니라 번영국면으로 급변한다?). 또 임금의 상승은 노동을 기계로 대체시키게 하고 배당이윤의 감소는 주식가격을 장기적으로 하락시킨다(번영에도 불구하고 하락?). 결국 부르주아 국가는 임금의 일반적 상승에 따른 여러 현상들에 대해 자본의 이익을 위해 개입해서 상품가격 일반을 상승시키려는 충동을 규제하려 할 것이고 임금인상을 억제하려는 자본의 논리와 결합하여 자본과 노동의 적대관계는 심화된다고 한다. 우리가 보기에 그의 이러한 논리 전개는 『자본』의 세계에서 사고하고 있는

것이 아니다. 앞서 말한 바처럼, 『자본』의 세계에서 상품가격을 일반적으로
상승시키는 경향은 존재하지 않는다. 상품가격의 일반적 상승경향, 즉 인플레
이션은 금본위제의 폐기와 자본주의의 (국가)독점자본주의로의 이행, 그리고
그에 따른 관리통화제에서 발생하는 경향이다. 이러한 논리는 좋게 말해도
현대 국가독점자본주의를 전제한 위에서나 가능할 수 있는 것인데, 그는 또
독점자본주의론·국독자론도 틀린 이론이라고 수용하지조차 않지 않는가?
뿐만 아니라 설령 국독자를 상정한다 해도 위와 같은 기괴한 연관관계는
전개될 수 없다. 이처럼 다음 사회로의 자본주의의 이행을 준비하는 그의
자본주의 발전이론은 그가 성전처럼 내세우는 『자본』의 축적법칙에 대한
기초적인 이해조차 찾기 어려운 혼란과 몰이해로 가득 차 있으며 자본주의
일반이론과 국독자로까지 발전한 현실 자본주의간의 이론적 연관의 문제를
전혀 이해하지 못하고 있다. 따라서 이런 자본주의 발전이론에 입각한 그의
이행론이 자의적으로 구성되고 있다면 그것은 오히려 당연하다 할 것이다.

　그에 따르면 자본주의로부터 다음 사회로의 이행은 주식회사자본주의의
주식지배를 노동자들에 의한 주식의 공동소유로 전환함으로써 실현된다. 이
것은 국가사회주의에서처럼 국가소유가 아니라 해당 기업의 전체 노동자에
게 주식소유라는 재산권·소유권을 부여하는 위에서의 공동소유인 것이다.
즉, 이 공동소유는 주식회사제도를 자본주의로부터 (청산하는 것이 아니라
오히려) 계승하고, 그 위에서 노동자들의 집단적인 주식소유를 기반으로 하여
실현되는 공동소유이다. 그는 이런 이행론을 맑스에 기대고 있는데, 그러나
자본주의 발전의 법칙에 기초한 이행의 법칙에 대해서는 특별한 언급이 없다.
그는 단지 연합된 생산자들의 소유에 대한 맑스의 언급을 지시할 뿐이다.
주지하듯이 자본주의로부터 다음 사회로의 이행법칙과 관련한 맑스의 주목
할만한 서술은 무엇보다도 『자본』 제3권의 주식자본에 대한 이행론적 함의와
제1권의 자본축적의 역사적 경향에서 정식화한 이행의 법칙에 대한 부분이
다. 주식자본과 관련하여 맑스는 사적 자본과 비교한 사회 자본으로서 주식자

본을 "자본주의 생산 내에서의 사적 소유로서의 자본의 지양"이라고 하고, 이를 "다름 아닌 새로운 생산형태로의 이행형태"로 파악하였다. 또 자본축적의 역사적 경향과 관련해서 맑스는 자본축적과 집중, 독점의 경향이 이 생산양식의 질곡으로 전화하여 어떤 (시)점에 그 생산관계와 화합 불가능하게됨으로써 이 생산관계가 파괴된다고 했다. 이때 "자본주의적 사적 소유(!)의 마지막 시간이 왔다. 수탈자가 수탈된다"(필자의 강조)고 하면서 이 이행을 정식화하여 "부정의 부정. 사적 소유의 재건이 아니라 [……] 협업 및 노동 자체의 의해 생산된 생산수단과 토지의 공동소유에 기초한 개인적 소유"라고 적고 있다. 그런데 놀랍게도 송태경 씨는 자본주의 생산양식 자체의 전복과 다음 사회로의 이행을 서술하는 것으로 유명한 이 문장을 그렇게 독해하는 것이 아니라, 그의 발전단계론에서 말한 바 사적소유자본주의로부터 주식회사자본주의로의 자본주의 내 단계이행으로 이해하고 수탈자가 수탈된다는 것은 바로 주식자본에 의해 사적 자본가가 주식을 통해 대중(주식자본가)에게 수탈 당한다고 해석하는 것이다.[19] 그러면 주식자본 형태에서 자본가적 사적 소유가 지양된다는 그의 주장은 일관성을 유지할 수 있겠지만, 곧바로 이어지는 맑스의 정식화는 그러한 해석을 너무나도 어이없게 만든다. "부정의 부정. 사적 소유의 재건이 아니라 [……] 협업 및 노동 자체의 의해 생산된 생산수단과 토지의 공동소유에 기초한 개인적 소유." 수탈자의 수탈을 통해, 부정의 부정으로 성립하는, 생산수단의 공동소유에 기초한 개인적 소유가 주식회사 자본주의란 말인데, 그것은 설령 그럴 수 있다고 치고, 그러면 주식회사자본주의가 '토지의 공동소유'에 기초하는 개인적 소유란 것은 무슨 말인가?

---

19. 송태경, 『소유문제와 자본주의 발전단계론』, 앞의 책, 61~62쪽. 여기서 그는 별개의 각주를 통해 맑스의 이 유명한 문장을 흔히 다음 사회로의 필연적인 이행의 전거로 이해하고 있는데 이것은 잘못이며 이 문장은 주식회사로의 이행을 설명하는 것이라고 부연해서 강조하고 있다. 또 65쪽에서 그는 "주식회사의 일반화과정은 '국민대중(?)이 소수의 횡령자를 수탈하는 것이다'"라고 쓰면서 『자본』(제1권), 김수행 옮김, 960쪽으로부터 인용하였음을 밝히고 있다.

도대체 말이 되지 않는 소리다. 맑스는 제1권의 자본축적의 역사적 경향에서 자본주의 생산에서의 법칙을 전개한 후 제2권과 제3권의 유통과정과 총유통과정(주식자본을 포함하는 분배과정)의 서술로 나가기 전에, 즉 (유통과정과 총유통과정은 이 자본주의 생산의 토대 위에 구성되기 때문에) 자본주의 생산과 축적의 역사적 경향, 자본주의 생산양식의 역사적 경향을 서술하면서 "자본주의적 사적 소유(!)의 마지막 시간이 왔다. 수탈자가 수탈된다"(필자의 강조)고 함으로써 자본주의의 다음 사회로의 이행에서 다름 아닌 자본주의적 사적 소유가 전복된다는 것을 언명하고 있다. 이것은 주식회사를 토대로 하는 자본주의 생산양식 자체의 전복을 말하는 것이다. 맑스는 이를 자본가적 사적 소유의 전복으로 표현하고 있기 때문에, 주식자본 하에서 소유의 사회화가 진전된다 하더라도 맑스는 이런 자본주의적 사회화에 의해서도 자본가적 사적 소유는 최종적으로는 지양되지 않았음을 분명히 한다. 즉, 그것은 자본주의 경계 내에서의 지양형태일 뿐이다.[20] 그 때문에 주식자본에서 자본가적 사적 소유가 완전히 지양되었다고 하는 송태경 씨의 주식회사론도 맑스를 잘못 이해한 것이다.

이행과 관련하여 또 하나 남은 문제가 있다. 그것은 자본주의 발전 단계와 이행론을 구성할 때 국공영기업의 지위, 나아가 국가 자체와 관련되는 문제다. 그의 주식회사사회주의론은 무엇보다도 국영기업을 사회화의 주요형태로 이론화하고 실천했던 역사적 사회주의, 스탈린주의적 사회주의론과의 대결에서 제기된 것인 만큼 이 문제는 그의 이론의 중심에 위치한다. 여기서는

---

20. 맑스는 주식자본을 사적 자본과 비교하여 사회자본으로서 자본주의 내에서 소유의 사회화의 진전으로 파악하고 이를 이행의 형태로서 위치지었지만, 그럼으로써 주식자본이 사회화의 자본주의적 성격을 지워버린 것은 결코 아니다. 그래서 맑스는 '자본주의 경계 내에서의' 자본주의의 지양이라고 한 것이며 따라서 그 이행형태라는 것도 자본주의 내에서는 결코 완료되지 않은, 미래사회의 사회화의 맹아로서의 의미밖에 갖지 않는다. 주식자본에서 표현되는 소유의 사회화는 어디까지나 주식지분에 대한 사적, 개인적인 소유에 입각한 사회적 소유형태이기 때문에 사회화의 소유형태에도 불구하고 자본가적 사적 소유를 그 근간으로 하는 것이며 결코 자본가적 사적 소유를 지양하는 것은 아니다.

사회화 문제에 있어 형식적 사회화와 실질적 사회화의 문제, 자본주의에서 공산주의로의 이행에 있어 생산력의 발전과 소유관계·생산관계의 전화의 문제, 사회주의 건설 경로의 문제, 이행에서의 국가와 국가소멸 문제 등에 대한 이론과 실천에서 드러나는 레닌과 스탈린의 화해할 수 없는 차이들을 전혀 이해하지 못하고 스탈린주의의 이름으로 사회주의의 역사적 실천과 이론을 무차별하게 이데올로기적으로 비판하는 상투적인 방식을 문제삼는 게 아니다. 여기서는, 이런 책임질 수 없는 비판들을 수행한 다음에 송태경 씨가 과연 역사적으로 존재했던 국공영기업들, 그리고 현실 자본주의에서 아직도 존재하는 국공영기업을 그의 발전단계와 이행론 속에 어떻게 위치시키는지를 검토함으로써 그의 이른바 과학적 성과를 다시 한번 평가하고자 한다. 그에 따르면 국가소유기업은 자본가적 사적 소유와 마찬가지로 사적소유자본주의로부터 주식회사자본주의로의 이행(즉 사회화) 속에서 지양되는 소유형태(말하자면 사적소유자본주의로부터 주식회사자본주의로의 단계이행의 제2단계에서 지양되는 형태)라고 한다. 그 때문에 그는 우리가 재벌지배체제에 대한 사회화 대안의 주요 형태로서 국공영기업을 주장하는 것에 대해 역사를 퇴행시키는 대안이라고 비판하는 것이다. 즉, 주식회사자본주의로의 이행의 제2단계에서 이미 지양된, 그래서 사회화된 소유형태를 어떻게 다시 대안으로 제시하느냐는 것이다. 국영기업형태가 사적소유자본주의로부터 주식회사자본주의로의 이행에서, 그것도 그 제2단계에서 이미 지양되었다는 그의 주장을 도대체 어떻게 이해해야 하는가? 국공영기업은 주식회사자본주의로의 이행의 제2단계가 아니라, 선진 자본주의와 같은 주식회사자본주의의 단계에서도 불가결한 구성부분으로서 국공영기업의 민영화를 주장하는 신자유주의의 거센 흐름에도 불구하고 여전히 존립하고 있는 형태이며, 또 역사적 사회주의에서는 지배적인 소유형태로 존재하였는데, 그렇다면 이런 현상들을 그의 발전단계와 이행론에서는 어떻게 포괄할 수 있는가? 그의 이행론에서 역사적으로 존재했던 사회주의(그리고 국영기업을 포함하여 국가의 경제개입을 주요 특징으로 하는 현대의 국가독점자본주의)를 위치지울 수 없다면, 그래서 현실의 발전을 설명할 수 없는 것이라면, 그 이행론은 당연히 파산할 수밖에 없다. 그의 단계론과 이행론에는 이에 대한 설명이 없다. 이것은 과학이 아니라 수수께끼다.

그는 국가부문은 그 형태 자체가 스탈린주의적 폐해(노동자 착취, 관료주의, 생산력 정체 등)와 불가분하게 결합되어 있다고 주장한다. 그럼으로써 그는 국공유부문의 확장과 국가개입 확대를 통해 진행될 수밖에 없는 사회화의 역사적 진전(그리고 역설적이지만 그것을 통해 자본주의적 계급국가를 지양해 가야 하는 모순)을 왜곡하고 이를 위한 국가부문의 장악과 그 민주적 개혁의 과제를 부정하는데, 오늘날 이 문제를 부정하고 회피하면서 어떻게 한발이라도 진보로 나아갈 수 있을까? 그런데 다시 한번 놀라운 일은, 그가 주식회사자본주의로부터 주식회사사회주의로의 이행 방법을 검토하면서 주로 끌어들이는 것이 바로 국가라는 사실이다. 그는 이행의 적극적인 방법으로서 보통선거를 통한 국가기구 장악, 세금과 국가신용을 통한 사회적 기금 확보, 이를 토대로 하는 노동자 공동소유로의 전환을 논하고 있고, 소극적인 방법에서도 공동소유 주식으로 전환시키는 정부정책에 의존하고 있다.[21] 아마도 그 외에 다른 수가 없었을 것이다. 그것은 그가 그렇게도 부정하고자 했지만 현실에 의해 규정될 수밖에 없음을 보여준다. 주식회사사회주의는 그의 구상에서도 국가기구의 장악과 그 개입 없이는 성립할 수 없다. 그가 그렇게 부정하는 국가기구를 통해 어떻게 이런 과제를 실현할 수 있을까? 이에 대해 그는 아무 답도 말하지 않는다.[22] 또 한번의 수수께끼다.

---

21. 송태경, 『자유인들의 연합체를 위한 선언』, 앞의 책, 19쪽 이하 참조.
22. 물론 송태경 씨는 『자유인들의 연합체를 위한 선언』(63쪽 이하 및 125쪽 이하)에서 프롤레타리아 독재와 그것을 통한 연합된 생산자들의 사회로의 전화 그리고 국가의 소멸을 핵심적인 문제로서 강조하고 있다. 그러나 그는 그 특유의 국가사회주의 비판의 관점으로부터 국독자에서 발전하는 국가부문이 사회주의로의 이행에서 갖는 의의를 원천적으로 부정하기 때문에, 다시 말해서 국가부문 자체를 관료제와 독재의

5. 우리사주사회주의론의 귀결: 자본주의 질서의 변호론

송태경 씨에 따르면 재벌해체는 부르주아적 방식으로 진행될 수도 있고(전후 일본의 재벌해체와 부활), 또 국유화 방식의 퇴행적 길(!)로 나아갈 수도 있기 때문에(관료지배·스탈린주의), 단지 재벌해체만을 주장하는 것은 문제가 아니다. 문제는 경제적 계급이 존재할 수 없는 노동 중심의 세계로 재편해야 한다는 노동운동의 대원칙을 실현하는 방향에서 '노동의 정책'으로써 재벌현 상을 해소해나가야 한다는 것이다. 그러나 그는 재벌해체가 곧 자본과 임노동 관계라는 경제적 계급질서를 계급이 존재할 수 없는 노동해방, 인간해방 사회 (주식회사사회주의)로 직접 이행시키는 것을 의미하지는 않는다고 한다. 말하 자면 재벌해체는 무계급사회로의 이행을 '단축시키고 경감시키는' 현실(주 의)적인 운동으로서, 이행의 한 과정 또는 단계로 이해할 수 있다.23) 그런데 재벌해체를 이와 같은 이행론 속에 위치시킬 경우, 우리는 앞에서 본 자본주 의의 발전과 이행론을 다시 관련시키지 않을 수 없다. 앞에서 그는 재벌현상 과 그 확대재생산, 이에 대한 민주적 규제는 각각 사적소유자본주의로부터 주식회사자본주의로의 발전의 ③단계와 ④단계를 이루고 이런 단계를 지나 자본주의는 주식회사자본주의로 이행한다고 했다. 그런데 여기서 재벌현상 과, 재벌현상의 노동자적 관점에서의 해소인 재벌해체는 무계급사회로의 이 행의 한 과정 또는 단계라고 한다. 재벌개혁 또는 재벌해체는 앞에서는 주식

원천으로 파악하고 국가부문의 토대 위에서는 국가의 민주화가 전혀 불가능하다고 생각하기 때문에 그의 프롤레타리아 독재론은 이 문제를 해결할 수 없다. 부연해서 설명하면, 보통선거를 통해 국가권력을 장악했을 때 연합된 생산자들의 사회는 이제 만들어나가야 하므로, 즉 경제적인 토대는 아직 자본주의 관계이므로, 국독자를 물적 토대로 하는 그 국가는 독재와 부패로부터 자유로울 수 없는 기관이다. 그러면 어떻게 이 기관을 통해서 노동자들의 공유주식의 제도를 도입할 수 있는가? 그 밖에 다른 길은 없으므로 도입할 수 있다고 대답한다면, 그는 국영기업을 스탈린주의와 등치시켜 사회주의에서의 국영기업의 혁신과 실질적 사회화로의 진전을 부정하는 자신의 이론도 던져버려야 할 것이다.

23. 송태경, 「한국사회 재벌의 본질과 재벌해체에 대한 제언」, 앞의 글, 65~66쪽.

회사자본주의로의 발전의 단계였는데 뒤에서는 무계급사회로의 이행의 과정 또는 단계이다. 결국 그는 이러한 이행론에서 암묵적으로 주식회사자본주의로의 발전(우리의 표현에 따르면 선진 독점자본주의로의 발전)을 무계급사회로의 이행을 위한 단계 또는 과정, 그것도 무계급사회로의 이행을 단축시키고 경감시키는 단계, 과정으로 이해하는 것이다. 그것은 부르주아 개혁을 통한 재벌해체와 선진 독점자본주의로의 발전의 길을 진보라고 이해하는 것이며, 이 점에서 그는 시민단체의 다른 재벌개혁론자들과 별로 다르지 않다. 반면 그는 어디서도 주식회사자본주의를 건너뛰는, 사회주의로의 직접적, 단절적 이행을 말하지는 않는다. 그것은 재벌해체론의 내용에도 드러나 있다. 즉 재벌개혁론자들을 그렇게 비판한 후에 그가 제시한 재벌해체 프로그램(소유구조개혁, 경영구조개혁, 불합리한 제도개혁 또는 폐지, 부당자산 환수 등)은 그들과 본질적으로 다를 게 없다. 말하자면 그 자신이 부르주아적 재벌개혁론에 머물고 있는 것이다.[24] 그럼에도 그가 요란하게 다른 재벌개혁론자들을 비판하는 것은 그래도 자신은 부르주아 재벌개혁을 토대(!)로 하여 이를 넘어가는 사회주의를 전망한다는 자부심 때문일 것이다. 그러나 여기서도 어떻게 주식자본의 지배가 완성된 주식회사자본주의로부터 그 지배를 부정하는 주식회사사회주의로 이행할 수 있는가 하는 실천적인 프로그램 또는 전망을 보기 어렵다. 앞에서 언급한 선거를 통한 국가의 장악과 정부정책을 통한 주식회사사회주의의 도입이 그 하나의 프로그램이라 할 수 있는데, 문제는 노동자들의 주식소유에 기초한 부르주아적 재벌개혁의 정책으로부터, 이들의 개별적 소유를 실질적으로 부정하는 주식회사사회주의로의 전환이 어려운 난제라는 것이다. 전자의 정책은 후자의 정책을 촉진한다기보다는 오히려 지연시키고 봉쇄하는 효과를 갖기 때문에, 전자의 정책 속에서 후자의 정책을 위한 대중적인 지지를 정치적으로 확보하기가 어렵고 따라서 두 개의 정책은

---

24. 송태경, 같은 글, 73~76쪽.

좋게 말해도 서로 따로 놀뿐이다(주식회사자본주의에 광범하게 존재하는 노
동자 소유주식을 도대체 누가 어떤 권력을 근거로 해서 수탈과 다름없는
집단적 주식보유로 전환할 수 있을까?) 결국 그는 주식회사자본주의를 주식
회사사회주의로의 이행을 촉진하는 단계로 설정하고 주식회사사회주의로의
이행을 말하고 있지만, 실제로 그것은 관념에서만 사회주의적일 뿐이며 현실
에서는 부르주아적 개혁을 쫓아가는 기회주의의 한 부류로 전락할 위험이
높다. 또는 사회주의로의 이행이나 진보적인 구조개혁을 전망하기 어려운
현대의 조건에서 영향력을 확대하기 마련인 실용주의적 경향의 기름진 토양
이 되지 않을까 한다.25)

　이상을 요약하자. 송태경 씨의 우리사주사회주의론은 맑스의 발전단계론
과 이행론에 대한 납득할 수 없는 왜곡을 통해 세계에 유례가 없는 독창적인
발전단계론과 이행론을 수립하였는데, 그 단계·이행론이 혼란과 모순으로
가득 찰 수밖에 없고 현실 자본주의의 발전 단계를 설명할 수 없는 것은
필연적인 결과라고 할 것이다. 그 이행론은 우리사주사회주의라는 그럴듯한

25. 그것은 무엇보다도 우리사주제에 대한 이들의 정책 개선요구에서 그대로 드러나 있다. 송태경,「한국형
　소유참가제도(우리사주제도) 개선방안」, 민주노총 우리사주제도 개선방안 토론회, 1999. 6. 23. 우리사주
　를 토대로 하는 사회주의의 전망과 관련하여 송태경 씨는 자본주의에서 자본가들의 노동자 포섭전략의
　일환으로 도입되는 종업원지주제, 미국의 차입 ESOP제, 한국의 우리사주제, 그밖에 국민주, 소액주주
　등을 우리사주사회주의의 관점에서 근본적으로 비판, 거부하고 진정한 경제민주주의를 지향하는 노동
　자당의 강령적 요구로서, 예컨대 기업주식의 50% 이상을 해당기업 노동자들의 공동소유지분으로 확보
　할 것을 주장한다. 송태경,『자유인들의 연합체를 위한 선언』, 앞의 책, 5쪽 이하, 송태경,『소유문제와
　자본주의 발전단계론』, 앞의 책, 193쪽 이하 참조. 그러나 현행 우리사주제의 개혁과 관련, 위의 토론글에
　서 그는 (아마도 일종의 면역 조항으로서 조합원 주식공유와 연계시키고자 하는 단서를 두면서도) 차입-
　비차입 ESOP의 도입을 요구하고 더 나아가서는 우리사주조합의 소액주주의 권리의 강화, (투기조장을
　가져올) 우리사주 의무보유기간의 단축 등을 주장함으로써 우리사주사회주의론의 전망을 허구로 만들
　어버린다. 송태경 씨는 이런 괴리와 단절을 현실의 개혁과 미래의 변혁간의 괴리라고 변명할지 모른다.
　미래의 변혁을 지향하지만 현실의 개혁에서는 그런 요구를 제출할 수 없는 것이라고, 개혁의 진전
　속에서 그 전환이 이루어질 것이라고. 그러나 문제는 바로 여기에 있는 것이다. 그에 있어서는 양자의
　괴리를 메워 줄, 미래의 전환으로 인도할 이행의 정책이 존재하지 않는 것이다. 실용주의와 현실주의는
　바로 이런 틈새에서 성장하게 된다.

선전 구호에도 불구하고 실제로는 진정한 사회화로 나아가는 길을 왜곡하는 공상적인 이론이며 현실 자본주의의 개혁 대안에서는 자본주의의 지배질서에 안주하고 있다. 그 이행론과 대안론의 정치적 효과가 노동자계급의 진정한 개혁 대안을 왜곡하고 무계급사회로의 이행의 길을 봉쇄하는데 있음은 두말할 필요도 없다.

우리사주제도의 비판적 고찰

송유나

1. 들어가며

　　　　　　　　　　　　　사람이라면 누구나 더 나은 삶을 열망
한다. 서울역에서 노숙하는 자들, 희망도 미래도 버린 듯이 보이는 그들조차
가지고 있는 그 희망이란 존재, 더 나은 삶에 대한 욕구라는 것은 상대적으로
안정된 계층일수록 더욱 야심차게 자리잡는 속성을 가지는 듯하다. 최근 전국
민을 휩싸고 있는 주식 열풍은 IMF 이후 위축된 현실과 불안한 미래에 대한
최소한의 방어막이나 마련해보고자 하는 서민들의 소박한 희망을 반영하는
듯하다. 퇴직금을 걸고, 적금을 해약하고, 희망과 더불어 인생을 걸어본다.
현재의 주식시장 열풍은 다분히 이러한 심리적 속성을 내포하고 있다. 그러나
역시 자본주의란 이 희망을 소유하는 것조차 양분화하고, 계층화시켜낸다.
소위 주식시장에서 대박 터진 사람들이 몇이나 되며, 우리사주와 스톡옵션에
서 희망을 발견할 수 있는 사람들이 얼마나 될 것인가? 아니 그 절대적인
수와 양의 문제를 떠나 주식시장과 주식자본주의에서 살아남을 수 있는 노동
자가 얼마나 될 것인가? 그리고 그 '살아남는다'는 의미는 또 무엇인가? 이러

한 문제를 파고 들어가다 보면 이 주식시장 열풍이 다분히 심리적인 문제만은 결코 아니라는 결론에 이르게 된다.

우리는 자본주의의 구조적 위기의 발현이자, 소위 자본의 위기해결책이면서도 이 위기를 심화·확대시켜내고 있는 신자유주의적 구조조정의 시작을 경험했고, 그 과정을 힘겹게 밟아나가고 있다. 기업·금융·노동·공공부문 구조조정이라는 거창한 4대 과제를 향한 돌격! 또 돌격! 이 속에서 수많은 노동자들이 잘려나갔고, 임금삭감과 노동강도의 강화, 전혀 비생산적이고 반인간적인 복지정책을 목도하고 있는 것이다. 그러나 이렇듯 반노동적·반인간적 구조조정의 충격을 일견 흡수해내고, 완충시켜주고 있는 공간으로서 주식시장이, 그리고 주식에 대한 열풍이 존재하고 있음을 어느새 발견하게 된다.

현재의 자본주의의 발전과정은 노동자계급 내부의 양극화를 심화시켜내고 있다. 편입되고 살아남는 집단과 도태되고 배제되는 집단간의 구분이 점점 명확해지고 있으며, 이는 정규직 노동자와 실업·비정규직 노동자로 구분된다. 양자 사이의 괴리는 단지 심리적 박탈감과 현상적 생활 차이로만 나타나는 것이 아닌, 계급적 분화로, 노동조합운동의 분열로 이어질 수 있다는 점에서 더욱 위험한 것이나. 어떤 측면에서 현재 상대적으로 안정된 직장과 생활을 영유하고 있는 노동자와 열악한 노동조건에 시달리는 비정규직, 시달릴 터전조차 없는 실업노동자들은 결코 적대적인 존재가 아니다. 자본의 새로운 축적구조가 야기하는 노동계급 분단화와 양극화라는 자본의 관리전략을 인식하고 역사의 주체로서의 노동계급의 동질성과 통합성을 회복해야 하는 역사적 주체인 것이다. 우리가 개별 노동자로서, 개별 인간으로서 행위하는 것만이 아니라면, 노동조합운동과 노동자계급운동을 통해 자본주의의 근본적 폐해를 극복하고자 고민하는 '주체'라면, 우리사주와 주식 열풍에 대한 명확한 입장을 정리해야 한다.

우리가 사회화 방안에 대한 논의를 촉발하면서 우리사주제도를 비판적 고찰의 대상으로 삼는 것은 이 제도의 결과물이 신자유주의 구조조정에 대한 진보적 대안을 표방하면서도 실제로는 사회화라는 진보적 방안에 가장 역행 하는 은밀한 담론으로 기능하고 확산되기 때문이다. 즉, 노동자계급의 집단적 대안 대신 개별화를 추동하고 나아가 진정한 사회화와 계획적인 조절의 가능 성을 원천적으로 봉쇄한 채 시장의 무정부성을 승인하며 금융화라는 자본의 미래에 노동자계급을 철저히 종속시키려는 이 제도에 대해서 근본적인 비판 이 수행되지 않으면 안 될 것이다.

2. 한국사회에서 우리사주제도의 역사와 현황[1]

1958년 10월, 주식회사 유한양행이 노사협조와 사내 복지증진이라는 명목으 로 회사 간부들에게는 공로주의 형태로, 일반 사원들에게는 희망자에 한하여, 매입 대금을 상여금에서 공제하는 방식으로 종업원지주제도를 시행하였다. 1960년대 후반에 들어서 삼양사, 해운공사, 해동화재, 남한제지 등에서 유사 한 제도를 실시했으나 활발하지는 않았다. 이러한 종업원지주제도는 1968년 11월 「자본시장 육성에 관한 법률」에서 상장법인의 유상증자시 신규 발행 주식의 10%를 종업원에게 우선 배정할 것을 제정함으로써 하나의 제도로

---

1. 현재 우리사주제도는 종업원참가제도, 노동자소유참가제도 등으로 다양하게 표현되고 있다. 종업원지주 제도라는 표현은 일본의 용어를 모방한 것으로 그 동안 가장 사회화되어 있는 용어이다. 미국은 종업원주 식소유제도 Employee Stock Ownership Plan; ESOP가 가장 활성화되어 있다(미국식 ESOP과 관련해서는 후술하겠다). 우리사주제도 정착을 위해 활동하고 있는 <경제민주모임>의 송태경 씨는 "종업원(노동자) 소유참가제도"라고 정의하며, 이렇게 새로운 용어를 채택한 이유를 "기업에 있어 객체적 위치에 있던 노동자들을 기업의 소유에 참여시킴으로써 주체적 위치로 부상시킨다는 제도의 특성(즉, 경제민주주의 의 일환이라는 제도의 특성)을 감안"했기 때문이라고 밝히고 있다. 송태경, 「한국형 소유참가제도(우리사 주제도) 개선방안」, 전국사무금융노동조합연맹 우리사주개선방안 토론회 자료집 1999. 6. 23., 45쪽. 이 글에서는 우리사주제도로 통일하여 표현하겠다.

정착되었다. 1972년 12월, 우선 배정의 범위를 이미 발행된 주식과 신규발행 주식 총수의 10%로 확대하고, 기업공개시 종업원에게 공개주식의 10%를 우선배정하도록 개정하였고, 74년 5월 「기업공개와 건전한 기업풍토조성」을 위한 대통령 특별지시, 동년 7월 「종업원 지주제도 확대실시방안」을 통해 비공개법인에까지 종업원지주제도를 확대하고, 이의 관리를 위해 우리사주 조합제도를 도입하며, 공개법인의 경우 1년간 의무예탁하는 제도가 마련되었다. 이러한 종업원지주제도 정착의 흐름은 87년 이후 주식시장의 활성화, 기업공개 증가라는 자본축적 구조의 변화, 자본시장 육성과 내자조달 및 기업체질 개선이라는 자본합리화의 목적 등 자본측의 요구와 노동운동의 성장과 노사분규 증대에 대한 노동자 관리의 측면이 맞물리면서 진행되었다고 볼 수 있다. 최근의 흐름 역시도 미국식 금융화의 촉진, 기업문화 및 노사관계·임금체계의 개편과 맞물리며 진행되고 있다. 88년 「자본시장 육성에 관한 법률」을 통해 우선배정비율이 20%로 상향조정되었고, 세제금융상의 지원이 확대되었다. 당시의 증시활황은 자사주 매각을 부추겼고, 우선배정주를 겨냥한 이직을 증가시켰으며, 결국 우리사주를 통한 이익배당의 양극화라는 부작용을 낳았다. 이에 따라 88년 6월에 「종업원지주제도 개선방안」을 통해 의무예탁기간 1년을 폐지하고, 퇴직시까지 장기보유를 의무화하는 것으로 개정되었다. 이는 또 다시 개인자산의 지나친 침해라는 여론에 부딪히고, 93년 7월에 의무예탁기간 7년으로 조정되게 된다. 98년에는 제1기 노사정위원회 정식안건으로 올려졌고, 98년 10월의 2기 노사정위원회에서 일정한 합의안을 도출하기에 이르렀다.

현재 우리사주조합을 둘러싼 노동계와 자본 및 정부간의 쟁점은 다양한 부분에서 존재한다. 정부나 자본은 퇴직연금의 일환으로 우리사주제도를 전환할 것, 기업공개나 유상증자시 20% 한도 내에서 종업원에게 우선배정을 강제하도록 되어 있는 제도의 폐지, 종업원 출연을 전제로 한 우선배정제도, 자사주·배당금·적립금·대출금 등 우리사주조합 보유자산에 대한 관리에 있어 회사측의 개입 등의 입장을 보이고 있다. 특히 이 쟁점들은 현행 우리사주제도의 가장 큰 문제점으로 지적될 수 있는 지점이자, 노동자계급의 이해에 맞게 우리사주제도를 활용하는데 결정적인 한계로 작동하고 있는 지점이다. 퇴직연금으로의 전환 문제, 우리사주조합의 비민주적 운영, 노동자 개인의 출연을 전제로 한 제도의 운영 등이 대표적이다. 이러한 상황에서 노동조합 운동은 적극적으로 우리사주제도의 한계와 문제점을 제기해야 할 것이며, 적어도 우리사주제도가 노동자계급의 진보적 발전에 역행하는 방향에서 작동되지 않도록 그것의 혁신과 제한을 위해 노력해야만 한다.

양 노총이 제출한 현행 우리사주제도의 개선방향은 대략, 1) 우리사주조합의 정의변경, 2) 우리사주조합의 자주적 · 민주적 운영을 보장하기 위해서 임원의 선거와 해임, 규약 및 결의 처분의 시정 건과 관련한 규정 신설 요구, 3) 조합원 개인이 구매 · 소유하는 우선배정주를 상당기간 처분 금지해온 규정(주식의 양도제한 규정)의 폐지와 대폭 완화, 4) 종업원 소유참여와 우리사주조합의 민주적 운영에 관한 법률 제정, 5) 우리사주구매기금의 조성 및 지원 등으로 구성되어 있다. 양노총의 안은 신기할 만큼 유사성을 보이고 있다. 이를 통해 98년 10월, 2기 노사정위원회에서 대략 네 가지 정도의 합의안을 마련하였다.

첫째, 우리사주조합의 정의와 관련된 합의 내용은, 증권거래법 제2조 18항을 "이 법에서 우리사주조합이라 함은 법인의 종업원이 당해 법인의 주식을 취득, 관리함으로써 종업원의 복지 증진 및 경제적 지위향상을 도모하기 위해 대통령령이 정하는 요건을 갖추어 조직한 단체를 말한다"로 개정한다. 둘째, 우리사주조합 운영의 자주성 · 민주성 보장과 관련한 합의내용은, 임원(또는 대의원)의 선거 해임에 대해서는 직접 · 비밀 · 무기명 투표를 의무화하고, 조합의원의 신청에 의해 주무부 장관이 규약의 시정을 명할 수 있도록 관련 규정을 신설 · 개정한다. 셋째, 주식의 양도제한 규정에 관해서는, 의무보유기간(현행 7년)을 단축하는 대신 장기보유를 유도할 수 있는 인센티브

장치를 강화하는 방향으로 관련 규정을 개정한다. 넷째, 비상장기업의 우리사주조합 활성화 관련, 비상장기업의 우리사주조합이 활성화될 수 있도록 제반 지원제도를 강구한다.

합의에 이르지 못한 사항은 1) 우리사주 구매기금의 조성 및 지원 문제, 2) 우리사주조합에 대한 우선배정비율 20% 상향조정의 문제, 3) 주식을 조합원의 공동소유로 규정하는 문제였다. 양 노총이 우리사주제도의 개선을 위해 개입해 들어가는 단초를 마련했다는 점은 일단 긍정적으로 평가해야 할 것이다. 그러나 현행 우리사주제도의 가장 핵심적인 문제점이 모두 합의에 도달하지 못했고, 더구나 합의안 중에서 의무보유기간 단축을 노동계에서 먼저 제기하고 합의했다는 점은 이해하기 어려운 측면이 많다. 즉, 우리사주제도가 노동자 경영통제의 '한 경로'로써 활용될 수 있기 위해서라도 갖추어야 할 최소한의 조건은 1) 개인의 재산권 형성의 측면으로 전락될 가능성을 최대한 배제할 것, 2) 우리사주의 집단적 소유와 민주적 운영이 보장될 것, 3) 노동조합의 투쟁력에 근거해 우리사주조합제도를 운영·통제할 것, 4) 이를 위한 가장 근본적인 해결책인 자본의 출연과 국가의 지원을 공세적으로 요구함을 통해 우리사주를 확보하고, 이를 집단적으로 소유할 수 있도록 해야 할 것 등이다. 이러한 핵심적인 지점을 비껴긴 채 오히려 의무보유기간의 단축이라는 개인재산 형성을 인정하고 용인하는 방향에서 머문다면, 우리사주제도는 자본의 '효율적 경영'과 '효과적 통제'를 위한 수단으로 전락할 가능성이 훨씬 농후하며, 이러한 징후는 이미 여러 곳에서 드러나고 있다.

결국 이 합의안과 주식시장 활성화를 위한 정부정책에 근거해 증권거래법 시행령이 개정되어, 2000년 1월 1일부터 신주를 배정 받은 우리사주조합원들이 주식을 1년만 보유하면 매매할 수 있게 되었다. 이 개정안은 조합원들의 주식처분권 행사를 용이하게 만들어 개인의 재산권 침해의 소지를 막고, 우리사주조합원들의 우리사주 주식에 대한 의결권 행사를 강화하기 위해 조합의 대표자가 주주총회에서 의결권을 행사할 경우, 사전에 조합원들의 의사확인

절차를 거치도록 의무화했다. 이 과정을 겪으며 변모해온 우리사주제도는
대략, 당해 법인에 고용되어 있는 모든 종업원으로서 조합에 가입신청서를
제출한 종업원이 참가자격을 부여받으며, 종업원 중 주주총회에서 선임된
임원, 당해 법인의 주주(소액주주 제외), 일급 또는 시간급을 받는 자 중 3개월
(건설공사 근로자는 1년) 이상 계속하여 고용되지 아니한 임시직 근로자 등은
제외된다. 이 조항은 우리사주의 혜택(?)에 비정규직·불안정노동자들이 철
저히 제외되고 있다는 점을 보여준다고 할 수 있다. 자사주 취득에는 여러
가지 경로가 있다. 1) 기상장법인이거나 신규상장시, 당해 법인의 우리사주조
합원은 모집 주식 총수의 20%를 초과하지 않는 선에서 우선배정한다, 2) 대주
주의 소유주식을 조합원이 양수하는 경우로 비공개 법인이 기업공개의 요건
을 갖추기 위해 사전분산의 목적으로 주되게 사용한다, 3) 상여금이나 퇴직금
의 전부나 일부를 자사주로 대체 지급하는 경우, 4) 자사주를 증권시장에서
매입하는 경우, 5) 다른 조합원이 인출한 주식을 양수하는 경우로 자사주의
사외유출을 억제하고 우리사주조합원의 지분율을 높이기 위해 조합원이 부
득이한 사유로 인출할 경우 조합이나 다른 조합원에게 우선매입권을 부여하
는 경우, 6) 조합이 조합기금으로 취득한 주식을 양수하는 경우 등이다. 이
자사주 취득 경로를 보았을 때, 국민은행이나 한국증권금융(주)을 통해 대출
을 받을 수는 있지만, 철저히 개인자산을 출연한다는 공통점을 보이고 있다.
이는 상여금이나 퇴직금의 대체 지급으로 악용될 소지가 높다는 점에서, 개인
출연의 경우 결국 매달 임금에서 이자와 원금을 공제하는 형식으로 갚아나갈
수밖에 없다는 점에서 문제를 지적할 수 있다. 또한 대주주의 경영권 방어,
기업공개 요건을 갖추기 위한 사전분산의 목적, 대주주 지분의 위장 공개
방편으로 악용될 소지가 많고, 이미 악용되고 있다는 점도 지적되어야 한다.
그리고 우선배분제도의 하한선이 존재하지 않는 상황에서 격식갖추기 정도
에서 우리사주가 배분되기도 하며, 우리사주를 강제로 배정하는 경우도 많다.
현재 우선배정주식은 균등배분, 근속연수, 직급별 배분, 호봉기준 등의 구성

요소별 배분비율에 따라 조합 이사회의 결의에 의해 저소득 및 장기근속 조합원을 우대하는 방법으로 배분한다. 조합원 1인당 취득한도도 존재한다. 취득 주식은 취득일로부터 1개월 내에 조합이 일괄하여 한국증권금융(주)에 예탁하여야 한다. 예탁하는 모든 주식은 조합장 명의로 예탁된다. 2000년 1월 말 현재 우리사주조합이 결성되어 있는 상장법인 기업은 총 711사로 99.6%의 결성율을 보이고 있다. 비상장법인 조합결성수 476사까지 본다면 총 1187사에서 우리사주조합이 결성되어 있다고 볼 수 있다. 조합원수는 874,331명, 주식수는 11,542,215이며, 한국증권금융(주)에 예탁되어 있는 주식수는 444,906으로 적립금은 11억 8300만원이다.[2]

<표 1> 우리사주조합현황 (단위: 명, 천 주, 백만 원)

연월말	결 성 조 합				예 탁 조 합			적립금
	회사수	종업원수	조합원수	총발행 주식수	회사수	조합원수	주식수	
1996	962	1,453,984	1,116,507	9,417,735	793	615,631	271,713	6,943
1997	1,009	1,439,077	1,107,951	10,077,414	784	575,842	265,144	5,352
1998	1,011	1,287,459	978,081	12,548,897	744	470,990	259,281	4,134
1999	1,165	1,123,314	852,077	16,942,832	641	410,974	455,604	1,123
2000.01	1,187	1,134,897	874,331	11,542,215	604	427,990	444,906	1,183

이제까지 우리는 우리사주조합이 정착되어 온 역사적 개요에 대해 간략히 살펴보았고, 현행 우리사주제도를 둘러싼 노동과 자본간의 다양한 쟁점들에 대해 살펴보았다. 그 중 의무보유기간의 설정, 감축, 폐지를 둘러싼 논란이 가장 활발했다는 점을 발견할 수 있었다. 퇴직시까지 보유 혹은 7년이라는 의무보유기간이 조합원 개인의 재산권을 지나치게 침해한다는 평가가 지배

---

2. 한국증권금융주식회사, 「우리사주조합제도—실무안내」, 1999.

<표 2> 우리사주조합 결성현황

연월말	상장법인수	조 합 결 성 수			결성률 (상장법인)
		상장법인	비상장법인	계	
1974	128	8	-	8	6.3
1975	189	159	24	183	84.1
1976	274	253	28	281	92.3
1977	323	307	30	337	95.1
1978	356	345	35	380	96.9
1979	355	346	37	383	97.5
1980	352	346	39	385	98.3
1981	343	340	46	386	99.1
1982	334	334	50	384	100.0
1983	328	323	63	386	98.5
1984	336	335	68	403	99.7
1985	342	339	70	409	99.1
1986	355	351	75	426	98.9
1987	389	385	99	484	99.0
1988	502	498	103	601	99.2
1989	626	622	129	751	99.4
1990	669	666	118	784	99.6
1991	685	682	131	813	99.4
1992	688	684	149	833	99.4
1993	693	689	165	854	99.4
1994	699	696	203	899	99.6
1995	721	719	239	958	99.7
1996	760	757	205	962	99.6
1997	776	773	237	1,010	99.6
1998	748	743	268	1,011	99.3
1999	723	709	456	1,165	98.1
2000.1	714	711	476	1187	99.6

적으로 드러나고 있다.[3] 그렇다면 이러한 논란이 발생하게 되는 근본적 원인은 무엇인가? 바로 우리사주의 취득이 개인자산 출연을 통해 이루어지고 있다는 점이 문제의 핵심이다. 개인자산 출연을 통해 획득한 우리사주제도는 당연

3. 이 '지배적' 평가가 자본과 노동 공히 공유하고 있는 평가라는 점은 이색적(?)이 아닐 수 없다.

히 경영참가나 노동자 통제의 일환으로서가 아니라 개인의 재산권 형성의 관점으로 접근될 수밖에 없다. 이 양자는 명백히 충돌하는 사안이다. 이 필연적 충돌지점을 제거하지 않은 채 우리사주를 통해 개인의 재산권을 향상시켜내고, 경영참가도 잘해보자는 식의 발상은 이미 우리사주제도를 통해 노동자 통제로 나아가는 길을 사전적으로 봉쇄하는 모순적 발상에 다름 아니다.

3. 경제민주모임의 우리사주제도 논리: 비판

종업원소유참가제도는 기업 및 금융기관의 소유·경영구조의 선진화, 재무구조 개선, 종업원 복지증진과 빈부격차 완화, 자본시장의 건전한 발전, 노사 간 협력증진, 적극적인 회사 구제수단인 종업원 기업인수의 촉진, 생산성 향상 등 다양한 형태의 경제적 사회적 이익을 도모할 목적으로 정부의 정책이나 회사의 경영방침으로 자기회사의 종업원들에게 각종의 편의를 제공하여 자기회사의 주식을 취득 보유하게 하고 이를 장기보유 하도록 하는 사회제도라고 정의되고 있다.[4] 이러한 우리사주제도를 구체적으로 살펴보기 위해, 우리사주제도 정착과 개선을 위해 가장 적극적인 움직임을 보이고 있는 <경제민주모임>과 <사무금융노련> 등의 주장과 논리에 대해 살펴보도록 하자.[5]

---

4. 노동자기업인수지원센터, 「한국형 종업원소유참가제도(우리사주제도) 개선을 위한 법제정 제안보고서」, 1999년 5월.
5. 전국사무금융노동조합연맹 토론회 자료집 중에서 송태경 씨의 글, 그리고 경제민주모임, 「자본의 세기에서 노동의 신세기로!」, 『99 전국노동자대회 및 제1차 민중대회 자료집』, 7~10쪽을 참조했다. <사무금융노련>과 <경제민주모임> 등이 우리사주조합에 대해 가장 적극적으로 행동하고 있다는 점에서 이들이 주장하고 있는 노동자소유참가제도의 긍정성과 경제적·사회적 효과의 각 항목을 평가의 준거로 삼았으며, 편의에 의해 항목을 묶기도 했다.

1) "노동자소유참가제도는 국민경제의 비효율을 야기하는 직접적인 두 원인인 '자본에 대한 소유편중 현상'과 '노동의 소외 현상'을 동시에 직접적으로 시정하여 소유·경영 구조의 선진화를 도모합니다."

그들의 주장은 해당 노동자가 기업의 직접적 소유자가 됨으로써 노동의 소외현상을 극복하며, 이것이 소유·경영구조의 선진화를 도모한다는 결론으로이어진다. 또한 우리사주제도가 가장 활성화된 미국의 경우 자본의 소유편중현상이 시정되었다는 사실을 잊지 않고 강조한다. 그러나 깊이 생각해보지않더라도 미국사회를 소유편중 현상이 시정된 사회로 과연 판단할 수 있을것인가? 거대 독점자본과 금융자본의 '자궁'과도 같으며, 초국적 자본의 다수를 잉태시키고 세계로 입양시켜내고 있는 미국사회를 소유편중이 시정된사회로 보기에는 무리가 있지 않은가? 이러한 발언을 '상대적'으로 활성화되어 있다라는 주장이라고 일단 받아들여 보자. 그러나 실제 미국의 경우, 이우리사주제도로부터 대다수 노동자들이 배제되고 있으며, 주식평가의 객관적 기준 부재, 회사와 그 운영에 대한 정보 부족, 의사결정에 영향을 주는투표권 결여 등으로 인해 '경영참가·노동자 통제적 요소'로는 활용되고 있지 못하다. 또한 위계적인 주식할당 방식, 단기적 이익분배 결여, 배당소득의부족, 경영자의 자기거래에 대한 보호 결여 등 노동자 개인자산 형성이라는측면에서조차 그다지 매력적인 제도라고 볼 수 없다.[6]

더구나 '국민경제 비효율,' '선진화의 도모'라는 자본의 신자유주의적 용어를 그대로 사용하면서 우리사주제도를 적극적으로 제안하고 있다는 점에대해서는 심각하게 문제제기하지 않을 수 없다. 효율과 선진화가 무엇을 의미하고 있는가, 자본의 구조조정이 어떠한 방향으로 움직이고 있는가에 대해근본적인 질문을 던질 수밖에 없는 것이다.[7] 현재의 구조조정이 효율화, 합리

---

6. 특히 확정급부형연금제 defined benefit pension plan를 ESOP으로 대체하고자 하기 때문이다.

7. 신자유주의적 구조조정의 문제점이 적나라하게 드러나고 있는 상황임에도 불구하고, 여전히 신자유주의

화, 개방화의 기치를 걸고, 국내 독점자본의 합리적 재편, 초국적 자본의 유입, 노동계급에 대한 착취의 강화라는 방향에서 진행되고 있다는 점을 직시해야만 한다. 특히 소유·경영의 선진화라는 것이 어떠한 방향에서, 무엇을 목표로 추진되고 있는가에 대해 살펴보는 것은 무엇보다 중요하다. 최근 정권과 자본에 의해 적극적으로 추진되고 있는 것이 바로 기업개혁, 기업지배구조 개선이기 때문이다. 이 개선 방향은 1) 주주의 권리보호, 2) 주주의 동등대우, 3) 기업지배구조에서 이해관계자의 역할의 중요성, 4) 공시와 투명성, 5) 이사회의 책임성 등 대략 다섯 가지의 방향을 가지고 있다.[8] 즉, 이사회의 감시기능의 강화, 기업정보의 적절한 공시와 기업의 투명한 경영, 종업원 및 채권자 등 기업내 이해관계자들의 협력적 관계 형성을 통해 소유·경영의 선진화를 도모하며, 주주 권리의 보호와 강화를 통해 주식시장의 활성화를 꾀해야 한다는 것이다. 이 기업지배구조 개선 방향에서 드러나는 바 역시도 주식시장의 강화, 금융화의 촉진이라는 현재의 신자유주의적 테제에 부합하는 방향이다. 특히 우리가 주목하는 바는 이 주식시장의 안정적 발전, 주가의 안정화에 가장 걸림돌이 되는 노동자계급에 대한 통제전략으로서, 우리사주제, 종업원지주제, 근로자이사제, 근로자경영참가 등이 추진되고 있다는 사실이다. 이러한 자본의 관리전략에 대한 이해 없이 무분별하게 효율화, 선진화라는 자본의 이데올로기를 받아들이고, 노동자계급과 노동조합의 직접적 이해와 관련된

적 논리와 시장의 효율성에 대한 신봉에서 벗어나지 못하는 세력들이 존재한다. 이는 단지 용어와 개념의 이질성 정도의 문제가 아니라 현 시기 자본주의에 대한 판단과 구조조정에 대한 계급적 입장 및 대응방향에 관한 근본적 차이점이다. 이에 대한 우리의 입장은 김성구, 『경제위기와 신자유주의』, 문화과학사 1998을 참조

8. 이 방향은 'OECD 기업지배구조 원칙'에 근거한 것으로 1999년 5월 각료회의에서 제정되었다. 이 원칙은 국제법적인 강제력을 가지거나 어떤 구체적인 사항들을 언급하고 있지는 않지만, 세계은행과 IMF 등은 이 원칙을 자금지원의 조건과 정책권고에 원용하는 등 실질적으로 여느 국제법보다 더욱 강력한 구제수단으로 활용하고 있다. 현 정부의 기업지배구조의 방향이 이 안에 근거하고, 규정받고 있음은 분명하다. 이상훈, 「OECD 기업지배구조원칙의 眞·實」, 『사회진보연대』(2000. 4월) 참조

여러 정책에 적용되는 것을 하나씩 용인해버린다면, 이는 노동계급에 대한 착취에 동조하고 일조하는 것 이상도 이하도 아님을 명백히 인식해야 할 것이다.

2) "노동자소유참가제도의 활성화는 기업의 재무구조를 개선하는 가장 효과적인 수단이기도 합니다."

바로 이 지점이 자본측 역시 우리사주제도를 정착화시키는 데 공조하고, 때로는 더욱 적극적인 면모를 보이는 중요한 지점의 하나이다. 우리사주제도는 해당 기업의 자본 유동성이 심각히 훼손되었을 경우와 노동시장의 구조조정을 통한 질적·양적 유연화의 필요성이 제기될 때 가장 효과적인 활용방안이 되고 있다. 낮은 주가에도 유상증자를 가능하게 하며, 해당 노동자들의 자사주 구매 촉진이 대규모 증자를 용이하게 만든다. 증권시장이 침체되었을 경우의 실권주 처리에도 용이하며, 현행 제도만 보더라도 우리사주에 대한 회사지원과 자금조달에 다양한 혜택이 부여된다.[9] 즉, 세제·금융상의 혜택이 주어지는 것은 물론, 기업의 자체적 구조조정이 요구되는 시점에서 자산매각이나 빅딜에 의한 재무구조 개선방식보다 용이한 조건을 형성해준다. 앞서도 언급했듯이 기업공개를 위한 사전분산, 대주주 지분의 위장 공개 등으로 악용되고 있다는 점이 이를 반증해준다. 특히 이러한 예는 삼성생명 상장을 둘러싼 논란을 들여다보면 쉽게 발견된다. 여기에는 여러 가지 논란거리가 얽혀 있다. 우선 삼성자동차 부채의 출자전환이 삼성생명 상장을 전제하고 있으며, 삼성생명 상장을 위한 사전 수준 작업으로서의 우리사주가 배정되었고, 상장시 거대 차익금을 겨냥해 주식의 위장 분산이 이루어졌는데, 이는 대표적으로

---

9. 우리사주조합 운영비에 대한 손비인정, 주식취득보조금 등의 손비인정, 대여금에 대한 인정이자 비과제 등이 그것이다. 그리고 ESOP이 활성화되어 있는 미국의 경우, 이러한 세제지원, 자금지원 혜택은 더욱 크게 나타난다.

에버랜드의 지분 개입 등을 통해 드러난 바 있다. 이러한 상황은 재벌 지배를 공고히 하고, 낮은 지분으로도 문어발식 확장과 경영을 가능하게 하는 주식회사제도의 문제점과 이를 위해 우리사주제도가 충분히(?) 악용 가능할 수 있음을 보여주고 있는 것이다.

그렇다면 재무구조 개선을 위한 가장 효과적인 방식이 무엇인가? 바로 노동비용의 감소이다. 노동비용은 크게 보아 고용과 임금비용의 감소를 통해 가능해진다.

<표 3> 자본측의 노동시장 유연화

고용조정	양적 조정	노동시간	잔업부분: 잔업규제
			정규시간: 무급휴가, 휴직/일시휴업
		노동자수	외부노동력: 중도채용중지, 결원불보충, 신규노동자 정기채용 삭감, 결원불보충
			내부노동력: 비정규직 사원 재계약 중지 정규사원 희망퇴사모집 정리지명해고
	질적 조정	노동력재배치	기업 내: 지원, 전환배치
			기업 외: 출향, 전직
임금조정	기본급 외 임금: 복리후생비 삭감, 상여 삭감		
	기본급: 승급동결, 기본급 인하		

출처: 전국노동단체연합·한국노동이론정책연구소·노동조합기업경영연구소, 「구조조정과 현장통제 대응전략」, 『노동전선』, 75쪽, <표 3-1> 재인용.

이러한 노동비용의 감소에 우리사주는 아주 효과적 방안으로 기능한다. 현재의 임금과 상여금, 퇴직금 등이 우리사주로 전환되고, 우리사주 구입을 위해 해당 기업 노동자들의 뭉칫돈·쌈짓돈이 자연스럽게 유도되며, 각종 세제·금융상 혜택을 받는 합법적 금융자금이 유입되는 것이다. 자본의 입장에선 해당 기업의 경영권을 전혀 침해하지 않을 정도의 주식으로 당장의 현금 유동성을 확보하며, '애사심'에 충만한 노동자들을 얻을 수 있는 것이다. 이러한 측면들을 간과한 채, '기업 재무구조 개선⇒기업회생⇒해당 노동자의 수혜'라는 자본의 일방적 공식을 따라가서는 안 된다. 이미 우리는 '국민기업 기아 살리기'를 통해, 최근에는 '대우자동차 살리기' 운동을 통해, 이러한 자본의 의도가 직·간접적으로 관철되어 가는 과정을 목격한 바 있다. 회사를 살리기 위해 요구되는 것은 일방적인 노동착취이며, 이러한 착취의 증가와 함께 주식을 소유하고 주가를 올리기 위해 길들여진 타협적이고 유순한 노동조합만이 남게 되는 것이다. 결과물은 자본과 이 자본을 둘러싼 자본관계로 일방적으로 돌아간다는 사실은 명백하다. 자본주의의 역사는, 쉽게 타협하고 기꺼이 친노동자적 정책을 취한 자본과 정권을 그 한번도 배출해낸 적이 없다. 사민주의적 정책조차도 노동자들의 투쟁과 이에 근거해 형성된 노동자 대중운동, 정치운동의 결과물이었던 것이다. 친노동자적 법·제도의 정착 역시도 노동자계급의 진보적 길에 '유용한 것'으로 전환되기 위해서는 끊임없이 자본과의 투쟁을 겪어야만 한다는 사실은 이미 역사가 말해주고 있다.[10]

3) "노동자소유참가제도는 주식시장의 건전한 발전을 도모하는 효과가 있습니다."
우리사주는 일반적인 투기적 자본이 아닌, 주가의 일시적 변동에 상관없이 장기적이고 안정적으로 주식을 보유하는 안정주주로 기능한다. 종업원들이 노동자소유참가제도를 통해 지속적으로 자사주를 취득하고 이를 장기간 보유하게 되면 유통주식수가 감소하게 되고, 이것이 결과적으로 주식시장의 안정화에 기여한다는 주장을 펴고 있다. 몇 가지 질문을 던져보자. 현행 우리사주가 투기적 자본이 아닌 안정주인가? 노동자 통제의 수단으로 활용되고

---

10. "노동운동의 급진적 동원을 가로막은 것은 결국 노자타협에 안주하는 스웨덴 노동운동 자체의 체질이었다. 마이드너가 평화적 이행의 기반으로 상정한 바로 그 장기간의 노자타협체제――비록 그것이 스웨덴과 같이 유례없이 진보적인 형태를 취한다 하더라도――가 실제로는 노동운동측의 가장 커다란 걸림돌로 나타났던 것이다. 노동운동으로서는 타협구조에 안주하여 사회화는 물론 기존의 모든 복지국가적 성취마저 박탈당하느냐 아니면 과감히 노동운동의 사회운동으로서의 부활을 선도하여 위기의 극복은 물론 이행이라는 대장정을 시작하느냐 하는 선택뿐이었다." 이 책의 3장 「보다 건설적인 사회화 방안 논의를 위하여」, 102쪽에서 인용.

있는가? 적어도 지속적으로 자사주 취득을 가능하게는 하고 있는가? 현재 전체 상장주식 시가 총액이 대략 2백75조 원의 규모라고 했을 때, 우리사주의 비율은 2% 정도라고 볼 수 있다. 물론 지속적으로 자사주를 취득하고, 장기간 보유하면, 이 수치는 어느 정도 증가할 것이다. 그러나 이는 그야말로 '기어가도 한참 기어가야 하는,' 아니 열심히 기어갔는데, 결국 '그 산이 아니었더라'는 황망한 결론만을 얻게 되는 위험한 발상이다. 현재 주식시장의 구조와 양상에 대해 조금이라도 살펴본다면, 우리사주를 통해 건전한 주식시장 발전을 꾀한다는 망상에서 벗어날 수 있을 것이다. 2백 75조에 달하는 주식시장 규모 중 삼성전자 12.79%(45만7천7백30억 원), 한국통신 14.5%, 에스케이 텔레콤 8.85%, 한국전력 6.44%, 포항제철 3.83%(13조7천1억 원), 데이콤 3.33%(11조 9천2백21억 원) 등으로 상위 6개 종목의 시가 총액 비중이 49.99%로 50%에 달한다.[11] 이 6개 종목의 한 주가가 조금이라도 등락할 때 전체 주식시장은 널뛰기 장세를 보인다. 소위 오늘의 황금주가 내일의 휴지조각이 되는 일이 다반사인 것이다. 집중화와 양극화로 치닫고 있는 주식시장에 우리사주라는 왜소한 방패를 들고 파수꾼 노릇을 하겠다는 것이 얼마나 무모한 발상인가? 여기에 코스닥 시장, 제 3시장의 등락과 리스크에 대해 고민해본다면 주식시장을 주식을 통해 통제해보겠다는 망상에서 벗어날 수 있을 것이다. 하늘 높은 줄 모르고 치솟는 벤처기업들 중, 52%는 80%가량의 거품이 끼어있는 반면, 나머지 48%는 적정치에 비해 96%나 저평가되어 있다. 주가의 양극화 현상, 버블화는 심각한 수준이다.[12] 더구나 2000년 1월부터 의무보유기간이 1년으로 단축되었다는 사실을 기억할 것이다. 데이콤과 LG 정보통신 등 우량주의 매물이 급등할 것에 대한 주식시장의 '우려'와 '기대'가 지배적이었고,

---

11. 『한국경제신문』 2000. 1. 5.

12. LG경제연구원이 코스닥 등록벤처기업 중 1백 24개 기업과 미국 나스닥 100지수에 포함된 1백개 기업을 대상으로 주가 과대평가여부를 비교 분석한 결과, 기준시가총액 27조원 가운데 과대 평가액이 13조원에 달해 주가에서 버블이 차지하는 비중이 49%에 달한다고 발표했다. 『한국경제신문』 2월 28일자 참조.

주가가 불안정한 상황에서 우리사주지분율이 전무해질 가능성이 높다는 사실 역시도 대다수가 알고 있는 사실이다. 우리사주를 통해 주식시장에 개입하고, 적극적으로 활용해내자는 것은 너무나도 위험한 사고이다. 서서히 우리사주비율을 높여 주식시장을 활용해내기 위해서는, 적어도 주식시장이 계속 붐을 타고 활성화되어야 하며, 안정적이어야 함을 전제로 한다. 이미 이 전제부터 무너지고 있다. 주식시장은 '안정된 보금자리'가 결코 아니며, 우리사주를 '안정적으로 보유'할 수 있는 조건조차 전무하다. 이미 전제부터 무너진 전술을 가지고 과연 무엇을 할 수 있단 말인가? 그 무엇보다도 명확한 것은, 주식시장은 활용의 대상이 아니라, 노동자계급의 입장에서 제한해내고, 통제해내야 할 대상이라는 점이다. 우리사주제도를 통해 주식시장의 건전한 발전을 도모한다는 것은 이미 본말이 전도된 사고이다. 우리사주제도는 절대 '건전해질 수 없는' 주식시장에 대한 과도한 환상을 유포해, 그 '불건전하고 위험한' 시장으로 노동자들을 개별화시켜 내몰아내는 제도 이상이 될 수 없을 가능성, 그것이 훨씬 크기 때문이다.

4) "노동자소유참가제도의 활성화는 종업원 복지증진과 빈부격차를 완화함으로써 부의 공정한 분배에 기여합니다."

종업원들이 자사주를 취득·보유함으로서 경영성과에 따른 이익배당 등 종업원 이익참가의 범위를 확대하며, 이것이 복지증진과 사회적 부익부 빈익빈 현상을 초래하는 불평등 분배구조를 개선시키는 효과를 가진다고 주장한다.[13] 노동조합이 단체협상을 통해 얻는 임금인상과 복지증진의 수혜가 결국 개인적인 것으로 배분된다 할지라도 이것의 성과는 전체 노동자계급의 경제

---

13. 99년 근로자들 중 소득 최상위 20%계층과 최하위 20%계층간 격차는 더욱 벌어져 상위계층 평균소득이 하위계층의 5.49배에 달했고, 이는 79년 이후 가장 크게 벌어진 수치이다. 또한 상위 20% 소득계층의 가계 흑자액은 월 평균 1백51만9천 원, 이에 비해 하위 20%계층은 월 평균 11만2천 원의 적자를 기록했다. 『한국경제신문』, 2000. 3. 4.

적·사회적·정치적 효과로 축적된다. 즉, 투쟁과정을 통해 집단적 노동계급 운동은 성장하게 되며, 노·자라는 대립적 관계에서 일정한 우위를 확보해낼 수 있다. 그러나 우리사주제도를 통해 얻게 되는 이익배당과 복지증진은 철저히 개인적 차원이다. 개인배당, 개별적 소유, 1년이라는 의무보유기간, 우리사주조합에 대한 노동조합의 통제권의 부재 등이 현실인 것이다. 또한 '경영성과'를 전제해야 하는데, 이 경영성과라는 것은 기업의 이윤율을 높이기 위해 노동자가 '책임'을 져야한다는 것에 다름 아니고, 이 '책임'을 지기 위해서는 임금억제와 노동강도의 강화를 받아들여야만 한다. 이것은 결국 임금과 노동의 유연화로 귀결된다.

그러나 더욱 큰 문제는 이 우리사주조합이 노동자 내부의 부익부 빈익빈 현상을 야기하고 있다는 점이다. 이익배당의 성과와 부의 편중 완화가 과연 전체 노동자의 것인가? 일부 기업의 경우, 우리사주조합이 보유하고 있는 주식 평가이익이 투자원금의 열 배를 넘는다고 한다. 데이콤이나 LG 정보통신, 주택은행 등은 우리사주가 보유하고 있는 시가 총액이 당시의 증자규모를 웃돌고 있다. 7백20억 원을 증자한 데이콤의 우리사주 보유물량은 1조2백24억 원에 달한다. 여러 가지 논란거리를 안고 있는 삼성생명을 보자. 우리사주의 경우 액면가 5천 원에 64억 원의 규모이나. 삼성이 주장하는 상장 후 주가 70만 원 안팎으로 계산해 본다면, 총 규모가 8천9백60억 원에 달한다. 우리사주 조합원 7천여 명이 1인당 평균 1백 80주를 받는 셈이다. 이사 대우의 경우 무려 3억 원을 시세차익으로 챙기게 된다. 사원 평균의 경우, 1억 2천여만 원이다.[14] 우리사주 내에서도 희비가 교차한다. LG의 경우, 전자나 화학은 주식을 일찍 배당 받아 99년 하반기 주식 폭등에 따라 돈방석에 올라앉았으나,

---

14. 삼성의 경우 우리사주 배정 사상 최대의 규모이다. 지급방식은 발행주식을 모든 직원들에게 30%를 우선 똑같이 배정한 뒤, 근속연수에 따라 40%, 직급에 따라 30%를 차등지급한다. 이에 따라 입사 20년차 이사대우의 경우 480주, 16년차 차장은 300주, 10년차 과장은 200주, 3년차 사원은 100주 가량을 받는다. 『한국경제신문』, 1999. 9. 15.

애드나 산전처럼 하반기에 배정 받은 주식은 시세차익이 별로 크지 않다. 특히 LG 전자는 98년 말 유상증자 실시 과정에서 1주당 8천8백 원에 우리사주 주식을 배정했고, 하반기 5만 원대가 넘어서 4배에 가까운 시세차익을 얻었다. 대략 4~5천만 원 이상의 차익을 얻은 직원이 서울에서만 1백여 명을 넘었다고 하며, 5천 주를 보유하고 있다가 2억 원 이상의 수익을 얻은 경우도 있다. 엘지 화학의 경우도 증자분의 20%를 배정했고, 최소한 3배 이상의 차익을 거둬들였다고 한다. 우리사주를 통해 소위 돈방석에 올라앉은 노동자는 극소수이며, 몇몇 산업분야에 집중되어 있다. 아예 우리사주 취득자격조차 부여받지 못하는 53%가 넘는 비정규직 노동자들, 실업노동자들까지 고려해 본다면, 현재 노동진영 내 양극화, 노동자계급의 분단화가 얼마나 심각한 상황인가를 알 수 있다. 이 주식시장의 열풍, 이것이 가져오는 우리사주에 대한 기대는 전염성이 강한 공기이다. 구조조정 과정에 있는 대우조선 노동자들이 구조조정의 방향조차 확정되지 않은 시점에서 종이조각이 될 수도 있는 주식을 매입하기 위해 추석 상여금을 반납했다는 것이 그 예이다. 몇몇 노동귀족을 낳는 정도에 그친다면 차라리 나을 수 있다. 중요한 것은 노동조합 내부의 양극화를 심화시켜내며, 이는 계급의식의 동질성을 심각히 훼손할 것이다. 결과적으로 노동계급의 분화, 노동조합운동의 와해로 귀결될 수 있다는 사실을 직시해야만 한다.

5) "노동자소유참가제도의 활성화는 노사관계를 새롭게 재정립함으로써 마찰과 갈등 구조의 노사관계를 민주적 참여와 협력의 노사관계로 재편하는 효과적인 수단이기도 합니다. 노동자소유참가제도의 활성화는 노사간의 불필요한 불신과 갈등 및 분쟁의 소지를 최소화할 수 있는 유용한 수단입니다."
회사의 주인이라는 귀속의식과 성과에 대한 동기의식 등이 고용·피고용의 대립적 노사관계를 민주적 참여와 협력의 노사관계로 재정립하며, 이것이 종업원들의 애사정신 함양, 노동효율의 증진과 생산성 향상을 촉진한다? 그야말로 많이 들어본 화려한 문구라 아니할 수 없다. 한국사회에서, 아니 자본주의 역사에서 어디 한번 '불필요한' 마찰과 노사갈등이 존재했던 적이 있었던가? 이제까지의 '전투적' 노동조합운동은 불필요한 '전투성,' 좌익소아병적 '전투성'이 아니라 철저히 사회의 민주화와 노동계급의 생존권을 확보하기 위해 전개되어 왔다. 전사회적 측면에서 자본과 노동은 필연적인 대립관계를 가지며, 노동자계급은 이 근본적 모순을 해결하고 근본적인 소유·분배 구조의 모순을 해결하기 위한 투쟁으로 나아가야 한다. '민주적 참여,' '협력적 노사관계'는 자본이 원하는 관계이지, 노동이 관심을 가져야할 대상이 아니다. 노동자계급운동의 성장에 두려움을 느끼는 자본측이 노사협력을 강조하고, 노사정위원회와 같은 '형식적' 협의기구를 만들어 노동조합운동을 끌어들이고자 한다는 사실을 우리는 익히 경험해왔다. 노동조합의 투쟁과 대중투쟁 동력이 존재한다면, 그야말로 '불필요한' 갈등(?)의 여지는 줄어들 것이다. 이것이 확대된다면 그것이야말로 '혁명적으로' 노사관계를 재편해낼 수 있는 길이 아닌가?

6) "노동자소유참가제도의 활성화는 경영권자의 권한 남용과 횡포, 공금유용 등 각종 형태의 부정과 부패를 내부석으로 견세하고 감시할 수 있는 합리적인 장치로 기능힐 수 있습니다. 노동자소유참가제도의 활성화는 기업경영의 전문성과 안정성을 도모합니다."

재벌구조의 폐해와 기업전반의 경영구조의 문제점에 대한 진단, 이의 극복방향을 둘러싼 논쟁은 이미 진행된 바 있다. 특히 작년의 대우 부도사태의 해결방안을 둘러싼 논쟁은 여전히 진행 중이며, 국내 독점자본과 초국적 자본의 이해관계에 맞선 민중적 통제방안의 필연성에 대한 인식이 점점 확대되어가고 있는 시점이다.[15] 소수 대주주의 권한남용, 2~3% 정도의 지분으로 계열사

---

15. 최근 대우자동차 노동조합의 파업결의안, 금속연맹의 공기업화 방안은 신자유주의적 축적체제에 맞선

에 대한 무한지배를 가능하게 했던 운영구조, 정경유착에 의한 부실대출,
금융권의 동반부실이 한국사회 위기를 가중시켜왔다는 점에 누구나 동의하
고 있다. 이러한 기업지배구조를 변화시키기 위해 기업 내부를 견제하고,
감시·감독 기능을 강화해야 한다는 문제의식이 확산되었고, 이미 진보진영
일각에서 소액주주운동 등을 대중적으로 전개시켜낸 바 있다.16) 우리사주제
도와 소액주주운동은 경영통제, 기업내·민주적 구조의 형성을 주식이라는
소유권 형성을 전제로 한다는 점에서 동일한 출발을 보인다. 그러나 자본주의
메커니즘의 현재적 특성, 즉 재벌축적구조가 경제지배의 전제인 1주1표제를
통해 비정상적 지배를 실현해왔고, 주식수를 기준으로 한 의사결정권을 획득
해온 것과 같은 방식으로, 1주1표제를 획득하기 위해 소액주주·우리사주지
분 운동을 전개하고, 이의 권한 강화라는 식의 대응을 벌인다는 점에서, 제한
적이고 한계적인 운동이라고 볼 수 있다. 물론 우리사주나 소수주주권 강화를
통해 기업 내부의 감시·견제 기능을 확보하고, 이를 노동자 통제의 한 경로
로 활용하는 것은 어느 정도 유용할 수 있다. 이러한 소수 주주의 권한 강화는
대주주의 인격적·권위적·봉건적 기업지배를 어느 정도 해체해낼 것이고,
사외이사·감사제도를 통해 기업경영의 의사결정과정에 참여할 수 있으며,

노동자계급의 투쟁이 소액주주운동이나 우리사주운동과 같은 양상이 아니라, 공적자금이 투여된 기업
에 대한 공기업화를 요구하는 더 높은 수준의 투쟁으로 나아가야 한다는 사실을 보여주고 있다. 공적자
금이라는 노동자·민중의 혈세가 투여된 기업에 대한 적극적 사회화 투쟁, 공기업 사유화 반대 투쟁,
이러한 공적 영역에 대한 민주적·민중적 통제 방안의 모색이 필요한 것이다. 이는 구조조정 시기의
노동자계급 생존권 투쟁이 필연적으로 사회화 투쟁과 연관될 수밖에 없다는 사실을, 사회화 투쟁의
확대 속에서 구조조정에 대항하는 진보적 방향이 열릴 수 있다는 점을 보여준다.
16. 기업의 이해당사자인 주주와 채권자가 시장참여를 통한 자신의 권익을 보호할 수 있기 위해서는 최소한
의 비용을 치르고 권리행사를 할 수 있어야 한다. 기업경영의 투명성은 곧 경영정보의 공개를 의미하는
것으로 이는 경영을 견제할 수 있는 수단인 것이다. 그러나 자본력이 약한 이해당사자는 경영의 투명성,
즉 정보의 공개만으로는 경영 견제의 기능을 수행할 수 없기 때문에 최소한의 비용으로 권리행사를
보장하기 위한 장치인 소액주주의 권한 강화와 같은 제도적 보완이 필요하다. 장하성, 「재벌개혁 어떻게
할 것인가」, 『당대비평』(1998. 봄).

장부열람 청구 등은 기업경영의 정보 취득을 용이하게 할 것이다. 주주총회나 대주주의 독재를 제약해낼 수 있는 제도로 기능하게 된다. 그러나 이러한 식의 대응은 몇 가지 문제점을 지니고 있다.

첫째, 주식이라는 소유권을 통한 '행위'는 궁극적으로 이윤배당, 주가의 유지 및 인상이라는 '주주로서의 역할의 한계'에서 벗어나지 못한다는 점이다. 즉, 기업경영의 투명성 제고, 기업의 민주화에 어느 정도 기여한다 할지라도 주식소유를 통해 기업경영에 개입한다는 것은 주식을 가진 자들의 이해관계에서 자유롭지 못하게 된다는 것을 의미하며, 현재와 같이 우리사주·소액주주 지분율이 현저히 낮은 상황에서는 여전히 대주주의 이해관계 내에서 행위할 수밖에 없다는 것을 의미한다. 또한 기업경영과 전혀 관계없는 다수의 투기꾼들의 권익을 보호하고 향상해주는 방향을 띨 것이며, 이는 지극히 모순적 상황을 연출한다. 더구나 '주주로서의 역할'은 노동자이자 소유자라는 이중적 지위를 부여하며, 노동자와 소유자라는 내적 갈등에서 소유자로서의 지위가 우세할 것이라는 사실은 분명하다. 둘째, 개별 기업 차원의 민주화를 가능하게 할지라도 전체 차원의 노자관계 재편으로 나아가고 있지 못하다는 점이다. 오히려 대주주/소주주간 대립관계의 부각, 형식적 차원의 소유분산, 전문경영인 체제 등을 통해 노자관계에서 필연적으로 발생하는 잉여가치 착취구조를 은폐시키고, 신자유주의적 구조조정이 바라는 '합리적' 축적구조 형성을 도와주는 결과로 귀결된다. 따라서 개별 기업의 민주화와 경영참가 논의는 전체 노자관계 재편을 위한 투쟁 속에서 배치되어야 할 문제이며, 이를 위해서는 노동조합의 강력한 투쟁력이 뒷받침되어야 한다. 더욱이 일반적인 의미에서의 경영참가 영역의 확대가 마치 우리사주나 소액주주라는 소유권을 가져야만 도달할 수 있는 외길인가? 독일과 스웨덴의 공동결정제도는 주식을 소유하는 복잡한 경로를 거치지 않고도 노동자의 경영통제, 개별기업 차원을 넘어선 산업별 수준에서의 자본통제를 가능하게 했다. 결국 우리사주와 소액주주 등은 노동조합 투쟁력과의 상관성 속에서 배치되어야 하며,

끊임없이 자본 전체, 전 산업부분에 대한 통제라는 노동자계급의 정치운동의
발전과정 속에서 고민되어져야 한다.

7) "노동자소유참가제도가 경영참가제도에서 특히 의사결정의 집행과정 참가(종업원
이사제와 종업원감사제)로 이어지는 경우, 생산성이 크게 향상되는 효과가 있습니다."
의사결정의 집행과정에 노동자가 참여할 수 있고, 결정적 역할을 수행할 수
있다면 상당한 진전이라고 볼 수 있을 것이다. 그러나 앞서도 언급했듯이
중요한 의사결정과정에 주식지분을 근거로 참여해야 한다고 했을 때, 그 참여
와 결정력을 보장할 정도의 주식지분을 과연 어떻게 확보할 것인가? 그 지분
율에 도달하기 위해 얼마나 지난한 과정을 겪어야만 하는가? 더구나 의사결정
과정에의 참가가 개별기업 수준을 넘어서는 계획과 동시에 배치되지 않았을
때, 황금알을 낳아주던 거위가 어느 순간 썩은 알만을 뱉어내는 거위로 뒤바
뀔 수 있다는 점이 지적되어야 한다.[17]

  또한 '생산성 향상'을 어떻게 바라봐야 하는가? 미국의 경우 ESOP을 실시
한 기업들이 8~11%정도 빨리 성장했다고 하는데, 이 수치의 실증성을 차치
하고서라도, 그 성장률이 어디서 기인하는가에 대해 살펴보아야 한다. 생산성

---

17. 참여는 곧 책임을 진다는 것을 의미한다. 특히 경영이 실제 어려운 경우, 경영상태를 완전히 파악하고
나면 노조간부들의 선택은 매우 어렵게 된다. 노조 간부들은, 예를 들어 파업투쟁보다는 좀더 유연한
대응방식을 찾게 될 수 있다. 극단적인 경우 간부들이 조합원들을 설득하게 될 수도 있다. 기업측이
경영이 어려워진 조건에서 경영정보를 순순히 제공하는 것은 바로 이런 점을 노리는 것이다. 이렇게
되면 조합원들은 '우리 위원장, 간부가 맛이 갔다,' '회사가 어려워지니까 노조가 회사측에 붙었다'고
생각하게 된다. 또한 경영참가가 노조의 일상활동에 부정적인 영향을 미칠 가능성도 없지 않다. 경영에
개입하게 되면 간부들이 우선 경영에 대해 알아야 하고 대안을 고민해야 하기 때문에 상대적으로 조합원
들을 만나고 조직하는 일은 줄어들게 된다. 한편으로 경영참가가 진전되면, 과거 같으면 일상투쟁의
대상이 협상을 통해 해결되게 된다. 이런 경향이 계속 누적되면 나중에는 총력투쟁을 벌여야 할 때
이미 노동조합의 조직력과 투쟁력이 훼손되어 있어서 아무 것도 할 수 없는 상태일 수도 있다. 강수돌,
「역사적 사례를 통해 본 노동자 통제(경영참가)」, 『한국경제와 노동자 통제 자료집』, 노동조합기업경영
연구소, 1999. 12.

향상의 단기적 수치는 대부분 임금의 유연성, 노동의 유연성에서 양산된다. 우리사주제도를 통해 경영에 참가하고, 의사결정과정에 참여하게 되면, 현재의 임금분인 미래의 주가상승에 신경쓸 수밖에 없다. 이를 위해 노동강도 강화를 받아들여야 하고, 작업의 전환배치, 노동시간 변형 등에 합의해야 할 것이다. 이것은 결국 또 다시 노동자 수의 조정으로 이어질 것이며, 생산현장에 대한 자본의 통제력 강화로 귀결되는 것이다. 특히 우리사주가 가져오는 임금체계상의 변화 역시 생산성 향상과 노동의 유연화에 직접적 영향을 미친다. 임금에서의 유연화 문제는 99년 이전까지는 대부분 임금동결이나 삭감의 형식으로 강제되었으나, 이제는 임금체계 자체를 변화시키는 방향으로 변화하고 있다. 즉, 성과주의적 임금이라는 것인데, 여기에는 연봉제, 집단 성과배분제도, 부가가치 임금개념인 EVA제도, 무노동무임금을 제도화하는 PBS제도 등이 있고, 우리사주나 스톡옵션제도는 가장 대표적으로 추진되고 있는 임금체계의 한 유형이기도 하다.[18] 즉, 우리사주제도는 임금체계 변형과 이를

---

18. '성과주의적 임금론' 및 '기업이 살아야 노동자가 산다'는 자본주의 이데올로기는 경쟁력을 높이기 위해 임금도 성과와 연동되어야 한다는 논리이다. 성과주의적 임금론은 단순히 임금의 양을 조절하는 것을 넘어서서 임금체계(임금의 개념, 임금지급 방식, 임금지급 시기의 양을 모두 포함)를 개편하고자 하는 것이다. 임금체계 개편을 통해 자본이 노리는 바는 임금의 삭감, 그리고 개별 경쟁 강화를 통해 집단교섭력을 약화시키고자 하는 것이다. 성과주의 임금체계의 대표적인 예는 바로 연봉제로서, 매출실적 등을 기준으로 기업에 대한 연간 공헌도를 평가하여 이에 따라 노동자마다 임금을 달리하는 제도이다. 기본급 이외의 나머지를 인사고과적 성과 측정으로 결정하는 능력주의로의 전환을 위한 연봉제라고 볼 수 있다. 집단 성과배분제도는 일반적으로 기업단위, 공장 및 부서단위의 경영성과 또는 생산비용 절감에 따라 성과가 목표치보다 높을 경우, 경영성과의 일정부분을 집단적으로 종업원들에게 현금, 주식, 복지기금 등의 형태로 사후적으로 배분하는 변동적 보상제도이다. 이는 개인 성과의 향상 뿐 아니라 개인간 협력을 촉진함으로써 기업성과를 향상시키기 위한 것이다. EVA제도는 기업가치의 원천은 회계적 이익이 아닌 현금 흐름이고, 기업의 이익이 자본비용을 상회하지 못하면 가치가 증가되지 않기 때문에 기업이 실질적인 이익을 창출하기 위해서는, 자기자본의 기회비용을 포함하여 기업의 운영 및 활동에 사용된 모든 자본에 대한 비용을 초과할 수 있는 수익을 추구해야 한다고 주장한다. PBS는 연구과제중심운영제도로서 96년 1월부터 국가 연구개발사업 및 출연연구소에서 전격 도입되었다. 재정경제원에서 지출되던 과학기술처 산하 연구자들의 임금이 폐지되고, 연구개발사업에서 임금을 전부 충당하는 방식이다. 연구참여 인력은 기관 고유사업과 경영 프로젝트를 통해 임금을 확보해야

통한 노동의 유연화, 노동조합운동의 집단적 힘을 무력화하는 수단으로 기능한다. 이것은 '비약적'으로 생산성 향상을 꾀하고자 하는 자본의 야심찬 통제전략의 일환인 것이다. 이러한 측면을 간과한 채, '생산성 향상⇒임금향상⇒삶의 질 향상'이라는 식의 자본의 논리를 그대로 수용하는 것은 순진하다 못해, 위험한 발상이다.

8) "노동자소유참가제도의 활성화는 구조조정이나 임금동결 등이 불가피한 경우 노사가 구조조정 등의 고통과 혜택을 공평하게 나눌 수 있는 효과적인 방안이기도 합니다." 기업 정상화를 위한 임금 동결 등 해당 기업 노동자들의 희생에 비례하여 자사주를 무상으로 지급하거나 대주주의 지분양도, 종업원주식매입제도 등을 활용하는 방안이 있다고 주장한다. 결국 임금 삭감·동결, 퇴직금·상여금의 전환, 대주주 지분 양도 등의 방식으로 우리사주를 취득하게 되는 것을 의미한다. 이것이 무상인가? 일단 자본의 입장에서 봤을 때 구조조정시, 노동조합의 저항을 무마시키면서 효과적으로 임금의 유연성을 확보할 수 있으며, 기업 정상화를 명목으로 노동과정의 유연성을 확보할 수 있게 된다. 현재 정부는 현행 상법 개정을 통해 주식회사로 고착되어 있는 기업의 소유·경영·고용제도의 개선이 필요하다고 역설하고 있다. 기업의 급여나 보상체계가 임금으로 한정되면 극단적 노사관계가 초래되고 고용의 경직성도 강화되는 만큼 주식 등 다양한 형태의 급여 및 보상방식이 도입되어야 한다고 주장하는 것이다. 그러기에 변형근로제와 같은 탄력적 노동시간제 도입, 자동화의 촉진 등 작업조직의 개편, 노동강도와 노동속도의 강화, 연봉제와 성과급제와 같은 능력주의 인사제도의 도입 등을 시도하고 있다. 특히 우리사주제도는

하는데, 개발사업은 내부인건비와 간접비, 그리고 직접비로 구성되어 임금 비중이 높기 때문에 대학이나 사기업체 산하 연구소와의 경쟁에서 밀리는 것이다. 전국노동단체연합·한국노동이론정책연구소·노동조합기업경영연구, 『구조조정과 현장통제 대응전략』, 노동전선, 82~104쪽.

현재의 임금체제 개편의 수단으로 전용되고 있으며, 이러한 임금유연성의 확보를 통해 새로운 노사관계 재편을 시도하고 있다고 볼 수 있다.

또한 기업이 주식을 지급하는데 직접적으로 현금이 오가는 것도 아니며, 금융기관으로부터 세제상의 혜택을 받는 합법적 자본도 들여올 수 있게 된다. 결국 자본의 입장에서는 고통을 나누는 것이 아니라 혜택을 전유하는 것이고, 노동의 입장에서 봤을 때는 주식이라는 '관념적 소유증서'를 받는 대신 너무나도 많은 것을 내주는 결과를 낳는다고 볼 수 있다. 구조조정과 임금동결이 불가피하다는 것은 철저히 자본의 입장이다. 구조조정이 필요하다면 노동자·민중의 입장에 의해 구조조정을 이끌어나가야 하고, 통제해나가야만 한다. 그리고 어떠한 경우에서라도 임금삭감과 노동의 유연화는 양보할 수 없는 사안이며, 고용안정의 확보는 반드시 전제되어야만 한다.

9) "노동자소유참가제도의 활성화는 국영기업의 민영화가 필요한 경우, 민영화의 합리적인 해법으로 작동합니다."

신자유주의의 가장 큰 특징 중의 하나가 민영화 정책이다.[19] 자본의 축적과정에서 사적 자본이 담지하기는 어려우나, 자본축적에 필요불가결한 부문들은 국가부문으로 출발하게 된다. 그러나 사적 자본의 성장은 이제 국가부문을 사적 자본에게 이양해, 사적 자본의 이윤축적의 도구로 전락시킬 것을 강력히 요구한다. 전력, 철강, 가스, 통신, 철도 등 이름만 들어봐도 굵직한 국가기간산업은 사적 자본의 새롭고 매력적인 투자처로 변모하게 된다. 그러나 국가부문은 산업 자체의 특수성, 산업간 관계에서의 중요성, 공적·보편적 서비스의 제공이라는 점에서, 더 나아가 이윤 추구를 위해 무한 경쟁으로 치닫는 사적

---

19. 민영화는 정확히 국가라는 공적부문으로 존재하던 것을 사적 자본, 그것도 사적 독점자본에게 넘기는 행위로서, 정확히 말해 사유 私有화를 의미한다. 민 民이라는 개념이 주는 효과를 노려 자본과 권력은 이 개념을 고수한다. 이 자본이 고수하는 민영화가 민영 民營화가 아니라는 사실을 적극적으로 폭로해내기 위해서라도 우리는 '의식적으로' 사유 私有화라는 개념을 사회화시켜낼 필요가 있다.

자본에 대한 국가적 통제의 교두보라는 측면에서 노동자·민중의 관점에서 재구성되어야 하는 공간이다. 즉, 국가 기간산업으로 구성된 국가부문이 일반 상품과는 달리 민중의 기본적 생존권과 직결되는 특수성을 지니고 있고, 산업 간 관계에서 중요한 위치를 차지하고 있으며, 공공성이라는 이름으로 보편적인 서비스를 제공해왔다는 사실은 본질적으로 자본주의 국가의 영역 내에 존재한다 할지라도 사적 자본으로 쉽게 이양될 수 없는, 이양되어서는 안되는 성격을 지니고 있다고 볼 수 있다. 특히 개방화, 자유화, 민영화를 통해 사적 자본의 전일적 지배가 관철되는 시점에서 민중적 통제를 가능하게 하고, 공고히 해낼 수 있는 공간으로서의 국가부문의 유지, 강화, 변혁은 필수적이다. 그러나 이렇듯 철저히 자본의 이해에 복무하는 방향으로 진행되는 사유화 정책에 대해 진보진영 내에서조차 명확한 계급적 입장의 통일을 이루고 있지 못한 실정이다. 소위 '합리적 혹은 민주적 민영화' 방안이 그것이다. 이러한 견해는 정부와 자본의 민영화 방안과 마찬가지로 시장의 효율성, 경쟁의 효율성을 신봉한다. 그 때문에 공기업에서 사적 자본으로의 소유권 전화의 문제점에 대해서는 관심이 없고, 민영화 안을 쉽게 수용하는 선상에서 실질적인 시장경쟁 강화 방안에 대해서만 관심이 있다. 이를 위해 전문경영인체제, 국민주 방식, 우리사주조합, 경영참가 등을 주장하는 것이다. 즉, 국공영기업의 관료화와 비민주성, 비효율성을 주요한 근거로 하여, 이를 극복하기 위해 국가독점을 해체하는 방향으로 결론을 맺는 것이다. 물론 자본주의 체제 내에서 존재하는 국가기업의 계급적 한계는 분명하다. 더구나 개발독재와 정경유착으로 일그러진 한국사회 축적과정의 특수성은 공기업의 관료성과 비민주성, 친자본적 경향을 심화시켜왔다. 그러나 문제의 해결은 민영화가 아니며, 문제의 원인 역시 소유권 자체에서 발생하는 것이 결코 아니다. 관료화와 비민주성을 제거하기 위해 사적독점으로 치환한다는 것은 '목욕물 버리다 애까지 버리는' 결과를 초래할 뿐이다. 과연 사적 독점자본이 비관료적이며, 민주적이고, 합리적인가? 국공영기업의 혁신, 민주적 운영, 민중적 통제 방안을 마련하는 일이 현 시기 우리에게 주어진 시급하고도, 중요한 과제이다. 그러므로 이 자본의 사유화 정책과 우리사주라는 전혀 다른 심급의 문제를 대비시켜, 사유화에 대한 대안으로 우리사주를 거론하는 것은 어불성설이다. 계급투쟁의 관점에서 이 사유화 정책은 저지되어야만 하는 사안이며, 우리사주의 문제는 노동자 통제의 관점에서 '제한하거나 활용할' 별개의 사안이다. 사유화의 합리적 해법은 존재하지 않으며, 사유화를 저지하는 과정에서만 민중적·민주적 해법은 발견될 수 있을 것이다.

10) "노동자소유참가제도의 활성화는 한편으로는 부채출자전환 등 자본구조의 재조정을 용이하게 하며, 다른 한편으로는 적극적인 회사구제수단인 종업원기업인수를 촉진하는 강력한 지렛대로 작동합니다."

부채출자전환 과정에서 은행대출금을 출자로 전환하고 주식을 은행이 인수하는 고전적인 방식은 대부금의 회수조차 어려운 은행이 기업구조 재조정을 효과적으로 달성하기 어렵다는 점, 일반적으로 조기 정상화가 크게 지연된다는 점, 기업구조 재조정 과정의 모든 희생과 노력을 통한 혜택이 은행에게 돌아가는 불공평한 결과가 초래된다는 점, 종업원들이 기업구조 재조정 과정을 받아들이는 과정에서 강력하게 반발할 수 있다는 점에서 문제가 있다고 비판한다. 현재 진행되고 있는 구조조정이 명백히 자본을 위한 방향으로 전개되고 있다는 점에 대해 누누이 밝힌 바 있다. 가장 중요한 것은 자본을 위한 구조조정을 용인하고, 어쩔 수 없는 것으로 받아들이면서 우리사주를 확대하자는 식의 발상이 아니라, 자본을 위한 구조조정 자체를 저지해내야 하는 것이다.

부채출자전환이 의미하는 바가 무엇인가? 은행을 통해서건, 국가가 직접 개입을 하는 방식이건, 자본을 위한 재편의 과정에 국민의 혈세인 공적자금이 투여되고 있다는 것을 의미한다. 97년에서 99년까지 금융구조조정에 투입된 공적자금만도 76조7천억 원에 이른다. 예금보험공사에서 50조3천887억 원,

성업공사에서 21조4천685억 원, 서울·제일은행에 대한 정부의 현물출자 1조
5천억 원, 한국·대한투신 출자 3조 원, 외환은행에 대한 수출입은행 출자
4천억 원 등이다. 1조5천억 원이나 들어간 서울·제일은행을 헐값에 해외자
본에 매각했다는 사실은 이 공적자금이라는 국민의 혈세가 어떻게 '횡령'되
고 있는지를 누누이 보여주고 있다고 할 수 있다. 이렇듯 공적자금을 통해
회생시킨 기업이 해당 기업 노동자를 포함한 전체 노동자와 민중의 소유라는
사실은 너무나도 명확하다. 그런데 이들은 너무나도 기이한 주장을 하고 있
다. 대우사태를 우리사주와 종업원지주제를 통해 해결하자는 것에서 단적으
로 드러난다.[20] 노동자들의 임금삭감을 대가로 우리사주를 배정 받고, 금융기
관의 대출과 정부의 세제지원을 통해 우리사주를 확대해나가자는 것이다.
이 과정에서 기업의 재무구조는 자연스레 건실화되고, 노동자는 적극적으로
구조조정에 동참함으로써 기업회생을 진척시킨다는 주장이다. 과연 대우부
실화에 노동자가 무슨 책임이 있는가? 아무런 책임이 없는 노동자가, 대우부
도로 인한 정신적·물질적 피해보상을 받아도 시원찮을 노동자가, 먼저 발벗
고 나서 구조조정에 동참해야 하는 것인가? 우리사주를 조금 나눠주면, 착취
시스템 강화에 적극 동참하고, 현재의 고통을 전담해야 한다는 말인가? 이는

---

20. "그동안 '진보정당창당추진위 경제민주화 특위'에서는 재벌개혁과 관련하여 재벌의 존립기반을 허물기
위한 강력한 조치로 '상호출자지분의 부채와의 맞교환'을 주장해왔다. 또한 기업의 소유지배구조를
노동자의 경영참가와 전문경영인체제의 도입을 위해 차입 종업원지주제 ESOP와 우리사주제도의 결합
을 통한 정책대안을 제시해 왔다. 이것은 대우문제에도 마찬가지로 적용될 수 있다. 그리고 이것은
불황국면과 구조조정 과정에서의 노동자의 공세적인 개입전략이자, 국민경제와 기업 그리고 노동자의
윈-윈 전략이기도 하다. (중략) 만일 미국의 차입종업원지주제가 갖는 장점인 정부와 은행의 신용 메커니
즘과 한국의 민주적으로 개선된 우리사주제도를 결합시킨다면 회사구제수단인 종업원기업인수의 촉진
은 물론 많은 효과가 나타난다. 우선 부채출자전환방식이 피할 수 없는 공적자금투입, 은행과 증시불안,
국부유출, 고용불안, 노사갈등 등을 적극 완화하고 개선한다. 둘째로, 해외매각자금에 상응하는 액수만
큼의 현금유동성을 확보할 수 있어서, 기업의 재무구조를 재고시킨다. 셋째로, '자본에 대한 소유편중
현상'과 '노동의 소외 현상'을 동시에 직접적으로 시정하여 소유-경영구조의 선진화를 도모할 수 있어
취약한 국민경제를 안정화시킨다." 이선근, 「대우문제 이렇게 풀자」, 진보정당추진위 경제민주화 특위,
1999년 8월 9일.

결코 노동자계급의 요구일 수 없다. 특히 구조조정의 방향이 아직 결정되지도 않은 시점에서 언제 휴지조각으로 변할지 모를 주식을 현재의 임금으로 대체하겠다는 것도 어리석은 발상이다. 오히려 구조조정 과정에서 자본측이 우리사주제도를 제출한다면, 전적으로 회사의 출연과 국가의 지원을 통해 우리사주를 보장할 것을 공세적으로 요구해야 한다. 또한 이 집단적으로 취득된 우리사주를 집단적으로 소유하고, 개별 기업 차원의 경영통제의 수단을 넘어 전체 자본관계에 대한 통제로 나아가기 위한 방향을 모색해야 한다. 바로 노동자계급의 현재적 요구는 이렇게 수정되어야 한다.

4. 신자유주의 정책의 일환으로서의 우리사주제도

이제까지 우리는 우리사주제도가 정착되어온 과정과 현행 제도의 실태, 그리고 노동계와 일각에서 주장하고 있는 우리사주조합의 경제적·사회적 효과에 대해 비판적으로 검토해 보았다. 이 속에서 우리사주제도가 '왜' 그리고 '현재' 노동과 자본이라는 적대적 계급 양자 모두에게서 '공세적으로' 제기되고 있는가에 대해 다시 한번 원천적으로 점검해볼 필요가 있다. 신사유주의 정책의 일환으로서 금융화라는 자본축적의 새로운 경로, 노동계급에 대한 통제전략의 측면에서 우리사주제도가 제기되고 있고, 정착되어가고 있기 때문이다.

1) 금융자본의 축적과 주식시장 활성화 정책
우리사주제도는 금융자본주의의 축적, 주식시장의 활성화라는 자본축적구조의 변화 속에서 생성되었고, 제기되고 있다. 중세 이탈리아에서 유래한 주식시장은 17세기 암스테르담, 18세기 런던에서 어느 정도 그럴 듯한 형태를 갖췄다고 볼 수 있다. 17세기 초, 독일과 영국의 초기 제국주의 기업이었던

동인도 회사들은 기업의 자체 운영자금을 마련하기 위해 대중을 상대로 주식을 발행했다. 동인도회사들이 투자자들에게 배당의 형태로 이익의 일부를 나눠주는 형식이었다. 그러나 투자자들은 기업에 얽매이기를 원치 않았기에 지분증서인 주식을 자유롭게 양도할 수 있기를 원했다. 이로써 미래소득에 대한 청구권을 행사하기 위한 시장들이 설립된 것이다. 즉, 미래에 배당이나 이자를 지급 받을 권리가 오늘 당장 손쉽게 거래될 수 있는 '자본자산'으로 변환되기 시작한 것이다. 정부 부채와 국가가 허가한 독점사업체들의 주식이 18세기 금융시장을 지배했다. 19세기에는 철도주식과 철도채권이 금융시장을 장악했다. 철도주식과 철도채권은 당시 중요한 경제적 재화로서 원자재를 확보할 수 있게 해주는 철도 자산에 대한 청구권이었기 때문이다. 19세기 말과 20세기 초의 현대적인 주식시장 발전은 무엇보다 새로운 기업체제를 뒷받침해야만 했다. 즉, 소규모 기업들이 결합해 거대 기업을 만들면 그에 따르는 소유권 문제를 해결해야만 한다. 소생산자들의 실물자본을 대형 기업이 흡수하는 것에 대한 보상으로 얼마간의 주식을 배당하는 형태로 발전하게 되었다. 일정 정체되어 가는 듯하던 주식시장은 1960년대부터 1980년대까지는 거의 폭발적인 수준으로 확대·발전하게 되었다. 제3세계에서도 주식시장은 세계은행이나 국제통화기금과 같은 공적 국제기구의 권유에 따라 급속히 육성되었다. 이미 성숙단계에 접어든 제1세계 투자자들에게 제3세계의 주식시장들은 새로운 투자처가 되어주기 때문이다. 그러나 제3세계 주식시장들은 최근 10여 년간의 성장에도 불구하고 아직 그 규모가 매우 작다. 그렇기 때문에 이들 주식시장은 그리 많지 않은 선진국 자금의 유출입만으로도 주가가 수십 배 또는 수백 배로 뛰어오르거나 엄청난 주가 폭락을 경험할 수밖에 없게 되는 것이다.

현재의 신자유주의적 구조조정은 바로 자본운동 축적의 위기를 돌파하기 위한 자본측의 전략이며, 금융자본주의의 확산은 바로 이 자본운동의 축적의 위기를 직접적인 원인으로 한다. 즉, 현재의 과잉설비-과잉축적의 위기는 생

산적인 투자처를 찾지 못해 부유하는 금융자본을 생성·확대시켜왔다. 미국
과 초국적 자본을 중심으로 확장되어온 금융시장 활성화는 전세계적인 금융
축적구조 형성을 위한 전사회적 체제를 구축해가고 있다. 바로 이 금융세계화
는 초국적인 형태의 미국식의 법인자본구조를 그 기본틀로 한다. 즉, 소유와
경영의 분리, 기업구조의 수직적 통합과 독점적 연계라는 틀을 유지하면서,
주주권리의 강화와 주식 및 채권시장 활성화를 통해 일종의 금융적 축적체제
를 형성시켜내고자 한다. 이러한 초국적 기업과 각종 기금, 예컨대 연금기금,
뮤츄얼 펀드, 헤지펀드 등 기관투자자들이 중심이 되어 전세계적 규모에서
금융적 확산과 팽창을 기도하는 것이다. 외환투기 뿐만이 아니라 세계적 규모
의 주식투기에 주력하고, 이러한 투기적 열풍을 만들어내기에 주력한다. 따라
서 한국사회의 주식시장의 열풍은 결코 고립적이거나 특수한 상황이 아니다.
초국적 자본과 국내 독점자본의 의도대로 세계적 금융축적구조로 편입해
들어가는 과정이며, 금융자본의 유입, 초국적 자본의 진출, 세계화·개방화의
가속화 속에 이 편입의 속도는 더욱 빨라질 것이다.[21] IMF 이후 한국사회

---

21. 미국의 금리하락은 미국 국내 차입자들 뿐 아니라 라틴아메리카 차입자들의 부담도 덜어 주었다. 그러나
    저금리는 투자자들로 하여금 수익성에 갈증을 느끼도록 했다. 투자자들은 채무위기의 악몽을 잊어버리고
    그들의 자금을 다시 제3세계에 투자하기 시작했다. 1989년과 1994년 사이에 공적 개발금융은 28% 늘어난
    것에 그친데 비해 민간금융은 313%나 확대됐다. 그 가운데 특히 주식시장의 투자가 1029%나 폭증하면서
    전체 민간금융 증가를 선도했다. 이런 자금의 상당 부분은 민영화된 기업, 특히 남미의 민영화된 기업들로
    흘러들어 갔다. 1970~1980년대로 넘어온 옛 채무들은 제3세계의 탈국가화·민영화한 기업들에 대한
    지분으로 전환돼, 외국인 투자자들과 국내 정치적 연고자들에게 공급됐다. 독점 또는 독점에 가까운
    기업들의 주식이 헐값에 제공된 것이다. 민간융자는 은행 대출보다는 주로 채권의 형태로 모두 337%
    늘어났고, 기존 실물기업에 대한 투자나 새로운 기업 설립 등 직접투자는 203% 늘어났다. 그 결과
    공적 장기금융의 비중은 1989년에 2분의 1이 넘었지만, 1994년에는 3분의 1로 축소됐다. 멕시코는 신흥시장
    거품을 대표적으로 보여준 나라였다. 멕시코 정부가 잇따라 취한 민영화, 규제완화, 자본시장 개방
    등의 조처들은 해외자본의 대규모 유입으로 이어졌다. 이에 따라 국내외 자본이동은 1988~1990년 36억
    달러 순유출에서 1991~1994년 상반기에는 6백80억 달러의 포트폴리오 자본유입으로 바뀌었다. 미국에
    비해 규모가 아주 작은 멕시코금융시장은 당연히 활황을 누렸다. 그러나 멕시코의 실물경제는 형편없었고,
    성장은 침체되었으며, 실물투자 수준도 낮았다. 멕시코 보통 사람들의 경제생활은 황폐했던 1980년대보다
    는 조금 나아지긴 했으나 여전히 고통스러웠다. 결국 거품이 꺼지면서 실물경제는 금융시장을 안정시키기

구조조정의 방향은 미국과 초국적 자본의 이러한 개방화, 민영화, 금융화의 구도 속에서 진행된 것이며, 주식시장의 확대와 활성화는 이러한 자본축적구조의 변화에 조응하는 한국사회 자본구조의 적극적 편입과 유도의 결과인 것이다. 그러나 이러한 금융적 축적구조로의 재편은 전세계적으로 '위기'를 항상화시켜 내는 방향으로 움직인다.[22] 우리가 겪었던 IMF와 같은 위기상황은 이제 항상적인 것이 되며, 심지어 도미노적 현상으로 급속히 확장된다. 이러한 측면에서 현재의 주식시장 활성화는 투기적 자본 활성화의 단면일 뿐이며, 초국적 자본과 국내 독점자본의 이해관계에 따라 철저히 움직이는 공간이다. 따라서 주식시장은 노동자 계급의 입장으로 제한하고, 제동을 걸어야 할 대상이지, 활성화라는 현상적 측면에 현혹되어 활용하고 개입할 대상은 결코 아니다.

현재 우리사주조합이 부각되고 있는 것은 철저히 주식시장 활성화를 전제로 한다. 우리사주조합 활성화는 주식시장 활성화와 궤적을 같이 하며, 생을 함께 할 것이다. 실제 주식투기에 빠져드는 인구층이 점차 확대되고 있으며, 투기에 성공하기보다 패배하는 수가 다수를 점할지라도 그 열풍에서 헤어나지 못하는 것이 바로 '투기'의 속성일 것이다. 현재 우리사주조합을

위한 긴축정책 프로그램으로 인해 산산이 깨어졌다. 이로써 멕시코 국민의 생활수준은 또다시 무너져 내렸다. 더그 헨우드, 『월스트리트, 누구를 위해 어떻게 움직이나』, 사계절 1999, 186~187쪽.

22. 신자유주의의 경쟁우위 확보 전략은 점점 더 많은 나라들이 이 전략을 채택하지 않을 수 없게 한다. 무역 불균형이 계속되면, 기술적으로 일류인 나라들에서조차 단위 노동비용을 인하하려는 경쟁(생산성을 향상시키는 것으로부터 보다 일반적인 긴축정책에 이르기까지)을 할 수밖에 없다. 기술 후진국들은 단위비용을 저하시키기 위해 임금 인하의 방법으로 경쟁해야 할 것이고, 그렇지 않으면 무역적자 확대에 직면해야 할 것이다. 역설적으로, 이것은 일류 경제들의 정책을 성공하게 만든 토대를 약화시키게 된다. 왜냐하면 기타국들의 소득이 감소함으로써 일류 경제는 시장을 확대할 수 없기 때문이며, 반면에 기술 진보와 생산성 향상으로 생산 능력은 더욱 증대하기 때문이다. 기술 선진국들(일본과 독일 등)조차도 경쟁적 긴축의 고통을 느끼고 있으며, 반면에 가나와 뉴질랜드 같은 주변 경제들은 끝없는 경쟁에 지쳐 몰락하고 있다. 유일한 승리자는 값싼 노동을 기술 능력과 결합시킴으로써 착취율을 유지할 수 있는 사회의 몇몇 다행한 자본가들뿐이다. 그레고리 엘보, 「세계경제, 시장의 지상명령, 그리고 대안들」, 『이론』(19호/1997 여름).

통해 '한 건'할 수 있는 기업의 범위는 협소하다. 상위 6개 기업이 전체 주식시장 규모의 50%에 육박하고, 외국인 투자비율이 21%에 이른다.[23] 일부 코스닥에 상장되어 소위 대박이 터진 벤처기업들이 있지만, 이들은 전체 노동인구와 기업구조에서 봤을 때 극소수에 불과하다. 이러한 실정임에도 주식투자와 우리사주에 대한 관심이 증대되는 것은 주식시장에 대한 환상을 유포시키는 자본과 언론의 역할이 주도적이겠지만, 어떤 측면에서는 심리적인 요인이 작동하고 있는 것으로 볼 수 있다. 즉, 현재의 고용불안, 미래에 대한 불안이 현재의 투기적 심리로 연결되는 것이며, 소수로 제한된 자들의 '기쁨'에 쉽게 동화되고 전염되어 가는 것이다.

또한 소유와 경영의 분리, 소유분산을 통해 '효율적' 축적구조로 정비해 나간다는 구조조정의 양상이 무엇을 의미하는가에 대해서도 다시 한번 살펴보아야 한다. 기간 파행적으로 운영된 재벌축적구조는 기업구조조정 진행과정에서 일종의 워크아웃 과정을 밟아왔다. 국영기업의 민영화는 관료화된 국가독점의 폐기라는 이름으로 자행되고 있다. 그러나 이러한 재벌과 공기업 구조조정의 방향은 합리적 독점자본으로의 재편, 초국적 자본의 진출을 의미하는 것임을 알 수 있다. 이 소유분산의 과정이 국민주 방식이건,[24] 우리사주

---

23. 금융감독원이 11월 16일 발표한 '외국인 투자현황'을 보면, 10월 말 현재 외국인들은 시가기준 57조9천4백63억 원 어치의 주식을 보유해서 전체 상장주식 시가 총액(2백74조7천5백55억 원)의 21.1%를 차지하고 있다. 특히 3·4분기 중 국내 상장사 주식을 5%이상 대량 보유하고 있는 외국인 수도 크게 늘고 있다. 이 수는 1백4명에 이른다. 외국인을 포함해 상장사 지분 5%이상을 가지고 있는 대량 보유자수는 1천3백42명에 달한다. 이들의 총보유주식수도 4억2백만 주가 늘어난 56억4천2백만 주에 이른다고 한다. 『한국경제신문』 1999. 11. 17.
24. 최근 공기업 민영화에 대한 움직임이 가속화되면서 국민주 방식으로의 합리적 민영화 대안이 다시 논의되고 있다. 그러나 이미 국민주 방식은 현행 법제도로도 어려우며, 실제 불가능하다고 정부측에서조차 입장을 밝히고 있다. 88년과 89년 포항제철과 한국전력 주식을 국민주로 보급하면서 월 소득 60만원 미만 근로자 및 농어민 등을 우선배정 대상자로 지정해 30% 할인매각 혜택을 준 바 있다. 당시 할인매각은 「자본시장 육성에 관한 법률」에 근거한 것인데, 지난 96년에 폐지됨으로써 법적 근거마저 잃게 되었다. 이 제도가 증권시장 장기침체의 원인으로 '찍혔기' 때문이다. 현재 공기업 주식의 할인매각은 불가능하다. 담배인삼공사와 가스공사의 경우도 할인매각이 적용되지 않았으며, 배정물량만이 확대되

이건, 일반 상장을 통한 주식분산이건 간에 결국 독점화의 길로 귀결되었다는 사실을 우리는 쉽게 살펴볼 수 있다. 주식투자에 해당 기업의 소유-경영을 목적으로 뛰어드는 사람이 과연 몇이나 되는가? 자본주의의 건전한 발전을 위해 주식투자를 하는 사람이 과연 몇이나 되는가?

2) 노동계급 관리전략의 변화

우리사주제도는 자본의 노동계급에 대한 관리전략의 변화, 노동계급 구성의 변화와 밀접한 연관을 지니고 있다. 자본의 대노동 통제전략은 노자관계의 역관계 속에서 유동적으로 변화한다. 맹목적인 개발독재 논리 속에 무차별 착취에 시달리던 노동계급은 전투적 노동조합운동을 통해 자본의 공세를 일정정도 분쇄시켜 왔다. 노동조합운동의 성장은 노동자계급의 계급적 의식을 확장시켜냈지만, 또 한 축에서는 자본의 타협적, 코포라티즘적 전략으로의 방향선회라는 결과를 낳기도 했다. 97년 이후 경제에 대한 위기의식의 확산은 구조조정을 수용할 것과, 일방적으로 고통분담을 떠맡을 것을 강요받는다. 현재 자본은 빠른 경제회복 속도와 지속적 구조조정을 외치며,[25] 전투적 노동조합 운동의 회생을 최대한 차단하기 위해 주력하고 있다.[26] 2000년 임단투에

있다. 99년 4월 유가증권인수업무규정을 개정하면서 기업공개시 일반배정 비율을 30%에서 50%로 확대해 일반인들에게 청약배정물량을 확대하는 대신 주식청약예금 가입자 배정물량 20% 규정이 삭제되었기 때문이다. 이러한 시도들은 일반인들을 폭넓게 주식시장으로 끓어들이는 한편, 애초의 의도였던 저소득층 재산증식이라는 최소한의 정책마저 폐기해버린, 주식시장 활성화 정책의 단면을 보여주는 것이라 할 수 있다. 공기업 매각의 문제점을 논외로 한다 할지라도 주식시장 확대를 위한 정부의 노력은 가히 눈물겹기까지 하다.

25. 국가 차원에서 계획하고 있는 구조조정 계획은 아직 끝나지 않은 상태이다. 공공부문의 인원감축과 근로조건 저해를 중심으로 한 구조조정 계획도 98년과 99년의 규모에 미치지는 못하지만 2000년(일부 공기업의 경우 2001년까지)까지 잠혀있고, 금융권의 경우 투신사 등 제2금융권 구조조정, 은행권의 제2차 구조조정이 예정되어 있다. 재벌 구조조정도 대우의 구조조정이 아직 본격화하지 않은 상태이고, 현대그룹도 정부의 부채비율 200% 지도가 엄격히 적용된다면 매각형식의 구조조정이 추진될 것으로 보이며, 8개 업종 사업 구조조정도 채 마무리되지 않은 상태이다. 민주노총, 「2000년 사업방침수립을 위한 토론회 자료집」, 1999년 11월 30일, 9쪽.

우려를 표명하며, 단숨에 주가하락과 환율하락의 수치를 들이미는 방법이 그것이다. 외국인 투자가들이 두려워한다! 이는 지상명령과도 같이 우리를 옥죄오고 있다. 우리사주와 주식은 이러한 모순된 구조 속에 개별 노동자를 편입시켜내기 위한 적극적 방편이다. 주가가 오르기 위해서 주식투자자들이 요구하는 것은 지속적 이윤상승과 미래의 이윤상승을 가능하게 하는 효율적 구조조정이다. 그리고 구조조정의 핵심은 해당 기업 노동시장의 양적 · 질적 측면의 유연성이다. 노동자이면서 주식소유자라는 모순된 위치에 처한 자들은 자신의 노동력을 최대한 유연화시켜 내며, 스스로를 착취함을 통해 미래의 주가상승을 기대하는 것이다. 그러나 현재의 주식시장과 금융제도는 너무나도 불안정하기 때문에 현재의 임금과 복지의 대가로 전취한 주식이 바로 한달 후, 일년 후 어떻게 변모할 지 그 누구도 장담할 수 없다. 특히 그 미래의 주가상승은 현재의 노동력을 최대한 유연화하는 방향에서 결정될 것이기 때문이다. 이러한 노동계급에 대한 관리전략의 변화와 동시에 노동계급의 구성 역시 급속도로 변모하고 있다.

소위 화이트칼라, 블루칼라로 명명되던 노동계급 구성인자들은 구조조정 이후 급속도의 변화를 경험했다. 철통밥그릇으로 불리던 공무원들조차 명예퇴직과 고용불안에 시달렸고, 금융직 종사자나 공기업 노동자들 역시 비슷한 변화를 실감했다. 감소되었다고 주장하는 실업률 속엔 보이지 않는 비정규직 노동자들의 증가가 자리잡고 있었던 것이다. 부익부 빈익빈 현상의 증가는

---

26. 노동배제정책에 대한 노동자의 반발을 무마하기 위해 김대중정권은 '생산적 복지정책'과 '신노사문화'를 내세우고 있으며, 노사정위원회를 설치하여 정책결정에 노동계의 참여를 확대하는 것처럼 하고 있으나 노조탄압 등 근본적인 정책기조의 변화가 없을 뿐만 아니라 2000년 예산편성안에서도 확인되듯 오히려 복지예산을 축소하는 등 구두선에 불과한 기만정책으로 일관하고 있는 실정이다. 자본측도 단협 일방해지, 각종 부당노동행위, 노조탄압 등을 통해 노조무력화를 획책하고 있을 뿐만 아니라 노동시간 단축을 통한 고용안정, 고용구조의 정상화를 추진하기보다는 정리해고, 비정규직을 통한 정규직 대체, 노동강도 강화, 일방적인 작업조직 재편, 연봉 · 성과급제를 중심으로 하는 임금체계개편 등 인건비 쥐어짜기식 고용구조 유연화, 경영합리화를 더욱 강도높게 추진할 것으로 보인다. 위의 자료집, 11쪽.

자본과 노동관계뿐만이 아니라 노동과 노동관계 속에서도 확장되고 있다.[27] 우리사주를 통해 10배가 넘는 시세차익을 얻는 노동자가 있는 반면, 우리사주를 강제로 배정 받는 노동자도 존재한다. 비정규직의 경우 이미 우리사주 취득 자격요건이 성립되지 않으며, 실업노동자의 경우는 더욱 명확하다. 이것은 노동계급의 양극화, 소위 분단화 현상이 강화되고 있다는 사실을 보여준다.[28] 그리고 우리사주라는 것을 통해 이 분단화 현상은 심화·확대된다.

---

27. 5대그룹의 국내시장 지배력은 시장점유율이 50% 이상인 절대적 시장 지배사업자의 수가 1997년의 104개보다 늘어난 107개로, 5대그룹 소속 비은행 금융기관(투신사)의 수탁고는 1999년 11월 현재 81조 7천억으로 급속하게 증대하였다. 실질소득이 97년 하반기 이후 2년간 12.7% 감소했는데 하위계층일수록 소득이 더 많이 감소하여 불균형이 확대되고 있다. 중산층이라고 인식하는 사람들의 비중이 외환위기 직전 63.75%에서 98년 48.8%로, 99년에는 38.4%로 감소했다. 실업률은 하락했으나 상용직이 감소하고 (97년 9월 53.0%, 99년 9월 46.9%) 일용직이 증가하는 등 고용조건은 경제위기 이전보다 더욱 악화되었다. 오세철, 「운동질서의 새로운 재편으로 21세기 민중운동의 새로운 동력을 만들어나가자」, 『민중대토론회, 21세기 민중운동의 방향과 과제 자료집』, 1999. 12., 33쪽.

28. 현재의 구조조정은 단순히 양적인 의미에서의 인력절감 뿐만 아니라, 노동 수요의 성격 자체를 변화시킨다. 1974~83년 동안 대부분의 국가에서 전통적인 산업부문(농업, 광업, 제조업)의 고용이 크게 감소하였다. 제조업의 고용감소는 부분적으로 서비스산업이나 금융·보험 부문으로 흡수되었다. 그러나 서비스·금융산업에서 이루어진 고용증가의 상당부분은 제조업에서 온 것이 아니라 새로운 진입자들에 의한 것이다. 특히 이러한 서비스 부분 중 소위 '생산자 서비스'라 불리는 사업들은 과거 법인회사의 관리직 일부를 '금융 조작자'로 변모시켰다. 한국에서도 이러한 경향은 예외가 아니어서, 90년대 들어 생산자 서비스의 취업자 수는 연평균 9.4%의 높은 증가세를 보인다. 소위 '골드칼라 Gold Color'라 불리는 이들은 다양한 성과급을 통해 대다수의 봉급 생활자에 비해 상대적으로 높은 수입을 얻는다. 이들의 관심은 언제나 '세계적'이다. 미국의 금리 변화, 중국의 위안화 평가절하, 유럽의 유로화 가치 변동, 일본의 엔화 시세 등등이 이들의 토론거리이다. 이들은 점차 자국 정치의 정당성 논의에서 멀어지고, 세계적 수준 — 정확히는 미국적 규준 — 에 못 미치는 자국의 정치에 대해 냉소적인 입장을 취한다. 이들은 전통적인 자본가나 대주주에 미치는 수준의 소득을 얻을 수는 없지만, 이들의 소비를 모방할 수 있는 정도의 소득을 허용받는다. 게다가 각종 위성통신들은 이들을 가상적인 '세계 시민'으로 만들고, 세계적인 소비 규준에 스스로를 맞추도록 이들을 자극한다. 여기에 모든 순간성과 즉흥성, 단기주의를 숭상하는 금융의 논리가 이들의 소비욕망을 부추긴다. 이러한 상황에서 이들의 욕망은 소비생활의 귀족화 gentrification로 인도된다. 그리고 이들의 광기어린 즉흥성을 생산하는 '예술' 전문가들도 이들 소비 귀족의 대열에 합류한다. 소위 패션 주도자들, 각종 예술가들은 부티크와 갤러리를 열고 새로운 기호체계와 이미지를 만들고 판매하며, 나아가 자기 자신들도 그것을 소비한다. 즉, 골드칼라들이 유효 수요의 핵심축을 담당하게 된다는 것이다. 사회진보를위한민주연대 실업운동정책생산모임, 「실업의 원인과 의미」, 『실업자 운동, 어떻게 할 것인가』, 문화과학사, 57~58쪽.

3) 개인자산 형성, 소유에 기반한 통제 관념의 확산

우리사주조합이 활성화되는 이 두 가지 조건을 명확히 인식한다면, 현재 개별 노동자의 생활 속으로 침투해 들어오고 있는 우리사주제도를 어떻게 바라봐야 할 것인가 다시 한번 점검해야 한다. 원천적으로 이 금융화라는 전장에 개별 노동자가 우리사주라는 무기를 들고 대항할 수 있다는 것은 '계란으로 바위 치기' 전략에 다름 아니다. 그러나 적어도 노동자 통제의 '한 경로,' 개별 기업의 민주화라는 목표라도 달성할 수 있으려면 '반드시' 제거되어야만 할 측면이 있다. 이것이 제거되지 않는다면 그 어떠한 방어막을 형성한다 할지라도 우리사주제도를 통한 그 무엇도 불가능하기 때문이다.

우리사주제도에는 '개인의 재산권 형성'이라는 속성과 '경영참가의 방안'으로서의 속성이 모호하게 혼재되어 있다. 의무예탁제도와 관련한 논쟁, 우리사주조합의 집단적 소유와 의결권 행사에 대한 논쟁들은 이러한 이중적 속성의 충돌을 극단적으로 보여준다. 그러나 이 양자는 절대로 혼재될 수 없는, 혼재되어서는 안 되는 적대적 사안이다. 개인의 재산권 형성이라는 측면이 부각되거나, 용인되는 순간 집단적 소유와 노동자 통제의 방안으로서의 우리사주제도는 결코 실현될 수 없는 모래성일 뿐이다. 현재 우리사주를 보유하고자 하는 개별노동자의 의식은 전자에 집중되어 있고, 이는 당연한 현상이다. 장기적 기간을 소요한다 할지라도 우리사주법 제정, 우리사주 지분율 확대 등을 통해 노동자 통제의 '한 경로'로서의 가능성을 실험해보기도 전에 개인자산 출연, 개인적 소유에 근거한 현재의 우리사주는 의무보유기간 1년이 끝나기가 무섭게 주식시장에 버려지게 될 것이다.[29]

29. 우리사주 보유기간이 1년으로 단축됨에 따라 이 달부터 처분할 수 있는 우리사주 물량이 총 388개사에 1억4천900만 주로 5조1천150원대에 이른다. 상장되어 있는 상장법인들의 경우 227개사, 1억10만 주로 3조3천910억 원에 이르며, 코스닥 시장에서 처분 가능한 물량은 27개사 1천86만 주로 1조5천110억 원이다. 비상장·비등록 종목은 134개사, 3천653만주로 2천130억 원에 달한다. 『한국경제신문』 2000. 1. 8.

<표 4> 올해 처분 가능한 우리사주 규모 (98년 증자규모가 500억 원 이상인 기업)

(단위: 원, 억 원)

회사명	납입일	증자규모	발행가	현 주가(1월11일)	우리사주 시가환산
현대증권	98. 3. 17.	2,000	5,000	24,000	1,920
주택은행	98. 4. 22.	1,675	6,700	34,800	2,332
국민은행	98. 5. 15.	3,787	7,700	19,750	2,992
데이콤	98. 5. 21.	720	29,500	355,000	10,224
한미은행	98. 5. 22.	2,850	5,000	10,600	1,208
미래산업	98. 6. 5.	505	2,300	8,410	170
삼성물산	98. 6. 23.	1,500	5,000	18,650	1,119
현대전자	98. 6. 23.	1,730	11,500	22,300	1,543
광주은행	98. 6. 25.	1,000	5,000	2,150	86
대구은행	98. 10. 23.	1,200	5,000	3,370	162
현대건설	98. 11. 10.	1,500	5,000	5,710	343
현대자동차	98. 11. 20.	950	9,500	20,000	760
현대상선	98. 11. 26.	1,580	7,900	6,990	442
신한은행	98. 12. 2.	1,500	5,000	12,800	768
오리온전기	98. 12. 21.	800	5,000	3,150	101
부산은행	98. 12. 23.	1,000	5,000	2,780	111
LG반도체	98. 12. 23.	5,525	6,500	-	-
LG전자	98. 12. 23.	1,892	8,800	43,300	3,227
현대정공	98. 12. 23.	1,000	5,000	6,300	252
LG정보통신	98. 12. 28.	1,953	22,700	135,000	10,546
경남은행	98. 12. 29.	1,000	5,000	2,490	100
합계		35,667	168,100		38,455

　　그러나 더욱 큰 문제는 이 소박한(?) 실험의 과정에서 노동계급 분단화가
심화될 것이며, 수십 년간 일구어온 노동조합 운동이 해체적 경향으로 치달을
수 있다는 점이다. 이미 상층부 노동을 중심으로 민주노동조합운동조차 재편
되고 있는 것은 아닌가 하는 우려가 제기되고 있다.[30] 현재 민주노동조합운동

---

30. 신자유주의는 독점자본의 이해에 따른 구조조정과 정리해고를 통한 대규모 실업과 비정규직 노동자의
　　폭발적인 증가와 더불어 정규직 노동자를 협소화시키고 있다. 이것은 자본가정권의 분리통치의 한
　　맥으로 작동하고 있는 것으로 볼 수 있는데, 그 중 하나는 조직된 노동자를 기반으로 하는 정규직
　　노동자로 민주노총과 한국노총으로 양분되어 있는 노동조합 조직이다. 그리고 또 다른 하나는 신자유주
　　의 공세 속에서 증대하는 비정규직 노동자와 빈민이다. 자본가정권은 이렇듯 노동을 효과적으로 통제하
　　기 위해 정규직과 비정규직으로 분리시켜 통치하려 하고 있다. 이러한 분리통치는 자본의 고전적인

이 비정규직, 실업노동자 나아가 빈민과 농민 등 소외된 계층과 함께 투쟁하고 있지 못하다는 비판에서 자유로울 수 없는 것이 현실이기 때문이다. 그럴 때일수록 더욱더, 자본의 투기적 경향과 결합되어 노동계급의 분단화에 일조하는 일련의 노동정책들에 과감히 비판의 칼날을 던지고, 이러한 노동정책들에 개별 노동자들의 의식이 좌지우지되지 않도록 교육과 토론을 강화해내야 하는 것이 민주노동조합운동의 임무일 것이다. 자본의 금융화, 주식자본주의의 형성이 노동계급의 조건을 변화시켜내고 있는 지점들이 바로 투쟁을 조직해야 할 지점인 것이다. 그러나 안타깝게도 현재 우리사주는 개별 노동자의 삶 속으로 깊이 파고들고 있으며, 특히 공공부문 사유화나 구조조정의 대안으로서 노동조합이 먼저 나서서 제기하고 있는 것이 현실이다. 이러한 상황에서 우리사주나 주식시장에 대한 개입을 통한 자본의 통제·민주화가 허무맹랑한(?) 주장이라 할지라도 현행 제도에 대한 입장을 마련하고, 이를 노동자계급의 관점에서 통제해나갈 수 있는 계획을 수립해야 하는 것은 피할 수 없는 과제일 것이다.

5. 현행 우리사주제도: 쟁점과 대안

1) 집단적 소유의 확보

술책인 당근과 채찍을 이용할 것인데, 조직된 노동자에게는 정규직 노동자로서 특권화시키며 당근을 주어 제도권 내로 끌어들일 것이고, 비정규직 노동자와 이로부터 끊임없이 생성되는 빈민에게는 자본의 안정적인 재생산을 위하여 탄압이라는 채찍을 사용할 것이다. 이러한 통치는 정규직 노동자, 즉 양대 노총을 중심으로 한 조직된 노동자의 힘을 약화시키고 '친정부적인 보수노총'을 만들어 갈 것이다. 이 과정에서 보수노총은 노동귀족의 형태로 특권화되어 나타나게 되는데, 이런 모습은 지금도 불거지고 있다. 또한 별반 다르지 않은 두 개의 노총을 하나의 보수노총으로 만들어 조직노동자에 대한 통합관리 체계에 들어갈 것이다. 양연수, 「단일한 정치적 슬로건으로 노동자 중심의 계급연대전선을 구축하라」, 위의 자료집.

2000년 1월 1일로 의무예탁제도는 1년으로 과감히 감축되었다. 개별 노동자
가 자체적으로 자금을 조달하여 구매한 우리사주를 강제적으로 장기 보유하
게 하는 것은 '주주들의 재산권'을 지나치게 침해하는 독소적 성격을 지닌다
는 노동계 일각의 비판이 승리하는 순간이었다.[31] 앞서도 언급했듯이, 이는
우리사주를 노동자 개인의 재산권 형성의 측면에서 바라보기 때문에 발생한
결과이다. 그러나 이러한 자산형성의 욕구, 자본주의 사회라면 당연하게 받아
들여지는 사유재산에 대한 보호라는 측면에서 현재의 노동자계급의 입장을
마련하고자 한다면, 결코 우리사주제도는 노동자 통제의 활용가능한 경로일
수 없다. 일단 현행 제도로만 봤을 때 의무보유기간이 1년일 경우 매년 증자하
는 기업이 아니라면, 우리사주 지분율이 전무할 가능성이 농후하다. 단기
이득을 누릴 수 있는 우리사주조합원이든 아니든, 향후 증시에 대한 불안감은
즉각적인 매물로 우리사주를 전락시킨다. 거대한 이익을 얻거나, 아니면 손해
를 보더라도 일단 팔고 보자는 심리가 형성된다. 99년 하반기 상장사들이
대규모 유상증자를 실시했다는 점에서, 2000년 우리사주 지분율은 더욱 하락
될 전망이며, 심지어 코스닥 시장에 상장된 대형 정보통신 노동자들의 경우,
스톡옵션에 묶여 있기 때문에 급등세를 보이고 있는 우리사주를 처분하기
위해 퇴사를 불사하기도 한다.

　　물론 개별 노동자가 취득한 주식의 의무보유기간은 단축하되, '무상으로
전취된'[32] 우리사주는 우리사주조합을 통해 집단적 소유로 묶어두자는 방안

---

31. "현행 의무예탁제도는 종업원들이 자체 출연한 주식을 의무적으로 강제 보유하게 함으로써 매우 큰
　　경제적 손실을 감수하게 하였을 뿐만 아니라, 결과의 불투명성을 초래하여 우선배정되는 우리사주에
　　대한 관심도 하락, 종업원들에 의한 우리사주조합의 자발적인 결성욕구 저해, 우리사주조합에 대한
　　참여도 하락, 우선배정비율의 지속적인 감소, 우선배정된 주식에 대한 대량의 실권사태 발생, 예탁주식비
　　율의 지속적인 하락 등 크고 작은 부작용을 초래하였습니다." 사무금융노동조합연맹, 같은 자료집, 54쪽.
32. 우리사주는 회사와 정부의 출연에 근거한다 할지라도 결코 무상취득이라고 볼 수는 없다. 그것은 현재
　　수준의 임금과 복지의 대가이며, 노동유연성 증가에 대한 보상일 뿐이다. 그리고 단순한 손익계산만
　　해보더라도 노동자계급의 기본적 권리를 우리사주와 뒤바꾼 것이므로 손해봐도 한참 본 장사이다.

이 제출되고는 있다. 또한 노동자들이 주식을 처분하기보다는 장기 보유하는 것이 유리하도록 법적·제도적 인센티브를 적극적으로 제공하는 것과, 우선 배정주의 일부를 조합원들이 공동으로 소유하는 조합원공유주식제를 도입하자는 것, 장기 보유를 유도하는 인센티브의 경우 소득공제 신설, 시가할인율 확대, 배당소득세 경감 우대, 우선배정 주식의 조합원별 배분에서의 우대, 사주조합지원대출 우대, 예탁주식담보대출 우대 등 가능한 각종 우대 방안 등이 제안되고 있다. 그러나 이것 역시 '개인자산 형성이라는 관점'을 고수한 채 최대한의 메리트를 제공해서 우리사주를 장기 보유하도록 하겠다는 것이고, 이 전제를 버리지 않는 한 문제는 여전히 남게 된다. 차입·비차입 방식을 통해 우리사주조합이 집단적으로 소유한다 할지라도 재산권 침해라는 비판은 따라붙을 수밖에 없다. 즉, 끊임없이 소유지분을 둘러싼 '노동자간' 갈등은 반복될 것이며, 주식시가에 따른 분쟁도 빈번할 것이다. 투여된 노동력과 근속 연수에 따른 배정분의 차이, 퇴직 시점에서 주가를 어떻게 책정할 것인가의 문제, 불가피한 상황시 양도의 시점과 주가를 둘러싼 논쟁 등 끊임없이 우리사주조합 내의 갈등의 고리는 생성된다. 문제의 핵심은 바로 개인 출연을 전제로 한 우리사주이기 때문이며, 이 제도 자체가 개인자산 형성의 욕구에 굴복해버린 태생적 한계를 지닌 제도이기 때문이다. 결국 우리사주 취득의 자금조달을 어떻게 할 것이냐의 문제로 접근해나가야만 하며, 이를 통해서만 이 집단적 소유가 가능하게 된다. 우리사주는 원천적으로 개별 소유와 개별적 이익배당이 불가능한 제도여야 한다. 또한 개별 노동조합이나 개별 기업 우리사주조합 차원의 집단적 소유라기보다는 더 거시적 차원의 집단적 소유의 길로 나아가야만 한다. 물론 이러한 혁신 방안은 매우 높은 수준의 투쟁과 계급적 의식을 요구하는 내용이다. 그러므로 그 어느 때보다도 우리사주조합에 대해 노동조합 차원에서 관점을 정립하고, 이를 위한 교육과 설득 작업이 중요한 시점이다.

208

2) 공세적인 자본 출연 요구 혹은 국가의 지원

앞서도 언급했듯이 현재 우리사주를 둘러싼 논쟁의 근원, 우리사주에 짙게 깔려 있는 개인자산 형성의 욕구는 현행 우리사주의 취득이 철저히 개인자산 출연에 근거하기 때문이다. 현행 우리사주제도의 자금조달 방식은 조합원의 매월 급여에서 일정액 또는 일정률을 공제하여 한국증권금융(주)이나 금융기관에 적립하는 방법, 취득자금을 회사로부터 대여 받아 주식취득 후 일정 기일 후 상환하는 방법, 금융기관으로부터 취득하는 자금 중 일부를 차입한 후 매월 급여액에서 공제하여 원리금을 분할 상환하는 방법,33) 조합원 개인의 여유자금으로 자사주를 취득하는 방법 등이 있다. 결과적으로 자체조달이건, 회사대출·금융기관 대출이건, 이자와 원금을 상환해야 한다는 점에서 자체조달의 다양한 양식일 뿐이다. 우리사주조합 개선 방향의 유력한 대안으로 회자되는 것이 차입·비차입 미국식 ESOP 모델이기에, 이에 대해 살펴볼 필요가 있다.34) 미국에서 해당 기업 노동자들이 자기 회사의 주식을 취득할 수 있는 방법은 다양하고, ESOP은 그 중 한 방안이다. 이 차입형 ESOP은 종업원의 자사주 보유를 촉진하기 위해서 ESOP 신탁이 회사의 신용을 담보로 외부로부터 자금을 차입하여 자사주를 매입할 수 있게 하고, 그 후에 회사는

---

33. 현재 금융기관 대출의 경우, 한국증권금융의 사주조합지원대출(우리사주조합원이 우선배정주 취득시 대출로 5년 이내 균등분할상환), 예탁주식담보대출(한국증권금융에 예탁한 주식을 담보로 대출, 3년 이내 균등분할상환), 사주매입자금대출(우리사주조합이 조합원 등으로부터 주식을 살 필요가 있을 때의 대출) 등으로 연 10%, 조합원 1인당 최고 3천만 원 예탁주식을 담보로 한다. 국민은행의 경우, 우리사주부 금이 있는데, 5년 이내 원금 균등분할 상환, 3년 이내 원금일시상환을 조건으로 연 9.5~14%(99년 시점에서)로, 조합원 1인당 최고 5천만 원(매입주식의 20% 내) 예탁주식을 담보로 한다.
34. 미국은 종업원지주제가 가장 활성화되어 있는 나라이다. 19세기 후반경부터 노동자의 소득향상이라는 명목으로 주식구입제도, 이윤분배제도, 주식상여제도 등이 실시되었다. 이는 1921년 연방정부가 내국세 입법을 제정하여 세제상 우대조치를 취하면서 하나의 제도로 정착되기 시작한다. 2차대전 이후 주가 폭락으로 인한 주주들의 손실을 최소화하기 위해 종업원소유참가제도에 대한 세제 혜택이 확대되었고, 빈부격차와 자본편중에 대한 해소, 대중자본주의의 기치를 내걸고 주식대중화운동이 확산되었다. 1970년대 들어 적극적으로 자회사의 주식을 취득, 보유할 수 있도록 차입형 종업원주식소유제도(이른바 차입 ESOP)가 시작됨으로써 미국식 소유참가제도는 본격적으로 발전한다.

이익의 일부로 차입금을 상환할 수 있도록 하는 제도이다. 현재 미국에서는 차입 ESOP, 비차입 ESOP이 일반화되어 있고, 약 11,000여 개 회사, 노동자들의 10%에 해당하는 1천만명의 종업원을 대상으로 실시되고 있으며, 25% 이상 지분을 가지고 있는 경우가 44% 정도라고 한다. ESOP의 경우 취득한 주식의 장기 보유가 자연스럽게 유도되고, 이 제도를 통해 취득한 우리사주를 '조합원 공유주식' 개념을 채택해 운영할 수 있다고 주장하고 있다. 그러나 이러한 미국식 ESOP 제도의 활성화가 앞서도 언급했던, 미국식 주식자본주의와 금융화의 진척, 그리고 타협적 노동운동의 고착화와 명백한 함수관계에 있다는 사실은 부정할 수 없다. 특히 현재 한국사회 구조조정의 방향이 미국식 신자유주의의 방향과 별반 다르지 않다는 점에서 ESOP과 비슷한 수준에서 우리사주제도가 정착될 가능성도 농후하다고 보여진다.

현행 우리사주제도와 ESOP의 가장 큰 차이점은 주식취득자금의 조달 방법에서이다. 즉, 우리사주제도가 제도적 보완이 있다 할지라도 철저히 개인출연에 근거해 주식을 취득하고 있는 점과 달리, 회사가 금융기관으로부터 자금을 차입하여, 자사주를 매입한다는 점에서 그 차별성이 존재한다. 이 제도가 우리사주와는 달리 회사의 출연을 전제한다는 점에서 우리사주제도보다는 일견 진보적인 방안이라 여겨지지만, 그 의도와 한계는 명백하다. 결국 회사가 금융기관으로부터 차입한 금액을 상환하는 것은 노동유연성과 착취강도의 강화를 통해 노동자가 감당할 몫이기 때문이다. ESOP은 세제상의 혜택이 크기 때문에 회사나 금융기관에서도 적극적으로 받아들이고 있으며, 더욱이 ESOP을 통해 임금유연성과 노동유연성이 높아지고, 회사내 자금 유동성이 높아진다는 결과를 낳고 있다. 즉, 자본의 입장에서 볼 때도, 안정적인 자본을 확보할 수 있고, 노동자의 이직을 억제하며, 노동/자본간의 갈등요소를 줄인다는 점에서 매력적 방안이라 아니할 수 없다. 특히 경영참가·노동자 통제의 방도로써 ESOP이 활용되고 있지 못하다는 사실이 주목되어야 한다. 주식 지분율이 낮아 회사 경영에 대한 결정적 발언력은 약할 수밖에 없다.

그러나 더욱 중요한 것은 ESOP을 민주적으로 운영하고, 노동계급의 자본통제의 방안으로 활용해낼 강력한 노동조합이 존재하지 않기 때문에 ESOP의 민주적 운영의 상이 확보되고 있지 못한 것이다. 또한 유상증자시 신주발행 지분을 활용하는 경우가 아니라도 은행부채의 출자전환 방식으로 ESOP이 활용되고 있다. 기업의 지급불능부채를 해당 기업의 신규발행주식과 맞바꿔서 은행에 제공하는 방식으로써, 이 경우 부채가 ESOP의 형태로 전환된다. 자본과 노동 모두 자사주 취득을 위해 자발적으로 기업구조를 재조정하고 ESOP의 대부금을 상환하려는 동기유발이 강화될 것이다. 결국 기업 구조조정 수행을 위한 여유와 유연성이 확보된다는 것이 일치된 의견이다. 부채 상환을 위해 노동자는 임금감축이나 삭감뿐만이 아니라, 직무배치, 작업규칙, 근무지, 생산라인, 근무시간, 복리후생 등 여러 요소들의 유연화를 받아들이게 된다. 미국 크라이슬러의 경우, 회사의 과도한 부채를 출자전환하기 위해 정부가 금융기관에 보증을 서고 은행이 ESOP에 자금을 지원하여 종업원들이 주식을 보유하는 대신, 임금과 복지비용 인하를 감내해야만 했다. 결국 이윤율을 높여 기업을 정상화시켜내기 위해, 노동자 스스로가 앞장서 자신을 착취하게 되는 악순환이 발생한다. 이것은 97년 국민기업 기아 살리기, 현재 대우자동차 살리기의 방향에서도 익히 드러나고 있는 모습이다. 이 때문에 ESOP의 회사 출연 양식은 일견 긍정적 측면으로 수용할 수는 있지만, 그 한계를 명확히 인식해야 한다. 결국 ESOP이 타협적 노동운동과 상관관계에 있다는 사실은 명백하기 때문이다.

현행 우리사주제도를 혁신시켜내기 위해 가장 중요한 지점이 바로 자금조달 방식에 있다. 이 문제를 해결하지 않는다면 다시 의무예탁기간의 문제, 장기 보유를 위한 인센티브 정도의 논란거리로 다시 회귀할 수밖에 없다. 적극적으로 우리사주 취득자금에 대한 전적인 자본 출연, 국가의 지원을 제기하고 이를 통해 투쟁해나가야 한다. 즉, 현재 취득하고 있는 우리사주의 의무보유기간을 장기화하고, 최대한 늘여 가는 것, 이미 소유하고 있는 우리사주

부분에서도 자본의 전적인 출연을 요구하는 것이 필요하다. 공기업 사유화에 대항한 노동조합의 방안으로, 대우의 경우와 같이 구조조정 사업장에 대한 대안으로 제기되고 있는 상황이라면, 노동조합이 나서서 고통분담과 임금삭감의 대용으로 우리사주를 제기하는 방식이어서는 안 된다. 공기업의 경우, 공기업 체계를 유지해나가는 것, 즉 사유화에 맞선 투쟁을 조직해내는 것이 일차적 과제이다. 특히 이 공기업화, 사회화 투쟁이 성공할 수 있다면 공기업 경영과 운영에 대한 실질적 통제의 길을 모색하는 방향으로 나아가야 한다. 이 실질적 통제를 위한 투쟁과 그 과정에서 공기업에 대한 민중적 통제가 가능하다면 그 자체가 공적 지분이자 공적 소유인데 왜 우리사주가 굳이 필요한가? 또한 대우와 같은 구조조정 사업장의 경우, 공적자금이 투여된 것에 대해 문제제기하며, 당연히 공기업화 요구를 걸어야 한다. 특히 국가 기간산업에 대한 사적 독점화에 맞서 싸워나가야 한다. 이 투쟁이 성공할 수 있다면 공기업화, 구체적으로는 공적 지분으로 존재할 것인데, 왜 굳이 우리사주가 필요한 것인가? 이러한 구조조정 투쟁의 과정에서 우리사주가 계속 제기되는 이유는 사적 소유에 대한 물신성, 당장의 개인자산 형성에 대한 노동자 개개인의 욕구에 대한 굴복의 결과이다. 또 한 측면에서는 노동자가 나서서 구조조정을 책임지겠다는 선언으로서, 자본의 공세에 대한 굴복의 결과인 것이다. 물론 사회화 투쟁, 공기업화를 요구하는 것이 비현실적인 요구이며, 국가독점의 폐해와 공기업의 관료성에 대해 지적하는 사람들이 많다. 그러나 현실성의 문제를 거론한다면, 우리사주를 통한 자본에 대한 통제는 (그럴 생각이 있다면!) 현실가능한 경로인가? 이는 개별 기업 차원의 민주화 정도는 달성할 수 있을지 몰라도 결코 자본에 대한 전산업적 통제, 민중적 통제의 길로는 애초부터 나갈 수 없는 경로이다.

공세적인 자본 출연을 요구했던 역사적 사례로는 스웨덴의 마이드너기금, 혹은 임노동자기금이 존재한다.[35] 자본의 공세, 사민주의 노동조합운동의 타협적 속성으로 '후퇴를 거듭하다 장렬히 전사한' 임노동자기금의 초반기

문제의식에서 우리가 긍정적으로 살펴볼 수 있는 바는, 개별 기업 차원의
민주화의 한계를 인식하고, 노동자계급의 전산업적 통제로 시야를 넓혀나간
다는 점이며, 자본에 대한 이윤세 부과 등 노동자계급의 전산업적 통제를
가능하게 하는 교두보의 확보를 자본에 대한 공세를 통해 이루어나가겠다는
발상이다. 또한 주식시장에서 거래되거나 개별 노동자에게 단기적 이익을
배분하는 방식이 아닌 집단적 소유를 전제로 하고 있다는 점이다. 따라서
우리사주제도는 집단적 소유를 위한 자본에 대한 공세적 투쟁을 통해서만,
주식시장 활성화가 아닌 잠식이라는 관점을 틀어쥘 때만 진보적인 방향으로
나아갈 수 있다는 사실을 다시 한번 인식해야 할 것이다.

3) 우리사주조합에 대한 노동조합의 개입과 통제

우리사주조합의 성공사례로 최근 몇 년간 회자되어온 데이콤 노동조합과
우리사주조합에 대해 살펴보면, 노동조합의 강력한 투쟁과 결합되지 않는
우리사주조합의 한계 지점이 분명히 드러난다. 데이콤 노동조합은 한국통신
이 최대주주인 공기업으로 시작하여, 민영화 과정에서 93~94년 동양그룹과
투쟁을 전개했고, 현재는 LG 그룹의 경영권 장악에 맞서 투쟁하고 있다. 노동
조합은 94년 말 약 6%의 지분을 확보하고 있었던 우리사주조합에 개입해
들어갔으며, 사장퇴진운동을 거치면서 사회적 관심을 확보했다. 이후 노동조
합은 95년부터 '우리사주조합을 통한 경영참가전략' 방침을 추구하여, 직장
발전협의회를 설치하는 등 노동자 통제의 기재를 마련해 나갔다. 우리사주조
합의 조합장을 회사의 담당 관리자가 당연직으로 맡아왔고, 조합원 개인이
행사하는 의결권은 포기되거나 사측의 이해에 좌우되어왔던 우리사주조합의
운영을 민주화시켜내고, 이를 통해 우리사주조합의 역할을 강화시켜내는 것
이 가장 주요한 과제였다. 이로써 조합장 선출을 직선제로 개선하고, 의결권

---

35. 자세한 논의에 대해서는 장석준, 앞의 글을 참조

을 우리사주조합으로 위임하며, 우리사주조합의 대의원 총회와 이사회에 대한 장악을 통해 우리사주조합이 노동자들에 의해 실질적으로 운영되고, 의사 결정에 참여할 수 있게 되었다. 이런 과정을 거쳐 결국 96년 2월 우리사주조합을 완전히 장악할 수 있었던 것이다. 이러한 투쟁의 성과에도 불구하고 데이콤 노동조합 내부에 우리사주조합이 조합원 개인의 재산형성 이외의 기능을 하지 못하고 있다는 평가 역시 만만치 않고, 우리사주조합을 통한 경영참가 전략 자체에도 한계가 있다는 회의적 목소리도 존재한다.36) 우리사주조합은 노동자와 관리자 모두를 포괄하기 때문에 우리사주조합 내부의 이해관계가 직접적으로 대립되며, 노동자의 계급적 이해가 관철되기 어려운 조건이라는 근본적 모순을 가지고 있다. 예를 들어, 재벌의 경영권 장악 문제와 같은 사안에서는 우리사주조합 내부의 관리자층과 일견 동일한 목소리를 낼 수 있다. 그러나 이사선임과 해임, 경영 전반의 민주화, 소유관계에 대한 투쟁 등의 사안에서는 당연히 내부의 대립이 발생하고, 여기에 자본측의 입김이 작용하는 것이다. 특히 계열사 분리 등이 진행된다면 우리사주조합의 위상은 극도로 불안해지게 된다. 또한 주주총회라는 경로는 이미 지속적이고 능동적인 경영참가를 불가능하게 한다. 최근 데이콤 노동조합이 LG 그룹의 경영권 장악 지지를 위해 우리사주를 통한 주주총회 개입을 시도했으나, 사측에 의해 무산되었던 '사건'은 이러한 한계점을 보여주는 실례일 것이다. 심지어 의결권 행사에 있어 우리사주조합으로의 의결권 위임이 개인의 권리를 침해하고 재산권을 침해한다는 평가까지 일고 있다. 노동자의 경영에 대한 통제는 의사

---

36. 우리사주조합 대신 '노동조합의 조직을 통한 우리사주 조직화'가 보다 실질적인 경영참가 수단이 될 것이다. 데이콤 노동조합, 「우리사주조합을 통한 경영참가 과정에서 나타난 문제점과 대안 모색」, 『한국경제의 진단과 재벌개혁 방향』, 민주노총 정책토론회 1997년 4월. 우리사주는 경영권 수호 등의 '안전판'으로서 평시에는 상징적 의미를 갖는 것으로 두고 경영참가는 주로 직장발전협의회나 노사협의회 등의 협의기구를 통한다는 것이 노조의 방침이다. 데이콤 노동조합, 「우리노조 10년: 데이콤 노조 10돌 맞은 노조의 고민과 모색」, 『노동자신문』 1997. 9. 26.

결정 단계에서의 실질적 통제를 가능하게 해야 하며, 주체는 노동자의 조직인 노동조합이 되어야 하고, 참가는 연속적이어야 한다.

이러한 점에서 우리사주제도는 노동조합의 투쟁과 노동자 대중에 의해 통제되어야만 한다. 이것이 전제되지 않았을 때, 오히려 우리사주조합은 노동 자계급의 단결을 저해하고, 자본과 권력에 의해 좌지우지되는 수단으로 전락 하게 된다. 노동조합의 통제와 집단적 소유를 전제한다 할지라도 퇴직시 이익 배당의 문제, 우리사주조합의 주주총회에서의 의결권행사의 문제[37] 등 여러 가지 현안의 문제가 산적해 있다. 지분율에 상관없이 노동자 사외이사·감사 를 선임할 수 있어야 하며, 주총에서의 의결권 행사를 강화하고, 정보취득 권한을 확보해나가야 한다. 즉, 노동조합이 기업 내부의 노사관계에서의 우위 를 확보하고 그 과정 속에 우리사주조합을 배치해나갈 수 있어야 한다. 물론 이것은 개별 기업적 접근으로는 무리한 전술이다. 개별 기업 차원의 민주화 와 우리사주조합의 민주화가 가능하다 할지라도 이 민주적 운영, 즉 '자주관 리의 실험'이 진정 노동자계급의 진전에 유의미한 것이 되기 위해서는 노동자 계급의 전산업적 차원에서의 전략과 맞물려야만 한다. 개별 기업 노동자들이 주식소유를 통해 해당 기업을 소유하거나, 혹은 강력한 노동조합의 투쟁으로 경영을 통제할 수 있을지라도, 이 성과 자체도 해당 기업의 경영과 운영에 머무를 수밖에 없다. 노동자계급이 경제활동 전반에 대한 보다 광범위한 시야 를 확보하고, 전체 축적과정에 대한 통제를 가능하게 하기 위해서는 결국 높은 수준의 사회화 투쟁으로 나아가야 하는 것이다. 그리고 이 사회화 투쟁 은 개별 기업의 노동자나, 개별 기업 투쟁의 단순 합이 아닌 전체 노동계급이 주체가 되는 투쟁이어야 한다. 그러므로 현재 노동자 계급, 노동조합운동은 전체 축적과정에 대한 통제로 나아가기 위한 현실적 교두보의 마련과 이의 강화에 주력해야 한다. 현재 구조조정 국면은 이러한 사회화의 가능성을 넓혀

---

37. 현재 우리사주 지분율이 3%가 넘었을 때 이사·감사 선출을 의무화하자고 주장하고 있다.

주고 있으며, 사회화 투쟁의 필연성을 부여하고 있다. 즉, 사유화의 대상으로 전락되고 있는 주요 공기업과 국가 기간산업에 대해 민주적·민중적 통제를 요구하고 투쟁해야 하고, 이러한 형식적 사회화를 실질적 사회화로 전환시켜 내기 위해 개별 기업에 대한 실질적 통제 방안을 모색해나가야만 한다. 바로 이러한 사회화 투쟁과 생존권 투쟁의 연관성, 형식적 사회화의 가능성을 실질 적인 것으로 전화시켜내는 과정에서 우리사주, 경영참가 등이 논의되어져야 만 하는 것이다.

4) 비소유에 기초한 노동자 통제전략, 실질적 사회화의 구상

경영참가, 노동자 통제 등 다양한 개념으로 제기되는 자본에 대한 통제전략의 의미는 무엇인가?[38] 앞서도 언급했듯이, 현재 우리사주제도를 둘러싼 쟁점 중의 중요한 측면으로 경영참가, 노동자 통제가 운위되고 있고, 따라서 우리 는 다소 원칙적인 쟁점이지만 경영참가 혹은 노동자 통제의 함의를 제대로 파악할 필요가 있다. 이 경영참가에 대한 논의는 이미 오랜 전사를 가지고 있고, 경영참가를 바라보는 시각 역시 용어의 다양성만큼이나 다채롭다. 이른 바 노동조합운동의 '전략적 대안'으로 바라보는 시각에서부터 자본의 통제전 략의 일환으로 사고하는 경향까지 다양한 대립지점을 형성한다. 하지만 현시 기 구조조정이 전면화되는 시점에서 경영참가에 관한 대부분의 논조는 노동 조합운동의 '정책 대안'이란 성격에 근접해 있다. 즉, 재벌개혁 및 해체, 공공 부문 구조조정 과정에 대한 노동자의 개입 방향으로서 단체협상 차원에서의

---

38. 사실 경영참가라는 용어도 다양한 수준으로 사용되고 있다. 산업민주주의 industrial democracy, 종업원참 가 employee involvement, 자주경영 self-management, 경영참가 participation in management, 공동결정 codetermination, 작업장민주주의 workplace democracy, 노동자참가 worker participation, 노동자 통제 workers' control 등이 그것이다. 이 개념들은 노자간의 역관계와 작업장에 대한 판단의 차이를 드러내기도 하지만, 더 나아가서는 현 시기 자본주의 발전과정과 노자관계에 대한 근본적 인식의 차이를 드러낸다고 볼 수 있다. 노동자계급의 주체적·공세적 자본에 대한 통제전략이라는 측면에서 노동자 통제, 경영통제라 는 개념으로 전환될 필요가 있다고 생각된다.

다양한 작업장 참가제도, 사외이사제도, 노동자이사 · 감사제도 등이 제출되고 있으며, 개별 기업을 넘어선 노동조합 대응 방안으로는 노사정위원회를 통한 전략적 의사결정참가 방안도 제출되고 있다.

그러나 우선 경영참가는 그것이 어떠한 용어로 사용되든지 간에 자본이 주도하는 계급투쟁에서의 우위를 바탕으로 노동자계급에 대한 일종의 통제를 실현하기 위한 주요한 수단으로 작동했다는 사실을 명심해야 한다.

노동과정에 대한 비판적 연구들에서 경영참가는, 1) 착취율 증대를 위한 경영통제의 수단으로서 자본가에 의해 의도적으로 고안되어 전략적으로 도입되는 것으로 보는 입장과 2) 자본축적과 경쟁의 위기시에 노동자들의 저항을 포섭함으로써 일시적으로 체제 혹은 노동과정 통제의 위기를 극복하는 일환으로 보는 입장 3) 노동자들의 동의와 설득을 통해 호전적인 노동자가 개별적으로 참여하도록 유도하거나 노조를 분쇄하기 위한 전략의 일환으로 보는 입장 4) 참가를 통해 형성되는 투쟁지형을 긍정적으로 보고 노조의 '전략적 선택'과 참여를 통한 형식적 조직 민주화의 실현을 강조하는 입장 5) 노동과정 재설계에 대한 참여를 통한 '노동의 인간화'와 이에 기초한 점진적 개혁을 주장하는 입장 등 다양하게 분기한다. 하지만 어느 입장이건 경영참가가 자본의 노동통제 수단임을 부정하지는 않는다.[39]

또한, 경영참가라는 화두는 특히 주기적으로 발생하는 자본주의의 위기 혹은 침체 상황과 관련하여 더욱 빈번하게 사용되었다.

경영참가가 정치 경제적 조건 변화에 따라 주기적으로 등장하고 소멸해 온 모습 ——예컨대 영국에서 1865~73년, 1889~92년, 1908~09년, 1912~14년 세계전쟁 사이, 1940~49년, 1960년대 중반 이후——에서 우리가 우선적으로 주목해야 할

---

39. 신병현, 「경영통제수단으로서의 경영참가」, 『현장에서 미래를』(1999. 2 · 3월), 30쪽.

것은 경영참가 담론이 여러 나라들에서 등장하는 시기의 정치·경제적 상태가 갖는 공통성이다. 경영참가는 노동운동의 격렬함이나 체제의 위협에 대한 공포 속에서 예외 없이 등장하였다. 특히 60~70년대 서구에서는 노사(정)협의체나 이윤분배제 등 기타 참여제도와 더불어 작업장에서의 자율성 증대와 참여를 강조하는 각종 경영참가 프로그램들이 대거 등장하였다.40)

이는 위기에 직면한 자본의 공세가 노동통제, 노동력 관리전략에 집중되었음을 보여주는 것이다. 즉, 위기에 직면한 자본은 노동자들의 저항을 봉쇄·무력화 혹은 체제내화하기 위한 수단으로서, 양보교섭의 대가로서, 경영참가를 '선뜻' 내주었던 것이다. 물론 60년대 이후 활발하게 진행되어 온 유럽의 경영참가는 노동자계급 투쟁의 결과물로 전취되었던 것이며, 노동자계급을 대변하는 정당의 존재 여부, 사민주의적 정당의 집권 여부에 따라 '적어도' 상대적으로는 민주적인 제도로 기능할 수 있었다. 그러나 현재 한국사회 국가의 계급적 성격과 노자간의 역관계 등을 살펴보았을 때, 이러한 경영참가의 가능성조차도 그와 동일하게 적용하기 어렵고, 진보적 대안으로 선뜻 제출하기에도 무리가 있음은 명백하다. 한국사회에서 전면적으로 진행되고 있는 구조조정은 자본의 집중과 초국적 자본의 진출, 노동시장 유연화에 집중되어 있고, 금융자본의 활성화와 자본의 집적이 이윤창출을 위해 노동시장의 유연화를 요구하고 있기 때문이다. 자본은 위기의 돌파구를 열기 위해 노동에 대한 극악한 착취와 이에 대한 노동자계급의 저항을 사전적으로 봉쇄하고자 하며, 노동계급운동에 대한 체제내화 작업, 무력화 작업을 진행시키고, 그 이면에서 여전히 폭력적 탄압을 자행하고 있다. 97년 말 이후 노사정위원회라는 '제도적 기재'는 정리해고와 파견노동제를 '제도화'시켰고, 98년 하반기의 현대자동차와 만도기계 노동자들의 투쟁은 폭력적인 방식으로 진압되었다.

---

40. 신병현, 같은 글, 30~32쪽.

이런 상황에서, 비소유에 기초했던 독일과 스웨덴의 공동결정제도는 현재의 경영참가 논의를 진보적인 방향으로 발전시킬 수 있는 중요한 함의를 제공해준다.[41] 독일 단체협약은 산업별 노동조합과 사용자 단체 사이에 체결되고 이것이 개별 사업장에 강제력을 가진다는 특징을 갖고 있다. 즉, 임금과 근로조건은 전국 차원의 단체협약에 의해 형성되지만, 사업장 차원의 인사와 경영, 복지 등은 공동결정제도에 의해 규제된다. 제1차대전으로 인해 피폐의 극치를 맛본 노동자들은 1918년 1월 베를린을 중심으로 총파업에 돌입했고, 11월 혁명의 성공으로 전국 각지에 병사평의회 또는 노병평의회가 조직되어 독일의 주요 도시들은 차례로 평의회(소비에트) Räte의 지배하에 들어가게 된다. 여기에서 노동조합 대표와 자본가 대표들 간에 단결권과 단체교섭권 보장, 노동자 50인 이상 기업에 노동자위원회 설치, 8시간 노동제 실시 등을 내용으로 하는 협정(중앙노사공조협정)이 체결된 것이다. 그러나 이 협정은 독일노조와 자본과의 타협의 산물이었다. 즉, 레테 Räte운동으로 시작되었던 좌파 노동운동의 산업 전반의 사회화 정책에 대응하는 일차적 전선이 설치된 것이다. 이 종업원평의회법에 따르면, 노동자 20인 이상의 일반 및 공공기업에 구성되는 종업원평의회는 근로조건 및 인사정책에 대해 공동결정권을 갖고 있지만, 경영사항에 대해서는 정보청구권과 권고권만을 가질 뿐이었다. 결국 자본을 위한 이중의 의무만이 노동자에게 전가된 셈이다. 그러나 제2차 대전과 나치즘에 대항한 노동운동은 자본의 구조조정에 맞서 모든 공공 · 민간 기업의 탈나치화, 독일 산업 상층부의 탈나치화, 철강 · 화학 · 주요 은행 등 히틀러에 협력한 경제 부분에 대한 사회화, 루르 지역의 탄광을 비롯한 모든 에너지 관련 산업의 사회화를 요구하게 된다. 결국 1951년 몬탄공동결정

---

41. 공동결정제도는 독일, 스웨덴(1972), 노르웨이(1972), 덴마크(1974), 네델란드(1970) 등 북유럽을 중심으로 발전된 제도이다. 스웨덴은 25인 이상의 주식회사 및 협동조합에서 이사회에 2명의 대표를 참가시키고, 2명의 대리대표를 지명할 수 있다. 덴마크는 50명 이상 고용기업의 이사회에 2명의 근로자대표를 참가시킨다.

법 Montan Mitbestimmungsgesetz이 제정되고,[42] 1952년 종업원대표법을 도입
함으로써 석탄과 철광산업에 있어서의 공동결정권이 획득되었다. 이 공동결
정권은 석탄과 철광산업에 국한된 것이었을지라도, 자본의 공세적 구조조정
에 대항한 노동자계급의 사회화 정책의 필연성과 역사성 가능성을 보여주고
있다는 점은 우리에게 시사하는 바가 크다. 그러나 자본은 협력적인 종업원평
의회를 설치하여 노조 무력화를 시도했고,[43] 노동조합은 몬탄공동결정법을
전산업 영역으로 확대시켜내기 위해 투쟁했으나, 결국 정부는 공동결정제도
를 무력화시키고 종업원대표법 개선에 주력했다.[44] 이후 1972년 종업원대표
법이 성립되었고,[45] 1976년에 2,000명 이상을 고용하고 있는 대기업에 적용되

---

42. 몬탄공동결정법은 1,000명 이상의 노동자를 고용하고 있는 석탄·철강산업의 주식회사, 유한회사, 광업
    법에 의한 광업조합 등에만 적용되며, 감독회의 노사 동수 참여와 노동이사제를 그 특징으로 한다.
    '노동이사'는 이사회의 구성원으로서 동등한 권리를 가지며, 다른 이사들과 마찬가지로 감독회에서
    선출하고, 노동자측 대표 과반수의 의사에 반하여 선임·해임될 수 없다. 몬탄공동결정법은 이처럼
    상당한 수준의 기업조직 참가를 규정하고, 노동자들이 주요한 의사결정과정에 영향력을 행사할 수
    있도록 보장하고 있다. 더욱이 감독회의 노동자측 대표 선임에 노조가 적극적으로 개입할 수 있으며,
    이를 통해 단위 기업의 종업원평의회나 노동자들에 대해 전국조합의 통제력이 약화되거나 노동조합의
    조직력이 와해되는 것을 막을 수 있는 제도적 장치로 작용한다.
43. 종업원평의회는 파업을 할 수 없으며, 기업에 해를 입히면 안되고, 외부인이나 노동자들에게 비밀을
    누설할 수 없다. 종업원평의회의 권한은 고용과 해고에 관한 사항으로 제한되었다.
44. 종업원대표법은 5인 이상 사업장의 노동자들이 종업원평의회를 설치하고, 정보청구권, 협의권, 공동결정
    권을 갖는다. 기업조직 참가와 관련해서는 500인 이상의 유한회사와 주식회사의 경우 감독회 의석의
    3분의1이 노동자 대표자들에게 할당되게 된다.
45. 종업원평의회는 5인 이상의 상시 근로자가 있는 사업장에 설치하며, 정치·종교·자선·과학 또는
    예술단체나 기관, 공공부문과 간부사원에는 적용되지 않는다. 공공부문에는 직원대표법이, 간부사원의
    경우 대표위원회법이 적용된다. 정규적인 종업원평의회 선거는 4년마다 한 번씩 열리며, 평의원은 직
    접·비밀투표에 의해 선출된다. 평의원이 1인이 넘는 경우에는 생산직과 사무직이 별도로 선거하고,
    통합선거는 사전에 각각 분리된 투표를 통해 합의한 경우만 가능하다. 종업원평의회는 매 분기마다
    종업원 전체가 참여하는 종업원 총회를 개최한다. 청소년과 도제를 대표하는 청소년·도제 대표, 회사의
    경영사항에 대해 보고 받을 권리를 갖는 경영위원회, 종업원평의회가 공동결정권을 갖는 사항과 관련하
    여 노사가 합의에 이르지 못할 경우 조정기능을 담당하는 조정위원회 등이 있다. 종업원평의회의
    참가권은 임금 및 작업조건에 관해서는 공동결정권이 인정되는 반면, 인사사항에 관해서는 동의권
    내지는 협의권을, 경영정책과 관련된 사항의 경우에는 정보권 정도만을 가진다. 먼저 인사·고용관련

220

는 공동결정법이 제정되었다.46) 이 공동결정제도는 자본가계급의 저항으로
인해 결국 왜곡되고 말았지만, 자본가나 경영진의 전유물로 상징되는 전략적
의사결정과정에 노동자계급이 참가권을 획득했다는 것에서 의미를 가진다.
특히 우리사주조합이나 소액주주운동 등과 같이 주식소유에 근거하거나 소
유권에 집착하지 않고도 노동계급의 투쟁을 통한 통제의 가능성이 반드시
존재하고 있다는 점을 역설해주고 있다.

자본은 소유지배와 경영통제를 통해 재생산되며, 국가독점자본주의의 성
장은 생산의 사회적 성격을 담지하고 있다. 그러므로 노동자계급은 소유과
경영에 대한 적극적 사회화 투쟁을 통해 자본주의 체제 내에서도 새로운
사회로의 이행의 교두보를 확보해나가야 한다. 즉 소유와 경영 모두에 대해
전권을 행사하는 자본에 대항한 투쟁을 조직하여, 소유를 사회화시켜나가는
'형식적 측면의 사회화' 투쟁과 동시에 경영 및 산업정책에 대해 실질적인
지배력을 확보해나갈 수 있는 '실질적 측면의 사회화 정책'을 실현시켜나가
야 한다. 따라서 경영참가·노동자 통제는 실질적으로 노동계급을 지배하고
있는 현장에 대한 통제력을 확보한다는 측면에서 사고되어야 하는 문제이며,
이는 실질적 사회화의 가능성을 실현시키기 위한 차원에서 재정립되어야
한다. 현재 우리는 경영에 대한 노동자 통제가 가져오는 작업장 차원의 민주

___

사항의 경우 종업원평의회는 인사 관련 자문이나 채용·해고·배치전환의 기준 설정에 대해서만 동의
권을 가지고 있을 뿐, 인력계획, 사업장 내의 주요한 변경, 해고 등에 대해서는 협의권만 가지고 있을
뿐이다.
46. 공동결정법은 2,000인 이상을 고용하고 있는 일반 산업분야의 주식회사, 주식합자회사, 유한회사, 광업법
의 적용을 받는 광업조합, 협동조합 등에 적용되며, 정치·종교·자선·교육·과학·예술단체, 노동조
합 기본법 5조의 적용을 받는 언론기관 등은 적용범위에서 제외된다. 노동자 대표의 감독회 참여와
노동이사제를 규정하고 있으나 몬탄공동결정법과 비교할 때 미약한 수준이다. 감독회 구성원의 숫자는
노동자 2,001~10,000명인 경우 12인, 10,001~20,000명인 경우 16인, 20,001명 이상인 경우 20명으로
기업 규모에 따라 달라진다. 몬탄공동결정법과는 달리 노동자측 대표 과반수의 의사에 반하여 노동이사
를 선임할 수 없다는 규정은 존재하지 않는다. 결국 감독회의 구성과 의결에서 노사의 동등한 참여를
보장하지 않고 있다.

주의의 진전에 착목해야 한다. 그러나 이 역시도 국가의 성격, 노동조합과
정치조직의 강력한 지원, 이와 상관관계에 근거한 전술적 배치가 이루어지지
않는다면, 작업장 차원의 포섭전략으로 귀결될 가능성이 높다.

> 노동운동의 모든 투쟁전술과 마찬가지로 경영참가 문제도 노동자의 조직적 구심
> 인 노조의 전략과 깊은 연관을 지닌다. 산별체제인 유럽 노동운동에서 계속 제기
> 되고 있는 중앙조직과 현장노동자간 괴리를 극복할 수 있는 길은 바로 현장조직
> 력의 유지와 그들의 능동적인 참여에 있다는 사실이다. 독일의 경우 이러한 딜레
> 마를 극복하는 하나의 투쟁전술로서 '포괄적인 노동자의 공동결정권'을 요구하
> 였다.[47]

이렇듯 경영참가는 철저히 현장조직력의 유지와 능동적 참여라는 개별 노동
자들의 단련의 공간으로 기능할 수 있어야 할 것이다. 이를 통해 장기적인
측면에서의 노동자 통제를 실현해낼 수 있는 과정으로 자리매김되어야 한다.
물론 개별 기업의 단체협상 수준에서든 거시경제 차원의 노자관계 문제에서
든, 가장 기본적인 전제는 고용안정과 생활임금의 확보이다. 그리고 이러한
투쟁의 과정에서 더 높은 수준의 공동결정권, 혹은 거시경제의 주요한 결정단
위에 참가하는 문제로 나아가야만 한다. 물론 이 지점 역시도 노동조합운동의
단결된 투쟁, 그것도 매우 높은 수준의 계급적 투쟁을 통해서만 가능한 지점
이다. 또한 거시경제와 전 산업 부문에 대한 노동자계급의 정책과 병행되어져
야 하는 문제이다. 이것을 인식하지 못한 채 노사정협의회나 여타의 협의기구
에 매력을 느끼고, 일반적 수준의 경영참가에 환상을 가지며, 우리사주를
통해 경영참가를 해보자는 식의 무모한 발상은 결코 노동자계급의 전진을
불가능하게 할 것이다.

---

47. 이상호, 「경영참가, 독일의 공동결정제도의 교훈」, 『현장에서 미래를』(1995. 9월).

이 실질적 사회화의 경로와 과정으로서의 노동자 통제의 가능성은 현재 사유화의 대상으로 전락되고 있는 공기업 경영의 문제에서 적극적으로 배치되어야 한다. 즉, 관료적 경영과 비민주적 운영으로 치닫고 있는 공기업에 대한 민주적·민중적 통제를 적극적으로 고민해야 하며, 더 나아가 여타 산업 부문에 대한 통제력을 행사할 수 있는 교두보로 기능할 수 있게 해야 한다. 이를 위해서는 공기업의 주체인 노동조합과 공적 서비스의 대상인 전체 민중 간의 긴밀한 연대가 필수적이다. 사기업의 경우에도 소유의 사회화라는 높은 수준의 투쟁을 지향하여 노동조합의 현장지배력을 강화하고, 이를 통해 기업 경영에 대한 통제권을 확보해나가야 한다.

공기업 구조조정과 노동자의 대응

심용보

1. 들어가며

이 글의 주된 연구대상은 공기업이다. 필자가 공기업 작업장 체제에 대해 관심을 가지게 된 것은 1998년 이후 김대중정부의 공기업 구조조정 정책으로 인해 공기업 작업장 체제와 노사관계가 변화하고 있다는 현실적 문제의식과 자본주의 체제 내에서 공기업 노동통제 구조는 어떤 요인에 의해 구성되는가라는 이론적 문제의식에서 비롯되었다. 김대중정부는 '민주적 시장경제'라는 슬로건으로 1) 금융 구조조정, 2) 기업 구조조정, 3) 노동시장 구조조정, 4) 공공부문 구조조정을 진행하고 있으며 이를 통해 대외 신인도 제고와 외국자본의 유치를 의도하였다. 그 중에서 공공부문 구조조정은 정부의 직접적인 영향력 아래 공공부문의 사유화 privatization 정책1)과 상업주의적 관리정책을 중심으로 추진되고 있다. 그러

---

1. 흔히 한국에서는 공기업을 사적 영역으로 매각시키는 방식을 '공기업 민영화'라고 통칭한다. 그러나 민영화라는 단어는 국부가 공공영역에서 사적 영역으로 이전되는 본질을 왜곡시킬 수 있다. 본질은 공기업 자산이 국가자본으로부터 사적독점자본으로 이전되는 과정이다. 이는 영어에서도 privatization으

나 우리가 주목해야 할 점은 개별 공기업의 노동통제구조가 국가의 공공부문 정책 및 공기업 경영자의 경영전략뿐만 아니라 공기업 노동자의 대응전략 및 조직적 저항이라는 힘에 의해서도 결정된다는 점이다. 즉 구체적인 공기업의 노동통제구조는 노자간의 계급투쟁에 의해 결정된다는 점을 명확히 해야 하는 것이다.

따라서 우리는 다음과 같은 문제를 제기하면서 공기업에 대한 분석을 진행하고자 한다. 첫째, 신자유주의적 공기업 이론은 어떠한 논리를 지니고 있으며 그 논리는 어떻게 계급투쟁의 지형으로 개입해 들어가는가? 둘째, 김대중정부는 어떠한 정책과 기제를 통해 공기업에 상업주의적 운영논리를 주입하고 있는가? 셋째, 최근의 공기업 구조조정으로 인한 공기업 노동자들은 고용조건 및 노동통제구조에 있어 어떠한 변화를 겪고 있는가? 그리고 그로 인한 공기업 작업장 투쟁의 지형은 어떻게 변화하고 있는가?

2. 자본주의 체제의 공기업을 어떻게 볼 것인가

1) 신자유주의적 공기업 이론에 대한 비판적 평가

김대중정부의 공기업 구조조정을 바라보는 시각은 대개 계급 이익에 따라 상이한 문제틀과 결론 그리고 대안으로 제출되고 있다. 우선 현실에서 가장 지배적인 시각은 현 정부 및 재벌 연구소에서 홍보하고 있는 신자유주의적 관점이다(기획예산위, 1999; 삼성경제연구소, 1997).[2] 이 관점은 시장경쟁과

로 표현되므로 '공기업 사유화'로 명명해야 옳다고 본다. '공기업 민영화'라는 단어는 이데올로기적으로 볼 때 국가의 독재에 반대하여 시민사회에서 공기업을 인수함으로서 민주주의를 달성할 수 있다는 허구적 관념을 유포할 수 있다. 하지만 자본주의 체제 내에서 시민사회는 노동자계급과 자본가계급으로 양분되며 자본가계급에 의해 독재가 이루어지고 있음을 볼 때, 결국 시민사회로의 공기업 이전은 자본가계급으로의 공기업 이전을 표현할 뿐이다.

사적 소유의 강조를 통해 현재 시장과 사적 소유로부터 배재되어 있는 공기업의 비효율성, 경직성을 비판하고 공기업의 '주인 찾아주기식' 사유화, 수익성 중심의 상업주의적 경영 혁신, 해외 자본 및 국내 독점 자본으로의 공기업 매각을 대안으로 제출하고 있다. 하지만 결국 이들 시각이 현실에서 구체화되는 형태는 '조폐공사 파업유도 사건'에서 드러나듯이, 국가기관의 지나친(?) 개입과 공기업의 상업주의적 운영으로 인한 공기업 노동자의 대량 해고와 노동강도 강화, 해외자본 및 독점자본으로의 공기업 저가 매각으로 인한 부의 불균등한 분배와 사적 영역으로의 재독점화, 공공 서비스의 가격 상승으로 결과한다. 반면, 시민사회론자들은 공기업의 사유화에는 찬성하지만 독점자본으로의 공기업 매각으로 인한 사적 독점 상태의 유지에는 반대하며 그 대안으로 국민주 및 우리 사주를 통한 대중 자본주의 people capitalism 실현과 사외 이사제를 통한 시민단체의 공기업 경영 참여를 제출하고 있다(김대환, 1993, 1995).[3]

앞서 논한 신자유주의적 공기업이론과 시민사회론적 공기업이론은 다음과 같은 공통적인 문제점을 지니고 있다. 이들 이론은 정부 통제나 시장 통제냐라는 대립 쌍에 매몰되어 국가-자본가-노동자이라는 3자적 관계 속에서

---

2. 신자유주의 이론에는 재산권이론과 공공선택이론이 있다. 이 이론에서는 공기업의 비효율적 운영구조가 소유권의 불명확함으로 인한 행위자들의 자기이익 추구적 행동으로부터 파생되므로 이를 근본적으로 개선하기 위해서는 사적 소유권을 명확히 해야 하며 그 처방책으로서 공기업 사유화를 통해 사적 자본가의 소유권으로 이전시켜야 함을 주장한다.

3. 이에는 신고전파 경제이론과 대리인이론이 있다. 신고전파이론은 '시장 실패'라는 개념을 통해 공공 부문의 필연성을 인정하지만 기본적으로 계획경제에 대한 시장경제의 우월성을 기본 가정으로 깔고 있다. 따라서 신고전파 경제이론은 기술개발 및 사회 발전으로 공공재적 성격이 희석된 재화 및 서비스는 사유화시키되 사적 독점에 반대하여 국가가 시장경쟁을 자극할 수 있는 시장구조 설계 및 경쟁을 위한 규제 방식을 강조한다. 또한 대리인이론은 공기업의 복·대리인 문제를 해결하기 위해 경쟁체제 도입을 통한 유사 자본시장 및 유사 경영자시장의 구성, 공기업의 이사회 및 사외 이사 권한의 강화, 공기업 경영자의 성과에 대한 정확한 측정 및 이에 근거한 보상체계(경영 계약제, 주식 옵션제, 성과에 근거한 연봉제 등), 공기업 노동자의 우리사주제 등을 주장하게 된다.

경제 및 사회에 대한 민중의 통제 가능성을 원천적으로 봉쇄한다. 이러한 논리가 가능한 것은 이 이론들이 기본적으로 국가-시민사회(경제)라는 자유주의적 개념쌍에 기반하여 시민(자본)에 의한 국가의 통제, 이를 통한 시장에서 자본의 자유로운 작동을 신념으로 삼고 있기 때문이다. 따라서 이 이론들은 국가에 대한 맹목적 비판 속에서 국가가 자본주의 발전에 따라 필연적으로 경제에 개입하게 되는 현상 그리고 나아가 민중에 의한 국가의 통제 가능성을 보지 못한다. 나아가 공기업의 사유화 정책과 관련하여 시민사회의 '시민'이 사실은 자본가계급이며 구체적인 시민사회라는 현실 속에서 노동자계급과 자본가계급간에 보여주는 계급적, 구조적 적대성을 외면한다. 즉 신자유주의적, 시민사회론적 이론가들이 실질적으로 중시하는 시민은 독점 자본가이다. 결국 신자유주의적 그리고 시민사회론적 공기업 이론들은 자신만의 추상적인 이론 틀에서 공기업의 사유화를 논하면서 효율과 경쟁력을 척도로 내세우고, 그 결과 자본주의 체제 내에서 공기업의 성격 및 기능에 대한 이해를 왜곡한다는 점이 이론적인 문제로 제기된다. 나아가 이러한 견해는 현실의 국가 정책적 측면에서 공기업 사유화를 부당하게 합리화하며 이것이 제기되는 실제의 배경과 그것의 의미를 은폐하고, 그 결과 자본축적의 모순을 증폭시키고 계급간의 부 및 권력의 불평등을 심화시키는 점이 현실적 문세로 제기된다.

2) 대안적 연구 분석틀: 국가독점자본주의론과 노동과정론
공기업에 대한 다양한 이론들 중에서 필자는 노동계급적 시각에 의해 전개된 국가독점자본주의론(이하 국독자론)과 자본주의 노동과정론을 연구 발판으로 삼고자 한다. 첫째 국독자론에서는 자본주의 체제에서의 공기업의 탄생 및 확장 과정을 국가독점자본주의 시기에 요구되는 국가의 직접적인 경제 개입을 통한 자본축적 촉진 기능과 사회 통합을 위한 정당화 기능의 일부이라고 본다. 자본주의 체제 내에서 생산력의 사회화 경향성은 자본의 집적과

228

집중 그리고 국가개입을 유도하지만 동시에 자본주의적 생산관계(사적 소유)로 인해 자본축적의 위기와 국가의 정당성 위기가 증폭된다. 따라서 신자유주의 정권의 공기업 사유화 및 상업주의적 관리 방식은 생산의 사회화 경향성에 역행하여 더욱 큰 경제위기 및 사회통합 위기를 결과할 것으로 본다.[4] 그러므로 이 이론에서는 신자유주의적인 공기업 구조조정에 대응하여 자본주의 체제의 모순에 대한 근본적인 해결책으로서 국가영역에서의 계급투쟁과 독점자본의 사회화, 공기업의 확장을 대안으로 제시하고 있다. 둘째 노동과정론에서는 공기업에 대해 다음과 같은 함의를 제공한다. 우선 자본주의 체제에서 공기업은 사기업과 마찬가지로 자본축적의 논리에 포섭되어 있고 관료제라는 소수에 의한 다수의 지배형태를 취하고 있다. 다만 공기업 노동통제 기제는 마치 시장경쟁이 사기업 노동통제 기제에 미치는 영향과 같이, 국가가 직접적으로 통제하여 영향력을 행사한다는 점이 다르다. 국가가 실질적 고용주인 관계로 공기업의 작업장 투쟁은 정치영역에서의 계급투쟁으로 쉽게 비화된다. 결국 공기업 노동과정 통제기제의 본질은 사기업과 마찬가지로 잉여가치 착취와 은폐 그리고 이를 둘러싼 노자간의 투쟁이다. 다만 투쟁의 형태만 다를 뿐이다. 이러한 의미에서 노동과정론에서는 노자간의 착취관계와 더불어 생산현장에 뿌리 박혀 있는 자본주의적 지배 방식, 즉 소수에 의한 다수의 지배를 철폐하고 공기업 운영을 민중에 의한 실질적이고 민주적인 통제 방식으로 바꿀 것을 주장한다.

이러한 맥락에서 필자는 한국 정부의 공기업 구조조정을 다음과 같은 논리로 바라보고자 한다. 우선 공기업의 탄생 및 성장, 쇠퇴 과정은 자본주의 국가의 자본촉진 기능 및 사회통합 기능과 필연적인 연관관계를 지니고 있다

---

4. 김대중정부의 반노동자적이고 반민중적인 공공부문 구조조정에 대해 공기업 노동조합 및 일부 좌파 이론가는 공기업의 유지 및 확장, 노동자 중심의 민주적 경영방식 도입을 공공부문 구조조정의 해법으로 제시하고 있다(공공연맹, 1998; 김성구, 1998; 채만수, 1999).

(Jessop, 1981; Offe, 1988; Poulantzas,1999). 따라서 공기업은 신자유주의적 관점
과 같이 자본주의 체제와 국가 그리고 공기업간의 관계를 임의적으로 단절해
서는 제대로 분석할 수 없다. 실제로 제2차대전 후 자본주의 국가는 산업
복구라는 자본 촉진 기능과 고용창출이라는 사회 통합 기능을 위해 공기업을
확장했었다. 그리고 제 3세계 국가들은 외국자본의 유입을 통해 제조업 위주
의 공기업을 확장하고 이를 사유화하는 방식으로 대외의존적 자본축적을
이루어 왔다(Pitelis & Clarke, 1993). 그러나 1970년대 들어 세계자본주의 체제
의 위기가 도래함에 따라 1980년 대 이후 각국의 신자유주의적 정부는 자본축
적 촉진 기능을 강화하여 공기업 사유화 정책과 공기업의 상업주의적 관리정
책을 추진했다(Colling & Ferner, 1993, 1995). 신자유주의 정부의 상업주의적
공기업 관리 전략은 효율성, 유연성을 위한 노동배제적 통제 방식을 중심으로
하며 공기업 경영자를 전략 실행의 주체로 상정하고 있다(Ferner, 1994). 한국
정부도 김영삼 정부 이후부터 초국적 금융자본의 압력 아래 신자유주의적인
공기업 구조조정을 착수하기 시작했다.

　　흔히 영국이나 일본과 같은 신자유주의적 중앙정부는 상업주의적 관리
전략을 관철시키기 위해 공기업에 대해 예산 지출 삭감 및 재분배를 통제
기제로 사용한다. 그리고 관련 법규의 정비를 통해 기존의 관료제적 조직형
태로 존재했던 개별 공기업을 이익센터 profit center로서의 사업부제적 조직
multi-divisional organigation으로 개편하고 회계 정보 투명성 개선 및 공개, 유사
공기업간 경영 실적 비교, 이에 근거한 차기 예산의 확정 등을 통해 공기업의
변화 과정을 통제하고 공기업 경영자로 하여금 사기업의 경영자와 같이 효율
성을 상승시키고 공기업 인원수를 감축시키도록 한다. 즉 국가의 공기업에
대한 통제의 핵심은 기존의 행정절차의 준수라는 행동 통제에서 중앙 부처로
부터의 경영성과 달성이라는 결과에 의한 통제로 이동된다. 이때 중앙정부가
공기업의 신자유주의적 정책의 의지를 강력히 보이면 개별 공기업 경영자는
'정치적 상황구속성'으로 인해 이러한 정책에 직접적으로 구속된다(Batstone

외, 1984). 따라서 공기업 경영자는 국가 정책에 민감하게 반응하며 사유화 준비와 인원감축 및 효율적, 유연적 조직 관리 방식을 적극적으로 도입한다. 그러나 동시에 자본주의 국가는 사회적 통합을 위한 헤게모니 기능을 추진해야 한다. 만약 공기업 노동자의 도전이 작업장 영역을 넘어 정치 영역으로 비화되면 정부는 사회적 통합을 위해 상업주의적 공기업 정책을 유보하게 된다(Batstone 외, 1984). 마찬가지로 국가 영역에서 계급 타협적 '정치적 상황'이 진척되면 공기업 경영자는 이에 민감하게 반응하며 노자간의 타협된 관리 방식으로 후퇴한다. 이러한 중앙 정부와 공기업간의 직접적 관계는 한국에서도 그대로 관철되리라 판단된다. 특히 1990년대 들어 집권한 신유주의적 정권은 공기업 사유화 정책와 상업주의적 공기업 관리정책을 구사하고 있다(김성구,1998; 채만수, 1999). 공기업 경영자는 이러한 신자유주의적 '정치적 상황'에 강하게 구속될 것이라고 판단된다.

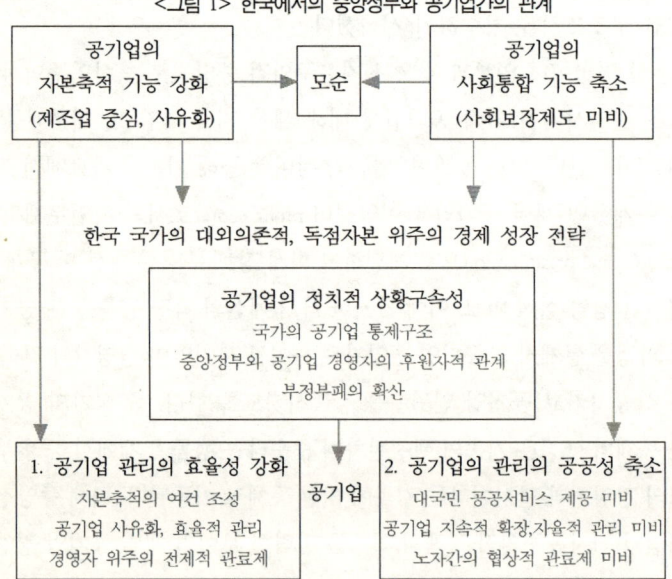

<그림 1> 한국에서의 중앙정부와 공기업간의 관계

　앞서 살펴본 내용이 주로 중앙 정부 수준에서의 공기업에 대한 통제전략
이라면 지금부터 논의할 지점은 개별 공기업 수준에서 상업주의적 공기업
관리전략이 실제로 노동자들에게 관철되어 가는 과정이다. 중앙정부의 상업
주의적 공기업 관리전략은 개별 공기업에 하달되어 주로 노동배제적 관료주
의 노동전략으로 나타난다(Burawoy,1985; Pendleton & Winterton, 1993). 공기업
은 국가의 법률에 의해 운영되기 때문에 기본적으로 법, 규칙에 의해 노동
과정을 통제하는 관료주의를 특징으로 한다. 공기업에서의 노동배제적 관료
주의 노동전략은 경영자에게 노동력 소비과정와 보상과정에 관한 권한을
집중시켜 노동자를 직접적으로 통제하는 유형이다. 노동배제적 관료주의 노
동전략은 노동력 소비과정과 보상과정 그리고 주체화 과정을 대상으로 하고
있다(Burawoy, 1985; R. Edwards, 1979; Friedman, 1977). 첫째, 공기업 경영자는
노동력 소비과정을 효율화, 유연화시키기 위해, 인원감축을 통한 노동강도
강화, 조직 통폐합과 외주 하청, 직무 통합을 통한 다기능화, 이익센터로서의
사업부제를 실시한다. 둘째, 공기업 경영자는 보상과정을 효율화, 분할통치화
시키기 위해, 연봉제 · 퇴직금누진제 폐지 · 성과급 확장과 같은 임금체계 변
화, 인사고과 강화, 직능급적 승진체계 등과 같은 능력주의적 인사관리 정책
을 시도한다. 셋째, 공기업 경영자는 주체화 과정을 효율화, 헤게모니화시키
기 위한 구체적 정책으로서, 위기 강조를 통한 노자간 일체화, TQM-QC 서클
과 같은 노노간 경쟁체제 구축, 고객만족운동을 통한 기업문화운동 등을 시도
한다.
　결국 공기업 노동통제 기제는 정부의 상업주의적 공기업 정책을 통해
과거의 느슨한 타협적 관료제에서 착취적인 노동배제적 관료제로 이동한다.
반면에 공기업 노동자는 상업주의적 관리 전략 하에서 고용불안, 노동강도
강화, 임금수준 저하, 동료와의 경쟁심화 등을 겪게 된다. 이러한 불만은 공기
업 노동자로 하여금 상업주의적 관리전략에 집합적으로 도전할 가능성을
준다. 즉 자본주의 체제의 작업장에서 노동력 소비 방식과 보상 방식을 둘러

싸고 노자간의 작업장 투쟁이 제기된다. 이러한 작업장 투쟁의 수준 및 역사에 의해 노동과정 통제기제가 구성되어 진다(P.Edwards & Scullion, 1982; P. Edwards, 1986). 노동과정 통제기제는 공식적, 비공식적 측면 양자를 포함하여 노동과 자본의 행위에 의해 결과하는 조절의 체계 system of regulation이다. 물론 이러한 작업장 투쟁은 산업 내 경쟁 정도 그리고 작업장의 기술적 체계 등에 의해서도 영향을 받는다. 하지만 현실적 실태를 보면 동일한 산업, 기술 체제 내에서도 상이한 작업장 투쟁과 이로 인한 노동과정 통제 기제가 구성된다. 이러한 의미에서 작업장 투쟁은 노동과정 통제 기제의 중요한 구성 요인이다.

따라서 이 글에서는 중앙정부의 상업주의적 관리전략이 실제적인 노동과정 통제기제로 구성되는 과정에는 반드시 노동자의 조직적 저항을 매개해야만 한다는 점을 부각시키고자 한다. 공기업의 '통제의 최전선'에 대한 노동자의 도전 정도는 노동자의 전투성, 집합성, 조직성이 동시적으로 클수록 높아진다. 공기업 노동자의 도전은 대개 작업장에서의 노동력 소비과정, 보상과정, 주체화 과정에 영향을 미치는데 이러한 영역에서 공기업 경영자의 상업주의적 관리 전략과 마주치며 통제의 최전선이 구성된다. 따라서 공기업 노동자의 도전 정도가 낮을 경우, 정부의 상업주의적 공기업 정책은 일관되게 관철되어 노동과정 통제기제는 노동배제적 관료제의 유형으로 정착되리라 판단된다. 이 과정에서 공기업 경영자의 권한은 확대되고 노동자에 대한 직접 통제를 추구한 결과 공기업 노동자는 고용 불안, 노동강도 강화, 임금수준 저하, 경쟁적 임금체계, 동료간의 경쟁 격화를 경험할 것이다. 반면에 공기업 노동자의 도전 정도가 높고 투쟁의 수준이 작업장을 넘어 정치 영역으로 비화되면, 정부의 상업주의적 공기업 정책은 유보되고 노동과정 통제 기제는 타협적 관료제의 유형으로 정착되리라 판단된다. 이 과정에서 공기업 경영자의 권한은 상대적으로 축소되고 노동자에 대한 동의를 추구하고, 그 결과 공기업 노동자는 자신의 힘으로 고용 안정, 여가와 노동의 균형, 생계에 적정한 임금수준, 평등주의적 임금체계, 동료간의 연대성 강화를 경험할 것이다.

<그림 2> 노동자 도전에 따른 공기업 노동과정 통제기제들의 차이

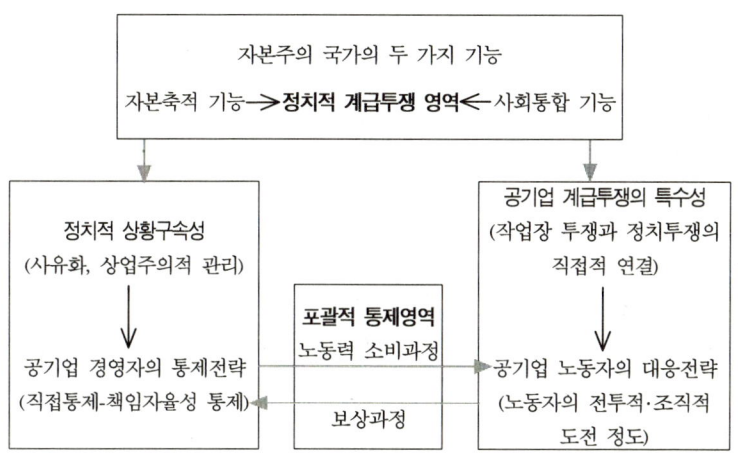

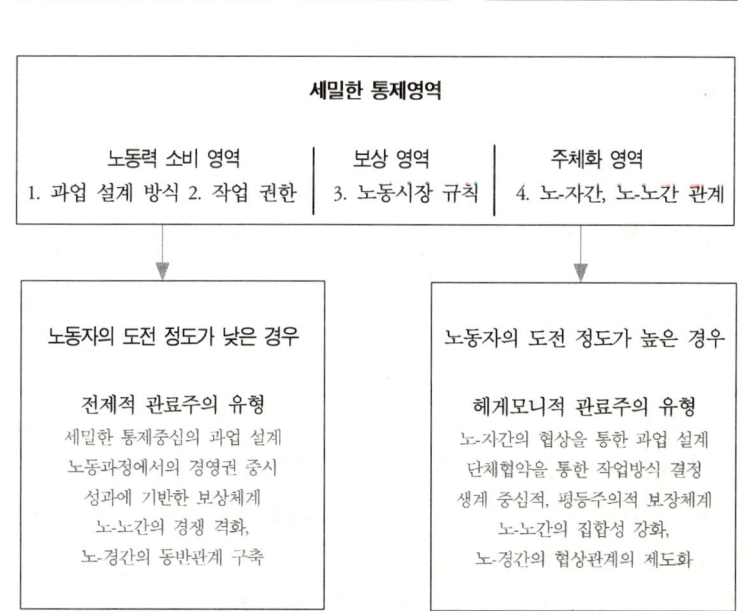

3. 정부의 상업주의적 관리방식과 사유화

1) 한국 공기업 체계의 특징

논자의 관점에 따라 공기업은 상이하게 정의된다. 흔히 공기업은 '중앙정부 또는 지방자치단체 등 공공조직에게 직접적 또는 간접적으로 소유되어 일정한 통제를 받으며 재화 또는 용역을 생산, 판매하는 기업적 성격의 조직체'라고 정의된다. 그러나 이러한 정의는 자본주의 체제에서의 국가가 노자간의 대립적 관계의 중립적인 주체라는 관념을 전제하고 있다. 따라서 이 글에서는 자본주의 체제 내에 공기업을 위치 지우기 위해 다음과 같이 공기업을 정의하고자 한다. 공기업은 총자본의 이익을 대표하는 국가에 의해 조직되어 자본주의적 생산의 일반적인 물질적, 비물질적 조건을 창출하는 조직체라고 정의될 수 있다(김성구, 1998). 자본주의 체제 내에서 생산의 일반적인 물질적, 비물직적 조건은 자본주의적 이윤 생산에 필수적으로 요구되지만, 적합한 이윤을 창출하거나 실현시킬 수 없기 때문에 개별 자본이 그 공급을 맡을 수 없는 영역이다. 따라서 이는 총자본의 역할을 하는 국가에 의해 수행되며 국가기구 내에서 이러한 역할을 직접적으로 담당하는 기구가 공기업인 것이다.

앞서 살펴본 공기업의 정의를 토대로 볼 때, 한국 정부의 공기업 관리방식은 다음과 같은 특징들을 보이고 있다. 첫째, 한국은 국가 주도적인 자본 축적 과정에서 대외 부채를 통해 공기업을 확장했다는 점이다. 그 결과 정부는 지속적으로 국가의 재정 및 대외 부채의 위기를 안게 되었으며, 이로 인해 파생된 국면적 위기를 해소하기 위해 또 다시 세계은행이나 국제통화기금 IMF에서의 대외 부채를 차입하는 악순환을 거듭하였다. 그러나 1980년대에 들어 누적된 대외 부채로 인한 거대 금융자본의 압력은 한국을 비롯한 제3세계로 하여금 과거 육성해 온 공기업을 국내외의 독점자본에게 저가로 사유화하도록 강제하고 있다.

둘째, 한국에서의 공기업은 국가 주도의 자본 축적 전략 수단이었기 때문에 사회복지 및 사회간접자본의 공공부문보다는 제조업 중심의 공기업이 많았다는 점이다.[5] 즉 한국의 공공부문은 주로 자본가계급을 위한 사회 인프라시설 구축(철도, 도로, 항만, 통신, 전력 등) 및 기초산업(철강, 화학, 석탄 등)을 위한 공기업에 집중되어 있다. 1960~70년대 박정희정부 시기를 보면 공기업은 주로 제조업에 집중되어 확장되었으며 이를 통해 국가 스스로가 주요 제조업을 직접적으로 선도하는 역할을 하였다. 이러한 과정에서 역대 정권은 국민의 세금으로 공기업을 건설하여 독점재벌에게 낮은 가격으로 사유화시킴으로서 자본축적을 촉진하고 정경유착의 고리를 뿌리깊게 만들었다.

셋째, 한국에서의 중앙정부와 공기업 경영자간 관계는 정부의 최고 통치자와 친여 정치세력간의 후원자적 관계를 지배적으로 나타내고 있으며 이로 인해 정경유착 및 부정부패가 심했다는 점이다. 앞서 살펴보았듯이 과거 사적 자본의 미발달로 인해 대규모 투자를 못할 경우, 한국 국가는 사적 자본을 대신해서 공기업을 확장하여 자본축적의 실질적인 여건을 창출하였다. 이러한 공기업의 확장 과정은 억압적 노동정책과 결합하여 한국 자본주의의 고도성장을 가능케 한 토대이다. 따라서 이승만 정권으로부터 지금에 이르기까지 중앙정부와 공기업 경영자와의 관계는 후원자적 성격을 지니고 있었으며 특히 이러한 후원자적 관계는 최고 통치권자가 집권 후 자신의 정치적 세력들에게 공기업 이사장 및 상위 경영직이라는 지위를 분배함으로서 나타났다. 대개 노태우정부까지 보면 대부분의 공기업 사장은 군 출신에게 분배되었고, 소위 민주화가 이루어졌다는 김영삼 및 김대중정부에서도 정치인으로 그 출신이 바뀌었을 뿐 후원자적 관계는 지속되고 있다.

---

5. 이러한 특징은 공기업의 영역에서 주로 국민의 필수불가결한 재화 및 용역을 담당하는 정부부처기업과 지방공기업의 역할이 적은 대신 제조업적 특징을 지닌 정부투자기관, 정부출자기관, 재투자기관의 비중이 높다는 점에서 나타난다.

넷째, 한국 공기업에서의 노사관계는 노동 3권이 제약되는 노동배제적, 반노동적 노사 관계가 지속되고 있다는 점이다. 제도적으로 보면, 이는 공무원 및 교원의 단결권 제한, 공기업의 단체교섭권을 실질적으로 제한하는 정부 투자기관 관리기본법, 공무원·공기업 노동자의 단체행동권 제한, 쟁의행위를 제한하는 일방적인 직권중재 제도 및 공익사업 지정 등을 통해 반노동자적 노사관계를 지속하고 있다. 또한 주무 부처, 경제기획원, 검찰, 경찰, 안기부 등의 정부기관은 공기업 노사관계에 지속적으로 개입함으로써 노사간의 자율교섭을 방해하고 있다.

결국 한국 자본주의 체제는 1945년 해방 이후부터 국가 주도적이며 대외 의존적인 자본주의 축적체제를 시작하여 지금에 이르고 있는데, 1960년대 들어 박정희정부는 해외시장의존적 자본축적 전략과 노동배제적인 노동 정책을 통해 국가 주도적으로 독점자본을 육성시켜 왔다. 이 과정에서 한국 공기업은 자본축적 과정의 디딤돌의 역할을 하였는데 1969~70년에 정부는 외채를 통해 철강, 화학, 기계 등의 기간산업에 공기업을 집중적으로 설립하고 공기업이 규모와 관리에 있어 정상 궤도에 오르면 독점자본에 저가로 사유화시켜 자본축적의 산파 역할을 담당하도록 했다.[6]

다음에서는 앞에서 살펴본 한국 정부의 공기업 관리방식의 특징을 공기업의 사유화와 정부의 공기업 통제방식의 변화로 나누어 박정희정부로부터 현재 김대중정부까지의 변천과정을 살펴보고자 한다.

2) 한국 정부의 공기업 사유화 과정

한국사회에서 본격적인 공기업의 확장은 1961년 박정희정부로부터 시작되었

---

6. 한국 국가는 외채를 통해 공기업을 설립하여 경제에 직접적으로 개입하였고 이러한 공기업은 국민의 사회적 필요를 위한 공공재를 공급하였다기보다는 오히려 자본축적을 위한 도구로 사용되어왔다는 점이 특징적이다.

다. 1960년대 들어서 한국사회의 국가 주도적인 자본축적 과정에서 박정희정부는 자본주의 국가의 자본축적 촉진의 역할을 중시하여 공기업의 양적 성장을 가속화시켰다. 이 과정에서 박정희정부는 외채를 자금줄로 하여 사회간접자본과 국가기간산업에 공기업을 신설, 확장하여 한국 자본주의 체제의 토대를 구축하였다.[7] 그러나 박정희정부는 공기업을 설립, 확장함과 동시에 사적 자본의 축적 능력이 확대됨에 따라 1970년대부터 일부 공기업이 사유화되거나 정부 산하의 기업에서 독립 채산제적인 공사의 형태로 전환되기도 하였다.[8] 이 시기의 공기업 사유화는 정치권력과 특정 독점재벌간의 결합으로 특혜 시비에 대한 논란이 제기되었는데 예를 들어 대한항공공사를 인수한 한진그룹이 재계 순위 10위 이내로 진입했으며 조선공사, 해운공사, 광업제련 등을 인수한 기업도 재계 순위 변동에 크게 영향을 미쳤다. 그 후 1980년대에 들어 전두환정부는 한국 경제를 사적 자본 주도로 전환한다는 방침에 따라 정부의 직접적 경제개입을 축소하고 경제운영의 주도권을 재벌집단과 같은 독점자본에게 양도했다.[9] 이에 따라 전두환정부는 과거 박정희정부에서의 대규모의 공기업 확장정책을 자제하여 공기업 규모 유지 및 공기업 사유화를 통한 축소정책을 시도하게 되었고 필수적인 공기업에 대해서 효율성을 중시하는 상업주의적 관리체제를 구축하게 된다. 우선 전두환정부는 1983년에

---

7. 이 시기에 신설된 공기업의 수는 22개에 달한다. 특히 주목할 부분은 대부분의 신설된 공기업이 대규모 중화학공업이라는 제조업적 성격을 지니고 있다는 점이다.

8. 박정희정부는 제2차 경제개발계획을 추진 중이던 1968년에 한국기계공업을 비롯한 7개의 정부 공기업을 일시에 사적 자본에게 사유화하였다. 이 당시 공기업 사유화는 외국자본 도입에 따른 원리금 상환 문제와 관련되어 다음의 두 가지 형태로 이루어졌다. 첫째, 주식매각과 시중은행에 대한 현물출자의 복합적 방법으로 한국기계공업, 해운공사, 선박공사 등이 사유화되었으며 둘째, 정부소유주를 한국은행 및 시중은행에 현물출자하였다가 동은행이 주식을 매각하는 방식으로 인천중공업, 대한항공공사, 광업제련이 사유화되었다.

9. 이 시기의 공기업에 대한 정부정책은 세계은행, 국제통화기금 등 국제대출기관의 재정축소 및 공기업 사유화 요구와 연결되었다. 실제로 1978~1988년까지 세계은행은 구조조정기금 대여의 약 40%를 해당국가의 공기업 사유화를 대출조건과 연계시켰다(김성복, 1999).

한국가스공사를 신설했을 뿐이었고 점차 규모가 커진 사적 독점자본에게 주로 국유은행의 정부 주식 매각(예: 한일은행, 제일은행, 서울신탁은행, 조흥은행의 사유화 조치)과 관광공사의 사유화, 대한석유공사의 선경으로의 매각 등을 통해 공기업의 영역을 축소시켜 나갔다.[10] 1987년 들어 노태우정부는 '공기업 민영화 추진위원회'를 구성하여 본격적인 공기업 사유화 작업에 착수했다. 이 시기의 공기업 사유화 정책은 포항제철, 한국전력, 국민은행, 외환은행 등 7개 기관의 정부보유주 중 자기자본 기준 5조원 상당의 주식을 향후 5년간 국민주 방식으로 보급하는 것이었다. 그 결과 1988년 10월 포항제철의 정부보유주식 중 34.1%를 국민주로 매각하고 1989년 한국전력의 정부보유주 21%를 국민주로 매각하였다. 그러나 1990년 이후 주식시장의 침체와 공공부문 노사관계의 악화로 인해 정부의 국민주 매각계획은 중단되었다.

앞서 살펴보았듯이 박정희정부에서 공기업을 확장하였다면 반면에 전두환, 노태우정부에서는 주로 공기업의 효율적 운영을 위한 상업주의적 관리체계를 구축하는데 주력해왔고, 다만 공기업의 사유화는 주로 금융자본인 은행의 사유화와 소수 공기업의 지분 매각으로 국한되었다. 반면에 본격적인 공기업 사유화 정책은 김영삼정부에 들어와서 시도되었다.[11] 집권 후 김영삼정부는 '신경제정책'과 '세계화 구상'을 통해 신자유주의 정책을 구체화하고 세계자본주의의 재편 과정에 동참했다. 특히 김영삼정부의 신자유주의 정책은

---

10. 당시의 사유화 방식으로는 정부보유주를 일반공개 입찰방식을 통해 법인과 개인에게 각각 50%씩 나누어 매각했다. 특히 이 시기에 석유공사의 선경으로의 매각은 선경의 재계순위 변화에 크게 영향을 미쳤다.

11. 당시 김영삼정부의 공기업 정책은 다음과 같은 한국 자본주의의 구조적 위기라는 맥락에서 진행되었다. 세계자본주의의 위기가 60~70년대에 걸쳐 시작되고 80년대에 전면화됨에 따라 한국 자본주의 체제도 이에 직접적인 영향을 받게 되었다(임휘철, 1996; 채만수, 1999). 70년대 중반부터 시작된 만성적 불황을 타개하기 위해 미국과 일본, 유럽제국를 중심으로 세계자본주의 체제는 '신자유주의'로 전환하게 된다. 이러한 신자유주의적인 공기업 구조조정정책은 특히 제3세계의 국가에서는 외환위기를 계기로 하여 국제통화기금과 세계은행이라는 국제기구에 의해 강압적으로 시행되고 있다. 김영삼정부의 공기업 사유화 정책은 이러한 맥락에서 세계자본주의 체제의 신자유주의적 변화에 정확히 위치해 있었다.

다음과 같은 공기업 사유화 정책으로 표현되어 나타났다. 1994년 2월에 김영삼정부는 '공기업 민영화 및 기능조정 방안과 세부 추진 계획'을 발표하면서 공기업의 사유화 문제를 본격화하였는데, 당시 공기업 사유화는 '경영권의 실질적 민간 이양을 통한 경영 효율성 제고'를 목표로 내세워 '주인 찾아주기' 방식의 독점자본 지향적 정책을 노골화했다. 이를 위해 각 부처별로 '민영화 추진 실무대책반'을 설치하고, 특히 1987년 포철과 한전에 적용했던 국민주 매각방식 대신 공개 입찰을 통한 일괄 매각방식을 채택하였다. 당시 김영삼정부의 공기업 사유화 계획을 보면, 우선 지방 공기업을 제외한 전체 133개 공기업 가운데 58개를 사유화하고 10개는 통폐합한다는 것이었다. 23개 정부 투자기관 중 사유화를 고려하는 공기업이 8개에 이르고, 8개의 정부출자회사 중 사유화에 관련된 기관이 2개였다. 또한 102개의 재투자기관 중 사유화를 고려하는 기관이 61개 사에 이르렀다. 그러나 이러한 김영삼정부의 준비되지 않은 사유화 계획은 끊임없는 비판 속에서 진행되었으며 준비과정에 많은 허점을 드러내 결국 1994년 한해 동안 계획된 47개 공기업 가운데 실제로 사유화된 기업은 11개에 불과했다(김대환, 1995). 그리고 1996년까지 추진 실적으로 보면, 공기업 사유화의 핵심적인 대상인 대규모 정부 투자 기관과 정부 출자 기관의 경우에는 한 건도 실행되지 못했고 단지 소규모 재투자기관의 경영권 이양 및 일부 지분의 매각만이 이루어졌다. 김영삼정부의 공기업 사유화가 늦춰진 이유는 1994년 이후 증시 침체와 공기업 노사관계의 악화, 주인찾기식 사유화(재벌에게 일괄매각)에 대한 국민의 반감이 주요한 요인으로 작용했다.[12] 결국 김영삼정부에서의 신자유주의적 공기업 정책은 공기업

---

12. 우선 김영삼정부는 공기업 사유화 방식으로 증권시장을 통한 장내매각을 상당정도 계획하고 있었는데 1994년 말 이후 증시가 침체에 빠지자 공기업 사유화 자체를 미루지 않을 수 없는 상황이 되었다. 또한 1994년 말에는 그간의 임금가이드라인 정책으로 인한 저임금, 공기업 사유화로 인한 고용불안에 자극되어 공기업 노동자들은 '공공부문 노동조합 대표자 회의'를 결성하여 공공부문 노사관계가 악화되고 있었다. 나아가 당시 제일 먼저 사유화 대상에 오른 이동통신의 경우 일괄매각방식으로 인해 재벌의

의 할당을 둘러싼 재벌간의 갈등, 공기업 매각에 대한 비판적인 국민 여론, 공기업 노동자들의 조직적 저항에 직면하여 좌절되었다.

그 와중에 김영삼정부의 신자유주의 정책은 1997년 말, 한국 경제를 초국적 금융자본의 공격에 드러내게 하는 단초를 마련하게 되고, 결국 급격한 금융시장 경색, 원화가치 하락, 주식시장 붕괴 등으로 이어지면서 경제위기와 더불어 김대중정부에게 자리를 넘겨주게 됐다. 김대중정부는 집권 이전부터 국제통화기금에 구제금융을 요청하고 국제통화기금의 신자유주의적 이행조건인 국내시장의 완전 개방과 재정의 초긴축을 수락했다. 이 과정에서 김대중정부는 금융, 기업, 공공, 노동시장에 걸친 4대 부문에 대한 '신자유주의적 구조조정'에 착수하였는데 이는 '경제의 완전 개방,' '공기업의 사유화,' '자본을 위한 탈규제,' '노동시장의 완전한 유연화,' '노동조합과 노동운동의 무력화'를 골간으로 했다. 또한 1998년 4월에는 IMF 구제금융을 포함하여 초국적 금융자본을 통해 외자를 끌어들이고 노동시장에서의 정리해고의 요건을 완화시킨 뒤 5월부터 본격적인 금융, 공공, 기업, 노동시장의 구조조정을 본격화했다.[13] 다음에서는 김대중정부가 현재 전개하고 있는 공기업 정책의 특징을 살펴보고 그 후 구체적인 공기업 사유화 과정을 서술하고자 한다.

김대중정부의 공기업 정책은 이전 정부의 신자유주의적 공기업 정책을 계승하여 확대 발전시킨 점이 특징적이다. 박정희정부가 제조업 위주의 공기업 확장을 통해 한국의 자본축적 과정을 촉진시키고 지도했다면, 김영삼정부에 들어서는 세계자본주의 체제의 신자유주의적 재편과 관련하여 대폭적인 공기업 사유화를 기획했다는 점이 특징적이다. 김대중정부는 이러한 신자유

갈라먹기식 정책이라는 비판여론이 비등해졌다.
13. 이 글에서는 공공부문 구조조정을 분석하는 데 초점을 맞추고 있기 때문에, 김대중정부가 추진한 금융, 공공, 기업, 노동시장의 구조조정 과정에 대한 분석은 다루기 어렵다. 김대중정부의 전반적인 구조조정 과정은 다음을 참조하기 바란다. 노중기, 「구조조정의 새로운 국면과 국가·자본의 전략」, 한국노동이론 정책연구소 창립 4주년 기념 심포지엄 자료집, 1~50쪽.

주의적 정책 기조를 그대로 계승하여 한국 자본주의 축적체제를 세계의 신자
유주의적 자본 축적체제에 적응시키려 하였다. 이에 따라 김대중정부는 공기
업의 사유화 과정에서 외국자본의 참여를 적극 권장하고 있으며 동시에 공기
업의 상업주의적 관리방식의 도입을 통해 '신자유주의적 자본가의 모범'을
한국 사회에 정착시키려 하였다. 이러한 과정은 한편으로 1998년 외환 위기를
통해 초국적 금융자본의 이익을 대표하는 국제통화기금의 신자유주의적 대
출 조건을 전폭적으로 수행함으로서 한국 자본주의 체제를 세계자본주의
체제에 종속적으로 결합시키는 과정이고, 다른 한편으로는 정부가 종속적
자본축적 구조로의 재편을 통해 1987년 이후 강고하게 조직화되었던 한국
노동운동 세력을 해체시키고 개별적인 노동자의 노동착취를 고도화하는 과
정이었다.

　이러한 신자유주의적 특징을 보이는 김대중정부는 다음과 같이 공기업
구조조정 정책을 추진하게 된다. 우선 집권 전인 1997년 말에 대통령직 인수
위원회는 '신정부의 100대 국정 과제' 중 공기업에 대한 과제를 '공기업 민영
화와 경쟁 촉진으로 공기업 경영혁신 유도'로 설정하였다(제15대 대통령인수
위원회 백서, 1998, 55~57쪽). 이를 위해 대통령직 인수위원회는 모든 공기업
에 전반적인 경영진단을 실시하고 '인력 대폭삭축' 및 '공기업 경영 효율성
재고', '민영화 방안 검토'를 제안했다. 집권 후 김대중정부는 1998년 2월에
공기업 관리의 핵심 업무를 기존의 경제기획원에서 대통령 직속의 기획예산
위원회로 이전하여 공공부문 구조조정 정책을 주관하게 하였다.[14] 기획예산
위원회의 공기업 구조조정은 다음과 같은 전형적인 신자유주의적 논리를 중심
으로 하고 있다. "시장경쟁으로부터 배제된 공기업은 정부의 규제로 인해
내재적으로 방만한 관료주의적 경영을 할 수밖에 없다고 본다. 특히 '주인

---

14. 당시 기획예산위원회는 총 99명이 재정개혁단, 행정개혁단, 공공관리단을 중심으로 예산편성지침의
　　작성, 재정 및 행정 개혁, 공기업 사유화 및 경영혁신을 추진했다.

242

없는' 공기업은 소유권에 기반한 이윤추구 동기의 부족으로 사기업에서 보여지는 '창업가'적 정신을 지닐 수 없고 이로 인해 공기업 조직의 비효율성과 더불어 소비자의 변해 가는 선호에 대응할 수 없다고 본다. 또한 공기업 경영자는 공기업 노동자와 함께 기업 규모를 확장시킴으로서 주인인 '국민'의 혈세를 담보로 집단이익을 추구하는 것으로 본다."

<표 1> 기획예산위원회의 공공부문 구조조정안

공기업의 문제점	정부의 대책
1. 공기업 형태 그 자체에서 비롯되는 주인 없는 경영 또는 무책임경영	민영화를 통해 공기업의 주인을 찾아주고 책임경영 실현
2. 공기업 비관련 부문으로의 사업 확장, 비만한 조직 확대	불필요한 과잉 사업과 조직의 정리
3. 정부의 간섭과 규제에서 비롯되는 자율, 책임경영의 결여	자율, 책임경영으로 민간수준 효율성 확보

출처: 기획예산위원회(1998. 7. 4.) '1차 공기업 민영화 계획'

따라서 기획예산위원회는 이러한 논리 하에 공기업의 문제점을 일거에 해결할 수 있는 조치로서 '경영혁신을 통한 공기업 내로의 시장경쟁 기제 도입'과 '주인 찾아주기식 공기업 민영화'를 궁극적 대안으로 상정하였다(기획예산위원회, 1998.7.4.).[15] 그러나 이러한 기획예산위원회의 논리는 공기업의 문제점을 '공기업의 공적 소유 형태 및 독점 상태' 그리고 '정부의 지나친 간섭'으로부터 도출함으로써 과거 한국 자본주의의 발전 과정에서 공기업이 담당한 자본축적 촉진기능과 공공서비스을 통한 공기업의 사회통합 기능

15. 이는 진념 기획예산위원회 위원장의 다음 연설내용에서도 분명히 나타난다. "정부투자기관이나 정부산하기관을 놓고 보면 이른바 렌트를 추구하는 사람들, 무임승차자 엄청나게 많아요. 이것 과감하게 정리해야겠다. 그것이 바로 국민의 부담을 줄여 주는 것이고 공공부문이 슬림화되는 것이고 또 기타부문은 전부 민간에 넘겨주어서 민간의 창의와 열정이 적용될 수 있는 분야를 넓혀 나가는 것이 바람직하다는 것입니다."

그리고 총자본의 입장에서 이러한 기능을 총체적으로 담당하는 국가의 공기업 관리 역할을 의도적으로 외면하였다. 결국 이러한 신자유주의적 논리 하에 기획예산위원회는 1998년 말 '정부 투자기관 관리기본법'을 개정하여 공기업 경영 정보의 공시제, 공기업 사장의 경영계약제, 공기업의 이익센터적 사업부제를 추가하였고 중앙정부의 공기업 통제를 토대로 하여 개별 공기업에게 인원감축, 조직 축소를 지시하였다. 나아가 기획예산위원회는 공기업을 이익 중심의 사업부제 조직으로 개편하고 공기업의 내부적 운영 방식을 효율화시키는 방향으로 이동하고 있다.

이러한 상업주의적 관리방식으로의 변화는 각 개별 공기업으로 하여금 사유화 전략을 기획예산위원회에 제출하도록 강제함으로써 결국 공기업의 사유화로 최종 방향을 잡고 있다. 기획예산위원회는 공기업 사유화 방식으로서 이윤성이 높은 공기업에는 외국자본을 허용하는 방식을 채택하여 즉각적으로 사유화하고, 공공성과 기업성이 함께 요구되는 분야는 상업주의적 관리 방식의 도입을 통해 기업가치를 높인 후 단계적으로 사유화하며 공공성이 중시되는 분야는 강도 높은 내부 경영혁신을 단행할 것을 계획하였다(기획예산위원회, 1998. 4. 14).[16]

기획예산위원회의 공기업 사유화 계획을 좀더 자세히 살펴보자. 기획예산위원회는 공기업의 사유화를 위해 1998년 7월 4월 '1차 공기업 민영화 계획'과 1998년 8월 5일에 '2차 공기업 민영화 및 경영혁신 계획'을 발표하였다. 또한 공기업 사유화의 추진 조직으로서 '공기업 민영화 추진기획단'을 구성하여 공기업 사유화 관련법령 및 제도를 정비하고 관계 부처와 해당 공기업이 실무추진 팀을 구성하여 개별 공기업의 구체적인 사유화 전략을 추진케 하였

16. 공기업의 상업주의적 관리란 공기업부문에 시장경쟁 기제를 도입하여 수익성 위주의 사기업 관리방식을 전면화시키고 이를 통해 공기업 사유화를 위한 토대(기업가치 증대)를 구축하는 방식이다. 이에 대해서는 다음 절에서 좀 더 자세히 살펴보겠다.

다. 예를 들어 완전 사유화의 범주에 들어 있는 포항제철의 경우 정부 및 산업은행 지분 26.7%를 1인당 3% 이내로 나누어 내·외국인에게 매각하도록 하였으며, 한국중공업의 경우 지분매각을 통해 완전 사유화하되 해외 선진업체와의 제휴를 통해 외국 자본의 도입을 명문화하고 동시에 노동조합의 저항을 고려하여 우리사주제의 도입을 권장하였다. 반면에 단계적 민영화의 범주에 있는 한국전기통신공사의 경우 경쟁체제가 확립될 때까지 상업주의적 관리방식을 적극적으로 도입하여 기업가치를 높이고 동시에 신주 10% 내외를 세계적 통신 사업자에 매각하는 전략적 제휴 및 외자도입을 지시하고 있으며, 한국전력공사의 경우 발전과 송배전 부문을 분리하여 발전부문부터 사유화할 것을 지시하였다. 나아가 1998년 8월 5일에 기획예산위원회는 '제2차 공기업 민영화 및 경영혁신 계획'을 발표함으로써 '1차 공기업 민영화 계획'에서 제외되었던 공기업 자회사를 중심으로 하여 19개 모기업의 55개 자회사를 사유화의 대상으로 설정하였다.[17] 공기업 자회사를 사유화시키는 방식으로는 1) 설립목적에 부합하지 않는 자회사 및 경영상태가 부실한 자회사는 매각 또는 폐지하고, 2) 유사한 기능을 수행하는 자회사들은 통폐합하거나 모기업에 흡수하며, 3) 모기업의 인사 문제 해결 등을 위해 설립된 자회사는 매각 또는 통합함을 설정하였고, 55개 대상 자회사 중 40개는 사유화시키고 6개는 통폐합하며, 8개는 자회사로 존치시키면서 상업주의적 관리방식을 도입할 것을 지시하였다.

그 결과 김대중정부에 들어 1998년부터 1999년 동안 13개의 공기업 및 자회사를 완전 매각하고 5개의 대규모 공기업 지분을 상당부분 매각하여 1998년 6,667억 원, 1999년 8조 6,309원을 벌어들였고, 합계 9조 2,796억 원의

---

17. 기획예산위원회의 '제2차 공기업 민영화 및 경영혁신 계획'에서 주목할 부분은 사유화 정책 이외에도 공기업에 시장경쟁 기제와 상업주의적 관리방식을 체계화시키기 시작했다는 점이다(기획예산위원회, 1998.8.5.) 이에 대해서는 다음 절에서 후술하고자 한다.

수입을 확보하였으며 이를 금융·기업구조조정, 실업대책 등에 필요한 재원
으로 활용했다(기획예산처, 2000. 1. 28.). 이중에서 재정수입은 3조4881억 원
을 확보했으며 외국자본이 52억불 가량 도입되었다.

결국 앞서 살펴보았듯이 김대중정부의 공기업 구조조정은 '주인찾기식'
사유화 정책에서 궁극적 형태로 발현되었다. 이 시기의 공기업 사유화 특징을
보면, 1998년 '1차, 2차 공기업 민영화 계획'에 따라 공기업 매각의 정치적,
경제적 위험이 적은 소규모 공기업 및 자회사를 위주로 완전 매각하고 반면에
매각의 정치적, 경제적 위험이 큰 대규모 정부 투자 기관은 국가 소유의 일정
지분만을 국내외에 매각하는 방식을 취했다는 점이다. 이 과정에서 김대중정
부의 공기업 사유화 정책은 한국 경제를 뒷받침했던 우량 공기업을 저가에
사적 독점자본 및 외국자본에 양도하였고, 동시에 공기업 노동자의 대규모
정리해고는 사적 독점에게 공기업을 매각할 경우 정부가 국가권력을 통해
사전적으로 '간소한' 조직을 만들어 주고 상업주의적 관리방식을 구축함으로
써 기업가치를 향상시킴을 그 목적으로 하고 있었다. 다음에서는 공기업을
사유화시키기 이전에 기업가치를 향상시키기 위해 도입되고 있는 상업주의
적 관리방식에 대해 살펴보겠다.

3) 한국 정부의 공기업 관리방식의 변화과정

한국 정부에서 공기업의 체계적인 관리방식을 도입한 것은 박정희정부 시기
이다. 왜냐하면 앞서 살펴보았듯이 박정희정부는 한국 자본주의 체제를 발전
시키기 위해 많은 공기업을 설립 운영하였고 이에 따라 정부는 공기업들을
효율적으로 관리할 수 있는 통제체제를 필요로 했기 때문이다. 당시 대표적인
공기업인 정부투자기관은 정부투자기관 예산회계법(1962년 제정), 정부투자
기관 관리법(1973년 제정)에 의해 관리되었으며 그 외에도 정부투자기관의
개별 설립법에 의해 주무 부처로부터 다양한 통제를 받았다.[18] 박정희정부의
공기업 통제구조 및 과정은 다음과 같이 경영계획, 예산, 인사, 감사 및 경영평

가를 총망라하여 전개되었다(경제기획원, 1988; 송대희, 1989).

우선 박정희정부는 경제개발 5개년 계획서를 통해 개별 공기업의 주요 사업목표를 지시하였다. 그후 정부는 정부투자기관 예산회계법에 의해 공기업의 예산 편성, 집행을 통제했다(<그림 3> 참조). 당시 정부의 예산통제 과정을 보면 경제기획원은 예산편성지침을 작성하여 국무회의 심의와 대통령의 승인을 받아 각 정부투자기관에 시달했다. 각 투자기관의 장은 이러한 지침에 따라 예산을 편성하여 주무부 장관과 경제기획원에 이중적으로 제출, 심사를 받은 후 국무회의의 의결과 대통령의 승인을 거쳐 예산이 확정되었다.[19)

앞서 살펴본 예산 편성을 통한 사전적 통제 이외에도 정부는 공기업 경영평가 및 감사를 통해 사후적 통제를 강화시켰는데 이는 주로 감사원, 주무부처, 재무부에 의해서 행해졌다. 이와 같이 동일한 공기업에 대해 다수의 상급기관이 중복적으로 감사를 함에 따라 외부 감사의 기간이 길어지고 이에 소요되는 인력과 시간의 낭비가 점증되었고 또한 이는 공기업의 경영진이 감사에 지적받지 않기 위해 소극적 경영방식으로 적응하는 과정에서 관료주의적, 무사안일적 태도가 전 조직으로 확산되었다.

나아가 박정희정부는 공기업 이사회 및 집행간부(사장 포함) 전원에 대한 인사권을 토대로 공기업을 통제했다. 이 과정에서 공기업 주요 직책에 부임한 외부 기용 인사는 주로 전직 군인 및 여당 인사가 주축을 이루고 있었으며 이를 토대로 최고 통치권자와 공기업 경영진은 후원자적 관계를 지속하여

---

18. 정부투자기관의 사업계획 및 예산운영은 경제기획원과 주무부서로부터 그리고 인사관리는 주무부서로부터 통제를 받았다. 물자조달 및 사업감독, 감사부문 등에서는 주무부서, 재무부, 감사원, 조달청 등의 여러 관련기관의 통제를 받았다. 또한 이러한 법적 통제의 틀거리 내에서 주무부처에 의한 산하 정부투자기관의 인사, 예산, 물자등의 통제는 구체적이고 직접적이었다.

19. 이러한 치밀한 예산통제의 결과 공기업은 주무부서와 경제기획원에 중복심사를 받게 되었으며 예산의 편성과 집행간의 간격이 6개월 이상 소요됨에 따라 이미 편성된 예산의 비현실성이 드러나게 됐다.

부정부패의 온실이 되었다.

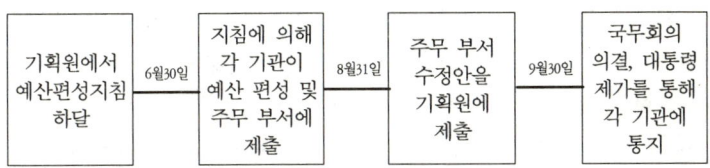

<그림 3> 박정희정부의 공기업 예산 통제과정

| 기획원에서
예산편성지침
하달 | 6월30일 | 지침에 의해
각 기관이
예산 편성 및
주무 부서에
제출 | 8월31일 | 주무 부서
수정안을
기획원에
제출 | 9월30일 | 국무회의
의결, 대통령
제가를 통해
각 기관에
통지 |

　　1980년대에 들어 한국 자본주의 체제는 대외적으로는 신자유주의적 자본
주의 체제에 적응하기 위해, 그리고 대내적으로는 국가 주도적 축적전략에서
독점자본 주도의 축적전략으로 전환함에 따라 전두환 이후의 정부들은 기존
의 공기업을 점차 사유화시키고 동시에 공기업의 효율적 운영을 위한 상업주
의적 관리방식을 도입하기 시작했다. 이러한 의미에서 박정희정부의 주된
공기업 정책은 공기업의 확장 및 보완이라면, 1980년대 이후 정부의 주된
공기업 정책은 공기업의 상업주의적 운영방식 도입정책과 사유화를 통한
공기업 축소정책로 전환하게 된다. 당시 전두환정부의 상업주의적 공기업
관리방식은 소위 '공기업의 자율경영'이라는 이데올로기적 정당화와 1984년
'정부투자기관 관리기본법'의 재정을 통한 법적 정당화를 통해 관철되어 들
어갔다.
　　1980년부터 현재까지 정부의 공기업 관리의 핵심은 1) 이익센터로서의
독립 채산적 조직화, 2) 경영평가위원회의 예산편성지침에 의한 사전적 통제,
3) 주무 부처의 상시적 개입에 의한 과정적 통제, 4) 경영평가위원회의 공기업
평가에 의한 사후적 통제, 5) 임금 가이드라인의 강요 등과 같은 공기업의
상업주의적 운영방식이었고, 이를 통해 효율화된 공기업은 사유화하게 되는
수순을 밟게 되었다. 우선 1984년에 입법된 정부투자기관 관리기본법을 살펴
보면, 이전의 정부투자기관 관리법과는 달리 '공기업의 자율경영'이라는 입

법 취지에 따라 사장의 집행간부 임면권, 정부투자기관 자체 예산편성권, 사장의 물자 조달 및 시설 공사 계약체결권, 물품 관리의 자율권, 외부감사의 축소를 추가함으로서 정부의 공기업에 대한 통제방식을 수익성을 기준으로 한 사후적 통제 방식으로 변경시켰다. 첫째, 정부의 예산적 통제 방식의 변화를 보면 기존의 다단계에 걸친 예산 확정 과정을 2단계에 걸친 예산확정과정 (경영평가위원회의 경영목표 및 예산지침⇒공기업의 예산편성 및 이사회에서의 결정)으로 단순화시켰다(<그림 4> 참조). 또한 예산의 전용 및 이월이 필요할 경우 종전과 같이 주무부서의 승인을 받을 필요없이 각 정부투자기관 이사회의 의결로서 가능해졌다.

<그림 4> 1980년대 이후 정부에서의 공기업 예산 통제

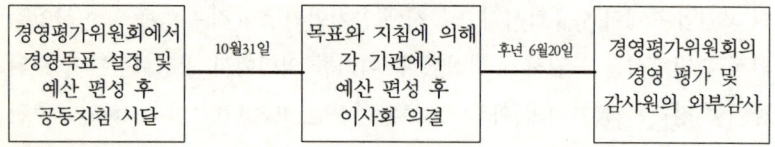

| 경영평가위원회에서 경영목표 설정 및 예산 편성 후 공동지침 시달 | 10월31일 | 목표와 지침에 의해 각 기관에서 예산 편성 후 이사회 의결 | 후년 6월20일 | 경영평가위원회의 경영 평가 및 감사원의 외부감사 |

둘째, 정부의 인사, 조직적 통제방식의 변화를 보면 종래의 정부의 집행간부 전원 임면 방식과는 달리 전두환 정부에서는 단지 정부투자기관의 사장만을 임면하였다. 이사회는 정부로부터 분권화된 의결기능을 하게 되며 이사장과 이사는 비상임으로 운영하였는데, 다만 예산의 자율권 부여로 인한 방만성을 통제하기 위해 정부는 주무부 공무원과 경영평가위원회 간사(여기서 핵심은 경제기획원임)를 각 공기업의 당연직 이사로 참여하여 정부의 통제를 실질화시켰다. 셋째, 정부의 사후적 통제인 감사 및 경영 평가제를 보면 종래의 주무부서, 재무부, 경제기획원, 감사원의 외부감사를 감사원으로 국한시키고 경영평가위원회를 설치하여 정부투자기관의 경영실적을 중앙집중적으로 평가하게 되었다.[20]

　　결국 앞서 살펴본 '정부투자기관 관리기본법'은 1998년 약간의 개정을 거쳐 현재까지 지속되고 있으며 이러한 공기업 통제구조를 통해 정부는 상업주의적 공기업 관리를 가속화했던 것이다. 특히 상업주의적 관리방식은 관료주의적으로 운영되어 왔던 공기업에 사적 자본의 수익적, 효율적 관리방식을 도입시켜 공기업과 사기업의 차이를 좁히고 나아가 공기업의 기업가치를 향상시켜 이후 사유화 과정을 원활히 하기 위해 시도되었다는 점이 특징적이다.

　　그러다가 1998년 경제위기를 기점으로 하여 김대중정부는 본격적인 상업주의적 관리전략을 취하기 시작했다. 김대중정부의 공기업 정책은 공기업 운영에 시장 경쟁 기제을 도입하여 효율성을 향상시키고 이를 통해 기업가치를 향상시킨 후 궁극적으로 공기업을 사유화하는 것을 최종 목적으로 하고 있다. 따라서 공기업 사유화 정책과 상업주의적 관리방식은 분리해서 생각할 수 없는 것이다(<그림 5> 참조). 현재 김대중정부가 개입하고 있는 공기업의 상업주의적 관리방식으로의 변화는 대개 1990년 이후 사기업에서 주로 사용했던 경영 합리화 전략을 모방하고 있다. 사기업의 경영 합리화 전략의 궁극적 목적은 고도의 착취과정에 스스로 연루되는 노동자를 만드는 것이다. 대개 상업주의적 관리전략을 지향하는 정부 및 공기업 경영자는 노동 유연성을 위한 노동자의 재조직, 분할통지직 직급구조로의 변화, 성과와 연동된 보상 원칙, 인사고과의 강화 등을 시도한다. 이러한 새로운 노동통제 방식은 결국 노동강도를 강화시키기 위한 노동력 소비과정과 분할통치적이고 저 비용적인 보상체계에 중점을 두는 것으로서, 공기업 노동자가 적은 임금을 받고도 장시간의 노동력을 투입하도록 하는 노동배제적 노동과정 통제기제의 구축에 그 초점이 있다. 나아가 이러한 노동배제적 노동과정 통제기제 하에서

---

20. 이중에서 경영평가위원회에 대해 살펴보면, 경제기획원 원장을 위원장으로 하여 5인 내외의 민간인(주무 부서 장관 및 대통령이 위촉) 위원으로 구성되어 공기업의 경영목표조정, 예산편성 공동지침 의결, 경영실적 평가가 이루어진다. 평가 기준은 공공이익률, 생산성 향상, 원가절감과 같은 계량적 지표가 60%, 그리고 장기경영관리, 관리제도개선, 대민서비스 향상 등 비계량적 지표가 나머지를 차지한다.

공기업 노동자들은 다기능 및 배치전환을 일상적으로 수행하며 능력주의적
임금정책과 기업문화운동을 통해 유연하고 효율적인 노동력 소비과정을 강
요받게 되는 것이다.

그러나 사기업과는 달리 개별 공기업 수준에서의 상업주의적 관리전략은
개별 공기업의 최고경영진에 의해 주도되는 것이 아니라 흔히 신자유주의적
인 중앙정부에 의해 직접적으로 주도되고 강요된다. 즉 상업주의적 관리방식
의 도입에 대한 주도권은 정부에 있으며 공기업 경영자는 단지 '전달벨트'일
뿐이다. 따라서 중앙정부가 상업주의적 관리방식을 공기업에 성공적으로 이
식시키기 위해서는 크게 정부의 개별 공기업 경영진에 대한 통제관계와 정부
의 개별 공기업 노동자에 대한 통제관계라는 두 가지 수준으로 개입하는
것이다. 다음에서는 정부의 공기업에 대한 상업주의적 방식의 도입과정을
이와 같은 두 가지 수준으로 나누어 분석하겠다.

우선, 김대중정부가 개별 공기업 경영진을 통제하는 방식에 대해 살펴보
자. 기획예산위원회는 '투자 기관의 자율성,' '책임 경영 체제,' '경영투명성'을

<그림 5> 김대중정부의 공기업 통제 방식과 사유화

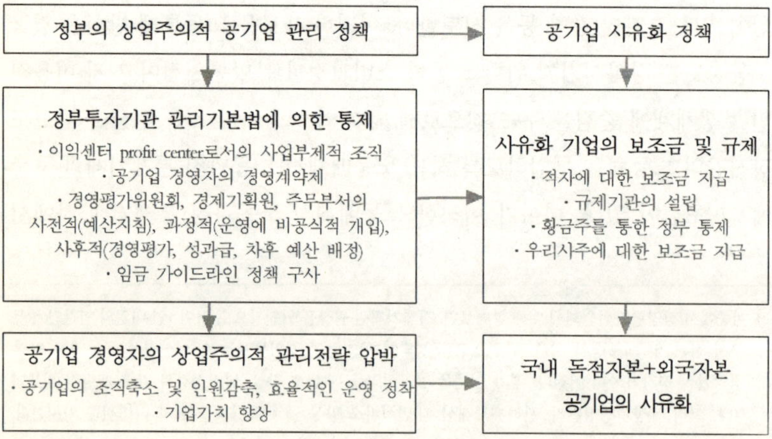

끌간으로 하여 1998년 10월 2일에 기존의 '정부투자기관 관리기본법' 개정안
을 제출하고 1999년 2월 5일 국회에서 개정안 통과를 통해 상업주의적 관리방
식의 법적 근거를 확보하였다. 개정된 '정부투자기관 관리기본법'에서 나타
나는 중앙정부와 공기업 경영자간의 통제관계는 개별 공기업을 이익 중심의
사업부제적 조직으로 개편하는 것을 핵심으로 하고 있다. 사업부제적 조직으
로서의 개별 공기업은 현상적으로 '경영의 자율권'을 부여받지만 이 '자율권'
의 목표 및 내용은 수익성 위주로만 제한되어 있다. 즉 개별 공기업은 수익성
에 근거한 공기업의 사후적 통제 구조 내에서 '공공성'보다는 이익센터로서
의 역할, 즉 수익성 위주의 상업주의적 운영을 심화시킬 수밖에 없다. 중앙정
부는 이러한 의도에서 기존의 당연직 이사제도(주무부처, 경제기획원)를 폐지
하고 대신 개별 공기업 경영진에게 상업주의적 운영에 대한 책임을 전가시킬
수 있는 통제기제를 강화시키고 있다. 정부를 대신해서 개별 공기업의 상업주
의적 관리를 주도해야 하는 사람은 현장에서 일하는 노동자가 아니라 공기업
의 최고경영진이다. 이러한 맥락에서 공기업 사장은 취임 기간 동안 중앙정부
에 의해 부과된 상업주의적 관리의 목표치를 중심으로 '경영계약'을 하고
이익을 얼마나 올렸는가에 근거하여 보상받게 된다.[21]

이러한 상업수의적 관리방식의 논리는 정부투자기관뿐만 아니리 지방
공기업에도 적용되고 있다. 행정자치부는 1999년 1월 29일에 '지방 공기업법'
을 개정하여 지방공사에 대해 매년 경영평가를 의무화하고 평가결과에 따른
인센티브를 부여하는 등 사후 관리를 대폭 강화하였다.[22] 그 결과 상업주의적

---

21. 공사업 사장들은 '사장추천위원회'에서 추천받아 대통령에 의해 임명되고 또한 사후적으로 개별 공기업
    의 상업주의적 관리의 목표치와 실적치간의 비교를 통해 경영계약의 연장이 가능하다. 이러한 맥락에서
    정부는 공기업의 회계정보 투명성 개선 및 공개를 강화하는 것이다.
22. 경영평가기준과 평가기관의 선정은 행정자치부 장관에 의해 이루어지며 평가기준으로는 '책임경영을
    위한 노력,' '재무·회계운영의 건전성,' '조직·인력의 효율적 운영' 등 주로 상업주의적 관리방식에서
    중요한 '수익성'을 위주로 설정되어 있다.

관리방식을 실시하지 않은 지방 공기업은 정밀한 경영진단과 더불어 임원해임, 조직개편, 사유화 등 경영 개선 명령을 받아야만 했다.[23] 또한 행정자치부도 지방 공기업 최고 경영진인 임원을 '사장추천위원회'를 통해 선출함으로서 비효율적인 인사가 지방 공기업 사장에 취임하는 폐단을 방지하고자 하며 또한 사장을 위시한 임원진에게 경영 성과와 직접적으로 연동된 연봉제를 도입함으로써 이들을 정부의 상업주의 관리방식 도입의 적극적 주체로 자리매김 하고 있다. 또한 경영 평가를 토대로 한 직원의 기관 성과급과 임원의 성과 연봉액이 크게 차등화되고 경영 평가의 결과를 예산 및 인사권과 연결시켜 예산우선지원, 징계처분요구, 종사자에 대한 포상을 부여하고 있다.

결국 앞서 살펴본 개정된 '정부투자기관 관리기본법'과 '지방 공기업법'의 핵심은 중앙정부가 개별 공기업에 대해 수익성 위주의 사후적 성과를 중심으로 통제하고 이를 위한 제도적 수단으로서 이익센터로서의 사업부제적 통제구조를 구축하겠다는 점이다. 이러한 목적과 제도를 통해 중앙정부는 한편으로 사유화 이전의 공기업에 대해 상업주의적 관리방식을 도입하여 사적 기업과 유사한 조직 및 관리형태를 이식시키고, 다른 한편으로는 수익성이 높은 공기업을 언제든지 분할 매각할 수 있는 수단을 확보하는 것이다. 또한 사유화되기 어려운 공기업에 대해서도 중앙정부는 전략적 의사결정권 및 인사권 등의 주요 통제권을 쥐고 있지만 운영적 의사결정 및 재정적 책임은 개별 공기업으로 이동하게 된다. 동시에 공기업의 이익센터적 통제구조로의 변화를 통해 정부는 '수익성'를 중심으로 하여 공기업의 의사결정과정을 통제하게 된다. 이러한 구조 내에서 중앙정부는 1) 투자와 관련된 예산지출의 제한(임금 가이드라인) 및 예산편성지침 하달을 통한 사전적 통제, 2) 공기업 운영과정에 대한 공식적, 비공식적 개입을 통한 과정적 통제, 3) 공기업 경영

23. 경영개선명령은 공기업법상 의무적인 이행사항으로 이에 불응시 지방자치단체장이나 당해 공기업 사장은 형법상 직무유기죄로 고발조치된다.

평가를 통한 성과급 지급 및 차기 예산 증감을 통한 사후적인 통제라는 수단
을 통해 개별 공기업 운영의 정책 방향과 예산통제의 틀거리를 통제한다.
반면에 개별 공기업 경영진은 '정치적 상황구속성'으로 인해 중앙정부로부터
하달된 지침에 의해 각자의 재정, 운영, 경영자원, 노사관계에 대한 운영적
의사결정의 책임을 맡게 되는 것이다.

　다음에서는 김대중정부가 개별 공기업 노동자를 통제하는 방식에 대해
살펴보자. 앞서 살펴본 김대중정부의 '사업부제적' 공기업 통제구조는 공기
업 경영자를 상업주의적 공기업 운영의 주체로 상정하고 있다. 하지만 정부의
상업주의적 관리방식은 공기업 경영진을 착취하기 위한 것이 아니라 궁극적
으로는 공기업 노동과정에서 노동자를 고도로 착취하기 위한 수단이다. 공기
업 노동과정 통제기제는 노동력 소비과정의 영역, 보상과정의 영역, 주체화
과정의 영역으로 3분된다. 우선 기획예산위원회에서는 공기업 노동자의 '노
동력 소비 과정'을 통제하기 위해 '조직 통폐합 및 축소,' '인원감축,' '사업부
서제'라는 조직 재구조화 전략 restructuring'과 '업무 통폐합과 업무 간소화'라
는 노동통제 전략 reengineering'을 지시하고 있다(기획예산처, 2000. 2. 12).[24]
더불어 기획예산처에서는 착취적인 노동력 소비과정에 공기업 노동자를 동
원하기 위해 연봉제, 구조조정 인센티브, 집단성과 등 보상과정에 식섭적으
로 개입하고 있으며 '고객헌장' 및 '경영혁신운동'이라는 제도를 통해 공기업
노동자를 상업주의적 관리방식으로 주체화시키는 과정에 적극 개입하고 있
다. 따라서 기획예산처에 의해 수행된 개별 공기업 노동과정 통제기제의 변화
과정을 살펴볼 필요가 있다.

　첫째, 김대중정부가 공기업 노동자의 주체화 과정에 개입하는 방식을 보
자. 이는 정부의 '고객 헌장제'와 개별 공기업의 '기업 문화 운동'으로 나타나

---

24. 1998년부터 2000년 현재까지 기획예산처가 주로 조직재구조화 전략에 방점을 두었다면 이후에는 노동
　　통제 전략에 방점을 두는 것을 기획하고 있다.

고 있다. 우선 정부는 '고객 헌장 제도'를 도입하여 공공재의 소비자인 국민에게 상업주의적 관리방식을 이데올로기적으로 설득시키며 동시에 이는 공공재의 생산자인 공기업 노동자가 국민에게 감시당하게 하는 통제기제로 작용하여 결국 공기업 노동자의 노동강도를 강화시키고 있다(기획예산처, 2000. 2. 11). 1999년 5월 1일을 기점으로 19개의 정부투자기관 및 정부 부처 기업이 각각 '고객헌장'을 공표·시행하고 있다. 또한 개별 공기업에서의 '기업문화운동'은 주로 고객 중심 경영혁신운동으로 제기된다. 정부에서는 기업문화운동을 활성화시키기 위해 기존의 공공재 소비자인 국민을 '고객'이라 지칭하여 공기업 내에 시장 관계를 유포시키고 있다. 이러한 고객에는 외부 고객과 내부 고객이 있는데, 전자는 공공서비스를 이용하는 국민들을 지칭하는 것이고 후자는 개별 공기업에서 근무하는 타부서 노동자를 말하는 것이다. 우선 외부 고객 중심 기업문화운동을 보면, 고객의 접점 지대에 있는 공기업 노동자들로 하여금 단정한 복장은 물론이고 언제나 웃는 표정으로 고객을 대하도록 강요한다. 내부 고객 중심 경영혁신운동을 보면, '총괄적 품질관리 운동' 및 '경영혁신대회' 등으로 나타나고 있다. 이를테면 총괄적 품질관리 운동의 경우, 고객과 직접적 접촉이 없는 직종에 강요되어 주로 작업장 주변 청소 및 의례적인 품질관리조로 나타나고 있다. 이러한 의미에서 공기업 노동자의 주체화 과정은 상업주의적 공기업관리방식에 노동자들을 스스로 주체화되어 동원하기 위한 이데올로기 기제와 활동을 말하는 것으로, 이에는 주로 제안제도, 품질관리조 QC, 총괄적 품질관리 TQM, 부서간 경연대회, 고객 지향적 교육 등이 실시되고 있다.

둘째, 기획예산처가 개별 공기업의 노동력 소비과정에 직접적으로 개입하는 방식을 보자. 기획예산처는 개별 공기업에게 대폭적인 인원감축, 조직 통폐합, 외주 하청을 지시하였다(1998. 8. 5). 우선 인원감축 사항을 보면, 이는 한편으로 공기업 구조조정 정책상 조직 축소 및 인건비 절감을 통해 공기업 사유화시 기업가치를 높이기 위해 실시되었고, 다른 한편으로는 1998년 경제위기 이후 법적으로 노동자의 정리해고 요건이 완화됨에 따라 국가가 스스로 '정리해고의 모범'을 보임으로써 사적 자본의 대규모 정리해고를 선도하는 의미도 있었다. 공기업의 인원감축은 기획예산위원회에 의해 개별 공기업별로 할당되어 강제적으로 시행되었으며 개별 공기업에서는 각 부서에 적정 인원을 하달하여 명예퇴직 및 정리해고, 부서 통폐합, 외주 하청의 방식을 통해 인원을 감축시켰다. 이러한 과정에서 김대중정부는 1998년부터 1999년 말까지 32,359명을 감원시켰으며 이러한 수치는 1999년까지 계획 인원(31,328명) 대비 103%를, 그리고 2000년까지 계획인원(41,269명) 대비 78%를 달성한 수치이다(<표 2> 참조). 특히 이러한 공기업 해고노동자 32,359명 가운데 규모가 큰 모기업에서 감축된 인원은 27,545명으로 소규모 자회사에서의 감축인원인 4,814명의 5배에 달했다.[25] 나아가 김대중정부는 공기업 노동자의 인원감축 정책을 계획대로 2000년 9월까지 지속시켜 인원감축을 시행할 예정이며 2001년 이후에 구조조정을 완료한 공기업부터 인사, 예산, 조직에 관한 자율권을 부여하겠다고 발표하였다(기획예산처, 2000. 2. 11).

<표 2>1998년부터 1999년까지의 공기업 인원축소

구분	1998	1999	2000 이후	계
계획(A)	13,669 명	14,796 명	8,910 명	41,269 명
실적(B)	16,532 명	15,827 명	-	32,359 명
B/A(%)	121 %	107 %	-	78 %

출처: 기획예산처(2000. 1. 28), '공기업 경영혁신 추진실적'

앞서 살펴본 인원감축 정책은 공기업 재구조화 전략과 맞물려 이루어졌다. 김대중정부는 공기업의 재구조화 전략으로서 기존 업무를 핵심적 업무와

---

25. 김대중정부는 인력감축을 통해 매년 인건비 5,700억 원을 절감했으며, 대폭적인 인력감축 등으로 한국통신은 매년 3,500억 원, 한전은 1,900억 원, 담배인삼공사는 1,000억 원, 석탄공사는 600억 원의 인건비 절감 효과가 발생하였다(기획예산처, 1999. 8. 13).

주변적 업무로 나누어 핵심 업무의 경우는 이익센터적, 사업부서제적 조직으로 재편하고 주변 업무는 통폐합하거나 민간 자본가에게 외주 하청하게 된다(기획예산처, 2000. 1. 28.). 이 경우 개별 공기업은 핵심 업무를 중심으로 운영하면서 노동자간의 경쟁을 강제하고 주변 업무는 외주 하청하여 노동자간의 분할통치를 꾀하고 있다.26) 핵심 업무을 수행하는 소수의 공기업 정규직 노동자는 일정정도의 고용보장과 근로조건을 유지하지만 주변 사업을 수행하는 공기업 외주 하청 노동자는 상시적인 고용 불안과 열악한 근로조건을 강요당한다.27) 나아가 사업부서제로의 조직 재구조화 전략은 이후 공기업을 분할하여 매각하기 위한 전제조건이 된다. 예를 들면 김대중정부는 한국철도청이나 한국전력공사와 같은 대규모 공기업을 매각할 경우, 커다란 비용와 위험이 있는 건설 사업부(예: 철도망 건설, 전선망 건설)는 여전히 공기업 형태를 유지시키지만 즉각적으로 이익을 창출할 수 있는 운영 및 유지 사업부(예: 철도운송사업, 기관차 유지·보수 사업, 전력배분사업)는 민간 독점자본에게 일괄 매각하려 하고 있다.

또한 앞서 살펴본 조직 재구조화 전략은 정리해고, 외주·하청를 통해 핵심 사업부서를 소수정예화하고, 새로운 노동통제 전략을 통해 수평적인 직무확대를 통한 다기능화를 시도하여 유연적, 효율적 노동력 소비과정을 강제하고 있다(예를 들어, 도시철도공사의 1인 승무제, 3조 2교대에서 교번제). 나아가 김대중정부는 2000년에 들어와서 '지식경영체제 도입'이라는 명분 하에 경영정보체계를 대대적으로 도입하고 있으며 경제적 부가가치 EVA 제도의 정착을 통해 개별 노동자의 성과를 실시간으로 측정, 통제하고 있는데, 이는 결국 다기능화된 공기업 노동자로 하여금 고도의 노동력 소비를

---

26. 주변 업무의 외주·하청은 공기업의 고용정책에 반영되어 1998년 이후 공기업 사유화 및 조직통폐합 조치와 더불어 공기업의 고용수준이 급격히 하락하는 요인으로 작용하였다.

27. 동시에 공기업의 고용형태에 있어 유연한 고용계약제 즉 파트타임제와 임시계약직이 늘고 있다. 이러한 직종은 주로 여성에 의해 채워지고 정규직보다 불안정하고 불이익적인 고용조건에 처하게 된다.

감시하기 위한 전자적 통제기제이다(기획예산처, 2000. 1. 18). 그 결과 이전 공기업 운영방식과는 달리 공기업 노동자 한 사람이 추가적 보상 없이 단순한 업무들을 동시적으로 수행하여 노동강도 강화 및 업무 스트레스의 심화에 시달리고 있다.

셋째, 김대중정부가 개별 공기업의 보상과정에 개입하는 방식을 보자. 현재 정부가 의도하고 있는 보상과정에 대한 전략은 저임금 수준의 총액 임금제와 성과에 근거한 능력주의 임금체계를 중심으로 두고 있다. 우선 공기업 임금 수준에 대한 정책을 보면, 김대중정부는 1998년, 1999년 예산편성지침을 하달하면서 '지불 능력 원칙'하에 임금 가이드라인 정책을 강제함으로서 1997년 대비 4.3%의 임금 수준을 삭감하였다(기획예산처, 2000. 1. 18). 더불어 정부는 각종 수당 및 생활 보조적 부가 급여를 대폭 삭감, 폐지하였다. 1998년에 기본급적 성격의 체력단련비를 폐지할 것을 지시하였으며 기존의 명예퇴직금 제도를 개정하여 지급요건을 강화하였다. 또한 정부는 법정 퇴직금 제도를 기존의 누진제를 폐지하고 지급액을 하향 조정했다. 종전에는 공공기관의 퇴직금 산정은 누진율을 적용하였으나, 1999년 1월 1일부터 민간부문의 퇴직금 수준과 근로기준법 내용 등을 감안하여 근속 1년당 1개월분의 평균임금으로 변경·지급하게 하였다. 이에 따라 이전과 비교할 때 퇴직금이 약 25%(80년 이전 입사자 20%, 81년 이후 입사자 30% 수준)가 감소되었다. 그 결과 누진제 폐지로 정부투자기관의 퇴직급여 충당금 예산은 99년 대비 70.9%가 감소하여 4,200억 원의 인건비(5,916억 원⇒1,716억 원)를 절감하였다. 그리고 정부는 99년 정부투자기관 예산편성지침에 따라 대학생 자녀 학자금의 융자 전환, 주택자금 융자 이자율 상향조정, 경조사비·개인연금 등 수익자 부담성 경비 폐지 등 복리후생비 축소를 추진하였다(기획예산처, 2000. 1. 18). 결국 김대중정부는 이전의 임금 가이드라인을 통한 기본급의 저임금 정책뿐만 아니라 생계비적 측면을 지닌 각종 수당 및 보조비를 폐지, 축소함으로써 대폭적인 임금하락을 시도한 것이다.

또한 김대중정부의 공기업 임금체계 정책은 공기업 노동자로 하여금 경쟁을 유발시켜 성과에 근거하여 임금을 지급하는 능력주의적 임금체계를 중심으로 하고 있다. 정부 및 자본가는 흔히 구조조정 과정에 적극 동참하고 노동강도 강화에 스스로 몰입하여 동료와 경쟁하는 노동자를 칭하여 '성과가 높고 능력 있는' 근로자라 한다. 정부와 자본가는 이러한 노동자에게 인사고과를 후하게 주고 이를 임금 및 승진에 직접적으로 연동시켜 노동자들간의 경쟁을 유발시키는데 이 과정에서 사용되는 보상제도가 능력주의 임금체계이다. 이러한 의미에서 현재 정부는 능력주의적 임금체계를 공기업 상층 경영진에게 우선적으로 적용하고 있으며 다만 공기업 하층 노동자에게는 조직적 저항을 고려하여 인센티브 및 집단성과제를 적용하고 있다. 정부는 '경영계약제'를 통해 개별 공기업의 최고 경영자의 임금체계를 성과에 연동시키고 있으며 1999년 초부터 공기업의 1급 간부직원을 대상으로 연봉제를 실시하고 있다.[28] 정부는 2000년부터 이러한 연봉제를 2급이상 직원 및 계약직에 확대 적용하려 하고 있다(기획예산처, 2000. 2. 11). 또한 정부는 1998년부터 현재까지 예산편성지침을 통해 공기업 하위직 노동자에게 '예산 절약 인센티브 제도'를 적용시키고 있는데 이는 능력주의적 인사관리로 가기 위한 발판으로 기능하고 있다. 이러한 의미에서 정부는 각 예산 절약 사항에 따라 특히 인원감축을 중심으로 한 구조조정의 절감액을 개인당 기본급 200%한도에서 성과금으로 지급하도록 한 것이었다(기획예산처, 1999. 1. 5.). 결국 김대중정부에서 적용된 능력주의적 임금체계는 인센티브제(직능급) 및 연봉제이기 때문에 이후에 정부는 이를 공기업의 하위직 노동자에게까지 확대시켜 성과에 기반한 임금체계의 장착을 시도하고자 할 것이다.[29]

---

28. 여기서 연봉제란 1년 단위로 고용기간를 설정하고 전년도 인사고과에 기반하여 차기년도 임금수준이 정해지는 능력주의 임금체계의 극단적 형태이다.
29. 이러한 김대중정부의 의도는 기획예산처의 '2000년도 공기업 경영혁신 추진지침'에서도 분명히 나타나고 있다. 정부는 2000년 이후 성과금 한도를 확대하는 등 제도적 보완을 통해 경영혁신 우수기관에

4. 한국철도청과 서울시지하철공사에서의 작업장 투쟁

필자는 앞서 살펴본 한국 정부의 공기업 구조조정 정책이 모든 공기업 경영자들에게 공통적인 정치적 상황으로 다가오지만 개별 공기업 노동자의 조직적 도전정도에 따라 상업주의적 관리방식의 관철정도가 다르며 이에 따라 상이한 노동과정 통제기제가 나타남을 보이고자 한다. 한국철도청과 서울시지하철공사에서의 작업장 투쟁은 1987년부터 1999년 사이에 서로 상이한 경로를 밟아 왔으며 이로 인해 양사의 노동과정 통제기제는 동일한 정치적 상황과 기술적 조건임에도 불구하고 노동력 소비 과정과 보상 과정에 있어 상당한 차이를 보이고 있다. 이 절에서는 정부와 공기업 경영자의 상업주의적 관리전략과 노동자의 조직적 도전정도 그리고 이로 인한 노동과정 통제기제의 형성과정에 대해 보겠다.

1) 중앙정부와 공기업 경영자의 상업주의적 관리전략의 비교

한국 정부는 과거부터 철도산업에 대한 저투자 정책을 고수하였다. 이는 자동차 독점자본의 국내수요 확장을 위해 정부가 도로 위주의 교통정책을 편 결과이다. 이로 인해 한국철도청과 서울시지하철공사는 중앙정부로부터 구조화된 적자운영을 강제받게 되었다. 양 철도 사업기관의 구조화된 재정 적자는 현재 신자유주의적인 정부 하에서도 지속되고 있는데 이는 1) 독립채산제라는 왜곡된 재정적 구조 아래 중앙정부가 담당해야 할 철도시설의 건설비용을 각 철도사업기관의 차입금으로 충당한 점, 2) 공공적 목적으로 인해 발생된 필수 불가결한 운영비용을 중앙정부가 전혀 지원하지 않았다는 점으로부터

대해서는 과감한 인센티브를 부여하겠다고 공언했으며 경영혁신 추진실적이 우수한 기관에 대해서는 월 기본급의 500%를 인센티브 상여금으로 계상하고 총인건비의 3%를 예비비에 편성하여 경영혁신 평가결과에 따라 인건비로 전용할 수 있도록 지침을 내렸다.

파생되었다. 이러한 구조화된 적자 상태에서 한국철도청과 서울시지하철공사는 철도시설의 개선 및 확대를 위한 투자를 고려할 수 없었으며 1990년 중반에 들어 점차 확대되어 가는 국민들의 공공 운수 수요와 자본의 물류비용의 증가에 대해 적절히 대응할 수 없게 되었다. 이에 따라 김대중정부에서는 국가의 자본축적 촉진기능과 사회통합기능을 위해 철도에 대한 고투자 정책으로 전환하였다. 하지만 김대중정부가 신자유주의적 정책을 핵심 기조로 삼고 있다는 점을 염두에 두고 볼 때, 이러한 철도산업의 고투자 정책은 국가의 자본축적 촉진기능에 주요 방점이 찍혀 있으며 현재 각 철도사업기관의 상업주의적 관리전략과 사유화 전략과 철저히 연계되어 진행되어지고 있는 실정이다. 우선 한국철도청에 대해 김대중정부는 '국가기간 교통망 계획'을 수립하여 고투자 정책으로 전환하였다. 그러나 김대중정부는 이전부터 진행된 '국유철도 경영개선 계획'이라는 상업주의적 관리전략을 더욱 더 가속화시키고 있으며 건설부문과 운영부문을 분리하여 투자비용이 많이 드는 건설부문은 국가가 담당하고 반면에 즉각적 수익을 창출할 수 있는 운영부문은 국내외 독점자본에게 사유화시키고자 하고 있다. 이러한 김대중정부의 신자유주의적 정책기조는 서울시지하철공사에도 그대로 적용되고 있다. 현재 김대중정부는 '수도권 광역 교통 5개년 계획'을 수립하여 수도권 지역의 광역도시철도를 대규모로 확장시키려 하고 있다. 이를 위해 정부는 기존의 한국철도청, 서울시지하철공사, 도시철도공사라는 3가지 철도사업기관을 '수도권 광역교통공단'으로 통합하여 이 공단으로 하여금 광역도시철도의 건설을 담당시켰지만, 이후 건설될 광역 철도 운영권은 마찬가지로 국내외 독점자본에게 사유화하려 하고 있다. 따라서 김대중정부는 수도권 광역도시철도의 신자유주의적 개편 계획에 있어 서울시지하철공사 노동자의 조직적 도전을 가장 큰 장애요인으로 보고 있으며 이를 위해 우선적으로 수익성 위주의 상업주의적 관리방식을 서서히 이식시키고 있다. 또한 김대중정부는 이전 정부의 노동배제적 노동정책를 계승하여 1998년 경제위기를 기회로 더욱더 억압적

인 임금 가이드라인 정책을 공기업에 강제하고 있으며 공기업 노동자들의
노동 3권을 제약하고 있다. 특히 김대중정부는 기업별 교섭체계에서 실질적
사용차인 국가와 형식적 사용자인 공기업 경영자를 분리하여 교섭의 책임을
회피하고 있으며, 정부의 신자유주의적인 공공부문 구조조정에 대항하는 노
동운동세력에게는 배제의 논리를, 반면에 이에 협조하는 노동운동세력에게
는 포섭의 논리를 적용하고 있다(<표 3> 참조).

　이러한 정치적 맥락에서 한국철도청과 서울시지하철공사의 경영진들은
모두 김대중정부의 상업주의적 관리전략과 사유화 전략을 시도하고 있다.
다만 두 기업의 차이점은 노동자의 조직적 도전정도가 부재한 한국철도청의
경우 경영진의 상업주의적 관리전략이 사기업보다 더욱 일관되게 관철되어
지는 반면, 노동자의 조직적 도전정도가 높았던 서울시지하철공사의 경우
경영진의 상업주의적 관리전략은 기존 노자 역관계를 고려하여 조심스럽게
전개되고 있다. 첫째, 기업문화전략을 비교해보면 한국철도청 경영진은 1996
년부터 '고객중심 경영운동'을 시작하여 현재 정착단계에 들어갔으며 반면에
서울시지하철공사 경영진은 기존의 적대적 노사관계를 협조적 노사관계로
전환하기 위해 '신노사문화운동'을 중점적으로 진행하고 있다. 왜냐하면 서
울시지하철공사 경영진의 상업주의적 관리전략은 노동조합에 집중된 노동자
의 조직적 도전을 해체해야 실제적으로 작업현장에 관철되기 때문이다. 둘째
조직재구조화 전략을 비교해 보자. 한국철도청 경영진은 1996년부터 1999년
까지 조직통폐합과 외주 하청을 통해 4,112명을 이미 감원했으며 현재는 네트
워크적 속성을 지닌 철도업무들을 임의적으로 분할하여 이익센터로서의 사
업부제를 실시하고 있다. 이 과정에서 기존의 지방청은 폐지되어 본사와 사무
소간의 2단계 조직으로 변환되었으며 역무 업무는 이미 상당부분 외주 하청
화되었으며 차량정비창과 검수 업무는 점차 사적 기업으로 사유화시킬 계획
이다. 또한 경영진은 상업주의적 관리전략의 일환으로 다양한 수익적 부대사
업을 신설, 운영하여 자신의 본업인 공공 운수 서비스의 책임을 방기하고

있다. 반면에 서울시지하철공사 경영진은 정부로부터 구조조정 압력을 받아서 인원감축, 사업본부제, 차량중정비의 외주, 수익적 부대사업이라는 조직 재구조화 전략을 계획하고 있지만 노동자의 반발을 고려하여 한국철도청 경영진과 같이 전폭적으로 시도하지는 않고 있다. 하지만 서울시지하철공사에도 협조적 노사관계가 구축되고 노동자간의 집합적 도전성이 해체되면 경영진은 계획된 재구조화 전략을 실시할 예정이다. 셋째, 노동통제전략을 비교해 보자. 한국철도청은 과거부터 노동배제적인 통제기제를 통해 경영진의 자의적인 작업지시와 통제, 노동자의 장시간 노동과 노동강도 강화 그리고 저임금를 강제해왔다. 따라서 현재 경영진은 이러한 노동배제적 통제기제를 더욱 강화시키는 방향으로 노동통제전략을 진행하고 있다. 반면에 서울시지하철공사 경영진의 노동통제 전략은 과거 노동자의 조직적 도전으로 구성된 타협적 통제기제를 한국철도청과 같은 노동배제적 통제기제로 전환시킴을 주요과제로 삼고 있다. 이를 위해 경영진은 협조적인 9대 노조집행부와 더불어 기존의 1일 8시간 근무제를 변형시간근무제로 바꾸고 실 근무시간을 확대하려고 시도하고 있다.

2) 노동자의 조직적 도전정도의 비교

앞서 살펴보았듯이 한국철도청과 서울시지하철 노동자들은 모두 중앙정부와 경영진의 상업주의적 관리전략과 노동배제적 노동정책이라는 상황에 둘러싸여 있다. 하지만 한국철도청 노동자들은 현재 노동조합 집행간부들의 지나친 계급 협조성과 비민주성으로 인해 상업주의적 관리전략의 관철과정에 조직적으로 도전하고 있지 못한 반면에, 서울시지하철공사 노동자들은 계급대립적, 민주적 노동조합을 중심으로 뭉쳐 수년간의 작업장 투쟁과 대정부 연대투쟁을 하였으며 이를 통해 중앙정부 및 경영진의 상업주의적 관리전략의 관철을 어느정도 저지시키고 있다. 이를 관계적 측면에서 볼 때 노동자의 조직적 도전정도는 경영진과의 대립적 관계와 조합내의 민주적 관계의 상호작용을

<표 3> 정부 및 경영진의 상업주의적 관리전략 비교

구분	한국철도청	서울시지하철공사
정부와 공기업간 관계	● 과거 정부의 철도 정책 ○ 정부의 철도에 대한 저투자 정책 ○ 구조화된 적자운영 강제: 차입금에 의한 건설비 충당, 공공서비스 운영에 대한 지원 부족 ○ 수요에 대한 시설의 낙후화와 공급 부족 ● 김대중정부의 철도 정책 ○ 고투자 정책으로 전환(하지만 이는 상업주의적 관리전략과 사유화 전략과 연계되어 진행) · 한국철도청: 국가 기간 교통망 계획 수립 · 서울시 지하철공사: 수도권 광역 교통계획 수립 ○ 수익성 위주의 상업주의적 관리방식 이식 · 한국철도청: 국유 철도 경영개선 계획 · 서울시 지하철공사: 지방 공기업 경영개선 계획 ○ 운영부분의 사유화 계획(건설과 운영 분리) · 건설은 국가, 운영은 사적 자본에 사유화 ● 노동배제적 노사관계 ○ 임금 가이드라인 강제: 공기업에 직접적 영향, 임금체계 왜곡 ○ 노동3권의 제약: 단체행동권 제약, 정부의 직권중재제도 · 실질적 사용자인 국가와 형식적 사용자인 공기업 경영자의 분리 → 교섭의 책임 회피	
경영진의 상업주의 관리전략	● 철저한 상업주의적 관리 ○ 기업문화 전략 · 1996년부터 고객중심경영운동 · 직원에 대한 모니터링 강화 ○ 조직 재구조화 전략 · 1999년까지 4,112명 감원됨 · 사업본부제 실시, 지방청 폐지 · 차량정비와 역무 등 외주 · 다양한 부대사업 신설 운영 ○ 노동통제 전략 · 노동배제적 통제의 심화	● 점진적인 상업주의적 관리 ○ 기업문화 전략 · 신노사문화 운동 시도 ○ 조직 재구조화 전략 · 2,078명의 점진적 감원 시도 · 사업본부제 실시 예정 · 차량 중정비의 외주 예정 · 다양한 부대사업 신설 예정 ○ 노동통제 전략 · 기존의 타협적 통제를 노동배제적 통제로 바꾸려고 시도

통해 높아지며 반면에 경영진과의 협조적 관계와 조합내의 비민주적 관계의
상호작용은 그 정도를 낮춘다고 볼 수 있다. 따라서 다음에서는 한국철도청과
서울시지하철공사 노동자의 조직적 도전 정도를 경영진과 노조와의 관계,
노조 내 간부와 평조합원의 관계로 나누어 살펴보겠다.

첫째, 경영진과 노조와의 관계를 살펴보자. 한국철도청 노동조합은 경영
진과 협조하여 노동자들을 착취하는 준 노무관리기구로 작동되고 있다. 이러
한 상황은 해방 이후 국가 주도적 자본축적 전략으로 인해 한국 정부가 철도
라는 기간사업장에 직접적으로 개입함으로 발생했다. 한국철도청 노동조합
은 노동조합의 형식적 틀(단체교섭, 단체행동)마저도 벗어버려 경영진과의
'철도 노사협정서'를 통해 노사협의제로 단체교섭을 대신하고 있으며 노조의
가장 중요한 의무인 임금교섭을 단 한번도 하지 않았다. 이에 대해 조합원들
은 1988년과 1993년에 자생적인 파업투쟁을 전개했으나 정부와 경영진 그리
고 노조간부들에 의해 억압되었다. 반면에 서울시지하철공사 노동조합은
1987년에 설립되어 1999년까지 정부와 경영진에 대해 대립적 관계를 유지하
고 있으며 노동자의 조직적 도전이 노동력 소비과정과 보상과정에 집중되어
왔다. 1987년부터 시작된 노동자와 경영자와의 작업장 투쟁은 1989년 3.16총
파업을 통해 노동자의 승리로 마무리되고 그 결과 현재의 타협적인 관료주의
통제기제가 들어서게 됐다. 그 후 서울시지하철공사 노동자들은 대정부 연대
투쟁의 선두에 나서 1996년 공공부문 5개사의 대정부 연대투쟁, 1999년 구조
조정 저지를 위한 대정부 파업투쟁을 수행하여 경영진의 근무형태 변경 시도
를 막아내고자 하였으며 나아가 공기업 운영의 모든 의사결정이 이루어지는
중앙정부를 상대로 타 공기업 노동조합과 함께 연대투쟁을 조직해 나갔다.

둘째, 노동조합 내 간부와 조합원간의 관계를 비교해 보자. 한국철도청
노동조합의 간부들은 경영진과의 지나친 협조적 관계를 지속하는 과정에서
비민주적이고 자본 의존적인 권력을 통해 조합원의 요구와 저항을 억압하고
있다. 한국철도청 노동조합은 3중 간선제라는 비민주적인 노조임원 선거제도

와 타락한 선거정치를 통해 주로 자신에 협조적인 어용파 대의원들로 노동조
합의 의사결정기구를 구성하고 있다. 따라서 이러한 과두제적 의사결정구조
내에서 조합원들은 물론이고 민주적 지부장 및 대의원들조차 자신의 의사를
전달할 수 있는 통로를 원천적으로 봉쇄 당하게 된다. 결국 한국철도청 노동
조합 집행간부들은 경영진과의 협조적 관계를 공고히 하고 노무관리기구로
서 자리매김하기 위하여 앞서 살펴본 조합원 배제적, 과두제적 의사결정기구
를 이용하고 있는 것이다. 특히 한국철도청 노동조합에서의 과두제적 의사결
정구조는 교섭결과에 대한 조합원의 인준제도와 불신임 제도가 없음으로
인해 더욱 더 비민주적 측면을 강화시키게 된다. 이러한 제도적 맥락 속에서
한국철도청의 계급 협조적 노동운동 세력들은 조합원의 건강한 비판 및 참여
를 배제시키며 노조 집행부를 장악하게 되는 것이다. 특히 이러한 한국철도청
노동조합 집행간부들의 독재적 집행체계는 자신의 기득권을 침해할 수 있는
민주적 노동운동세력에 대해 징계를 남발하는 과정에서 전형적으로 나타난
다.

　반면에 서울시지하철공사 노동조합 간부들은 민주적 제도와 운영을 통해
조합원과의 관계를 형성하였으며 이러한 조합원들의 집합적 권력을 토대로
하여 경영진과의 대립적 관계를 지속하고 있다. 우선 서울시지하철공사 노동
조합은 노조위원장과 대의원 그리고 지부장, 지회장을 직선제로 선출하고
있으며 모든 회의체에서 다수결의 원칙을 적용하고 있다. 또한 서울시지하철
공사 노동조합에는 조합원 총회를 통해 교섭안을 인준투표하게 되고 만약
교섭안이 부결되면 자동적으로 위원장과 집행간부들은 사퇴를 해야 하는
노조규약을 지니고 있다. 특히 서울시지하철공사 노동조합은 '공청회,' '분임
토의,' '파업 찬반투표,' '인준투표,' '집행위원회,' '지부중심의 분권적 의사결
정 구조,' '현장간부 간부회의,' '각종 위원회' 등을 통해 조합원과 현장활동가
들이 집합적 요구의 형성, 결정, 집행 과정에 대해 영향을 미칠 수 있는 제도적
틀거리를 마련하고 있다.

<표 4> 노동자의 조직적 도전 정도 비교

한국철도청	서울시지하철공사
노동자의 조직적 도전정도 낮음	노동자의 조직적 도전정도 높음
● 노동조합과 경영진간의 관계 ·협조적 관계가 지배적 ·노조의 준노무관리기구화 ·단체협상을 한번도 안 함 ·1988년 이후 노동자들은 자생적인 형태로 근무형태와 임금에 대한 조직적 도전을 성장시키고 있음	● 노동조합과 경영진과의 관계 ·대립적 관계가 지배적 ·매년 파업을 통해 요구 관철 ·1987~89년까지는 근무형태와 직급체계를 중심으로 투쟁. 그 이후는 정부의 임금 가이드라인과 구조조정에 대해 타 공기업과 연대투쟁 ·노조는 경영진에 대해 자주적임
● 노조간부와 조합원간의 관계 ·비민주적 관계가 지배적 ·조합원들간의 관계는 개별화 ·노조는 비민주적 선거제도와 권위주의적 운영으로 조합원 억압(3중 간선제, 부패한 선거정치, 민주노동운동 세력에 대한 탄압) ·중앙과 지방본부 집행간부의 활동방식은 독재적, 관료주의적 리더십이 지배적(지부 수준의 일부 간부들에서는 민주적 리더십 존재) ·경영진과 노조는 공동으로 자신들에 저항하는 조합원을 징계 조치	● 노조간부와 조합원간의 관계 ·민주적 관계가 지배적 ·조합원들간의 관계는 집합화 ·노조는 형식적, 실질적 민주주의 제도를 통해 조합원의 참여를 확대(직선제, 조합원 인준제도, 현장간부 연석회의, 각종 위원회 가동) ·간부의 활동방식은 참여 촉진적 리더십이 지배적(동시에 권위주의적, 해결사적 리더십도 점차 나타나고 있음) ·1994년 5대 집행부 이후 형식적 민주주의는 정착되고 있으나 실질적 민주주의는 아직 초보적 단계
● 노동자의 재생적 제한적 도전과정 ·1988년 기관사 파업 투쟁 ·1993년 전지협 연대 투쟁 ·2000년 대법원의 '3중 간선제 위헌판결' 이후 노조 민주화 투쟁	● 노동자의 조직적 연대적 도전과정 ·1989년 직제개편 파업 투쟁 ·1993년 전지협 연대 투쟁 ·1996년 공공5사 연대 투쟁 ·1999년 구조조정 저지 파업 투쟁

3) 노동과정 통제기제의 비교

앞서 비교해 보았듯이 한국철도청과 서울시지하철공사 경영진은 정부의 압력 하에 상업주의적 전략을 관철시킬 의도를 지니고 있다는 점에서 공통점을

지니고 있다. 반면에 양사에 있어 노동자들은 경영진에 대한 조직적 도전정도
가 상이함으로 인해 상업주의적 관리전략의 관철정도가 달라지고 결과적으
로 다음과 같은 노동과정 통제기제의 차이점을 보여주고 있다. 첫째, 노동력
소비과정에 대해 비교해 보자. 노동배제적인 노동과정 통제기제의 유형인
한국철도청의 노동력 소비과정은 낙후된 차량 및 시설에서 월 250시간 이상
장기간의 근무를 하고 있으며 불규칙적인 근무형태를 주요 특징으로 하고
있다. 반면에 타협적 노동과정 통제기제의 유형인 서울시지하철공사는 경영
진에 대한 조직적 도전을 통해 노동력 소비에 대한 규칙을 단체협약으로
제도화시켰으며 그 결과 노동과 여가의 균형있는 노동시간과 규칙적인 근무
형태를 그 특징으로 하고 있다. 우선 노동시간을 보면 한국철도청의 경우
월 표준근로시간이 217시간인 반면 서울시지하철공사의 경우 164시간이다.
그리고 실 승무시간 이외에 발생되어 지는 준비정리시간과 대기시간을 보면
한국철도청은 그 일부만을 일정하고 있으나 서울시지하철공사는 발생되어진
전 시간을 근로시간으로 인정하고 있다. 나아가 근무형태를 보면 한국철도청
기관사는 불합리한 다이아 및 교번작성 기준으로 인해 경영진의 작업지시에
따라 불규칙한 주야 연속근무에 시달리고 있으며 1다이야 당 노동시간의 상
한이 8시간으로 상기화되어 있다. 또한 변형근로제와 휴일 기준의 불명확성
으로 인해 한국철도청 기관사는 거의 365일을 출근하더라도 휴일수당을 받지
못하고 있다. 반면에 서울시지하철공사는 노조를 중심으로 한 노동자의 조직
적 도전을 통해 다이야 및 교번작성기준을 단체협상 내에 명문화시켰다. 이를
통해 연 72일 이상을 교번상에 월 6일 균등분배하여 다이야 및 교번을 작성하
며 1다이아의 노동시간을 4시간 45분으로 제한하고 있다.

　　결론적으로 노동력 소비과정에 있어 노동배제적 유형인 한국 철도청에서
는 1) 경영진의 자의성에 의한 노동배제적 통제, 2) 월 31일 매일 출근의 장시
간 노동, 3) 연병가의 통제, 4) 열악한 근무환경, 5) 노동강도 강화의 근무형태
를 보여주고 있으며, 반면에 타협적 유형인 서울시지하철공사에서는 1) 노사

간의 공동결정으로 인한 타협적 통제, 2) 월 17.3일 출근의 적정한 노동시간, 3) 연병가의 자율적 사용, 4) 근무환경의 개선노력, 5) 여가, 노동의 균형 잡힌 근무형태를 특징적으로 보여주고 있다.

<표 5> 양사에 있어 기관사의 노동력 소비과정 비교

		한국철도청	서울시지하철공사
노동 시간	표준근무시간	월 217시간	월 164시간
	평균근로시간	월 250시간 이상	월 174.7시간
	준비정리시간 인정	실제 걸리는 시간보다 축소되어 인정됨(예: 2시간)	실제로 걸리는 시간을 충분히 인정(예: 3시간5분)
	대기시간 인정	실제 시간보다 축소되어 인정됨	대기시간 3시간30분 전체를 근로시간으로 인정
노동 형태	다이아, 교번작성 기준	불합리한 교번작성으로 인해 수송 소요에 따라 불규칙적인 주야 연속 근무	단체협상을 통해 '주간-주간-야간-비번-휴일'의 형태로 규칙적인 교번 근무
	1다이아상 최장 노동시간 기준	8시간(심야근무시 6시간)	4시간 45분
	휴일(비번)	없음	연간 72일을 월 6일로 배분(비번: 월 7.1일)
노동력 소비과정의 특징		· 경영진의 자의성에 의한 노동배제적 통제 · 월 31일 매일 출근 · 연병가의 통제 · 열악한 근무환경 · 노동강도 강화 근무형태	· 노사간의 공동결정으로 인한 타협적 통제 · 월 17.3일 출근 · 연병가의 자율적 사용 · 근무환경의 개선 노력 · 여가, 노동의 균형 잡힌 근무형태

둘째, 임금 수준을 보면 한국철도청과 서울시지하철공사는 공통적으로 중앙정부의 임금 가이드라인 정책을 적용 받기 때문에 사기업에 비해 낮은 임금수준을 유지하고 있다. 그러나 임금체계에서는 양사간의 차이가 드러난다. 노동배제적 유형인 한국철도청은 주로 승진과 연계된 직무급의 비중이 큰 반면 타협적 유형인 서울시지하철공사에서는 생애 생계비와 연계된 호봉

급이 큰 비중을 차지하고 있다. 또한 시간외 수당을 보면 한국철도청에서는 변형근로제로 인해 월 192시간을 초과해야 수당을 지급 받지만 서울시지하철공사는 1일 8시간 노동제로 인해 정규노동시간을 초과하여 근무할 경우 일별로 시간외 근무수당을 적용 받는다. 또한 시간외 수당의 단가에 있어 서울시지하철공사가 한국철도청에 비해 높다. 그리고 휴일수당을 보면 한국철도청은 사문화된 휴일 규정으로 인해 주휴일 자체가 적고 휴일에 근무해도 일요일과 법정 공휴일이 겹치면 휴일 수당을 지급하지 않는 반면 서울시지하철공사는 노사간의 합의를 통해 연간 72일의 유급휴일을 규정하고 노사간에 정해진 모든 휴일에 대해 근무시 휴일 수당을 지급하고 있다. 결론적으로 보상과정에 있어 노동배제적 유형인 한국철도청에서는 1) 노동자의 도전 부족으로 경영자의 자의적인 보상체계가 구성되어 있고, 2) 장시간의 고밀도 노동에 비해 임금수준이 적고, 3) 임금체계가 노동자 분할통치적 성격을 지니고 있으며, 반면에 타협적 유형인 서울시지하철공사에서는 1) 노동자의 조직적 도전으로

<표 6> 양사에 있어 기관사의 보상과정 비교

	한국철도청	서울시지하철공사
임금수준	정부의 임금 가이드라인 정책에 의해 임금수준이 낮음	정부의 임금 가이드라인 정책에 의해 임금수준이 낮음
임금체계	·임금총액에서 기본급 비중이 낮음 ·기본급 구성에 있어 직무급 비중이 큼 ·변형근로제로 인해 월192시간이 초과해야 시간외 수당을 지급 ·애매한 휴일규정으로 휴일수당을 적게 지급(수당단가도 적음)	·임금총액에서 기본급 비중이 낮음 ·기본급의 구성에 있어 호봉급의 비중이 큼 ·1일 8시간 근로제로 인해 정규시간 초과시 시간외 수당을 지급. ·노사간의 명확한 휴일규정으로 휴일수당을 지급.
보상체계 특징	·노동자의 도전 부족으로 경영자의 자의적인 보상체계가 구성 ·장시간의 고밀도 노동에 비해 임금수준이 작고 임금체계가 노동자 분할통치적 성격을 지님	·노동자의 조직적 도전으로 노자간의 협상적 보상체계가 구성 ·중앙정부의 개입으로 임금수준은 낮으나 임금체계에 있어 노동자 연대적 성격을 지님

노자간의 협상적 보상체계가 구성되어 있으며, 2) 중앙정부의 개입으로 임금 수준은 낮으나, 3) 임금체계에 있어 노동자 연대적 성격을 지니고 있다.

5. 맺음말

김대중정부는 현재 한국의 국가독점자본주의 체제를 확대 재생산하기 위한 중요한 고리로서 공기업의 사유화 및 경영혁신을 설정하고 있다. 우선 정부는 독점대기업의 방만한 경영으로 인한 발생한 외환위기를 수습하기 위해 흑자 공기업을 국내외 독점자본에게 싼값으로 매각하고 그 매각대금을 재원으로 하여 IMF가 요구하는 구조조정의 비용으로 충당하고 있다. 이러한 과정에서 공기업의 매각가치를 높이기 위해 공공부문 노동자들을 대거 정리해고하고 그나마 살아남은 노동자에게는 노동강도강화라는 경영혁신적 '칼날'을 휘두르고 있다. 따라서 문제의 핵심은 김대중정부가 위기극복 비용을 조달하는데 있어 비용발생의 책임자인 재벌 및 정치인에게 지우는 것이 아니라 오히려 공기업 매각, 세금인상, 공공서비스료 인상을 통해 노동자를 비롯한 전 국민에서 그 비용의 책임을 전가한다는 점이다. 이러한 본질적 이유 때문에 현 정부는 진실이 국민에게 알려지기 전에 공기업 사유화 및 경영혁신을 서둘러 진행하고자 하는 것이며 동시에 국민에게 '고통분담'이라는 이데올로기를 통해 고통전담이라는 짐을 씌우려는 것이다. 그러나 이러한 성급한 실행과정에서 반드시 발생되는 심각한 문제가 있다. 첫째, 성급한 공기업 사유화 과정에서 나타날 시장경쟁과 사적 경영의 부정적 문제(자본집중의 강화, 대량실업의 발생, 공공성의 상실, 가격등귀)에 대한 대책이 존재하지 않는다는 점이다. 둘째, 특히 정부의 사유화 및 경영혁신정책이 노동자계급에 미치는 영향으로서 공기업 노동자의 대량해고를 강제하고 있고 동시에 노동조합과 단체협약을 위협하고 있다는 반노동자적 정책이라는 점이다. 셋째, 국민경제에 미치는

영향으로, 정부는 사적 독점자본의 단순한 공기업 인수가 아니라 오히려 외자
획득을 위해 외국 독점자본에 의한 국가기간산업의 인수를 더욱 원하고 있다.
이는 결국 국민경제의 중추적인 부문에 대한 선진국의 직접적인 지배로의
길을 열어주는 것이며 그 결과 한국자본의 대외종속은 일층 심화시킬 가능성
이 있다는 점이다.

   이러한 반노동자적 상황에서 공공부문 노동자들은 그간 정신을 차릴 시
간 없이 당하기만 하였다. 하지만 위기의 순간은 오히려 기회의 순간일 수도
있는 것이다. 현재 공공부문의 구조조정 핵심적 주체는 청와대 및 기획예산처
이다. 즉 각 공기업의 이사장은 단지 정권의 정책생산 핵심부와 공공부문
노동자를 이어주는 통제의 전달벨트일 뿐이다. 따라서 이러한 공기업 통제구
조를 볼 때 현재 한국사회의 공공부문 노사관계의 주체는 정부-공공부문 산별
노조가 될 수밖에 없고 결국 공공부문 노동자들에게 있어 올해 노사관계의
핵심적인 투쟁전선은 대정부투쟁을 중심으로 설정될 수밖에 없다. 하지만
대정부투쟁의 동력은 상층노조 간부의 교섭능력에서 오는 것이 아니다. 그것
은 각 작업장에서의 현장 조직 및 작업장 투쟁을 통해 탄생되며 이러한 힘이
상층노조간부의 진정한 지도력과 결합될 때 구체화된다. 따라서 공공부문
노동자는 투쟁의 기본방향으로 공기업유지·공기업 혁신·노농자 경영참가
를 설정하고 이를 실현하기 위해 자신의 조직대오를 공공부문 산별노조를
중심으로 결합하여야 한다.

참고문헌

공공연맹, 『공기업 민영화 이것이 문제입니다』, 1998년
기획예산위원회, 「제1차 공기업 민영화 계획」, 1998년 7월 4일
기획예산위원회, 「제2차 공기업 민영화 및 경영혁신 계획」, 1998년 8월 5일
기획예산위원회, 「정부투자기관 관리기본법 개정」, 1998년 10월 2일
기획예산위원회, 「국정감사 업부보고서」, 1998년 11월 10일
기획예산처, 「공공부문 개혁과 국민세금을 아껴쓰기 위해 1998년에 한 일」, 1999년 1월 5일
기획예산처, 「공기업 경영혁신 추진실적」, 2000년 1월 28일
기획예산처, 「대통령 연두 업무보고」, 2000년 2월 12일
김대환, 「민영화논리의 비판적 검토」, 『사회비평』(10호) 1993년, 253~279쪽.
김대환, 「한국 민영화정책의 비판적 검토」, 『경제와 사회』(25호) 1995년, 176~215쪽.
김성구, 『경제위기와 신자유주의』, 문화과학사 1998년, 273~366쪽
삼성경제연구소, 『민영화와 한국경제』, 삼성경제연구소 1997년
임휘철, 「한국 민영화 정책에 대한 비판적 고찰」, 『동향과 전망』(1995 겨울), 97~124쪽.
채만수, 「자본의 구조조정 성격과 노동운동의 대응」, 『경제위기, 신자유주의 그리고 노동운
　　　동』, 현장에서미래를 1999, 142-163쪽

Batstone, E. et al., *Consent and Efficiency: Labour Relations and Management Strategy in the State Enterprise.*
　　　Oxford: Blackwell 1984
Buraway, M. *The Politics of Production,* London:Verso 1985
Colling, T. & Ferner, A. "Privatization of the british utilities: regulation, decentralization and industrial
　　　relation," in Clarke T. & Pitelis, C. *The political economy of privation* 1993, 125~41쪽.
＿＿＿＿＿＿＿＿＿ "Privatization and marketization," in P. Edward eds., *Industrial relations,* 1995,
　　　491~513쪽.
Edwards, R. *Contested Terrain,* Heinemann 1979
Edward, P.K. *Conflict at Work,* Oxford: Blackwell 1986
Edward, P.K. & Scullion, H. *The social organization of industrial conflict: control and resistance in the workplace,*
　　　Oxford: Blackwell 1982
Ferner, A. "The state as employer," in Hyman R. & Ferner, A. eds *New frontiers in european industrial
　　　relations,* Blackwell 1994, 52~79쪽.
Friedman, A. *Iindustry and Labor,* Macmillan 1977
Jessop, B. 『자본주의와 국가』, 이양구, 이선용 옮김, 돌베개 1981

Offe, C. 『국가이론과 위기분석』, 서규환·박영도 옮김, 전예원 1988

Pendleton, A. and Winterton, J. *Public enterpries in transition*, London and New york: Routledge 1993, 2~3쪽.

Pitelis, C. & Clarke, T. "Introdution: The political economy of privation," in Clarke T. & Pitelis, C. *The political economy of privation* 1993, 1~28쪽.

Poulantzas, N. 『국가, 권력, 사회주의』, 박병영 옮김, 백의 1994

대우그룹 구조조정과 노동운동의 대응전략

선지현 · 이황현아 · 정상준[1]

1. 서론: '대우사태'의 해법?

지난 99년 7월 19일 대우그룹은 김우중 회장의 10조 원의 추가담보 제공을 통한 자금지원요청과 경영권의 포기를 선언하며 사실상의 부도를 공식 발표하였다. 이후 정부는 8월 16일 수정재무구조약정을 통해 '그룹해체'와 '개별기업 살리기'라는 이중전략을 선택하였으며, 김대중 대통령은 8 · 15 광복절 경축사에서 "재벌집단이 아닌 개별기업이 경쟁력을 갖추도록 재벌개혁이 금년 말까지 반드시 마무리돼야 한다"고 강조했고, 이어 9월 6일 금감위 위원장과 채권은행장단은 12개 대우 계열사의 워크아웃을 결정했다. 또한 2000년 1월 22일 해외채권단과의 협상이 타결되면서 해외매각이 본격적으로 추진되고 있고, 이를 총괄적으로 관리할 이른바 <대우구조조정추진협의회>가 지난 2월 10일 출범하였다. 대우문제 해결의 핵심에 놓여있는 대우자동차의 경우 이미 GM, 포드, 현대, 다임러크라이슬러,

---

1. 이 글은 2000년 4~5월의 상황전개까지를 대상으로 하여 집필하였음을 밝혀둔다.

피아트 등 5개 업체가 입찰참여의향서 LOI를 제출한 상태로(2000. 2.22.), 대우 구조조정협의회는 5월말까지 우선협상대상자를 두 개 사 정도로 선정하고 상반기 안에 매각절차를 마무리할 계획이다.

정부와 채권단의 이러한 처방은 그간 진행해왔던 구조조정의 연장선에서 진행되고 있는 것으로, 이는 워크아웃을 통해서 채무유예 혹은 면제, 단기채 무의 장기채무로의 전환, 자산 부채 실사를 거친 후 출자전환, 이자감면, 대출 금 원리금 상환유예 등의 조치를 추진하여 부채비율을 축소, 재무구조를 개선 하고 이후 계열을 분리하여 (해외)매각, 청산, 인수합병하는 것으로 요약된다. 또한 기존 계열사들의 자금조달이나 배분 이상의 인사와 경영전반에 대한 통제권을 은행단이 쥐며, 그룹총수로서의 김우중의 경영권은 사실상 대부분 의 계열사에서 상실된다. 이렇게 실질적으로 부도가 난 기업을 회생시켜 놓고 소유와 경영이 분리된 전문경영인체제로 독립기업화하는 것, 이것이 정부가 추진하는 재벌개혁의 목표이다. 그리고 이 허울좋은 재벌개혁의 미명 아래 채권단, 정부, 대우 경영진 사이에 줄다리기가 벌어지고 있는 것이다.

그러나 이제 거의 1년이 다 되어 가는 이 줄다리기의 단면을 살펴보자. 대우그룹의 부실에 따른 부담은 고스란히 국민들이 지고 있고, 노동자들의 고용은 전혀 보장되지 않고 있으며, 동시에 구조조정을 빌미로 한 임금삭감, 현장의 노동강도, 노동통제가 강화되고 있다. 반면 총체적인 부실경영을 초래 한 대우그룹 경영진에 대한 강력한 제재는 고사하고, 대우그룹 파산에 대한 책임을 부인하기 어려운 금융채권단, 정부, 그리고 초국적 은행이 오히려 뻔뻔스럽게 위기극복의 주체로 이러한 전권을 휘두르고 있다. 대우사태의 수습과정은 자본의 위기를 노동의 일방적 희생으로 극복하고, 그 효과를 초국 적 독점자본과 국내 독점자본의 이해에 맞춰 분배하고자 하는 철저히 신자유 주의적인 본질을 드러내고 있는 것이다.

그러므로 우리는 대우 사태의 해결이 자본의 '시장경쟁의 원리'에 입각한 신자유주의적 구조조정 처방을 전면적으로 반대, 전복하는 것에서부터 출발한다고 주장한다. 사실상 '대우사태'를 불러일으킨 근본원인인 과잉중복투자, 과잉생산을 낳는 자본주의 시장법칙의 원리 자체를 파열시켜야 하며, 또한 이를 담당할 주체는 이제까지 경영에서 배제된 채 열심히 일했던 노동자들과 일반 국민들의 몫이어야 하는 것이다. 따라서 우리는 대우그룹의 공공적 소유형태로의 전환, 즉 '사회화'를 대우 해법의 전제조건으로서 요구한다. 워크아웃도 마찬가지다. 비시장적 개입을 통해 기업의 부실부분을 일정하게 사회적으로 분담시킴으로써 기업회생을 기도하는 워크아웃이 공적자금 투여를 동반하는 것이라면, 이 과정에서의 노동자, 국민의 권리 주장은 당연한 것이며 이를 통해 신자유주의 구조조정 공세를 철폐시켜야 하는 것이다.

그런데 IMF 체제 이후 중요한 이슈로 떠오른 재벌해체의 문제는 온갖 부르주아 경제학자들의 사이비논리와 그 시장경쟁담론에 편승한 시민운동 덕분에 독립기업화나 전문경영인체제로의 전화 등의 내용이 진보적인 양 이해되면서, 오히려 대우사태와 같은 현안에 대한 민중적 입장이 올곧게 모아지지 못하고 정세적인 투쟁을 조직하는 데 걸림돌이 되고 있다. 그러나 '재벌해체'는 구조조정에 맞서 노동자·민중의 생존권을 지켜내고 이를 위해 사회적 소유를 확장하고 시장을 통제함으로서만 달성되는 과제이다. 이 글은 생존권사수와 사회화 투쟁의 결합만이 위기의 대안이 될 수 있음을 대우사태의 실례로서 조명하고자 하는 것이다.

이를 위해 먼저 대우사태에 대한 정부 해법의 본질적 성격과 문제점들을 살펴보면서 그 해법이 신자유주의적 구조조정에 근거한 것임을 밝힐 것이다. 그리고 대우사태 해결을 둘러싸고 제기되는 각종 해법에 대하여 그것이 의도적으로 혹은 스스로도 인식하지 못한 채 내재하고 있는 '시장주의 원리'라는 점에서 정부의 반민중적 해결방향과 동일선상에 있음을 밝히고, 현실에서 노동자들의 요구와 혼합되어 혼란을 야기시키고 있는 부분들을 비판할 것이다. 그리고 이 과정에서 워크아웃 쟁점들에 대한 사회화 요구를 정식화하고자 한다. 이어 보론에서는 정부 해법에 대한 이해를 높이기 위해 정부가 추진하고 있는 재벌개혁 정책을 2년이 경과한 시점에서 비판적으로 평가하고자 하였다.

2. 정부·채권단의 신자유주의적 해법: 비판

세계자본주의 위기와 더불어 폭발한 한국자본주의 위기는, 해외자본의 유입과 고도로 유연화된 노동체제로의 재편을 통해 세계화에 더욱 깊숙이 편입됨으로써 잠시 지표상으로는 극복되었으나, 근본적으로는 위기를 항상적으로 내재화시키고 그 부대비용을 계속해서 민중들에게 전가하고 있다. IMF의 관리로 진행되는 구조조정의 성격, 즉 신자유주의 패러다임 하에서 초국적자본의 이해에 종속되고, 살아남은 국내 독점자본이 해외자본과의 '경쟁을 위해' 가능한 수준에서 독점을 더욱 강화하며, 또한 이를 위해 대규모 인원정리와 비정규직의 도입, 임금삭감, 임금체불, 노동강도의 강화를 중심으로 하는 정부의 대노동정책이 강력하게 관철되고 있는 것이다. 이상과 같은 정부와 자본의 위기해결책은 대우구조조정 과정에서도 적나라하게 드러나고 있다.

정부와 채권단의 대우사태 해결의 기본 방침은 워크아웃을 통해 기업가치를 회복한 다음 계열기업들을 분리매각해서, 특히 핵심기업들을 해외매각해서 채권단의 채권을 회수하고 기업을 정상화시키겠다는 것으로서 99년 8월 16일 발표한 대우그룹 수정재무구조 약정을 토대로 하고 있다.[2]

약정서의 체결 이후 대우는 더 이상 기존 재벌의 모습을 가질 수 없게 되었다. 정부의 구조조정 방향이 개별기업 차원에서의 회생이고, 12개 계열기

---

2. 이 수정재무구조 약정은 큰 변화 없이 그대로 워크아웃 플랜으로 확정되고 있는데, 예컨대 ㈜대우의 경우 2000년 2월 29일 당초 방안대로 무역·건설·관리 등 3개 부문으로 분할되고, 자산(16조6천5백99억 원)과 부채(34조1백83억 원)도 부문별로 나누어져, 부채를 관리부문에 집중시키는 방식으로 확정되었다.

업에 대한 워크아웃 결정으로 경영권 자체가 채권단으로 넘어갔기 때문에
김우중 회장의 경영권 박탈은 사실상 이루어진 것이기 때문이다. 그 결과
대우 사태의 해결과 구조조정의 실질적인 주체는 정부와 채권단임이 분명해
지게 되었다. 물론 김우중 총수 일가를 비롯한 개별 기업 임원진에 대한 법적
책임과 재산환수라는 문제는 남아 있지만, 이도 역시 정부와 채권단의 결정에
의해서 이루어질 것이다.

<대우그룹 수정재무구조 약정>

회사	처리방안
(주)대우	건설부문과 무역부문으로 분리, 건설부문은 즉시 계열분리
대우중공업	조선부문은 계열분리 후 외자유치, 기계부문은 존속
대우자동차	쌍용자동차 흡수합병, 승용차부문 외자유치, 버스트럭 부문 분리매각
대우전자	계열분리 후 해외매각
대우통신	TDX부문 매각
경남기업	계열분리 후 매각
대우증권 및 서울투신운용	채권단이 선인수 후 정산방식으로 인수한 다음 제 3자가 매각추진
대우개발	대우자동차와 합병 후 분할 매각

80조가 넘는 부채처리와 관련해서,[3] 정부는 대우자동차 등 주요 계열사를
매각하여 그룹 전체의 빚을 갚겠다는 입장이다. 더욱이 부채실사가 투명하지
않음으로 인해 초과부채가 드러날 가능성 또한 배제할 수 없기 때문에 이를
포함한 대규모 공적자금투입은 불가피할 것으로 예상하고, 이미 99년 9월
10~20조 원의 공적자금의 추가 조성 계획을 제출하였고,[4] 투신사 구조조정

---

3. 12개 워크아웃 대상기업에 대한 중간실사보고서에 따르면, 99년 8월 말까지 드러난 자산은 61.2조 원,
   부채는 868조 원에 이르며(금융감독원, 1999.11.4.), 재무제표 상으로도 그룹 전체의 98년 영업이익은
   3.2조로 이자비용 5.9조의 절반 정도밖에 되지 않는다.
4. IMF와의 하반기 정례회의, 1999년 9월 17일.

을 위해 채권안정기금과 같은 유사공적기금을 수십 조 원대로 확대시켰다. 매각이 어려운 기업에 대해서는 부채탕감과 부채출자전환을 통해서 계열분리를 단행하겠다는 입장이다. 부채가 자산보다 많을 경우 총수 개인재산의 처분과 채권단의 손실을 감안할 수밖에 없다고 보고 있다. 그러나 채권단의 손실이라는 것은 채권단의 경영조건을 개선하기 위한 공적자금의 투입을 통해 결국 국민들의 부담으로 돌아가는 것이며 그러한 한에서 그 손실 비용은 사회화된다.

구조조정의 내용을 간략히 살펴보면,[5] 대우는 대우자동차, 대우자동차판매, 대우캐피탈, 대우통신 자동차부품 부문 등 자동차 관련 4개 사와 해외 자동차법인 관리를 맡을 (주)대우 무역부문과 대우중공업 기계부문 등 6개 사로 이뤄진 자동차전문 기업군으로 축소·재편된다. 그러나 대우자동차의 경우 현재 진행중인 GM과의 협상이 성사돼 승용차 부문 경영권이 넘어가면 나머지 버스와 트럭부문도 별도 분리 매각될 예정이다. 이렇게 되면 최종적으로 (주)대우 무역부문만 남는 셈이다.

또한 채권단은 재무약정에 계열사별로 분리·매각 시한도 명시해 이를 지키지 못하면 현금화가 쉬운 자산부터 담보처분권을 행사해 매각작업을 주도할 예정이다. 또 계열 전체의 약정이행을 매분기마다 부채비율, 계열사정리, 자산매각, 외자유치 등 4개 항목으로 점검하기로 하였고, 그 결과를 바탕으로 계열사별 상황에 따라 기업개선작업이나 회사정리절차에 들어가기로 했던 것이다. 그리고 대우그룹 구조조정전담팀에 참여했던 제일, 한빛, 산업, 조흥, 외환, 서울 등 6개 은행은 각 은행별로 대우 계열 전담팀을 별도로 구성해 본격적인 업무에 나섰다. 각 은행별로 맡은 계열사는 제일은행이 (주)대우, 대우증권 등 7개사, 한빛은행이 대우전자 등 4개사, 산업은행이 대우중공업

---

5. 허영구, 「대우그룹 구조조정, 어떻게 대응할 것인가?」, 『대우그룹 구조조정 진단과 방향 공청회』, 민주노총, 1999년 9월 1일.

등 3개사, 조흥은행이 쌍용자동차등 3개사, 외환은행이 경남기업 등 3개사, 서울은행이 대우자동차 등 5개사이다.

그러면 공적자금 투입, 해외매각을 중심으로 이번 대우 문제를 해결하겠다는 정부의 대응기조를 다음 네 가지 문제로 나누어 간략하게 짚어보자.

첫째, 매각문제에 대해서이다. 우선 대우의 부채비율이 99년 6월 현재 588.2%인 상황에서 매각을 중심으로 한 구조조정은 단기간의 유동성은 확보할 수 있을지 몰라도 부채비율 자체를 줄이는 것은 불가능하다. 따라서 정부가 매각을 성사시키고자 한다면 대규모 공적자금이 투입되고 그 외의 여러 인센티브들을 주지 않고서는 불가능한 상황이다. 그런데 정부는 제일은행 매각결정에서도 그랬던 것처럼 매각성사를 위해 가능한 조치들을 최대한 진행할 것으로 보인다. 그 중에서도 가장 문제가 되는 것은 그나마 재무구조가 건전한 우량기업들을 매각 대상으로 한다는 점이다. 부실기업은 정부가 모두 떠 안고 우량기업들은 부채를 출자전환하는 등의 방법을 통해 재무구조를 개선한 다음 해외에 매각하게 된다면 한국경제는 이중의 부담을 안는 결과를 초래할 것이다.

둘째, 공적자금 투입문제를 보면, 98년 동안 조성된 공적자금은 64조 원이다. 이렇게 조성된 자금은 예금보험기금에서 30조8천억 원, 성업공사의 부실채권정리기금에서 20조3천억 원, 매각 성사를 위해 서울은행에 추가 투입된 자금 4조5천억 원, 대한생명 2조 원 등으로 99년 9월 현재 남은 공적자금은 5조 원에 불과하다.[6] 더욱이 대우의 부채가 80조 원임을 감안해볼 때 대우구조조정에 따른 투신사의 자금압박과 부실화를 막아내는 데에 필요한 자금의 규모는 어마어마할 것이다. 이렇게 되면 공적자금의 추가조성은 불 보듯 뻔한 일이다. 그럼에도 불구하고 투입된 공적자금에 대한 사회적 통제와 개입은 사실상 부재할 뿐만 아니라, 이후 투입될 공적자금을 어디에서 조성할 것인가

6. 『조선일보』 1999년 9월 13일자.

라는 점 역시 중요한 문제이다. 공적자금을 기존 정부예산과 채권발행, 정부
가 매입한 채권의 매각 등을 통해 조성한다고 했을 때, 사실상 노동자들과
국민들에게 채무를 떠안기는 것이다.

셋째, 노동자들의 생존권과 고용문제는 정부 해법에서 아예 빠져있는 상
태다. 오히려 대우그룹 계열사들은 자구노력의 일환으로 99년 8월 초에 인원
조정과 임금삭감을 골자로 하는 안을 제출하고 있는데 그 내용은 (주)대우의
경우 인원 20%감축, 전환배치, 스톡옵션제 도입, 대우자동차는 인건비 2천억
원 감소, 대우건설은 400여 명 감축, 대우자판은 임원 20% 감축 등이다. 게다
가 채권단은 12개 계열사 워크아웃에 들어가면서 노동조합에게 "일체의 쟁의
행위 금지, 인원감축 협조, 임금 및 복지 삭감, 상급단체와의 단절"[7]의 내용을
담은 워크아웃 동의서를 요구, 쌍용자동차를 제외한 모든 대우계열사 노조로
부터 강제로 받아냈다. 더욱이 생존권과 고용문제는 비단 대우그룹 노동자들
만의 문제가 아니다. 협력업체 82.7%가 어음할인 곤란, 부도위기 등으로 대우
계열사뿐만 아니라 협력업체를 포함하여 16만여 명의 노동자들이 생존권의
파괴에 직면해 있는 상태이다.

넷째, 그럼에도 대우사태를 초래한 김우중 회장 및 경영진의 책임문제는
제기되지 않고 있다. 워크아웃 조치로 사실상 경영권을 채권단이 행사하고
있는 상태에서 기존 경영진에 대한 책임을 명확히 하지 않는 것은 이해하기
어렵다. 또한 채권단의 손실분담에 대해서도 정부는 명확한 입장을 내고 있지
않다. 정부는 채권단의 손실 및 책임을 묻는 것은 대규모 환매사태 등의 금융
시장 혼란을 가져올 것이라고 주장하고 있지만 경영의 책임을 묻는다면 당연
히 채권단도 예외가 될 수 없다. 더욱이 대규모의 공적자금이 투입되어야
하는 조건에서 채권단의 손실분담을 명확히 하지 않으면 국민의 혈세로 기업
을 회생시키고 그 성과는 고스란히 금융자본을 비롯하여 국내외 독점자본에

---

7. 민주노총 대우그룹 구조조정 대책위원회, 기자회견문, 1999년 9월 20일.

게 귀결되고 말 것이다.

3. 워크아웃의 주요 쟁점들

1) 고통분담인가 노동자 생존권인가

대우사태를 어떻게 처리해야 할지를 놓고 많은 이들의 공방이 치열한 가운데 계열사들이 자금지원을 못 받고 있으며, 채권의 환수요구가 줄을 잇고 있다. 하청업체들은 어음이 할인되지 않는 상황을 견디지 못하고 부도가 날 것이 확실시되고 있다. 특히 대우자동차의 3천여 개 하청공장들은 어음할인이 되지 않고 있는 상황을 오래잖아 견디지 못하여 연쇄적인 부도사태를 일으킬 처지에 놓여있다. 이미 관련 협력업체 중 6개사가 법정관리에 들어갔고 이러다가 도산하는 것은 시간문제라는 이야기가 나오고 있다. 그러나 대우사태가 터지면서 대우문제의 해결은 금융시장의 교란을 최대한 막는 것에만 초점이 맞춰졌다. 이미 두 차례의 금융안정정책을 내놓은 바 있는 정부는 최근 또 다시 2~30조의 금융안정자금을 확보할 것을 시중은행에 지시하였다. 대우공장 가동률이 떨어지고,[8] 1, 2차 하청업체, 협력업체 사이의 거래관계가 끊어지는 것 등은 하등 문제가 아닌 듯 제대로 다루어지고 있지도 않다.

이에 대해 진보적인 학자라 하더라도 회사의 정상화를 위해, 또는 유리한 매각조건을 만들기 위해서는 구조조정이 불가피하다는 입장을 피력하기도 한다.[9] 그러나 기아나 쌍용의 전례에서 볼 수 있듯이 '회사정상화가 우선'이

---

8. 개별 공장별로 차이가 있는데 대우자동차의 경우 가동률이 60%지만 쌍용자동차의 경우 무쏘가 잘 팔린다는 이유로 잔업, 특근이 허다하다고 한다.

9. "대우그룹은 부도가 난 상태이기 때문에 일반적인 노사관계와는 차원이 다릅니다. 자산이 80조인데 확실하게 챙길 수 있는 자산이 40조밖에 안되고 빚은 70조가 확정돼 있는데 얼마가 늘어날지 모르고 자산을 다 팔도도 빚도 못 갚는 회사라는 것을 인식을 할 필요가 있습니다. 그래서 못 갚은 빚은 국민들

라는 논리는 대규모 고용조정과 임금체불 및 삭감, 무차별적 배치전환과 무급
휴가라고 하는 노동자의 희생을 정당화하는 것이다. 예컨대 윤진호 교수는
고용 및 생존권 확보를 위한 노동조합의 대책방향에 대해 노동조합이 솔선수
범하여 신자유주의 워크아웃과 고통분담을 수용하도록 제안하고 있다.[10] 노
동조합으로 하여금 고통분담의 의사를 솔선하여 밝히는 것이 워크아웃 정세
에서 '공세적'인 대응이라는 것이고, 더 나아가 노동자들의 이익을 대변하는
노동조합으로서 고통분담의 수용이 어렵다는 노조간부들의 난색에도 불구하
고 전체노동자의 이익을 장기적으로 대변하기 위해서는, 또 여론의 우위를
점하고 정부와의 협상력을 높이기 위해서는 고통분담 선언이 필요하다는
어이없는 논리를 강요한다. 이들 교수들의 주장대로, 솔선수범하여 고통분담
을 선언하면 대정부 협상력을 높이고 여론의 우위를 가질 수 있다면, 아마도
투자자와 소유자, 경영자들이 먼저 앞장서서 고통분담을 선언하고 나섰을
것이다. 대우채권의 투자자들에 대한 정부의 지급보증이 가르쳐 주듯이, 그들
은 고통분담을 선언하는 것이 아니라 고통을 분담할 수 없다고 거세게 버티고
있는 상황인데, 노동자들이 앞서서 고통분담을 선언하라면 이것이야말로 고
통전담에 탄탄한 길을 열어주는 것일 뿐이다. 또 이들 교수들은 국민세금으로
공적자금이 투입되어야 하는 상황에서 대우노동자들만은 손실을 감수할 수
없다는 게 말이 되느냐고 윽박지르기도 한다. 이들은 대우의 위기가 노동자들

세금을 갖고 메울 수밖에 없는데 근로자들은 아무 희생도 못 치르겠다고 하면 말이 안 되는 얘기이기
때문에 어차피 희생은 치를 수밖에 없는 상황입니다. 다만 몇 가지 전제가 이루어져야 합니다. 구조조정이
합리적으로 이루어지고 인원조정보다는 일시적인 임금삭감으로 — 다른 방식의 보상이 전제되는, 주식이
라든가 — 최소한의 희생을 감수할 자세가 돼 있다는 것을 어떻게든 얘기해야 빨리빨리 해결이 되고,
정상화될 수 있지 않을까 하는 이야기입니다. 무조건 지는 자세로 들어가라는 얘기는 아닙니다." 종합토
론 중 김기원 교수의 발언 내용, 99년 9월 7일 대노협 단위노조 정책담당자회의 때 연구보고서(민주노총대
우그룹구조조정대책위원회, 「대우구조조정 문제점과 노조의 대응방향」) 내용을 듣고 토론한 내용 요지
가운데서 부분 인용.
10. 윤진호, 「대우그룹 구조조정 관련 고용 및 생존권 안정대책」, 『대우구조조정 문제점과 노조의 대응방향』,
민주노총대우그룹구조조정대책위원회, 1999. 9. 15.

의 책임이 아니라 재벌의 지배체제와 총수 1인의 독재적인 지배체제가 원인 이라고 분석하면서도, 그 대안에서는 노동자들의 고통분담이 요구된다고 주 장하고 있는 것이다.

그러나 대우문제 해결을 위해서 공적자금의 투입과 그에 따른 국민부담 이 불가피하다면, 무엇보다도 공적자금 투입이 요구된 기업을 공적 소유 형태 로 전환시켜 사회적 또는 국민적 통제를 유지하는 것이 올바르지 않은가? 그렇지 않고 그 이익을 (해외)매각을 통해 제3의 자본가가 가져가는 그야말로 조삼모사의 해법을 노동자들의 대안이라고 할 수 있을까? 뿐만 아니라 공적자 금 투입으로 인한 국민부담을 생각한다면 공적자금의 조성 경로에 대한 문제 도 지적해야 옳을 것이다.

그러므로 현재 대우문제 해결의 초점은 구조조정의 주체가 정부로 명확 해진 상황에서, 노동조합의 공동의 요구를 가지고 적극적으로 연대투쟁을 조직하고 정부와 직접 맞서 나가는 것에 있다.[11] 또한 이 과정에서 금융시장 의 불안 이데올로기를 앞세워 매각의 문제를 본격화하려는 기도들을 막아내 는 것이 중요한 과제로 제기된다. 그리고 대우그룹 부도사태로 말미암아 현재 대우의 구조조정이 구체적으로 어떻게 들어오고 있는지를 밝혀내고 노동자 들에 대한 공격의 양태가 어떻게 드러나고 있는지를 선전선동하면서 생존권 과 고용안정의 요구를 전면으로 제기하는 투쟁이 되어야 한다.

이를테면 대우그룹 부도사태 이후 쌍용자동차에서 취해진 택타임 강화와 관련한 문제를 보자. 차 한 대 만드는데 걸리는 시간인 택타임을 낮추면 노동

---

11. 한편 채권단과 경영진이 워크아웃 동의서를 개별 노조별로 받아내면서, 노조의 대응을 분산시켜 각개격 파하고 있다는 점은, 역설적으로 현 대우사태의 해결이 개별 기업별 노조의 방어투쟁을 넘어 적어도 대우그룹 노조와 민주노총 차원의 연대투쟁에 의해서만 가능한 것임을 역설적으로 가르쳐준다. 그런 까닭에 현 대우사태는 총자본과의 싸움인 것이다. 그런 점에서 99년 한해 대노협 차원의 전체 투쟁이 제대로 기획되지도 못했을 뿐만 아니라, 올 봄 대우자동차 해외매각반대를 위한 자동차 완성 4사 투쟁 역시 강력한 연대투쟁을 이루지 못한 점은 뼈아픈 한계이다.

자들은 그만큼 더욱 강화된 노동강도로 일해야 하며, 그렇지 않으려면 인원이 보충되어야 한다. 그런데 이에 대해 사측은 실습생을 쓰는 등 임시직을 고용하고 있다.[12] 작년 차가 안 팔릴 때는 무려 1천여 명을 희망퇴직, 정리해고 시키다가, 무쏘가 좀 팔리니까 다시 임시직을 채용하는 것, 이것이 '회사정상화를 위한 회사의 눈물나는(?) 노력'이다. 대우의 현재 위기를 촉발한 원인이 단순한 현상적인 유동성 위기 이전에, 본질적으로 과잉중복투자와 이에 기반한 시장경쟁 심화였다면 바로 이 원인을 제거하는 것으로부터 해결의 방안을 내놓는 것이 마땅하다. '노동자 희생,' 자본의 언어로는 '경쟁력 강화'를 바탕으로 기업을 정상화시킬 수는 없는 것이다.

그렇다면 대우그룹의 워크아웃 과정에서 노동자가 요구해야 할 것은 무엇인가?

부실화된 기업을 회생시키는데 필요한 사회적 손실을 어떻게든 누군가 져야 한다면 누가 그 손실을 부담하고 회생한 기업의 성과를 누가 가져가는가 하는 문제를 바로 봐야 한다. 따라서 우선 정부의 시장주의적 구조조정안, 즉 현재 집행되고 있는 신자유주의적 워크아웃안 자체를 거부해야 한다. 철저하게 반노동자적, 친재벌적인 정부안을 지금처럼 그대로 받아들여서는 문제가 올바로 해결될 수 없다. 기업정상화 과정에서 손실분담이 불가피하다면, 그것은 기업운영 과정에 일정한 책임을 지고 있는 정부와 금융채권단, 주주, 투자자, 경영자 등이 그 부담을 나누어 갖는 것이고, 민중들의 혈세를 통해서 조성되는 공적자금의 규모를 최소로 해야한다. 또한 공적자금의 조성도 재벌들의 재산환수, 직접세 비중을 높이는 조세제도의 변경, 금융실명제 부활 등을 통해 경제위기에 실질적 책임이 있는 독점자본들에게 비용을 부담토록 하는 방향에서 이루어져야 할 것이다.

---

12. 쌍용자동차 현장조직추진위원회, 1999년 8월 27일자 선전물 중에서.

2) 해외매각인가 공공소유인가

부채비율 축소가 강조되는 이유는 바로 기업정상화에 있다. 기업을 정상화시키기 위해서는 우선 초단기 만기부채를 장기화시켜야 하고, 부채를 출자전환해서 금융비용에 대한 부담을 덜어야 한다. 부채 축소를 강조하는 이유는 간단하다. 대우의 실제 총부채가 100조 원에 이른다는 것이 공공연한 사실이라고 하면 매각이 어렵고 매각된다손 치더라도 이 과정에서 일정 정도 회계조작이 있어야 가능하다. 그렇다면 방법은 부채탕감, 출자전환이고 산업은행이 공적자금을 투여하여, 단기부채를 장기부채화하는 동시에 부채를 자본으로 전환해야 하는 것이다. 6대 이하 워크아웃 과정과 달리 그 부채의 규모가 워낙 높으므로 공적자금 투입을 최소화시킨다 하더라도 그 부담이 커질 수밖에 없다. 그렇다면 형식적 사회화 과정에서 노동자와 국민의 이해가 반영되어 이들이 기업을 실질적으로 통제할 수 있도록 해야한다.

이렇게 대우 계열기업의 매각은 국민적 혈세의 부담을 전제하는 것이라는 점에서 그것은 단순히 사적 기업간의 시장거래가 아닌 것이다. 시장원리에 입각한 대우그룹의 신속한 처리라는 정부와 채권단의 주장은 일종의 이데올로기적 기만이다. 따라서 매각문제에 대한 올바른 관점을 갖는 것이 중요하다.[13] 뿐만 아니라 국내기업에 매각되든 외국기업에 매각되든 상관할 바 아니

---

13. "만도기계노동조합의 투쟁은 부도, 로스차일드를 통한 외자유치 등으로 만도를 기업구조조정의 표본으로 삼고자 하는 정부·자본과의 투쟁으로서 [······] 41명 구속, 7명 수배, 300명 불구속, 2,700여 명의 조합원 연행. 9월 3일 폭력경찰의 침탈과 함께 노동조합에 대한 탄압은 '노조말살'이라는 말 외에는 달리 표현할 말이 없었다. 회사와 정부, 로스차일드 3각 연합의 공동목표인 노동조합에 대한 탄압은 우리의 상상을 넘었다. '양보교섭을 하면 노동조합의 조직력은 보전할 수 있지 않을까?' 하는 물음은 무책임하고 구조조정에 대한 이해가 없는, 현실 앞에 무색한 말이다. 회사는 양보교섭은 양보교섭이고, 정리해고는 정리해고라는 입장을 분명히 하고 있다."(김희준, 「만도기계 노동조합 투쟁」, 『현장에서 미래를』(1998. 10월), 한노정연) 노조는 매각반대 입장을 가지고 싸웠으나 역부족이었으며 99년 상반기 만도기계의 경주, 청원, 아산 공장 등은 차례로 해외자본에 매각되었고 대전공장은 아예 폐쇄되었으며 평택공장도 일부라인이 매각되었다. 하지만 이러한 투쟁의 성과로 단협과 고용승계는 대부분 되었다. 그러나 문제는 겨우 시작에 불과하며(98년 만도기계 고용안정합의서는 결국 휴지조각이 되어 버렸었다)

라는 주장도 오류이다. 지금 이야기되고 있는 매각이 주로 해외매각을 염두에
둔 것이기에 국민경제적 효과를 중심으로 매각반대를 사고하는 것은 중요하
다. 초국적 자본에게 국내 기업을 매각한다는 것은 국부의 유출을 의미하는
것임과 동시에, 이 자본은 이윤율 확보에 장애요소가 등장한다면 언제라도
철수할 것이므로 국내 고용에 커다란 불안정을 가져올 수밖에 없음을 고려해
야 하기 때문이다. 그러나 그렇다고 해서 외국기업에 매각되는 것은 반대하지
만 국내 독점자본에게 매각하는 것은 용인해야 한다는 의미는 아니다. 이
경우는 외국자본에 대신해서 국내의 독점자본이 국민의 희생 위에서 이익을
챙겨가게 된다. 공기업화에 대한 요구는 이렇게 유일한 민중적 대안으로 우리
에게 다가오는 것이다.[14]

　　99년 9월 대노협 연구팀을 중심으로 한 일부 논자들은, 개별 기업조건에
따른 현실적 처방으로 회생, 인수합병이나 매각, 청산을 예로 들었지만, 이
역시도 동의할 수 없는 주장들이다. 우선 매각에 대한 입장이 분명치 않다.
선언적으로 무분별한 매각반대를 언명하고 있지만, 일류기업이 아니면 기술
적으로 생존가능하지 않다는 것을 이유로 기업을 포기하도록, 즉 매각하도록
이끌고 있는 것이다.[15] 일류기업이 아니면 생존할 수 없다? 그렇다면 한국의

　　합의서를 어떤 내용으로 썼느냐가 아니라 그것을 어떻게 지켜내느냐가 중요하다.
14. "폭스바겐식 해법을 생각해 볼 수도 있다. 독일은 자국의 대표적 자동차업체인 폭스바겐이 휘청거리자
　　연방정부와 주정부가 각각 20%씩 투자해 공영화한 뒤 경쟁력을 높이는 방식을 취했다. [……] '민영화하
　　는 마당에 무슨 공기업화냐'는 반론이나 '기업이 동의하겠느냐,' '현실성이 없다'는 등의 비판을 받을
　　수 있다. 그러나 매각만 생각하다 안 될 경우에 닥칠 후유증이나, 대우자동차가 국가경제에서 차지하는
　　비중 등을 감안할 때 한 번쯤 생각해 볼 수도 있는 방안이다." 「대우차 이렇게 풀자.」, 『한겨레 21』
　　99년 9월 23일자(제276호). 물론 『한겨레 21』은 독일 폭스바겐의 사례를 들면서 은근히 정부와 채권단이
　　공동출자해 경영을 안정시킨 뒤 공기업 민영화 같은 방식으로 처리할 수도 있다(?)는 어조를 보이고
　　있기는 하지만 대우의 공기업화 모색이 그 자체로 절대불가한 것은 아니라는 것을 보여주고 있다는
　　점에서 시사적이다.
15. 이른바 "기업의 생존가능성을 '기술적 생존가능성'과 '재무적 생존가능성'으로 놓고 대우는 이를 둘
　　다 만족시키고 있지 못하다고 판단한다." 김상조, 「정부·채권단의 대우 구조조정 추진 방안의 문제점」,
　　『대우 구조조정 문제점과 노조의 대응방향』, 1999. 9. 15. 참조.

288

재벌을 포함하여 국내의 거의 모든 기업을 해외에 팔아 넘기든가 기술제휴를
하지 않으면 안 된다. 그럼에도 현실적으로 이런 기업들이 존재하는 이유는
무엇인가? 이들 기업들은 앞으로 모두 몰락할 운명인가? 대우자동차가 기술
적으로 생존불가능하기 때문에 GM에 매각하면 생존가능한가? 우리는 공기
업 하에서도 외국자본과의 부분적인 지분양도와 기술제휴는 가능하다고 생
각한다. 또한 문제는 기술적인 생존 문제가 아니라 재무개선이 그 전제를
이룬다는 점이다. 해외매각을 가능하게 하는 조건, 즉 재무구조의 개선이라는
것은 불가피하게 사회적 부담이 따르고 그런 개선 하에서만 국민적인 해결도
가능할 것이다. 재무구조의 개선과 기업의 사회화가 이루어지면, 그러한 바탕
위에서 새로운 경쟁조건이 창출될 수 있고(즉 기술경쟁력은 동태적으로 파악
해야 한다) 설령 기술조건이 떨어진다 하더라도 기업의 생존기반이 없어지는
것은 아니다. 사회화된 기업에서 경영혁신을 이루고 기술력이 앞서는 기업과
기술제휴를 이룬다면 기술혁신의 길이 막혀 있는 것도 아니다. 우량기업은
회생시키거나 국민기업화하고, 부실기업은 청산하고, 기술력이 떨어지는 기
업은 해외매각하자는 논리는, 국내외 독점자본의 독점강화 논리와 끊임없이
조우하면서, 문제의 근본적인 해결을 가로막는다.

3) 재산환수 요구의 한계
재벌개혁과 관련하여 빠지지 않았던 요구는 재벌총수의 재산환수였다. 그러
나 대우사태 처리와 관련해서 문제가 대우로 한정될 때, 재산환수요구 자체만
으로는 시장주의적 이데올로기와 분별되지 못한다는 점을 지적하자. 사재출
연의 경우에도 현재 워크아웃으로 김우중 회장의 경영권이 사실상 상실되었
고, 부채가 자산보다 많은 것으로 드러날 경우 채권단은 현재 담보로 맡겨진
총수의 개인재산 처분을 예정하고 있다는 점에서 사재출연 자체가 진보적
성격을 갖는 것은 아니다.[16]
　신자유주의적 구조조정 과정에서 민주노총의 요구의 핵심은 생존권과

노동권 보장이었다. 소유 및 지배구조와 관련한 요구 또한 없지는 않았는데, 그 내용은 "경제위기 또는 경영부실에 대한 책임을 물어 재벌총수 재산을 환수하고 경영권 박탈하라"는 것과 "(국유)은행 및 노동조합의 경영 참여 또는 통제"였다. "경제위기 또는 경영부실에 대한 책임을 물어 재벌총수 재산을 환수하고 경영권을 박탈하라"는 요구는 비록 '책임을 묻는다'(이는 자유시장의 계약원리, 즉 '선량한 관리자의 의무'인 경영자는 경영을 잘해서 부채에 대한 이자를 제때에 지급해야 한다)에서 크게 벗어나지 않는다는 차원이긴 하지만, 재벌총수들(독점자본가계급의 일원이면서 대표적인 자산가 계층)의 소유권에 대한 침해를 명문화한 것이었다. 또한 '경제위기 또는 부실 야기'라는 조건에 대해 강조점이 있다기보다는 무조건적인 환수 및 박탈에 강조점이 있다. 그러므로 이 요구는 현재의 노동운동의 이데올로기적·물리적 역량을 고려한 사회화 요구라는 측면을 가지고 있었다. 비록 IMF 경제위기를 야기한 자본주의 자체 또는 한국 자본주의의 구조적 모순을 직접 폭로하고 그것을 극복할 수 있도록 하는 요구일 수는 없겠지만, 싸움의 전개 및 역관계의 변화에 따라서는 이 요구가 본격적인 사회화 요구로 발전할 수 있는 가능성을 배제할 수 없었던 것이다.17)

그러나 이 요구가 사회전체 차원이 아니라 개별기업이나 그룹의 요구 또는 대우그룹과 같이 부채가 자산보다 월등히 많은 그룹이나 기업의 구조조정에 대한 요구로 제기될 경우, 이 요구의 진보성은 거의 없어지게 된다. 6대 이하 그룹 중 부채가 자산보다 많은 그룹의 구조조정과정에서 이런 정도의 요구 내용은 정부와 채권단에 의해서도 관철되고 있는 것이다(현재 대우 구조조정은 98년 12월 이후 재무구조 개선약정에 의해 행해진 5대 재벌 구조조정과 그 형식에서 확연히 다르다. 자율조정이란 있을 수 없고 6대 이하

---

16. 노기연 내부 토론회, '대우사태 어떻게 볼 것인가?,' 1999. 8. 13.
17. 노기연·사회진보연대·전국노련·한노정연 4단체 내부 토론회, '대우사태 관련 좌담회,' 1999. 8. 20.

그룹에서처럼 정부의 강제개입인 워크아웃으로 이루어지고 있다). 또한 대우
그룹의 경우에도 현재 김우중 개인재산이 추가 대출에 대한 담보로 잡혀있고
구상권이 채권단에게 주어져 있기 때문에, 개인재산은 거의 환수된 것이나
마찬가지이고 경영권도 한시적으로 유지되고 있을 뿐이어서, 이 요구는 의도
치 않게 현재 정부와 채권단의 요구를 '개혁적' 이데올로기로 포장하는 효과
로 기능하고 있다.

물론 위기의 책임소재를 노동자계급에 전가하는 이데올로기에 맞선다는
점에서 총수의 재산환수요구는 여전히 전술적으로 유용하지만, 대우사태는
재벌해체의 핵심이 단순히 재벌총수 개인의 재산을 환수하는 순진한 문제가
아니라, 소유권을 실질적으로 사회화하고 노동자에 의한 기업의 통제, 나아가
이러한 연대성의 원리를 전 사회로 확장시키는 것에 있음을 가르쳐주고 있는
것이다.

4) 해외채권단과의 협상타결을 어떻게 바라볼 것인가

지난 2000년 1월 22일 기업구조조정위원회와 대우 해외채권단과의 협상이
타결되었다. 대우 해외채권단은 대우 관련 무담보채권 총 48억 4천만 달러를,
현금매각시 적용가격 기준으로 전체 평균 할인비율 약 40%로 국내 채권단에
매각하기로 합의하였다. 기업별 할인률을 보면, ㈜대우가 본사와 현지법인
공히 32.3%이며 대우자동차와 대우전자 본사는 35%, 대우중공업 본사는 67%
이고 이 3개사 현지법인은 8개 그룹으로 나누어 31.5~95%가 적용되도록 하였
다.

이에 대해 대부분의 부르주아 이데올로그들과 국내채권단, 그리고 정부
는 큰 환영의 뜻을 보였는데, 그 이유는 대개 다음과 같은 것들로 요약된다.
첫째, 지난 8월 18일 해외채권단을 위한 대우 설명회를 서울에서 개최한 이후,
5개월 간 끌어온 대우그룹 외채협상이 종결됨으로써, 기아 부도 때와는 달리
대우사태의 장기화로 인한 국내신인도의 하락을 막고 향후 구조조정의 분명

한 의지를 국내외로 인정받았다는 것, 둘째, 해외채권단 문제가 해결됨으로써, 국내 채권단의 본격적인 채권회수 활동의 시작, 즉 앞으로 대우자동차 매각과 각 계열사 기업의 워크아웃을 전면적으로 적용할 수 있게 되었다는 점, 셋째, 채권단도 부도 책임을 져야한다는 원칙을 증명함으로써 그 동안 한국 정부가 재벌에 대한 묵시적인 지급보증을 해오던 관행을 더 이상 지키지 않겠음을 보여주고, 국제금융시장에서의 기업 독자적인 신용도가 중요하게 되는 등, 재무구조뿐만 아니라 투명성도 중요하게 되는 계기를 마련했다는 것 등이다.

그러나, 이러한 논거들의 이면을 각각 간략히 검토해보자.

먼저, 이번 협상과정에서 국내외 채권단에게 동등대우 원칙이 적용되었다지만, 협상을 끌어내기 위해 해외 채권단에게 일정한 특별대우가 이루어졌음을 분명히 해야 한다. 기실 해외채권단이 챙긴 '실리'는 구조조정위원회의 발표문에 '명시적'으로——이면계약상으로도 상호제시된 바가 있었으리라는 예상은 차치하더라도——나와있는 바이다. 즉, 해외 채권단은 국내 워크아웃에 참여하거나 현금매각할 수 있는 선택권과, 파산상태가 심각한 ㈜대우에 32.3%라는 높은 무담보채권 회수율을 제공받았고,[18] 게다가 정부는 대우가 부도처리된 지난 8월 이후 해외채권에서 발생한 이자 1억3천만 달러를 모두 현금으로 지급해주기로 하였다. 뿐만 아니라 해외채권단은 제3자에 대한 권리, 즉 회계법인에 대한 손해배상청구를 할 수 있는 권리, 그리고 무엇보다 앞으로 대우 계열사의 사정이 예상외로 좋아졌을 때 그 성과를 배분 받을 수 있는 이른바 '아웃 오브 더 머니 워런트 Out-of-the-Money Warrants'까지 넘겨받았다. 이처럼 '평등한 협상조건'들이, 해외채권단으로 하여금 초기에

---

18. ㈜대우의 무담보채권 적정회수율은 15% 수준으로 평가되고 있었을 뿐더러, 해외 채권단들은 대우전자나 자동차에 비해서 ㈜대우에 대한 채권이 많았을 뿐만 아니라 ㈜대우가 발행한 회사채는 국제금융시장에서 20% 수준에서 호가되고 있었다고 한다.

요구했던 59%의 높은 상환율을 낮추며 '굴복'할 수 있도록 만들었던 것이다.

둘째, 노동자 민중에게 이번 해외채권단과의 타결이 갖는 의미는 무엇인가? 시장주의자들은 해외채권단과의 협상 타결로 본격적인 경영 정상화 작업이 가능해진 것이라고 자축하지만, 과연 무엇을 위한, 누구의 배를 불려주기 위한 경영 정상화인가를 생각해 보라. 이번 타결로 구조조정위원회와 국내채권단이 얻은 최대의 수확이 있다면, 그것은 그들 스스로 인정하듯이 대우자동차를 중심으로 한 해외매각의 속도를 높이고, 그 동안 매각가치를 높이기 위해 본격적인 고용조정의 수순을 밟을 수 있는 강력한 평계거리를 얻었다는 점이다. 사실 이것이야말로 내용적으로는 이해할 수 없는 협상의 추진 동력이 었는데, 결국 이번 해외채권단과의 협상은 국내채권단도 결코 손해보는 장사가 아니었던 셈이다. 그도 그럴 것이 협상과정에서 정부가 법정관리의 가능성을 제기하면서 해외채권단을 압박하였고, 법정관리 가능성이 한참 예고되면서도 금융시장 불안을 그리 걱정하지 않았으며,[19] 중소협력업체에 대한 파장의 경우 상거래 채권으로 대체해 협력업체 경영이 계속 유지되도록 할 방침이 있었던 것이다. 그럼에도 이러한 협상이 이루어진 것은, 해외매각만이 오로지 살길이라는 전제와, 이를 위해 모든 시나리오를 맞추어간 것을 의미하며, 이러한 시장주의 논리가 정부와 채권단 측에 극심하게 내재된 덕분이다. 결국 이 협상은, 해외 채권단과 약정을 맺은 이상 대우의 공기업화, 해외매각반대를 주장하는 노동자들의 투쟁이 더 이상 불가능한 그림이라는 '대세론'이나, 계속해서 해외채권단과의 불협화음을 일으키면 곧 국내신인도의 하락과 금융시장 불안을 결과할 수 있다는 '협박'에 힘을 실어줌으로써 현재 노동현장에 팽배해있는 패배주의와 '해외매각 불가피론'을 더욱 부추기게 되었다.

셋째, 대우의 해외채권협상 타결이 이제 소위 '천민자본주의'를 개혁하고

---

19. 만일 법정관리 시의 은행거래 중단, 자금부족 사태가 있었다면, 그리고 그에 관련한 공적자금 투입의 여력이 부족하다면, 그래서 더욱 당연하게 투신사의 사회화 조치를 집행해야 하는 것이 아니었는가?

투명한 경쟁력에 의해서만 성과를 인정받는 바람직한 시장적응체제로 접어
드는 것을 의미한다는 주장은, 그 자체 한국사회 신자유주의적 구조조정의
'안착화'에 대한 초국적 독점자본의 환영사에 지나지 않는다. 대우를 계기로
앞으로 시장적합적인 기업 활동만이 살아남도록 하겠다? 그러나 국제금융시
장에서의 지위 상승이란 곧, 사실 기생적 금융화를 중심으로 요동치고 있는
세계경제의 불안정에 편승할 우선권을 부여받았다는 뜻이 아니었던가? 또한
'관치금융—개발독재의 잔재—관료적 국가개입'의 진정한 청산은, 현실에서
존재하지도 않는 국가와 시장간의 대립, 관료성과 투명성의 허구적인 대립구
도 속에서 시장원리를 강변하는 것에 의해 실현되지는 않는다. 오히려 이는
바로 그러한 투명성, 매우 '정상적'인 시장의 본질을 정리해고와 광범위한
불안정노동, 대량실업으로 절실히 체감해온 노동대중 자신에 의한 국가권력
의 민주화를 통해서만 가능한 것이다.

5) 투신사의 사회화와 금융권의 통제

대우사태 해결에 있어 중요한 쟁점 하나는, 바로 투기성·휘발성 차익거래로
연명해오며 위기를 증폭시켜온 투신사가 워크아웃 과정에서 주도권을 가지
고 있는 현실을 어떻게 극복할 것인가의 문제였다. 대우의 국내 금융부채의
3분의2 이상이 회사채, CP로 구성되어 있으며,[20] 그 대부분을 투신사가 보유
하고 있다는 점, 그리고 정부가 금융시장의 불안요소를 없애고자 미리 투신사
에 대해 지급보장을 함으로써 투신수익증권 보유자들의 이익을 지켜주게
되었던(그리고 그만큼 노동자민중에게 그 희생이 전가되었던) 것을 묵과할
수는 없는 노릇이다.

　　그런데 지난 2000년 2월 2일부터 시작되었던 대우채 환매는 애초에 우려

---

20. 97년 말 총차입금 28.7조원 중 회사채, CP가 41.7%(12조 원)을 차지하며, 1년 후 99년 6월 말에는 13.6조
　　원이 증가하여 총차입금 43.4조 원 중 70.9%(30.8조 원)를 차지하고 있다. 자료: 금융감독원(99.8.24.)

했던 대량 환매사태 없이 순조롭게 종료되었다. 대우채 환매자금의 95% 지급이 시작된 2월 2일 이후 10일까지(영업일 기준으로 5일간) 전체 수익증권 환매로 총 30조5천445억 원이 지급됐으나, 이중 21조1천319억 원이 재유입됨으로써 순유출 규모는 9조3천676억 원에 불과했던 것이다.

그렇다면 정부가 주장한 대로 금융시장의 위기는 넘긴 것인가? 애초의 우려와 달리 환매사태가 별다른 파장 없이 종결된 배경에는 유동성 35조 원을 준비했던 정부의 엄청난 개입이 자리잡고 있었다.[21] 환매요구액이 일시에 늘어나더라도 별 문제가 없도록 하였던 것이다. 그러나 위기가 진정으로 해결된 것일까? 투신권의 환매 자금이 각종 뮤추얼펀드 시장으로 유입되었기에 위기가 '미봉'될 수 있었다는 점에 주목하자. 즉, 2000년 2월 중에만도 투자자를 모집하는 뮤추얼펀드는 모두 8개사, 11개에 모집규모만 2조 원에 달했는데, 이들은 최근 가공할 주식투기 붐에 맞추어 초단기화한 주식형 수익증권 경쟁상품들을 내걸며 수탁고를 늘리고자 경쟁하였고, 실제로 대우환매자금의 머니마켓펀드 MMF나 하이일드펀드 등 투신권 여타 상품으로의 재예치율은 평균 69.2%에 달하였다. 또한 환매자금은 투기적 목적으로 주식시장에 유입되기도 하여, 2월 11일에만 증권시장에 유입된 고객예탁금이 10조9천860억 원으로, 2월 3일부터 거래일 기준 4일 동안 무려 1조7천738억 원 증가하는 놀라운 기록을 세우기도 했던 것이다. 결국 투신사 환매사태의 '순탄한' 종결은, 금융감독위원회의 평가처럼 정부의 뛰어난 위기관리능력을 실증한 것도 아니요, 다만 투기로 인해 촉발된 유동성 위기를 투기심리의 자극으로 일단 막은 것일 뿐이다. '금융시장 안정을 위한 투자자 우선보호'와 '투자자들의 사유재산권 침해불가'를 근거로 대우사태 해결비용을 노동자 민중에게 전가

---

21. 대량환매사태에 대비해 확보한 총 35조 원의 유동성 준비에는, 자산관리공사(옛 성업공사)의 대우채권 매입이나 증권금융의 채권발행을 통한 자금지원, 기존 펀드의 규모를 5조원 가량 늘려주는 것, 채권시장 안정기금 30조 원 중 10조 원, 투신·증권보유 자체 유동성 등이 모두 동원되었다.

하던 정부의 논리에 동의할 수 없는 이유가 여기에도 있다.

오히려 진정 심각한 유동성 위기로 인해 투신권에 대한 정부의 자금 투입이 현실적으로 불가피했다면, 대우사태 뿐만이 아니라 전사회적 경제위기를 증폭시키는 한 원인이었던 이들 노골적인 투기집단에 대한 엄중한 사회적 제재를 가해야 하고, 따라서 정부가 주도하여 은행을 통해 투신금융권을 사회화하는 것이 당연한 순리다. 이는 수익증권 투자자들에게 일정한 희생을 치르게 할 수 있고 동시에 금융시장의 교란을 진정시킬 수 있을 뿐만 아니라, 사회화된 투신사로 하여금 일종의 공공기금으로서 대우를 둘러싼 자금흐름에 대한 계획적이며 공공적인 배분을 함으로써 재벌그룹을 진정으로 사회적 성격의 기업으로 탈바꿈시킬 수 있는 형식적인 계기가 되는 것이다.

또한 김영삼정권 이래 지속된 일련의 금융자유화 정책이 경제위기를 더욱 심화시켰다는 점을 기억한다면, 대우사태의 원인제공자인 투신금융권과 투기성·휘발성 금융소득자산을 사회화하는 것은 현 체제 내에 배태된 항상적인 위기구조를 개혁한다는 중요한 의의를 갖는다.

4. 무엇이 고용을 보장하는가?: 생존권 요구와 사회화 투쟁의 결합

전술한 것처럼 대우채권의 손실부담 원칙과 분담비율의 문제, 기업회생의 이익을 누가 가져 가는가라는 워크아웃의 기본방향에 있어 정부의 일관된 기본방향은 반노동자적, 친재벌적, 자산계급지향적, 외국자본 지향적이다. 그러면 이 문제에 대해 근본적인 문제를 제기하고 노동조합의 대안을 제기해야 하는가, 아니면 이 정책의 기본방향을 받아들이고 폐해를 최소화하는 길을 따라가야 하는가? 즉 정부의 신자유주의 워크아웃을 비판하고 손실부담을 자산계급에게 강제하며 사회화대안을 모색하는가, 아니면 신자유주의 워크아웃을 수용하고 (해외)매각과 인수합병, 또는 청산으로 노동조합의 손실부담

을 최소화하는가에 대해 이제 노동조합은 명확한 입장을 정해야 한다.[22]

정부의 워크아웃 과정에서 '참여'할 수 있는 단위는 과연 어떤 단위인가? 우리가 익히 알고 있듯이 현재의 구조조정 과정은 채권단과 경영진, 투신권에 의해 독점적으로 이루어지는 워크아웃 과정이다. 정부는 대우 경영진에게는 일정 정도의 책임을 묻고 있지만, 그러나 그 수준이라고 하는 것이 매우 제한 적이며, 특히 투자자에 대해서는 원금에 가까운 지급보증을 이미 약속, 실행 하였다. 부실기업의 처리과정에서 가장 큰 이해당사자라고 할 노동조합의 참여 자체는 원천적으로 봉쇄되어 있다. 워크아웃 과정에 노동조합의 참여가 전제되지 않는 가운데, 결국 노조는 워크아웃 동의서의 협박에 굴복하고 말았 다.

그래서 정부 주도의 신자유주의 구조조정이 노자간에 첨예한 갈등을 예 고하고, 어떤 식으로든 노조가 이 과정에 개입하지 않고는 안 된다는 절박감 은, 노조로 하여금 재벌해체와 이 과정에서의 경영참가 주장을 하도록 하고 있다. 최근 들어 노동조합의 주요한 정책대안으로 제기되는 '경영참가'에 대 해서 직접적으로 언급하는 것은 이 글에서 적합하지 않다. 다만 노동조합의 경영참가, 나아가 산업민주주의는 양날을 가진 칼로서 설사 기업과 산업에서 의 의사결정권의 분점화 혹은 제한적인 민주화에 기여할 수 있을지라도 노동 자 및 노동조합의 자본에의 포섭과 선별적 배제라는 우려스런 결과를 가져올 수 있음만을 지적하자.[23] 그러면 노동자·민중의 사회적 통제라는 관점 하에 서 제기할 수 있는 노동조합의 개입의 올바른 내용은 무엇이 되어야 하는가?

대우 워크아웃과 구조조정 과정에의 노동자 개입은, 구조조정을 통한 희 생을 주로 노동자들이 감당해야 한다는 사실로부터, 그리고 구조조정의 비용

---

22. 김성구, 「대우구조조정 메모」, 1999년 9월.
23. 신병현, 「경영통제 수단으로서 경영참가」, 『현장에서 미래를』(1999. 2·3월); 정이환, 「신경영전략하의 산업민주주의와 노동운동」, 『신기술과 신노사관계』, 한울 1995.

을 노동자와 국민이 부담하고 그 이익은 재벌과 금융기관, 그리고 초국적
자본이 가져간다는 시장주의적 구조조정을 노동자가 반대한다는 바로 그
사실에서부터 출발한다. 어이없게도 사회적 손실부담은 온통 노동자와 국민
이 지게 될 그릇된 워크아웃 과정에 노동자가 전혀 개입할 수 없다는 것!
우리는 워크아웃 과정에 노동자의 참여가 전제되어야 하며 이는 노동자들의
생존권·노동권을 확보하는 투쟁과 함께 배치되어야 할 문제라고 주장한다.
그리고 워크아웃을 재조정하고 합의해 나가는 과정은 노동자들이 생존권과
사회화 요구 정책을 내걸고 싸우는 과정에서 이루어지는 것이다.

왜 노동자의 사회화 정책이 현 시기 요구되는가? 경제위기의 국면에는
국가의 강력한 경제개입이 불가피하고,[24] 작년에 이루어졌던 구조조정 과정
에서 볼 수 있는 것처럼, 시장주의 구조조정 일색의 정부 안으로는 위기의
진정한 극복은 불가능한 일이다. 또 시장주의적으로 구조조정을 하든 대우를
사회화시키든, 부실채권을 처리하기 위한 공적자금투입이 불가피하다면, 오
히려 후자의 해법이 민주적인 방식이 아닌가. 그리고 기업을 사회적으로 소유
하고 경영을 통제하기 위한 우리의 정책에는 정리해고와 대량실업을 막아내
기 위한 방안들이 적극적으로 고려될 수 있지 않은가. 이를테면 일자리 나누
기를 통해, 사회복지의 대폭석인 확장을 통해, 또 자신기 계급들의 불로소득
과 군비를 사회적으로 환수할 과감한 개혁조치에 대해 여지를 두고 사고하고
있지 않은가. 그러므로 노동자의 민주적 통제를 전제로 한 사회화 정책의
제기, 이것이 진보진영의 적극적인 대안이 되어야 하는 것이다.[25]

---

24. "국가독점자본주의 하에서 국가와 독점의 융합은 그 융합이 어떠한 형태를 취한다고 하더라도 융합메커
    니즘 자체는 해체할 수 없는 것이며 융합의 본질은 국가에 의한 독점자본의 초과이윤을 보장해주는
    데에 있다. 국가독점적 개입을 매개로 하는 과잉생산/과잉자본 처리 메커니즘, 즉 독점간 자본재편과
    계급간 비용전가 메커니즘." 김성구, 『경제위기와 신자유주의』, 문화과학사 1998, 325쪽.
25. 영국의 '국가지주회사'가 제 기능을 하지 못했지만 우리에게 시사하는 바를 적극적으로 생각한다면,
    이러한 연장선 속에서 형식적 사회화가 가능해질 때, 현재 정치세력관계와 노자역관계를 염두에 두어야
    하겠지만 (가칭)'국가기업위원회' 정도를 제도화시키는 것도 생각해 볼 수 있다. 정부, 기업, 은행, 노동조

대출금의 출자전환과 금융기관의 소유경영구조 또한 사회적 형태로 전환
시키고 이에 대한 금융기관 노동자들 및 기업들에 대한 노동자들의 민주적
통제, 공동결정을 포함하는 사회화 전략은 결코 최대 강령적인 주장이 아니
며, 결코 시장주의적 해법으로 풀릴 수 없는 현 정부의 재벌개혁 정책에 대항
하여 노동자와 민중이 구체적으로 개입할 수 있는 구조개혁적인 주장이다.
어차피 재벌의 구조조정 비용을 노동자, 국민이 사회적 형태로 부담해야 한다
면, 노동자와 국민이 구조조정의 주체로 나서고 인수합병하는 기업과 금융기
관의 통제도 노동자와 국민에게로 귀속시켜야 한다는 주장은 충분히 노동자
의 요구로 현실화될 수 있는 부분인 것이다.[26]

그런데 일각에서는 현실적인 정치조건과 노동조합의 투쟁동력을 생각하
면 현 정세에서 이 길을 관철하기는 어려울 것이라 주장하는데, 이는 부분적
으로 타당하다. 그러나 이런 투쟁은 현재와 같은 경제위기 정세에서만 어려운
것이 아니라 모든 정세에서 어려운 과제이다. 노동자들은 직접적으로는 고용
문제와 직접적인 경제적 요구에만 이해관계를 인식할 뿐이라 이들만 보장될
경우 사회화투쟁-해외매각저지, 즉 전략적인 구조개혁투쟁에 대해서는 특별
한 이해가 정녕 없을지도 모른다. 그러나 해외매각과 인수합병을 통한 시장주
의 구조조정에서 고용과 노동조건이 보장되기 어렵고, 설령 보장된다 하더라
도 그것은 인수조건으로 내세운 단시간에 불과할 것임은 주지하는 바다. 따라

합 등이 위원회를 동수비율로 분점하고 부실기업에 대한 사회화 정책을 담당하는 기관이 되는 것이다.
사회적 손실분담을 최소화시키는 방향에서, 노동자들의 고용안정을 보장하는 수준에서 사회화를 관장
토록 하면서, 노동계급이 가능한 선에서 노동자 자주관리를 모색할 수 있는 토대를 마련할 수 있을
것이다.

26. 공기업이 민영화되었다가 부실해져서 도산하는 사례(97년 대한중석)나 부실한 사기업이 공기업화되어
경영을 회복한 사례들(제일, 서울, 대동, 동남은행 등의 금융기관을 들 수 있는데 이들 은행들은 98년
금융구조조정으로 퇴출되거나 공적자금투입 과정을 거치면서 매각대상이 되고 있다. 또 다른 대표적인
예로 도산 직전에 있던 한국중공업을 82년 정부가 인수해 흑자 공기업으로 육성시킨 예가 있다)은
대우 처리 방식에서 왜 검토되어지지 않는 것인가?

서 노동조합은 노동자들의 직접적인 이해를 위해 투쟁해야 하지만, 위기적
정세인 구조조정기에는 고용안정 여하가 직접적으로 구조조정 정책 여하에
달려 있기 때문에 직접적인 이해를 대변하기 위해서라도 구조조정 정책에
개입하지 않으면 안되며, 투쟁 속에서 고용안정과 사회화 대안간의 연관을
노동자 대중에게 이해시키도록 해야 하는 것이다.[27] 그러나 비변혁적 정세에
서 이 대안을 관철하기 어려운 조건이라면 이런 연관을 대중적으로 선전하고
사회화 요구를 내걸며 투쟁하면서도 현실적으로는 고용안정과 임단협 개악
저지, 노동강도 강화 저지에 집중함으로써 사실상 시장주의 구조조정에 대항
할 수도 있다. 즉 고용안정과 임단협 유지를 양보할 수 없는 조건으로 내걸어
손실부담을 자산가계급에게 전담시키도록 강제하고 채권단의 강도 높은 구
조조정 요구에 저항하며(현 정책을 보면, 자산가계급에게 손실부담을 주면서
기업을 회생시키고 이를 제3자에게 매각하는 일은 일어나지 않을 것이다),
그럼으로써 해외매각과 인수합병을 저지하거나 공기업으로의 길을 유도할
수 있다.

　　노동조합의 이런 대응책은 똑같이 고용안정과 임단협의 유지를 최우선의
현실적인 목표로서 추구한다 하더라도, 정부의 해외매각과 인수합병 정책을
수용하고 그 실 위에서 고용과 임금의 양보를 최소화한다는 진보진영 내
일부 대안들과는 근본적으로 다른 것이다. 고용과 임단협을 유지한다는 최소
한의 요구를 위해서도 노동조합은 노동자 대중투쟁력을 동원해야만 하는

---

27. 정부의 신자유주의적 구조조정 과정에서 가장 일차적인 노동자들의 투쟁으로 배치되어야 할 것은 생존
　　권투쟁이며, 이는 절대로 물러설 수 없는 요구로 이로부터 출발해야만 대중투쟁동력을 담보할 수 있을
　　것이다. 그러나 노동자들의 투쟁이 생존권투쟁만으로 제한될 때 대우 워크아웃에 대한 대응은 협소해질
　　수밖에 없다. 구조조정 정세에서 노동자들의 생존권투쟁은 불가피하게 사회화의 대안과 결합하지 않을
　　수 없다. 물론 이에 대해, 사회화 투쟁이 사민주의적 요구에 불과하며 노동자들의 생존권투쟁을 방기한
　　다고 비판하는 극좌파적 오해도 있다. 「부르주아지들의 힘에 굴복한 수줍은 자들의 고백」, 『전국현장조
　　직대표자회의 한라·대우 투쟁속보』, 1999. 11. 8. 그리고 이에 대한 반비판으로는 사회진보연대, 『사회화
　　와 노동』(제12호), 1999. 11. 9. 참조.

법이다. 고통분담 선언 같은 신사협정을 기대할 수 없다면 투쟁은 불가피한데, 고통분담을 선언하고 해외매각과 인수합병을 수용한 위에서 고용과 임금을 위해 투쟁하면 현실적이고, 이를 거부한 위에서의 고용과 임금투쟁은 비현실적이란 말인가? 그보다는 오히려 노동조합이, 노동자들이 투쟁하지 못한다면, 우리의 대안은 현실적이 되지 못할 것이라고 말해야 할 것이다.

요컨대 사회화 투쟁은 결코 추상적이며 비현실적인 대안이 아니다. 그리고 사회화 투쟁은 단순한 방어적 논리가 아니라, 경제위기에 맞선 현 노동운동의 생존권 투쟁이 자본주의 체제를 뛰어넘는 변혁의 문제와 유기적으로 결합, 발전될 수 있는 계기라는 점에서, 공세적인 이행강령적 요구이기도 하다. 노동계급은 현 대우사태의 신자유주의적 해법에 맞서 그 파괴적인 피해를 최소화하는 방식으로 대응할 것이 아니라(그나마도 가능하지 않을 뿐더러), 자본의 위기 해결과정에서 필연적으로 대두되는, 이행을 위한 투쟁의 고리들을 생존권 사수투쟁과 결합해서 장악해나갈 것을 요구받고 있는 것이다.

[보론] 김대중정권의 재벌개혁: 비판적 평가

1. 재벌개혁=시장원리의 일탈?

김대중정부의 재벌개혁은 98년 1월, 5대 재벌 회장들과의 간담회에서 합의된 이른바 5대 원칙, 즉 1) 경영투명성제고, 2) 상호지급보증 해소, 3) 재무구조 개선, 4) 핵심사업부문 설정, 5) 지배주주와 경영자의 책임강화 등을 골자로 하여 진행되어왔다. 이를 위한 구체적인 실행방안으로 정부는 부채비율 200% 이내로 축소(출자전환, 매각, 외자유치), 핵심사업부문 설정, 사외이사제 도입과 감시활동의 강화로 기업지배구조 개선을 제시했고, 또 이것은 IMF가 요구하는 것이기도 했다.

그런데 정부는 자체 손실분담능력을 기준으로 내세우며 5대 재벌에 대해서는 자율적 구조조정과 빅딜(대규모 사업교환)의 방식으로 재벌총수의 소유권과 경영권을 보장해 준 반면, 6대 이하의 재벌에 대해서는 워크아웃(기업개선작업)으로 소유권과 경영권을 박탈하는 별개의 정책을 실시하였다. 그러나 재벌총수의 소유지배는 건드리지 않으면서 소유지배로 발생하는 기업지배, 시장지배를 제한하고 민주화하여 경쟁적인 대기업체제로 전환시키자는 정부의 계획은 애시당초 성공불가능한 기획이었다. 특히 동종 업종의 통합과 합병을 통해 시장독점을 일층 강화시키는 빅딜 정책은 정부에서 말하는 경쟁의 강화를 정면에서 부정하는 것이었다. 또 빅딜 정책은 과잉설비와 부실투자를 처리할 수도 없을 뿐만 아니라, 그대로 실행되기도 어렵고 정작 실행된다면 그것은 헐값으로 외국자본에 매각하는 결과를 가져올 것이었다.[28] 대우와 삼성간의 자동차—전자 빅딜이 실패하고 오히려 그 과정에서 대우의 부채확대와 투신사 부실을 심화시켰던 것에서도 알 수 있는 바와 같이, 재벌의 '자율조정'이라고 하는 불가능한 기획의 실패가 확정되기까지, 위기의 처리는 이른바

---

28. 김성구, 「기업구조조정과 빅딜」, 금속연맹정책토론회, 1998. 12. 1.

'시장논리'에 의해 99년 내내 지연, 증폭되었던 것이다.

결국 대우그룹의 위기가 커질대로 커지고 나서야, 정부는 5대 재벌에 대한 자율적 구조조정 기조를 포기하고 대우의 12개 핵심 계열사들을 워크아웃 대상으로 결정하였다. 이러한 워크아웃 정책은 은행금융기관을 동원해서 기업구조조정을 타율적으로 직접적으로 강제한다는 점에서, 시장의 자율조정이란 그 자체 허구적일 뿐이며 경제위기 하에서 국가개입이 불가피함을, 시장논리를 강변해온 정부와 자본 스스로 오류를 승인한 것이라 할 수 있다. 그렇다면 5대재벌에도 워크아웃을 도입한 정부의 비시장적인 개입은 이른바 '진보적'인 재벌해체를 결과할 수 있는 것일까?

그러나 본문에서 지적하였듯이 현재 집행되고 있는 워크아웃은 신자유주의적 정책 기조 위에서 실행되어, 자본관계를 재편하고 시장기능을 회복시키기 위한 불가피한 수단으로서만 기능하고 있다. 즉, 해당 개별기업, 개별재벌의 이익을 침해한다는 점에서 워크아웃은 반시장적이지만, 전체기업, 전체재벌에게는 안정적인 시장지배를 회복시켜주는 시장주의적 정책인 것이다. 한편에서 대상기업 노동자들에 대해 시장주의적 방식으로 직접적인 고통과 희생을 요구하는 반면, 다른 한편에서는 부실과 손실처리의 사회화를 통해 그 부담을 대중에게 전가시키고 그 위에서 기업회생을 도모하고 있다. 부실과 손실처리의 사회화의 한 방안으로서 부채 - 출자전환을 통해 대상기업을 국공영기업으로 전환하기도 하지만, 그것은 어디까지나 재민영화를 위한 수순일 뿐이며 대중의 부담으로 민영화의 조건을 창출하기 위한 조처에 지나지 않아 사회화 정책에서 신자유주의 워크아웃의 근본적 대안으로서 제시하는 국공영기업화와 그 성격이 전혀 다르다. 워크아웃이 실패하면 기업의 청산, 정리 절차를 밟게 되는데 여기서 시장주의 정책의 성격은 극명하게 드러난다. 결국 희생은 노동자가, 성과는 새로운 (외국)자본가가 가져가는 이러한 구조조정 정책, 워크아웃 정책이기에, 시장원리에 충실한 개혁이라고 하는 원래의 기조선상에서 벗어난 것이 아닐 뿐더러 오히려 집권 하반기 신자유주의적 구조조정의 전범 典範으로 등장할 것이다.

2. 재벌개혁의 경과와 비판

그런데 2000년 4월 현재, 정부와 재벌들의 합의에 의한 재벌개혁은 적어도 정부의 시각에서만큼은 비교적 순조롭게 진행되고 있는 것처럼 보이며, 심지어 재벌들과의 갈등 속에서는 대단히 개혁적인 것처럼 표현되고 있다. 부채비율을 낮추기 위해 외자유치를 비롯한 매각의 적극 추진과 개별기업의 자구노력(?)에 의해 부채비율은 통계상으로는 놀라울 만큼 축소되었으며, 경영지배구조개선을 둘러 싼 정부와 재벌총수들과의 힘 겨루기도 정부의 승리로 마무리될 것으로 보인다. 그렇다면 정부의 재벌개혁은 현재 어떤 지점에 와 있는가? 개혁조치들의 단행은 진정 경제위기를 극복하고 김대중 대통령이 8 · 15 경축사에서 밝힌 것처럼 '국민들을 위한 경제로의 변화'를 가져올 것인가?

그러나 김대중정권 중반기를 지난 2000년 현재까지도 그럴 가능성은 전혀 없음이 분명하다. 오히려 재벌의 경제지배력은 더욱 확대되었으며 국민의 혈세와 노동자들의 고통전가를 담보로 망해 가는 기업들을 살리고 있을 뿐만 아니라 최근에는 재벌들의 공기업 인수까지도 검토, 진행되고 있는 실정이다. 결국 시장주의 원리에 입각한 정부의 2년간의 개혁조치들이 독점자본의 이해에 철저히 복무했음을 체감시켜줄 뿐이다. 이를 항목별로 하나하나 살펴보자.

1) 재무구조 개선, 부채비율 200% 달성

금융감독원은 올 4월 12일 주 채권은행을 통해 대우를 제외한 4대그룹의 재무구조개선 약정 이행상황을 최종점검한 결과, 이들 그룹이 부채비율을 당초 계획보다 초과 감축하는 등 구조조정 계획을 순조롭게 진행하고 있다고 발표하였다.

<4대 그룹의 '99년 중 구조조정 추진실적>

	98년 12월 말	99년 6월 말	99년 12월 말	98년 말 대비증감
부채비율	352.0%	254.6%	173.9%	-178.1%
부채	165.1조	160.9조	139.6조	-25.5조
자기자본	46.9조	63.2조	80.3조	33.4조

자료: 금융감독원 보도자료, 2000년 4월 12일

정부 발표에 의하면 부채비율은 98년 말 352.0%에서 99년 말 173.9%로 절반 이하 수준으로 감축되었으며, 또한 99년 중 자구노력을 통해 37.7조원을 조달함으로써 목표(33.0조 원)대비 114.4%를 이행했다는 것이다. 이러한 부채 비율의 축소는 98년 당시 IMF와의 약속으로서, 자산매각, 자산매각을 통한 부채 갚기, 지분정리, 유상증자 등에 의해 이루어지고 있다.

그러나, 이러한 부채비율의 축소 방법은 먼저 다음과 같은 문제가 있다. 우선 자산매각이나 지분정리를 통한 부채비율의 감소는 5대 재벌 평균 부채 비율 300~600%를 감안할 때, 결국 계열사 정리를 통한 주력기업의 부채비율 을 감소하는 것이고 정리될 한계 계열사의 지분 처분, 즉 부실 부분은 그대로 남는 결과를 초래한다. 이것은 주력기업의 부채비율만을 감소시키는 것일 뿐 나머지 부실 부분에 대해서는 상당부분 정부의 지원을 통해 해결하고 있는 것이다.[29] 유상증자에 의한 부채비율의 축소라고 하는 것도 계열사간 상호출자의 방식으로 진행된 경우가 대부분이다. 뒤에서도 자세히 밝히겠지 만 이러한 상호출자는 재벌들의 계열사 내부지분율의 증가로 나타나면서 재벌의 소유지배구조를 더욱 강화시키는 결과를 낳았다.[30] 그리고 97년 주가

---

29. 정부는 98년 한해 동안 64조원의 공적자금을 구조조정에 투입했다. 현재 그 자금은 거의 바닥난 상태에 있는데, 이렇게 어마어마한 자금이 어느 곳에 투입되었는지도 우리는 주목할 필요가 있다. 조성된 공적 자금은 국민의 혈세이고 투입된 자금은 기업의 청산, 재벌들간의 빅딜, 구조조정, 워크아웃 등에 쓰여졌 는데 이러한 결과가 결국 누구의 이익으로 귀속되었는가?

30. 99년 6월 현재 5대 재벌은 증시 활황과 제2금융권에 대한 지배력을 이용해서 무더기 유상증자를 하고 있고 계열사간 상호출자를 강화시키고 있다. 이로 인해 5대 그룹의 경우 출자총액이 11조 5천억 원으로

가 대폭 하락하고 있었음을 상기해 볼 때, 98년 말을 기점으로 해서 일어난
증시활황이라는 경제적 상황에서 재벌그룹은 무더기 유상증자를 이루었고,
더욱이 98년 구조조정 이후 계열사끼리의 순환식 상호출자와 자산재평가를
통해 만들어진 가공자본이 전체 부채비율 축소에 거의 대부분을 차지하고
있다. 순환식 상호출자는 상호지급보증의 금지조치에 따른 일종의 편법으로,
재벌들은 부채비율 축소를 위해 상호출자를 더욱 늘렸으며 이를 정부는 사실
상 묵인하였다. 뿐만 아니라 순환출자에 대한 제한제도 도입을 2001년 4월로
연기함으로써 이후 계열사 상호출자를 통한 재벌의 덩치 키우기와 지배력을
강화시키는 것을 방조하였다. 5대 재벌의 경우 계열사 상호출자액이 10조
9천억 원에 달하며 자산재평가 적립금 또한 50조에 달한다.[31]

결국 정부가 주장하는 재벌들의 자구노력에 의한 부채비율의 축소라는
것도, 대규모 희망퇴직, 정리해고, 각종 수당의 미지급을 포함하는 임금삭감,
사내복지 비용의 축소, 워크아웃 등의 과정을 통한 정부의 지원이 주된 내용
이며, 이는 노동자들에게 고통을 전가하고 국민의 혈세인 정부자금을 지원
받아 독점재벌의 지배체제를 보다 강화시키는 것일 뿐이다. 실제로 현대의
경우 부채비율이 98년 말 당시에 449.3%로 다른 5대 재벌들에 비해 대단히
높았고 재무구조에 대한 문제가 지적되었음에도 불구하고, 구조조정의 과정
에서 재벌의 규모가 축소되기보다는 오히려 대우와 마찬가지로 공격적 경영
을 펼쳤으며 기아자동차를 포함한 많은 기업들을 흡수함으로써 확장경영의
성공사례로까지 회자되고 있다. 결국 부채비율의 축소를 통한 재무구조의
개선이라는 것은 각 재벌들의 '뼈를 깎는 고통'이기는커녕 자본의 합리화
전략의 일환일 뿐이었으며 이에 대한 모든 비용은 노동자·민중이 부담한
것이다.

94.3% 증가하고 계열사 내부지분율은 53.5% 증가했다.

31. 『한겨레신문』 1999년 7월 11일자.

2) 주력업종 선정, 빅딜 그리고 워크아웃

98년 12월 정부의 4대 구조조정 발표 이후, 99년 현재 빅딜이 완료된 업종은 정유부문, 반도체부문, 철도차량부문으로 3개 부문이다. 정부는 빅딜추진을 통해 각 재벌들이 주력업종을 선정함으로써 과잉·중복투자를 해소하고 방만한 경영을 해결하겠다는 구도를 밝혔는데 그 결과는 과연 어떨까?

<사업구조조정(빅딜)이 완료된 업종>

정유부문	현대정유의 한화에너지 인수 1999. 6. 30.
반도체부문	현대전자의 LG반도체 인수 1999. 7. 7.
철도차량부문	현대·대우·한진의 통합법인 설립완료 1999. 7. 1.

.<4대 재벌의 주력업종 선정 및 사업구조조정 계획>

현대	중공업, 건설, 자동차, 금융업	55개 계열사를 26개로 감축 예정
삼성	전자, 금융, 무역/서비스,	62개 계열사를 40개로 감축 예정
LG	화학/에너지, 전자·통신, 금융/서비스	48개 계열사를 38개로 감축 예정
SK	화학/에너지, 정보통신, 건설, 금융	41개 계열사를 33개로 감축 예정

정부 발표에 의하면, 빅딜 추진의 결과로 3개 부문의 사업구조조정이 완료되었고 4대 재벌을 중심으로 주력업종의 선정을 통한 과잉·중복 투자가 해소되고 있으며 이후 외자유치나 해외매각을 획기적으로 추진할 계획이다. 이러한 정부정책 기조는 '경쟁과 견제라는 시장원칙' 하에 경쟁력 있는 독립 기업군을 만들겠다는 것이고 여기에 현재의 문어발식 확장경영을 중심으로 한 재벌체제는 적합하지 않다는 것이다. 그러한 기조로 진행된 4대 재벌의 주력업종 선정과 빅딜의 결과는 4대 재벌들의 주력부문에 대한 독점강화로 나타났는데, 우선 계열사 정리과정에 4조원의 공적자금이 투입되었고 주력부문의 부채는 정부가 출자전환 해주는 등 추진과정에서 4대 재벌의 손실부담은 거의 존재하지 않았다. LG의 경우 현대에게 반도체를 넘기고 그 대가로

데이콤을 경영인수하였으며, 자동차와 반도체를 넘겨받은 현대는 이를 발판
으로 몇몇 알짜배기 공기업 인수를 적극적으로 검토하는 등 4대 재벌의 독점
은 더욱 강화되고 있다.

워크아웃 역시 99년 9월 현재 45개 기업을 대상으로 진행되고 있는데
정부는 대출채권의 출자전환, 대출원리금의 상환유예, 이자 감면, 채무면제
등 채무구조조정과 신규자금지원, 상호지급보증 해소, 감자, 주력사업 선정,
외자유치 등을 통하여 기업의 재무구조를 건실화 시키기 위한 절차(재정경제
부, 98. 8.)들을 밟아서 '경쟁력 있는' 기업으로 되살려 놓겠다는 계획에 따라
많은 공적자금을 투입했다. 그리고 '기업 살리기' 이데올로기를 앞세워서 대
규모 인원정리, 임금삭감, 노동조건 악화, 노동조합의 무쟁의 선언 등을 관철
시켰고, 워크아웃으로 회생된 기업은 해외매각을 적극 추진 중에 있다. 현재
삼성자동차를 비롯하여 석유화학, 항공기 철도차량부문에 대한 매각과 외자
유치가 적극 검토되고 있으며 흑자부도를 낸 만도기계의 경우 대부분의 공장
이 해외로 매각되었다. 결국 정부 주도로 진행된 워크아웃은 엄청난 공적자금
(노동자와 국민의 손실) 투입에도 불구하고 노동자들의 권리가 보장되기는커
녕 재벌들에게는 회생의 기회를, 초국적 자본에게는 저렴한 가격으로 국내기
업들을 사들일 수 있는 조건을 만들었을 뿐이다.

3) 금융부문에 대한 재벌의 시장지배력 강화

1년여 간 기업구조조정 과정에서 또 다른 문제는 금융권에 대한 재벌의 시장
지배력이 더욱 강화되었다는 것이다. 8·15 경축사에서 제2금융권에 대한
재벌의 소유지분 제한 문제는 사실상 백지화되었다. 이것은 아무리 정부가
때론 재벌해체의 혐의까지 받으면서 개혁을 진행한다 하더라도, 독점자본의
소유지배구조, 특히 금융부문에 대한 독점을 침해할 의지가 없음을 반증하는
것이기도 하다. 동시에 이는 재벌들에게 있어서 중요한 요구이기도 한데 형식
적 소유의 분산과 경영의 분리에도 불구하고 실질적 소유구조를 강화하기

위해서는 금융부문에 대한 시장지배력을 확보하는 것이 관건적인 문제이기 때문이다. 결국 정부가 제시하는 여러 개혁조치들을 실현하는 과정 속에서도 재벌들이 금융자본에 대한 시장지배력을 강화시키는 것은 쉽게 말하면 유동성 자금에 대한 원활한 통제와 더불어 기업들의 지배력을 강화시키기 위한 방법이다.

<5대 재벌 비은행금융기관의 시장점유율 추이>

(단위: %)

	96. 3	97. 3	98. 3	99. 3
투신사 수익증권	5.8	6.2	23.7	31.6
생보사 보험료	30.0	30.5	33.4	36.4
제2금융권	17.6	18.6	29.6	34.0

<5대 재벌 금융권 자산비중>

(단위: %)

증권업	54.7	손해보험	47.3
신용카드	52.2	생명보험	40.3
종합금융	24.8	금융기관(은행포함)	8.1(97년) ⇒14.6(99.3)

자료 : 「재계-정부-금융기관 간담회 자료집」 99년 8월 25일.

구체적으로 살펴보면 IMF 체제를 전후로 해서 금융권에 대한 재벌의 점유율은 놀라울 만큼 급속도로 확대되었는데 제2금융권의 시장점유율의 경우 96년 3월에 17.6%였던 것에 비해 99년 3월 현재 34.0%로 두 배에 달하는 확대를 보였다. 이는 대우 부채비율에서도 잘 드러나는데 투신사에 대한 부채비율이 전체 부채비율의 66%에 달하는 것은 바로 대우재벌의 제2금융권에 대한 지배력이 어떠했는지를 보여주는 단면이기도 하다. 부채비율 축소라는 정부의 압박 속에서 확장경영을 단행, 무더기 유상증자, 계열사 상호출자

등을 할 수 있었던 것은 금융부문에 대한 5대 재벌들의 지배력이 확보되었기 때문에 가능했던 것이다.

4) 기업지배구조 개선

정부는 5대 원칙의 하나인 지배주주와 경영자의 책임성 확립을 위해 1) 상장 회사에 대한 사외이사 선임 의무화, 2) 대표소송 등 소액주주 권한 강화, 3) 경영권 행사 지배주주에 대한 사실상의 이사제도 도입, 4) 소액주주도 이사를 선임할 수 있도록 집중투표제 도입 등을 추진하였다. 이와 동시에 지주회사의 도입을 위한 제도 완화도 추진하고 있다. 이러한 기업지배구조 개선 추진은 기본적으로 소유와 경영의 분리라고 하는 미국식 주주자본주의 모델을 국내 기업들에게도 적용, 전지구적 금융화의 추세에 안정적으로 편입되고자 하는 지향에 근거하고 있다.[32]

　　이러한 소유지배구조의 개선이, '족벌적 전근대성'이라는 재벌의 지배구조가 합리적 이윤추구에 방해가 된다는 사실을 인지하고, '소유분산'과 이를 통한 주식시장의 활성화와 더불어 재벌의 소유와 경영분리를 이루어 전근대적 독점자본의 합리화를 이루어내고자 하는 전략의 일환임은 주지하는 바다. 그러나 이러한 기업지배구조 개선을 통해 재벌들은 또 지주회사의 도입을 구체적으로 요구하고 있다. 지주회사는 단적으로 말하면, 총수의 '지분만큼

---

32. 기업지배구조는 기업의 경영과 통제에 대한 시스템으로 기업경영에서 주주와 경영진 및 기타 이해집단 간 이해관계를 조정하고 규율하는 제도적 장치와 운용메커니즘을 일컫는다. 세계경제의 글로벌화에 대응한 안정적 국제투자관행의 확립과 기술혁신, 자본자유화 등 기업환경의 급속한 변화에 대응한 기업지배구조 확립의 필요성의 증대를 근거로, OECD는 95년부터 이를 본격적으로 논의, 4년의 논의 끝에 99년 5월 26~27일에 개최된 OECD 각료이사회는 기업지배구조 원칙 OECD Principal of Corporate Governance을 확정하였다. OECD 기업지배구조 원칙은 주주의 권리, 주주의 동등대우, 기업지배구조에서 이해관계자의 역할, 공시 및 투명성, 이사회의 책임 등 5가지이다. 신성호, 「기업지배구조 원칙」, 참세상 Aseed Korea CUG, 1999. 8. 11. 일반기업과 은행의 기업지배구조 개선방향에 대한 정부의 입장으로는 재경부, 「기업지배구조 모범규준」, 1999. 8.; 이홍규, 『한국형 기업지배구조』, 산업연구원 1999. 11.; 「기업 지배구조개선 법무부자문단 권고안」, 2000. 1. 등을 참조

의 지분'을 합법적으로 인정해달라는 것으로, 기존 재벌의 '기획조정실'이
탈바꿈하여 재벌의 경영권을 보호하고 소유지배를 더욱 강화한 형태로 회사
를 설립하겠다는 것이다. 또한 기업지배구조 개선은 적대적 M&A 허용과 함
께 초국적 자본 및 IMF에 의한 자본자유화 조치의 일환으로, 이를 통해 시장에
대한 실질적 지배력을 높여내겠다는 요구이기도 하다.

결국 정부의 지배구조 개선의 핵심으로 제기되는 소유와 경영의 분리라
고 하는 것은, 경영은 전문경영인에게 맡기지만 오너의 실질적 지배는 더욱
강화시키겠다는 것이며, 이는 사외이사나 소액주주들과의 불필요한 마찰들
을 사전에 제거하고자 하는 재벌들의 요구가 그대로 반영된 것이라 할 수
있다. 그 극단적인 사례가 바로 재벌개혁 논의가 다소 잠잠해진 최근에 터졌
던 소위 현대그룹 '왕회장'의 '후계자 파동'일 것이다.

그러나 또 한편으로는, 이러한 지배구조개혁의 미진함에 대해 정부의 '자
율에 맡기는' 집행능력을 질타하면서, 전문경영체제 등으로의 전화가 기업지
배구조의 '경쟁력 있는 민주화'(?)를 가져올 수 있다거나, 혹은 이해당사자의
지배구조 참여라는 명목 아래 노동계급에게 종업원지주제나 우리사주제 등
의 일종의 기형적인 성과급들을 제시하는 일각의 흐름들도 존재한다.[33] 3절
에서 부연하겠지만, 그러나 이들은 결정적으로 OECD의 기업지배구조 원칙
이나 IMF의 재벌개혁 권고안, 정부의 재벌개혁정책 방향, 그리고 이에 '저
항'(?)하는 듯 하지만 이미 그리고 기꺼이 능동적으로 스스로를 재편하고 있는
재벌 사이의 공통분모를 간과한다. 그것은 바로 효율성이라는 이름 아래 기업
지배구조의 전지구적 동형성을 바탕으로 국경에 구애받지 않는 원활한 M&A
를 추구하면서, 이를 '이해관계자'니 '주주행동주의' 등의 언어로 사이비 민주

---

33. 시장원리에 충실한 전문경영체제 등을 위시한 '재벌개혁론'은 일부 선의에도 불구하고 이론적으로는
허구적이며 현실적으로는 반노동자적 입장으로 나타난다. 본문에서 다룬 대우사태에 대해 이들이 제시
하는 해법은 이를 여실히 보여주는 사례이다. 우리사주제에 대한 비판은 이 책의 5장 「우리사주제도의
비판적 고찰」을 참조

주의의 껍질을 둘러쓰려는 자본의 눈물겨운 노력이다.

5) 매각 및 외자유치

정부가 적극적으로 매각을 추진했음에도 불구하고 주목할 만한 기업의 매각
은 성사되지 못하였다. 정부 발표에 의하면 99년 8월을 기준으로 매각이 추진
되고 있는 곳은 삼성자동차, 대우전자 등이며 외자유치가 추진되고 있는 부문
은 석유화학부문, 항공기부문 등이다. 그리고 만도기계의 경우 공장별로 분할
매각이 완료되었다. 이렇게 주목할 만한 매각이 이루어지지 못하고 있음에도
불구하고 정부는 구조조정 계획에서 매각을 중요하고도 관건적인 것으로
보고 있고, 워크아웃에 들어간 기업들에 대해서는 워크아웃을 거치면서 계열
분리를 단행하고 이후 매각한다는 것이 대우사태 해결방향의 골자이기도
하다. 이런 과정에서 99년 9월 17일 정부는 7조원의 공적자금을 투입한 제일
은행을 5천억 원에 미국계 투자기관인 뉴브리지캐피탈에 매각하였는데 그
주된 이유를 국가신인도의 하락 방지로 설명했다. 정부는 체결 후에도 2년간
제일은행 거래업체 중 부도가 날 경우 부실채권을 모두 정부가 매입하는
등의 상식적으로 이해하기 어려운 결정을 내렸으며 '헐값 매각'이라는 보도
에도 불구하고 정부와 해외자본들은 제일은행 매가협상이 실패할 경우 국가
신인도가 다시 '투자부적격'으로 떨어질 수 있기 때문에 불가피한 결정이었
음을 강조하고 있다. 그러나 이러한 초국적 자본의 유입이 제일은행 매각체결
에서도 볼 수 있는 것처럼, 투자기관에 의한 매각이 산업자본에 대한 투자가
아니라 금융자본의 유입이라는 점에서, 국내 금융시장은 언제나 불안정한
상태를 노정하게 되는 것일 뿐만 아니라, 국내외 독점자본들간의 경쟁의 결과
에 따라 좌지우지되면서 위기를 심화시키고 있다. 더욱이 시장원리상 투자가
불리하면 언제든지 다른 곳으로 이동하여 국가경제에 치명적인 타격을 가할
수도 있는 해외자본에 대한 통제의 문제는 논의조차 되고 있지 못하다. 정치
적으로 사회가 소위 '불안정'할 때, 예컨대 노동자·민중의 계급투쟁이 격화

될 때 해외금융자본은 언제든지 짐을 싸고 나갈 수 있음에도, 이에 대한 정부의 대책은 노동자들의 투쟁을 폭력적으로 탄압하거나 아예 처음부터 해외금융자본들이 원하는 바들을 제도적으로 보장해 주는 것이다. 게다가 일국의 규제를 거의 받지 않는 초국적 자본을 대상으로 노동자들이 저항하는 것은 결코 쉬운 일이 아니다. 더 큰 문제는 매각협상 과정에서 해외자본의 유치를 위해 노동의 유연화를 더욱 강화한다는 것이다. 정리해고제와 근로자파견제 확대와 이에 따른 비정규직의 증가, 연봉제의 도입, 노동조건의 악화, 노동조합의 무력화 등은 국내 독점자본뿐만 아니라 해외자본에 있어서도 투자여부를 결정하는 관건적인 문제이기 때문이다.

6) 추가된 3대 과제와 이른바 생산적 복지

99년 8·15 경축사를 통해 정부는 재벌개혁과 관련하여 3대 과제를 추가 제시하였는데 그 내용은 1) 산업자본의 금융지배 방지, 2) 순환출자와 부당 내부거래 차단, 3) 변칙 상속·증여 행위 차단 등이다. 98년에 제시했던 '자율적 조정'에서 한 발 더 나아가 필요에 따라서는 대출금지조치 등 정부가 적극적으로 개입하겠다는 전환된 내용을 담고 있다.

그러나 이는 재벌에게 손실부담을 강제하는 것이 아니라, 매각과 외자유치의 적극적 도입으로 재무구조를 개선할 것을 종용하는 것으로, 이런 취지는 대우사태 해결을 위해 '워크아웃을 통해 계열을 분리하고 이후 해외매각과 외자유치를 적극적으로 추진'한다는 기본방향에서도 분명하게 드러나고 있다. 제2금융권의 지배력 억제와 관련해서도 재벌의 소유지분 제한방침이 백지화되었으며 순환출자 억제방침 또한 2001년 4월에 부활시킨다는 점을 볼 때 재벌의 소유구조는 건드리지 않겠다는 것을 더욱 명확히 알 수 있다. 이렇듯 3대 추가과제는 엄정한 개혁의지의 천명이라는 정부의 수사와는 달리 5대 과제의 연장선에서 재벌들을 초국적 (금융)자본의 하위 동반자로 만들고 이 과정에서 노동유연화를 통해 경쟁조건을 창출한다는 기조가 일관되게 추진되고 있음이 재확인된다. 남미 대부분의 국가에서 80년대 이미 이런 미시적인 구조조정을 끝냈음에도 불구하고 90년대에 또다시 위기가 발생하였음을 기억한다면, 한국 자본주의의 위기 해소는 여전히 요원한 셈이다.

또한 정부는 3대 과제와 더불어 '생산적 복지'를 제기하였는데, 이는 이미 선진 자본주의에서 사회보장제도의 축소라는 방향에서 진행되어 왔던 것이기 때문에 새로울 것이 없다. 그러나 기본적인 사회보장조차 마련되지 않은 사회구조 속에서 생산적 복지를 운운하는 것도 경악할 만한 일이지만 정부가 왜 생산적 복지를 제기하고 있는가는 의미심장한 요소이기도 하다. IMF 관리체제에서 통화발행이 제한되어 있는 상태이므로 대규모 공적자금의 조성은 결국 다른 부문의 축소로 귀결될 수밖에 없는데, 정부는 이를 생산적 복지를 통해 전체 복지부문의 비용을 대폭적으로 축소하여 마련하겠다는 것이다. 또한 생산적 복지는 '근로능력이 있는 자들'의 취업훈련과 자활사업참여를 복지지원과 연계시킴으로써 끊임없이 노동시장으로의 진입을 강제하고, '비생산적 국민'에 대한 능력에 따른 불평등을 강화하여 경쟁을 추동, 결국 대기업·중소기업, 정규직·비정규직 노동자간 경쟁격화와 분할 통제를 통해 대량의 저임금층을 형성하겠다는 본질을 이면에 감추고 있는 것이다.

3. 전선의 전환: '신자유주의 대 보수주의'로부터 '신자유주의 대 반신자유주의'로/
이상에서 살펴본 바와 같이 2년 동안 정부 나름대로는 '혼신'을 기울였다고 주장하는 재벌개혁의 경과는 극히 노동자들의 이해와는 동떨어진 것이었다. 그럼에도 불구하고 현실에서는 여전히 재벌개혁이 정권의 허구적인 '개혁성'과 '상대적 진보성'을 호도하는 중요한 이데올로기로 작동하고 있는 이유가 무엇 때문인가? 이는 개혁의 속도와 방식을 둘러싼 정부와 재벌간의 줄다리기가 전선을 흐리는 탓도 있지만, 보다 중요한 것은 소액주주권, 사외이사 및 감사제도를 통한 경영투명성 확보, 소유지분의 분산 등을 요구하는 일부 시민운동의 신자유주의적 주장이, 이들 재벌총수의 지배력, 소위 '전근대적 세습

독재체제'(보수주의)에 대한 비판을 통해 '개혁'의 내용을 호도하고 있기 때문이다.

그러나 사실 재벌들이야말로 오히려 적극적으로 이러한 '월스트리트 룰 Wall Street Rule'로 이루어진 시장지배를 추구하고 있다.[34] 다만 수시로 허구적인 시장논리를 내세우며 정부와의 '타협'의 대가들이 제공되기를 요구할 뿐이다. 물론 이에 대해 시민운동과 일부 진보진영의 재벌개혁론자들은 정부가 적극적으로 나서지 않는, 총수의 소유지배에 대한 공격을 주장하면서, 이를 정부의 개혁정책과 구분되는 자신들의 '진보성'의 근거로 제시한다.

그러나 설령 소유가 대중적으로 분산된다고 하더라도, 소유에 의한 지배는 사라지지 않는다. 전문경영인 체제가 수립되면 종래의 소유경영자를 대신하여 전문경영자가 생산과정에 대한 직접적인 통제권은 확보하지만, 그 통제권은 대주주가 부여한 범위 내에서 제약될 수밖에 없다. 전문경영자가 대주주의 이익을 위배하거나 그 범위를 벗어날 경우 대주주는 경영자를 교체하거나 자본을 회수함으로써 대응한다. 전문경영체제로의 이행으로 종래 소유경영자가 가지고 있던 소유와 경영 기능 중 경영 기능은 전문경영자에게 형식적으로 위임하지만, 기업지배권 자체의 본질에 어떠한 변동을 가져오는 것은 아닌 것이다. 문제는 소유분산의 이데올로기가 갖는 '개혁적'인 이미지일 터인데 사실 이는 정통 신자유주의자들이 먼저 나서서 실천하던 것들이다. 대처의 소위 대중자본주의론이 바로 노동자들에게 미미한 주식분배율에도 불구하고 자산가로서의 자부심을 부여함으로써 노동계급을 분할시키고(이른바 '두 국민전략'), 무려 18년에 이르는 보수당의 장기집권을 이끌어내는 튼튼한 기반을 제공하지 않았던가?[35]

---

34. 정부와 재벌의 갈등, 주주총회에서의 소액주주운동에 대한 '탄압' 등 언론에서 부각되는 사례들을 현실적 논거로 삼기보다는, 재벌그룹 산하의 각 경제연구소들의 홈페이지들을 찾아가보라. 시민운동진영이 그토록 요구하는 기업지배구조의 소위 '민주화,' '아메리카화'를 위해 방대한 양의 연구자료와 정책제언들이 집적되고 있고 일반에 '공개'되어 있다.

재벌개혁론자들 역시 이 점을 인식하기 때문에, 단순히 '소유의 분산'이
아닌 '소유의 민주화'를 이야기하며 논자에 따라서는 이른바 '이해관계자 자
본주의론'을 끌어들이곤 한다.[36] 그러나 기관투자가, 종업원지주제, 우리사
주조합 등 다양한 주식소유형태를 도입하자는 수준 이상이 아닌 이들 '소유민
주화론'은, 기관투자가들이 실제로 회사의 '지배'보다는 매매차익에 의한 투
자수익에 관심이 더 많을 뿐만 아니라, 90년대 금리생활자들의 새로운 생활양
식인 '주주행동주의 shareholder activism'가 경영진으로 하여금 주식시장에서
의 수익 상승에 민감하도록 압박하여, 노동자들에게 극심한 고용불안과 노동
유연화, 노동강도강화를 낳고 있다는 점에 대해 무지하거나 혹은 이를 간과하
고 있다.[37]

그리고 재벌개혁을 둘러싸고 정부와 재벌간의 이해대립을 과장, 오해하
는 것도 문제다. 97년 경제위기 이후 재벌개혁의 출발점이 되었던 것은 IMF를
앞세운 초국적 자본의 이해, 즉 일국적 수준의 과두적 독점체제들을 초국적
자본운동 내로 흡입시키려는 것이었다. 물론 이는 기존의 안정적인 독점적
국내시장 지배력을 내주지 않으려는 국내 독점자본과의 대립이 불가피한
것이었고, 이에 정부는 국내 독점자본과 초국적 자본 양자 사이를 조율할

---

35. 영국의 경우 대중자본주의 People's Capitalism라는 명목으로 민영화 과정에서 국민주방식을 대대적으로
선택하고, 개인주주와 종업원주주에 대하여 여러 가지 우대조치들을 시행하여 이러한 노력으로 주식소
유자의 수가 급증하면서, 예컨대 1993년에는 주식보유자의 수가 성인의 22%인 1000만 명으로 증가하여
그 중 13%가 민영화된 기업들의 주식을 보유하게 되었다. 그러나 많은 주식소유주들이 민영화발행주식
을 구입했다가 금융기관에 되팔았기 때문에, 정작 민영화 과정에서 최대의 수익을 올린 집단은 민영화
과정을 조직했던 금융자본이 되었음을 볼 수 있다. 이강국, 「민영화정책에 대한 비판적 연구: 영국
대처정권의 경험이 주는 시사점」, 서울대 경제학과 석사논문 1996 참조.
36. 대표적으로 김기원, 「재벌체제의 지양과 책임전문경영체제의 구축」, 김균·김대환 편, 『한국재벌개혁
론』, 나남 1999.
37. 더그 헨우드, 『월스트리트, 누구를 위해 어떻게 움직이나』, 이주명 옮김, 사계절 1999, 제6장. 또한 시민운
동의 재벌해체운동의 중심으로 떠오른 소액주주운동에 대한 비판으로는 김성구, 「과대포장된 소액주주
운동」, 『한겨레 21』(255호) 1999; 조원희, 「경제민주화운동의 재검토」, 『사회비평』 1999 겨울 등을 참조.

것을 요구받았다. 즉 재벌이 요구하는 독점체제 유지를 위한 합리적 제도와 구조를 마련하고, 동시에 초국적 자본의 유입을 가능하게 하는 조건을 형성해야 하는 이중적인 과제였던 것이다. 정부의 재벌개혁 기조는 바로 이러한 배경 하에서 집행된 것으로, 국내 독점자본들에게 세계 경쟁력을 갖춘 기업으로의 재탄생을 요구하는 동시에 이에 부응하지 못하면 결국 초국적 자본에게 넘겨줄 수밖에 없다는 기조로 집행되고 있다.[38] 따라서 "과잉설비의 해소와 자본의 합리화를 위해 과거의 경영형태를 혁신하고 경쟁력을 갖춘 전문대기업화"라고 하는 정부의 개혁정책이, 독점체제를 유지하기 위한 재벌들의 요구, 즉 "금융부문의 지배력 확대와 지주회사의 허용을 통한 소유지배구조의 강화"를 전면적으로 수용하면서 이루어지고 있는 것은 오히려 자연스러운 것이다.

더욱이 국내 독점자본이 지구화되는 세계자본주의에 능동적으로 편입하기 위한 전략과 초국적 자본에 의한 국내 독점자본의 잠식이라는 대립은 근본적으로 자본의 일관된 목표, '이윤추구'를 위해 서로의 역학을 형성한다는 점에서 국내외 독점자본들간 이전투구이자 공동의 이해관계이다. 정부가 외치는 '시장경쟁의 원리'는, 정리해고를 통한 대규모 인원정리와 비정규직의 증가, 임금삭감, 노동조건의 악화, 노동조합의 무력화(무쟁의 선언, 신노사문화 창출)를 결과하며, 또한 이는 위기의 국면에서만 일어나는 것이 아니라 자본의 경쟁 결과에 따라 항상화되어지는 것들이다. 국내외 자본에게는 자본의 자유화를 위한 규제의 완화와 제도를 마련하여 이를 통해 자본의 합리화를 이루어내고 경쟁력을 갖춘 독점자본으로 지구화된 세계자본주의 시장질서에 살아남기 위한, 진정으로 자본만을 위한 개혁이 바로 재벌개혁인 것이다.

요컨대 진정한 재벌해체에 대한 노동계급의 요구는, 온갖 시민운동적 논

---

38. "정부의 재벌개혁의 목표는 시장경제체제의 구축이며 재벌들이 변화된 상황과 환경 속에서 제대로 살아나갈 수 있도록 하기 위해 개혁을 하자는 것이다." 이헌재 재경부 장관의 YTN과의 인터뷰.

리에 의해 포장된 '신자유주의 대 보수주의'의 허구적인 전선으로부터, '신자유주의 대 반신자유주의'의 전선으로 이동할 때만 유의미한 것이다. 그렇다면 재벌의 해체란 독립적인 전문 대기업의 체제, 또는 소재벌의 체제로 전환하여 경쟁을 활성화하는 것일 수 없다. 그것은 머리 속에서 추상적으로 구상할 수는 있어도, 현실의 경향과 반하는 실현불가능한 기획이다. 2절에서 보았듯이 재벌개혁은 오히려 재벌독점력의 강화경향을 보여주고 있으며, 따라서 재벌의 해체는 거대화되는 자본과 자본간 결합을 사회화하는 방향에서만 합법칙적으로 실행될 수 있을 뿐이다. 재벌의 대변자들이 정부의 재벌해체론에 대해 반대하는 논거의 하나로 재벌체제를 해체할 경우 대규모화하는 투자를 담당할 수 없다는 주장도 실은 이런 현실의 반영이다. 또는 재벌을 해체하고는 외국의 거대기업과 경쟁할 수 없다는 논리도 유사한 논거이다. (그런데 이들에 있어서 이런 주장은 자가당착적인 논리가 아닐 수 없다. 이들에게는 국민자본과 외국자본을 구별하는 이론도 부재한데 외국기업에게 잡혀먹히면 왜 문제인가? 기업의 주인이 한국 재벌총수든 외국 자본가든 간에 그것은 문제가 되지 않는다고 설파하는 게 그들의 경제학이 아닌가?) 거대기업과 기업간 결합을 사회화하고 사회적으로 생산과 투자를 조절하는 대안이 필연적으로 제기되는 것은 이 때문이다.

결국 대우그룹을 비롯한 재벌해체의 해법은 '자율적 구조조정'도, 신자유주의적 워크아웃도 아닌 사회화에 의해서만 가능한 것이다. 사회화의 길은 자본의 위기를 비시장적 정책을 통해서만 해결할 수밖에 없는 위기의 성격에 주목하고, 사회화의 요소들을 자본관계를 개선하기 위한 자본주의적 구조조정의 수단으로서가 아니라 재벌체제를 진보적인 방향에서 해체하는 중요한 단초로서 파악한다. 따라서 부채의 출자전환에 따른 공공적 성격의 소유로의 전환은 형식적 사회화에 머물러서는 안되고, 그래서 후에 제3의 (외국)자본가에게 소유권을 매각하기 위한 수순이어서는 안 되고, 진정으로 사회적 성격의 기업 창출로 이어져야 한다. 워크아웃은 부채탕감과 신규자금지원 그리고

부채출자전환 등 부실부분의 상당부분을 불가피하게 사회적 부담으로 전가
시키고 그렇게 국민적 부담 위에서 기업을 회생시키는 것이므로 이런 요구는
정당한 것이기도 하다. 형식적인 사회화가 자본의 이익수단으로 전락하는
것을 막기 위해서는 그에 기초한 실질적인 노동자 통제가 실행될 수 있어야
하며 이를 위해서는 무엇보다 구조조정과정에서 노동자의 경영참가와 기업
통제가 보장되어야 한다. (그런 토대 위에서만 이 길은 노동자들의 고용을
안정적으로 유지하고 생존권을 보장한다.) 아울러 재벌총수들과 현 경영진의
퇴진도 전제되어야 한다. 지금의 정책에 대해 훗날 결코 책임지지도 않을
금감위의 몇몇 인물에 의해 워크아웃이 일방적으로 추진되는 상황을 저지하
고 채권단, 경영진, 노동조합, 사회단체들간에 워크아웃의 구체적인 프로그램
을 합의해 나가야 하는 것이다.